포스트모던 문화와 문학

이합 핫산 지음
정정호 편역

신아사

편역자 : 정정호

서울대학교 사대 영어교육과 졸
서울대학교 대학원 영어영문학과 석 · 박사 과정 수료
미국, 위스컨신(밀워키) 대학교 영문학 박사 학위
영국, 리즈대학교 연구교수(1983~84)
호주, 그리피스대학교 방문 교수(1996~97)
한국 영어영문학회 부회장
한국 비평이론학회 회장

현재, 중앙대학교 문과대학 영어영문학과 및 문화연구학과 교수
한국영미문화학회장, 한국현대문화연구소장
『비평』(계간지) 편집위원

저역서 : 『탈근대인식론과 생태학적 상상력』(1996)
『전환기의 문학과 대화적 상상력』(1997)
『현대영미비평론』(2000)
『이론의 정치학과 담론의 비판학』(2005)
『호주문화연구입문』(2000)
『탈근대와 영문학』(2004)
『현대문학이론 용어사전』(2003)(공역)
『현대문학이론개관』(2000)(공역)
『문화와 제국주의』(1995)(공역)
『현대영어권문화사전』(2007) 외

포스트모던 문화와 문학

1판 1쇄 찍음 • 2007년 8월 20일
1판 1쇄 펴냄 • 2007년 8월 30일

편역자 • 정 정 호
발행인 • 정 현 걸
발 행 • 신 아 사
인 쇄 • 남양인쇄

출판등록 • 1956년 1월 5일 (제9-52호)
서울특별시 은평구 녹번동 28-36 2F
전화 (02)382-6411 • 팩스 (02)382-6401
홈페이지 • www.shinasa.co.kr
E-mail • shinasa@chol.com

ISBN 978-89-8396-576-9

정가 *15,000* 원

차 례

제Ⅱ부 포스트모던 문학

머리말 : 포스트모더니즘은 무엇이었던가?

지난 세기 후반부 한때 낯설고 해괴하기까지 들렸던 "포스트모더니즘"이란 말은 이제는 너무나 진부해서 아니 21세기 문화의 지배적 인식소로서 너무나 당연시되고 있기 때문에 아무도 논의하지 않는다. 편역자는 이합 핫산의 포스트모더니즘에 관한 글을 모아 『포스트모더니즘 : 이합 핫산의 문화 및 문학이론』이란 제목으로 국내에서는 최초로 단행본으로 1985년에 출간하였다. 그런데 20여년도 훨씬 지난 지금에 와서 다시 포스트모더니즘을 운위하는 이유는 무엇일까?

한마디로 포스트모더니즘은 어떤 사람들은 지금은 포스트-포스트모더니즘의 시대라고도 하지만 아직도 특별히 대학에 갓 들어온 젊은이들이 이 주제에 관해 읽을 마땅한 자료들이 많지 않기 때문에 편역자는 20여 년 전의 이 책이 포스트모더니즘의 초기 역사와 중요개념들을 이해하는 데에 아직도 매우 유용하다고 판단해서 다시 출간하기로 결심했다. 그렇다면 "포스트모더니즘"이란 과연 무엇이었던가?

포스트모더니즘이 1980년대 처음으로 우리에게 나타났을 때 이 용어에 대한 우리의 태도는 매우 상반된 것이었다. 대부분의 경우 이 용어에 대한 거부감과 더불어 서구 부르주아예술의 새로운 출현 정도로 여기려는 경계심과 함께 서구 모더니즘의 타락한 한 양상으로 받아들여졌다. 반면 문화예술계의 일각에서는 새로운 대체문화 이론의 가능성과 함께 막연한 기대감을 가지고 받아들여지기도 했다.

그렇다면 포스트모더니즘 현상이 과연 20세기말 우리의 문화구조에도 실재하는 것일까? 즉, 레이먼드 윌리암즈가 말하는 <느낌의 구조>가 우리의 삶의 현장에서 변화하고 있는 것일까? 실제로 1988년 서울 올림픽과 2002년 서울 월드컵 이후 우리 생활에서 일어나는 그 이전과는 다른 <새로운 인식소>란 무엇인가?

우선 우리 주위의 사소한 생활풍경들로부터 시작해 보자. 자동차, 컴퓨터, 비디오, 카폰, 휴대폰, 통신위성, 전자오락, 디즈니랜드식 놀이터, 콘도, 리조텔, 오피스텔, 아파트문화, 주상복합, 초고층빌딩, 마약, 과소비, 크레디트 카드, 토크 쇼, 쇼핑센터, 헬스센터, 햄버거, 켄터키 치킨, 자몽, 바나나, 참치 등 농수산물 대량 수입, 청바지, 프로야구, 프로축구, 헤비메탈팝송, MP3, 해리포터 시리즈 등이 우리의 삶을 지배하는 <시대정신>과 어떤 관계가 있는 것일까? 롯데월드 어드벤쳐, 행위예술, 전위예술, 전위공연예술, 걸개그림, 민중음악, 탈춤, 만화패, 국악과 양악의 혼합, 고전음악과 대중가요의 합성, 포스트모던 댄스, 쿤스트 디스코, 박세리 골프 열풍, 황지우, 박남철의 시, 최승호, 하재봉이 시, 김수경, 하일지의 소설, 김영현, 최병현, 이인화, 최수철의 소설, 인터액티브 소설 등이 우리 시대의 새로운 다문화적인 문화예술의 <패러다임>을 이루는 요소들인가? 이러한 현상들이 우리가 경험하는 세계화 시대의 소위 포스트모더니즘의 증후군인가? 아니면 다국적 기업과 소비자본주의의 거대한 유통구조와 체제 안에서의 이론의 가수요현상인가?

포스트모더니즘 문화현상이 그러나 서구에서처럼 우리에게도 그대로 나타나고 있는 것으로 판단되지는 않는다. 오히려 그 반대로 우리는 제1세계의 다국적 기업의 소비자본주의가 교묘하게 부추기는 위장된 문화제국주의와 신식민주의라는 포스트식민주의(postcolonialist) 문화구조 한 가운데서 완전히 무장해제당한 채 끌려가고 있는지도 모른다. 포스트모던적인 유통구조 속에서 상품소비문화가 가져다주는 기이함과 가벼움, 욕망구조의 끊임없는 창출로 인한 과소비, 나른함, 무력한 행복감 등이 비판의식의 결핍이라는 정신적 풍경들을 보편내재적으로 퍼뜨리고 모든 것을 점차로 불확실하게 만들고 있는 것은 아닐까?

한국에서 포스트모더니즘의 자리매김과 수용가능성에 대한 지금까지 나타난 포스트모더니즘의 자리매김에 대한 태도를 살펴보면 크게 두 가지로 나누어 볼 수 있다.

첫째 부류는 포스트모더니즘이라는 새로운 서구 문화현상에 대한 즉각적인 가치 부여를 하고 그에 따른 포스트모더니즘현상의 확산과 전파를 주창하고 있다. 이런 부류의 사람들은 <새로운 것>에 대한 의미부여에 기민성을 보이는－대체로 80년대 이후에 구미<특히 미국>에서 유학하고 돌아온－사람들이다. 이것은 우리가 가장 경계해야 할 맹목적인 무비판적 서구추수주의이다.

둘째 부류는 외국의 것을 생리적으로 또는 전략적으로 일단 거부한다. 서구의 문예사조는 일단 적대시하는 것도 일종의 식민지 콤플렉스일 것이며 이러한 무조건적 거부와 외면은 서구인들의 덫에 걸리지 않는 안전판 구실은 될 수 있겠으나, 문화국수주의는 전자의 서구추수주의보다 별반 나을 것이 없는 변증법적·역사적 상상력이 결여된 단순논리이다.

그러나 우리가 그 본질과 수용가능성을 타진하기도 전에 밀려들어오는 서구의 이론들과 맞서기 위해서는 싫든 좋든 우리는－역설적으로 들릴지 모르지만－이론화의 공동전선이 필요하다(근래 많이 논의되고 있는 "반이론"(against theory) 논쟁은 서구인들 사이에서 일어나고 있는 내란에 불과하다. 이론 자체가 하나의 저항이라고까지 말할 수는 없겠지만 우리의 입장에서 이론 없는 실천은 모두 <비판적 거리의 소멸>을 가져오는 딱한 일이 될 것이다).

이와 같은 극단적인 태도들은 현재 우리 문화와 사회에 대한 철저한 <현실인식>과 <역사의식>의 결여에서 나온 것들이라 볼 수 있다. 전자의 무비판적 서구추수주의는 우리가 처해있는 복잡한 경제·정치·문화구조를 간과한 것이다. 소위 후기자본주의 문화논리로서 범세계적으로 확산되고 있는 포스트모더니즘이 교묘하게 위장된 또 다른 서구중심이 지배논리이며 허위 지배이데올로기일 수 있다는 것은 항시 명심해야 하기 때문이다. 그러므로 우리 사회를 쉽사리 서구사회와 병치시키는 오류는 피해야만 하리라.

후자의 국수주의적 태도 역시 비역사적이다. 우리나라는 어떤 면에서 자유민주주의와 자본주의에 등치되는 서구적 세계주의와 보편주의의 가치에 상당부분 흡수되어 있다고 해도 과언이 아니다. 88 서울 올림픽 이후 우리는 자의반 타의반으로 국제 사회의 흐름 속에 편입되어가고 있으며, 자본주의 체제내에서 타국의 견제를 받을 만큼 제법 비중 있는 위치를 차지하게 됐다. 우리는 후기자본주의의 국가 간의 정치·경제·군사·문화적인 상호의존도가 점차 확대·심화되어 가고 있는 세계체제의 일원이 된 것이다. 힘과 자본의 논리가 지배하는 세계체제의 일원이 된 이상 우리도 그 질서체계로부터 유입되어 오는 문화현상을 막는다는 것은 불가능하다.

이러한 상황에서 우리는 좀 더 신중한 자세로 서구에서 일어나 전 세계로 확산되어가고 있는 포스트모더니즘의 경제적·정치적·문화적·인식론적 한계와 가능성이 무엇인가를 꼼꼼히 따져보아야 한다. 그러나 이러한 작업은 결코 쉽지 않다. <새로운 변화>에 대한 우리 각자가 지닌 이데올로기의 차이, 우리나라 문화 구조를 총체적으로 이해·분석하는 능력의 결여, 그리고 미래에 대한 비전이나 방향정립의 차이와 갈등에서 오는 다양한 변수 때문에 쉽사리 현재의 문화구조에 대한 의견일치를 보기란 심히 어려운 것이다.

한국에서 포스트모더니즘의 위상정립과 수용방안의 제시가 힘들고 지난한 작업이긴 하지만 지금과 같은 상황에서 그 가능성을 타진조차 묵과하고 지나갈 수는 없으리라.

필자는 이미 거의 20년이 지난 1989년 10월말 우리나라를 방문하였던 미국의 마르크스주의 문화 이론가인 프레드릭 제임슨(또는 제머슨)의 견해가 이런 상황에서 우리에게 던져주는 시사점은 크다고 본다. 그는 중국·쿠바 등 제2세계와 제3세계에 각별한 관심을 가지고 각 영역의 정치적·경제적·문화적인 상황들을 자신의 이론에 포함시켜 확대·발전시키고 있다. 제임슨은 타자the other가 가질 수 있는 통찰력을 가지고 잠시나마 우리 나라의 경제·정치·문화생활을 관찰하였다는 점에서 우리에게 일종의 이론적 돌파구를 마련해 줄지도 모른다(이것에 관해서는 『창작과 비평』 90년 봄호에 실린 백낙청 교수와의 대담을 참조 바람). 제임슨에 따르면 우리나라는 서구와 다른 중층적 문화구조를 가지고 있다는 것이다. 즉 우리나라는 제1세계와 제2세계, 제3세계, 제4세계－산업화운동, 민주화운동, 노동운동, 통일운동 등－가 공존하는 다차원적인 복잡한 현실을 가졌다고 보고 있다. 다시 말해 에른스트 블로흐의 이른바 <비동시적인 것의 동시성>이란 의미에서 한국의 상황은 각기 일차원적인 제1세계, 제2세계, 제3세계가 가질 수 없는 새로운 포스트모더니즘의 문화정치학이라는 총체적인 이론의 창출을 가능케 한다는 것이다.

따라서 우리는 제임슨이 말하는 이른바 전 지구적 체제에 대한 비전이나 모델을 위한 <인식의 지도그리기 cognitive mapping>까지는 아니더라도 우리 자신의 정치·경제·문화발전의 현 단계에서 구체적인 처방이나 대응전략을 세우기 위해 분단체제하에 있는 우리 민족의 총체적인 현실의 재현을 위한 그 예비단계로 문화의 분석과 진단이라는 힘겨운 작업을 선행시켜야 할 것이다.

이렇게 포스트모던한 문화정치이론은－우리가 처한 국제사회의 위치를 감안해 볼 때－경제·정치·문화상호주의(최근 서구주도의 국제문화상호주의에 대한 비판도 적지 않지만)로서의 세계주의(국제주의)와 퇴행적인 국수주의가 아닌 하나의 저항이데올로기로서의 진보적 민족주의(지역주의)와의 변증법적(또는 대화주의적) 대화를 이룩할 수 있지 않을까?

그러나 포스트모더니즘에 관한 낙관주의적 전망만을 제시하기에는 우리의 현실은 너무나 복잡하다. 또 포스트모더니즘 자체가 갖고 있는 부정적 영향도 무시할 수 없으리라.

프레드릭 제임슨이 지적한 대로 포스트모더니즘의 소위 대중주의는 싸구려 상업문화와 소비문화, 향락·오락문화로 우리를 이끌어 가짜 행복감에 빠지게 하여 역사와 현실이 주는 중압감에서 벗어나게 한다. 따라서 이러한 포스트모던한 상황은 비판의식을 희석화시키는 반민중적 체제순응주의로 이끌 위험이 있다. 앞에서 말한 소위 포스트모더니즘이란 이름으로 재포장되어 지구촌에 급속히 퍼져나가는 신식민지·신제국주의의 다국적 자본의 논리인 것이다.

프랑스의 포스트마르크스주의자인 장 보드리야르는 기술과 매체 확산, 후기 자본주의 생산체계의 확대에 따른 포스트모던한 서구사회의 보편내재적인 성격과 그 <기호론적인 공상>, <사회적인 것의 소멸>, <흡수와 내파의 힘>, <초현실적인 것에 대한 히스테리>, <실제의 재현보다는 거짓 시늉들의 세계>를 잘 설명한 바 있다. 그는 상품을 인간적 가치의 표현적인 투사로 보아 이런 부호들과 언술행위들의 확산을 겉보기에는 민주적이고 해방적인 요소를 지닌 것으로 간주했다. 그러나 최근 그가 포스트모더니즘을 사회적 주체의 행위를 방해하는 체계로 여기며 부정적이고 비판적인 시각을 견지하게 된 것에 주목해야 한다. 일상생활에서 계속되는 상품화는 인간 주체가 부호체계 속에서 하나의 부호로 전락한다는 포스트모던한 상황을 그려내고 있다. 이에 포스트모던한 것은 하나의 탈출구가 아니라 우리 시대의 문화적 덫의 새로운 형태로 등장하는 것이다. 다니엘 부스틴이 말하는 이른바 <가짜사건>들이 판치는 포스트모던한 사회는 그 정보 자체가 이미 자본의 교묘한 논리와 허위지배 이데올로기에 조건 지워진 상태이기 때문에 우리에게는 양날의 칼처럼 치명적일 수가 있다.

또 데리다, 푸꼬 등 포스트구조주의자들의 <주체의 해체>도 그 진보성에도 불구하고 경계해야 한다. 소위 그들이 말하는 2분법－서구 / 비서구, 남성 / 여성, 중심부 / 주변부 등－의 극복이라는 것도 사실의 은폐, 역사의 왜곡 혹은 저항에 대한 사전 <봉쇄전략>이며 서구중심의 체제유지의 <안전판>역할을 할 수 있다. <주체의 해체>라는 것도 그 동안 우리가 억압되고 분열된 파편적인 식민지문화 속에서 알게 모르게 주체가 해체되어버린 상태에서는 더 이상 받아들이기 힘든 논리가 아닐까?

미국의 사회학자 터드 기트린이 지적한 것처럼 포스트모더니즘의 또 다른 특성 중의 하나인 신실용주의와 연계된 문화적 다원주의는 미국의 다민족문화가 보여 주는 문화양식이다. 어떤 주제도 본질적으로 다른 것보다 우수하지 않게 되고 표면상으로는 동등하다(사실 그 속에는 백인의 지배이데올로기가 큰 줄거리로 자리 잡고 있다). 통속화된 다원주의는 자유방임주의의 문화논리이며 <무엇이든 좋다>라는 식의 모든 것을 흡수해 버리는 거대한 흡입기가 되어 버린다.

크리스토퍼 노리스의 말대로, <이것도 좋고 저것도 좋다>라는 논리는 사회적인 갈등을 유발시키는 요소는 사라져야 하고 모든 것이 받아들여짐으로 인해 비판의식 자체가 불필요하게 되어 현 상황과 체제를 그대로 유지하는 것이 최선이라는 자유방임주의 옹호론이 되어 버린다.

그렇다면 우리의 문화구조도 과연 모든 선과 악을 초월한 포스트모던한 낙원으로 들어갈 수 있을까? 아니, 우리는 포스트모던한 아우라aura에서 벗어나 그 낙원의 선악과를 따먹음으로써 얻을 수 있는 허실을 생각해야 한다. 그러므로 포스트모더니즘에 대한 우리의 자세는<혼돈의 감식가>의 자세로 또는 "포스트모던 현상"에 대해 놀라거나 불안해하거나 하는 순진성만을 보일 것이 아니라 좀 더 세련된 알란 와일드Alan Wilde의 말대로 "미결의 아이러니" suspensive irony를 가지고 소위 "좋은" 포스트모더니즘과 "나쁜" 포스트모더니즘을 구별하고 "저항"의 포스트모더니즘과 "반동"의 포스트모더니즘을 구별하여 철저히 분석·극복·대처해 나가야 한다. 이제는 지엽적이고 지나친 또 다른 허위지배 이데올로기로서의 지배담론을 위한 아카데미즘적인 논쟁의 경계를 벗어나 포스트모더니즘은 우리의 21세기적인 일상적 삶에 침투되어 확산되고 있는 하나의 커다란 문화상황 전반에 대처할 수 있는 총체적 문화정치이론의 창출과 실천을 위한 과학적이고 전문적인 현상분석과 가치 판단을 토대로 적용과 비판이 계속되어 비판적 문화비평 또는 문화연구의 방향으로 나가야 할 것이다.

본서는 1985년 종로서적에서 처음으로 『포스트모더니즘』이란 제목으로 출간된 이래 한신문화사에서 1991년 『포스트모더니즘 개론』이란 제목으로 개정증보판이 나왔다. 그 후 이 책이 몇 번 발간되었으나 이제 2000년대 들어와서는 출판사 사정으로 거의 절판상태에 이르게 되었다. 이에 편역자는 대학생들이나 일반 독자들을 위해 550쪽이나 되는 책의 분량을 400쪽 정도로 줄여서 신아사에서 다시 출간하게 되었다. 어려운 때에 출간을 허락해 주신 신아사의 정현걸 사장님께 감사드리고 원고정리에 애쓰신 편집부 여러분께 고마움을 전한다. 끝으로 포스트모더니즘에 관심을 가지거나 새로 공부하시는 독자 여러분들에게 조금이나마 도움이 되었으면 좋겠다.

2007년 여름

상도동 국사봉 자락에서

편역자

편역자 해설 : 포스트모던 이론과 이합 핫산

이합 핫산은 (포스트모더니즘)의 지속성과 단절성을 동시에 관찰하고 있다. 포스트모더니즘이 모더니즘과 … 연속선상에 있다는 것을 적절히 보여주고 있으며 동시에 포스트모더니즘은 그 자체의 생성과 사건들에 있어서 모더니즘과는 다른 역사적인 궤적과 인과론적인 역사를 가지고 있다는 것도 아울러 보여주고 있다. 왜냐하면 모더니즘은 포스트모더니즘의 존재를 위해 필연적인 선사先史를 제공하면서 동시에 포스트모더니즘으로 하여금 모더니즘 자체를 다시 정의함으로써 그 지속성에 대한 토대를 제시하고 있다.

– 말콤 브래드버리(1983) –

I

이합 핫산은 '혼돈의 감식가'이며 '변화와 쇄신의 대변자'로서 20세기 후반기부터 문화 전반에 걸쳐 일어나고 있는 새로운 현상들과 경향들에 관심을 집중시키고서 여러 가지 새로운 양상들을 다각도로 검토하는 매우 독창적이고도 또 얼마간은 이단적인 문학 비평가 또는 문화 이론가이다. 그는 1961년에 전후 미국의 새로운 소설들을 검증했다고 할 수 있는 『기본적인 순수성 : 현대 미국 소설연구』를 발표한 이래 1980년 『올바른 프로메테우스의 불』에 이르기까지 8권의 저서를 냈다. 그는 『올바른 프로메테우스의 불』의 서문에서 자신은 비평가로서 세 번의 모험을 시도하였다고 말한다. 첫 번째 모험은 전후의 미국 소설을 철저히 탐구한 『기본적인 순수성』(1961)을 펴낼 때 시도되었고, 두 번째 모험은 문학에서 일어나고 있는 자기 해체의 전략에 대해 추구해 본 『침묵의 문학』(1967)과 『오르페우스의 사지 절단』(1971)에서였고, 세 번째 모험은 포스트모더니즘과 파라 비평의 이론서인 『파라 비평』(1975)에서 시도해 보았는데, 그는 지금은 이러한 모험적이었던 주제들이 이미 안정세를 얻게 되었다고 말한다. 그 후 그는 『포스트모던 대전환』(1987)을 내놓아 포스트모더니즘에 관한 여러 가지 면모를 다각도로 검토하였다. 이 글에서는 그의 포스트모더니즘 이론을 중심으로 그의 문학 비평가로서의 자세를 타작해 보고자 한다.

핫산은 『파라 비평』에서 자신을 "실존주의자, 이상사회주의자, 그리고 신비주의자"라고 정의내린다. 우리는 그의 이러한 자기 정의를 보면서 그가 특별한 기질을 가지고 있고 또 입장을 취하리라고 예상할 수 있다. 실존주의자로서의 핫산은 스스로의 선택을 통해 그의 삶을 창조하고 정의하고자 하며 상당히 개성적이면서도 사적인 삶의 감각을 가진다. 그의 입장은 상당히 개인주의적이며 다소간은 자신과 자아와의 관계, 특히 자신과 죽음과의 관계를 강조하는 소외된 실존주의자이다. 그러나 이상 사회주의자로서의 그의 기질은 그로 하여금 사회와의 연관성을 갖게 하며 다소 세상에 널리 퍼져 있는 일반적인 입장을 취하게 하고 더 나은 사회, 더 나은 인간 상태와 질서를 지닌 사회를 꿈꾸게 한다. 나아가서 노래로 산천초목을 매혹시키는 특별한 힘을 가진 신화와 인물인 오르페우스와도 같이 그는 자연과의 혼연 일체를 꿈꾸는 우주적인 비전을 지닌 온건한 신비주의자의 견해를 유지하고자 하고 그 속에서 자아와의 관계, 사회와의 관계, 우주와의 관계는 상호 의존하고 조화를 이루어 그는 다원론적이고 복합적인 비전을 가진 비평가로 삶, 문학, 문화, 역사의 모든 시각을 구비하게 된다.

그의 지적인 사고방식이 그 자신의 기질과 복합되어 작용하여 그의 비평을 이루게 되는데, 그의 비평의 근본 원칙을 살펴보자. 첫째, 핫산은 이미 정해진 틀에 안주하기보다는 안정을 거부하고 전통적이 아닌 것을 택하며 위험을 무릎쓰며 모험을 시도한다. 두 번째로 그는 비평은 어떤 특별한 문학 작품이나 문화 현상만을 대상으로 삼지 말고 삶 전체에 대한 일반적인 진술이 되어야 한다고 주장한다. 그리하여 그의 비평에서 우리는 개인적이고, 자서전적이며, 몽상적인 비전까지를 발견하게 되며, 또 그 비전들이 그가 읽고 있는 책들과 결합되고, 그가 살면서 겪고 있는 지적, 문화적, 역사적 경험과 결합됨을 볼 수 있다. 즉 그의 두 번째 원칙은 비평이 단순히 특정한 문학 작품의 분석, 해석, 평가만을 하는 것이 아니라 좀 더 인간적이고 좀 더 광범위하고 삶의 많은 요소를 포용하는 포괄적인 진술로 되기를 희구함을 나타내고 있다. 그의 세 번째 원칙은 새로운 것, 전위적인 것, 그리고 변화의 문제를 어떻게 다룰 것인가 하는 것과 관련되고 있다.

Ⅱ

이러한 비평 원칙하에 작업하는 핫산에게는 몇 가지 용어－욕망, 희망, 죽음, 사랑, 변화, 상상력－가 상당히 중요한 구심점이 되고 있다. 이 용어들은 그가 자신을 정의 내릴 때라든가 그의 비평 원칙을 정할 때 상당히 중요한 역할을 하고 있는데 '욕망'이라는 개념은 인간을 움직이게 하고 현재의 자신에 만족하게 하지 않고 뭔가 다른 것을 희구하게 만드는 상당히 중요한 용어이다. '욕망'은 인간 생활과 인간 정서의 제1차적인 힘이다. 그래서 그는 '욕망, 상상력, 변화 : 한 비평 작업의 개요'라는 논문에서 "말하자면 욕망이란 은유의 변형적인 힘이다 … 해석, 예술, 진리, 사랑, 삶－이 모든 것들은 니체가 '권력에의 의지'라고 부르는 것이 되고자 하는 욕망의 형태들이다"라고 욕망에 대한 설명을 한 다음 다음과 같이 욕망에 대한 결론을 내린다. "간단히 말해 욕망이란 우리가 앞으로 통제하고 변형하거나 통합해야만 하고 나아가서 우리 자신을 미래와 과거에 구속시키는 하나의 원초적인 정신적 에너지이다." 즉 이 '욕망'을 어떻게 다루느냐에 따라 우리의 미래가 좌우된다는 것이다.

핫산의 '희망'이라는 용어는 사회적인, 즉 유토피아적인 차원을 가지고 있다. 즉 희망이 있기에 우리는 전체적인 삶의 질서 속에 우리를 투영시키고자 한다. 반면 '죽음'이라는 용어는 실존주의적인 측면에서 상당히 중요한 몫을 담당하는데 그것은 삶이 불확실성과 연계성을 가지기 때문이다. 우리 인간은 항상 생의 본능eros instinct과 죽음의 본능thanatos instinct의 갈등 속에서 휘말려 있다. '죽음'은 꼭 문자 그대로의 의미로서가 아니라 변화에 대한 은유로 쓰이고 궁극적으로는 우리가 우리의 두려움을 가라앉힐 때 우주가 우리의 귀에다 속삭여 전해 주는 언어로서의 의미로 사용된다. 그 다음으로 '사랑'이라는 개념은 핫산은 그 어느 것보다도 강력한 힘을 지니고 있다고 생각한다. '사랑'은 자기 보존을 꾀하는 에로스의 의미에서 '욕망', '희망', '상상력' 등 모든 것을 함께 모아 준다. 이 사회를 형성하고 또 '욕망', '희망' 등을 불어넣어주는 것은 우주적인 힘이고, 이 '사랑'은 삶과 우주의 변증법적 관계로 인해 산출되는 것이기 때문에 가장 중심적이고도 핵심적인 요소로 악마적이고도 유아론적인 충동과 맞서 이길 수 있는 것이다.

핫산은 그의 비평에서 위의 네 용어들—욕망, 희망, 죽음, 사랑—을 끊임없이 사용한다. 이 용어들은 자연계이 4대 요소인 물, 불, 공기, 대지와 마찬가지로 그의 비평에, 그의 의식에 근간을 이루어 주는 원소들이다. 그의 모든 독서 행위, 사고 작용, 창작 행위는 이러한 용어들과 개념들이 그가 내린 삼중적인 자기 정의와 그의 비평의 3대 기본원칙들과 관련되어 조화되고 배열되어 나온 결과라고 볼 수 있다. 그 다음의 용어 '상상력'은 핫산이 자기에게 가장 중요한 주제라고 고백하고 있다. 그는 '상상력'이 우리의 미래를 만들고 또 그것이 우리의 운명이 되고 있다고 생각한다. 그는 '상상력'이라는 주제를 세운 다음 그 주제에다 자주 되풀이되고 있는 다른 주제들－욕망, 희망, 변화, 언어의 보편 내재성, 지식과 행위의 불확정성, 인문학의 상호 갈등과 야망들, 정치학, 역사, 죽음, 부분과 전체와의 관계, 하나와 다수와의 관계 등등－을 관련지어 이야기한다. 핫산은 이 상상력의 힘과 비전을 긍정적으로 확신하고 있다. 그는 상상력이야말로 살아 있는 불꽃이며 은유의 은유이고 모든 우리의 허구들을 가능하게 하는 중심적인 힘이며 역동적이고 변이적이며 변형을 이룰 수 있는 힘이라고 생각한다. 마지막으로 그에게 있어 '과학' 역시 큰 몫을 하는 개념인데 공학을 전공했던 그에게는 당연한 일이고 양자 이론, 상대성 이론 등등의 과학 이론이 그의 비평에 적용되는 것을 보면서 그 만큼 비평의 폭이 넓어져 가고 있음을 느낄 수 있다.

Ⅲ

혁신자로서의 비평가인 핫산은 그의 저서 『파라비평 : 우리시대의 7개의 사색들』(1975)에서 자신이 변화에 대한 아마추어이고 새로운 것이 일어나는 것을 목격하고 있다고 말한다. 그의 머릿속 한가운데에는 우리 인류의 운명에 대한 끊임없는 의문이 떠돌고 있고 변화의 비전이 자리하고 있다. 핫산은 우리 인간이 다윈, 마르크스, 프로이트 심지어는 아인쉬타인이 예견했던 것보다도 훨씬 더 급격하게 변형될 것이라고 확신하고 있다. 그래서 비평이 변화이론을 만들어 내는 데 한 몫을 담당하고 삶의 계획의 일부분이 될 수 있지 않겠는가? 또는 어떻게 우리가 변화를 사랑하지 않고 살아갈 수 있겠는가? 핫산은 항상 불시에 나타나고 있는 새로운 것, 기이한 것과 개방적이지 못하고 구태의연한 전통만을 중시하는 문화 사이에서 중개자 역할을 하고 있다. 핫산은 정상적이지 않은 것을 단순히 기이하고 이상한 것으로만 몰지 않고 오히려 그것을 삶이 다시 새로워지고자 지니고 있는 삶이 가진 힘의 증거로 간주한다. 그러나 우리는 적절하면서도 수긍이 갈만한 현대의 변화이론을 가지고 있지 못하다고 핫산은 주장한다.

핫산은 변화 원리가 지녀야 할 몇 가지 기본적인 원리를 제안하고 있다. 그는 변화 원리는 1) 소크라테스 이전의 철학자들 이래로 이미 서구인의 정신 속에는 확실하지는 않지만 역동성이 존재하여 왔음을 인정해야 한다. 2) 변화는 인간 상황에 본질적인 요소임을 인정해야 한다. 3) 진정한 변화는 궁극적으로는 창조이며 경이임을 이해해야 한다. 4) 인류에게 일어날 수 있는 모든 변형의 수단과 목적을 탐구해야 한다. 5) 인간에게는 어떤 특별한 운명이 지워져 있는가라는 문제를 생각해보아야 한다. 6) 인간 노력의 전우주적인 체계를 받아들여야 한다. 7) 그리고 어떠한 변화 이론도 곧 변화의 신화로 되어 어떤 신조로 정립되리라는 사실을 인정해야 한다고 주장한다. 핫산은 정말로 적절한 변화 이론은 스스로가 변화가 가능하다는 것을 입증할 수 있어야 한다고 말한다. 누구를 위해서 또 무엇을 위해서 변화가 궁극적으로 작용하는가를 안다는 것은 결국은 우주의 감각을 알게 되는 것이라고 생각하는 핫산은 이러한 변화 이론을 문학 이론에 접목시키고자 한다.

Ⅳ

무엇보다도 핫산의 비평이 우리 독자들을 당황케 만드는 것은 그의 파라비평의 형식과 문체이다. 그는 문학형식에서의 혁신과 변화에 관심을 기울이기 때문이다. 그래서 그의 비평에서 차지하는 형식과 문체에 대한 비중은 상당히 큰 것인데 그는 비평이 구체적인 작품분석에 그치지 않고 비평 자체가 하나의 문학작품이 될 수 있고 픽션의 경지에도 이를 수 있다고 생각한다. 그의 비평은 철학적, 문학적 사색 또는 회고에 가까운 형식을 취하기도 한다. 그는 그의 새로운 파라비평에서 '장난기 있는 불연속성'으로 대담한 실험을 하고 갖가지 인쇄기술상의 변형과 문체상의 다원주의를 시도하고 있다.

핫산은 자신이 '비평가나 학자로서가 아니고 더욱이 몰개성적인 시인이나 소설가, 극작가로서의 비평문을 쓰지 않고 독특한 형식들 속에서 나 자신의 목소리를 찾고자 노력한다'고 말하면서 자신의 비평의 형식적인 특성을 다음과 같이 설명한다.

> 나는 이 에세이[비평문]들에서 일관된 논리를 (…) 주장하지 않는다. 그 에세이들은 잠정적인 부정, 불연속성, 침묵, 빈 공간과 놀라움을 가져오게끔 구성하였다. 또한 이 책은 낯익은 기법들로 가득차 있다 : 인쇄상의 변화와 주제의 반복, 연속주의와 그 패로디, 인유와 유추, 질문 형식과 콜라쥬, 인용과 병치 ; 그러나 이 파라비평적인 에세이들은 충분하게 부정적이 아니다. 어쨌던 그것이 주는 효과는 강단비평 밖에서는 별로 새로운 것은 아니다. 그러나 강단비평가들고 엘리어트나 파운드도 가르치기를 좋아하지 않았던 <황무지>나 <캔토우즈>에서 무엇인가 배울 수 있다. 이 문제는 예술을 모방하는 비평의 문제는 아니다. 오히려 이것은 그들의 목소리들의 반향들과 그들의 삶의 가치들을 사용하는 작가들의 문제이다.

다시 말해 핫산은 자신의 파라비평문에서 현대시의 여러 가지 기법들을 비롯하여 갖가지 수법을 동원한다. 즉 몽타쥬, 꼴라쥬 수법, 여러 인용문들의 이상한 배열과 병치, 침묵, 빈 여백, 마스크형식, 여백을 이용한 그림, 수학 공식, 도표, 연속적인 질문, 단어를 이용한 게임, 숫자놀이, 시적인 구성, 비슷한 단어 형태, 고딕체 활자, 이텔릭체 활자 및 크기가 다른 활자 사용, 텍스트 내에 참고목록을 집어넣기, 자기 회화, 대화체 등등 그 예는 무수히 많다.

핫산이 이러한 형식상의 실험을 하는 이유는 다시 말해 비평문의 '낯설게 하기'는 독자들로부터 잠정적으로 확증을 빼앗아가고 그들을 불연속 상태, 침묵상태, 놀라움의 경지에 빠뜨려 놓은 다음 독자들이 그런 상태 속에서 꿈꾸고 창조하고 참여할 수 있는 어떤 놀이

마당을 마련해 주기 위해서이다. 그래서 전통적이고 통념적인 비평문의 형식에만 친숙해 온 우리들로서는 그의 글을 처음 대할 때는 어려움, 당혹감, 거부감을 느끼기도 하지만 신기함, 호기심도 갖게 되어 우리의 마음은 경박함보다는 '텍스트의 즐거움'을 가지게 되어 신선한 공기라도 마신 것 같이 된다. 핫산의 파라비평문은 점차로 그 형식이 내용이 되어 커다란 수사학적 힘을 가지고 우리 속으로 침투하여 울림과 꿈틀거림으로 묘한 즐거움을 준다.

핫산의 글의 또 다른 특징은 수많은 인용문이다. 그는 자신의 인용의 미학과 정치학에 관해 다음과 같이 주장한다.

> 롤랑 바르트는 '인용문들은 한 주제의 부성 권위를 수립하고자 한다. 그러나 수백명의 <아버지들>이 많은 목소리들로 동시에 말한다면 어떻게 될까?' 수잔 손탁은 「인용(그리고 서로 어울리지 않는 인용들의 병치)에 대한 취미는 일종의 초현실주의적인 취미」라고 말한다. 나는 이 글에서 인용들이 (…) 일종의 집단적인 꿈의 모자이크라고 믿고 싶다. (…) 그리고 이 인용들은 나 자신의 목소리와 구별되고 이러한 상호 텍스트들은 나의 텍스트의 맥락을 제공하고 그 자체가 텍스트가 될뿐더러 내 자신의 말이 인용들이 되기도 한다. (…) 인용들은 우리 눈이 볼 수 있고 들을 수 있는 것에 하나의 틈을 제공한다. 그러나 이러한 단절도 구조적인 것이 될 수 있다.
>
> 이렇게 함으로써 이른바 바흐친류의 「다의성」과 「대화적 상상력」을 촉발시킬 수 있으리라.

내용보다 비평문의 형식과 문체를 많이 생각하고 있는 핫산의 비전통적인 태도는 적어도 각각의 형태는 그 자체가 내용이다라는 것을 인정하고 있는 니체나, 전달매체가 곧 전달내용이라고 주장하는 맥루한과 맥을 같이 한다. 예를 들어 핫산이 몽타쥬 수법을 사용한 것은 인지적 이해에서 일어나고 있다. 동시성을 추구하고자 하는 노력의 일환인데 그의 이러한 비전통적인 비평문제는 독자들에게 많은 찬반을 일으키고 있다. 어떤 이는 '이러한 인쇄기술상의 변이는 현학적이며 형식을 무시하는 태도'로 보고 또 다른 이는 '이러한 것은 끔찍스러울 정도의 무서운 장애물'이라고 말한다.

그러나 핫산은 헤이든 화이트가 지적하듯이 그의 비평 텍스트에서 폐쇄성, 완결성, 완전성, 통일성의 개념을 부정하고 우리에게 지적 자극과 항상 깨어있는 역동적인 의식을 제공하고 있으며, 그의 형식과 문체는 정말로 '광범위한 대화체의 의식'과 '인쇄술상의 기법들을 충분히 활용하고 있는 수단'이 되고 '시각적인 형이상학'을 지니고 있다 하겠다.

이러한 핫산의 파라비평의 새로운 텍스트학은 그의 독서행위 개념과 일치한다. 그는 독서행위를 텍스트의 언어를 어루만지면서 시작하는 텍스트와 독자간에 이루어지는 정사情事로 보고 있다. 그에게는 일반 문학 텍스트 뿐 아니라 비평 텍스트도 「과정」, 「생산성」, 「즐거움」, 「놀이」, 「있음-없음」이다. 그의 파라비평문의 전략은 「페이지의 에로학」(수잔 손탁)이고 극단적으로는 텍스트의 황홀(textasy = text+ecstasy)의 경지까지 의도하는 것일까? 핫산은 장중하고 잘난체하고 명령적이고 음울한 통념적인 비평문의 굴레를 벗어나고 경계를 뛰어넘어 간극을 메꾸고자 한다. 그가 사용하고 있는 용어는 간결하고, 활력이 넘쳐흐르고, 시적이며, 역동적이며, 신선하고, 독창적이고, 어원학적이며 장난기 있으면서도 신중한 것들이다.

V

'무질서의 감식가'이기도 한 핫산은 문학 비평이 떠맡아야 할 새로운 역할을 발전시키고 있고 비평가는 새로운 형태의 인본주의를 다룰 책임이 있다고 생각한다. 그는 문학과 비평의 구분을 거부하고 있어서 비평은 곧 허구가 되기 때문에 비평가는 마음속에서 인식론적인 자유를 누리는 예술가라고 생각한다. 그러므로 핫산은 비평에다가 새로운 활기, 새로운 포용력, 새로운 가능성을 불어넣어 주고 있다. 핫산은 비평 속에서 다양한 목소리가 울려 나와야 한고 복합적이고 다면적이고 강렬한 가치를 전달해 주어야 한다고 강조한다.

이것은 포스트모더니스트로서의 문학 행위는 장엄한 종합적인 비전 속에서 우리의 인간 상황의 파편들을 화해시켜야 한다고 믿기 때문이다. 핫산이 생각하는 혁신자로서의 비평가는 텍스트의 해석학보다는 새로운 것을 포용할 수 있는 텍스트의 관능학에 기반을 둔 안목을 가지고 있어야 하고, 파괴와 분해에 대한 의지를 가지면서도 전체화가 휘두르는 전제 행위를 거부할 수 있어야 한다. 거기에다 비평가는 자기가 누리고 있는 자유를 방임으로 흐르도록 내버려 둘 것이 아니라 역사와 영원성을 보증할 책임을 떠맡아야 한다.

핫산은 서구 정신에서 일어나고 있는 새로운 의식을 영지주의 즉 새로운 신비적 직관주의로 정의 내리고자 한다. 즉, 그것은 신비적인 방법과 과학적인 방법을 잘 조화시키고자 하는 것이다. 새로운 신비적 직관주의의 특징으로는 '새롭고도 우주적인 의식', '전우주적인 포용성', '상호 보충성', '상호 의존성', '다양한 수준에서 일어나고 있는 분산의 일관성'등을 들 수 있다. 그는 오늘날 신화와 기술이 그리고 문학과 과학이 수렴되는 과정을 깊이 인식하고 있다. 그래서 그는 도덕률 폐기론적인 요소들과 조화를 이루는 새로운 신비적 직관주의로부터 그의 문화 이론을 이끌어 내고 있다. 그는 과학, 역사, 문학, 예술, 기술 등 모든 것이 서로 융합하여 정신에 호소해야 하고 또 상상력과 모호하면서도 두루 다 통할 수 있는 관계를 맺어야 한다고 주장한다.

핫산은 과학도 출신답게 과학의 힘에 대해서 상당히 낙관적이다. 그는 상상력과 마찬가지로 과학도 변화를 일으키는 데 강력한 힘을 가지고 있다고 생각한다. 핫산의 유토피아는 희망과 기술이 영원히 동맹을 맺고 있는 세계이지 예술과 기술, 허구와 사실, 기술과 지식, 과거와 미래, 하늘과 대지가 구분되는 이중적인 문화의 세계가 아니다. 그리고 상상력 자체도 현대 문화 속에서는 과학에 의해 능력을 부여받게 되고 또 기술혁신에 의해 그 범위가 확장된다. 게다가 그는 종교와 과학의 결합까지도 지적한다. 그리하여 그의 새로운 신비적 직관주의는 포스트휴머니즘(Posthumanism)으로 인도되고 신비적, 직관적 계획 속에서 오는 포스트구조주의와 초월주의를 화해시키고자 노력한다. 그는 우리 20세기가 떠맡고 있는 과업은 하나와 다수 사이에 새로운 관계를 찾아내고 또 모든 다양한 스타일이 공존하고 포용될 수 있는 다원적인 사회를 건설하는 것이라고 생각한다.

그가 새로운 문화적인 힘이라고 생각하고 있는 포스트모더니즘(또는 포스트휴머니즘)은 의미론적으로 다소 불안정한 위치에 놓여 있기는 하지만 금세기 후반기에 예술, 사회, 문화 전반에 걸쳐 일어나고 있는 뭔가 다른 양상과 경향들을 잘 설명해 주고 있는데 핫산은 단순화의 위험을 무릅쓰고 최근의 여러 학자. 비평가들의 개념들을 빌어 모더니즘과 대조시켜 포스트모더니즘의 특징들을 제시해준다. 그 중 몇 가지만 대비시켜 보면 형식 / 반형식, 위계질서 / 무질서, 목적 / 유희, 통달 / 소모, 말(로고스) / 침묵, 객체로서의 예술 / 과정, 독자적 / 작가적, 편집증 / 정신분열증, 창조 / 파괴 등이 있다. 그러나 무엇보다도 포스트모더니즘에 있어서 핫산의 중심적인 개념은 그 자신이 만들어 냈다고 할 수 있는 'Indetermanence (indeterminacy + immanence)'이며 이 '불확정 보편 내재성'을 기초로 한 새로운 질서 체계를 그는 제안하고 있다. 그의 이 개념 저변에는 하이젠버그의 '불확실성의 원리', 보어의 '상호 보완의 원리' 그리고 괴델의 '불완전성의 증거' 등의 개념이 기초가 되고 있다.

그의 '불확정성'의 중심 개념에는 우리 시대의 다양한 목소리와 원리들이 포용, 통합되어 있다고 볼 수 있다. 이 목록 중 일부만을 나열해 보면 *decreation, disintegration, deconstruction, displacement, difference, decenterment, discontinuity, disjunction, disappearance, decomposition, dedefinition, demystification, detotalization, delegitimation* 등이다. 여기서 우리는 개방성, 이단, 다원론, 절충주의, 무작위성, 반항, 변용의 정신을 엿볼 수 있다. 이러한 경향을 언급한 사람들을 몇만 예로 들면 쥬리아 크리스테바의 텍스트 상호간의 담화와 기호학의 해체, 폴 리쾨르의 의심의 해석학, 롤랑 바르트의 즐거울의 비평, 휄릭스 카타리의 분열증적 분석, 미셸 푸꼬의 소멸의 인문주의, 장-프랑소와 료따르의 탈합법화의 정치학, 레스리 피들러의 변이들, 레이몬드 웨더만의 쉬르휙션, 그리고 핫산 자신의 파라 비평과 파라 전기 등이 있다. 그의 '보편내재성'의 개념인 *dissemination, dispersal, diffusion, diffraction, ecumenism, communication, interplay, interdependence, interpenetration* 등에서는 확산, 정신 자체를 세계화-보편화하려는 경향을 찾아낼 수 있다. 이러한 경향은 이미 아놀드 토인비의 영화靈化, 벅민스터 훌러의 무상화, 어빈 라스즈로의 개념화, 파올로 소레리의 비물질화, 칼 마르크스의 역사화한 자연, 떼이야르 드 샤르댕의 흑성화된 인류, 그리고 핫산 자신의 새로운 영지주의에서 나타나고 있다. 핫산이 지적하는 포스트모던한 세계의 이 두 개의 복잡한 경향—'불확정성'과 '보편내재성'—은 서로 반대되는 개념이 아니며 그 둘은 어떤 종합으로 이끌지도 않는다. 이 두 경향은 상호 작용하고 상호 침투적인 양상을 이루어 내어 오늘날 서구 문화에서 일어나고 있는 변화들을 창출해 내고 조절해 주고 있는 보이지 않는 원동력인지도 모르겠다.

마지막으로 핫산은 남성적인 요소와 여성적인 요소가 함께 조화를 이루는 양성androgyny의 원리를 강조한다. 프로메테우스는 핫산에게는 단순히 인간에게 불을 훔쳐 전달해 준 타이탄 신이 아니라 하나와 여럿이 싸우고 있는 정신을 의미하며 그의 정신은 상상력과 과학, 신화와 기술, 언어와 숫자가 결합하는 것이고 더 나아가 하늘과 땅의 결합을 의미하므로 그는 양성원리의 신봉자라고도 할 수 있다. 그런 이유로 그는 가부장적인 제우스에 반기를 들어 불을 훔쳐 인간에게 전달하게 되는데 이 불은 상상력이고 지식이며 글자, 약, 또 모든 종류의 예술 형태를 의미하는 것이다. 그래서 메리 셸리의 프랑켄쉬타인을 예로 들며 창조의 여성 원리를 부정한 프로메테우스주의가 악마로 변신하게 된다고 그는 주장한다. 버지니아 울프도 일찍이 양성의 원리에 대해 갈파한 바 있지만 정말로 우리 전 인류의 운명은 남성 원리와 여성 원리가 어떻게 잘 조화하느냐에 달려 있는지도 모르겠다.

핫산은 지금까지 살펴 본 바와 같이 그의 문학 비평 또는 문화 비평에서 형식과 이념면에서 많은 실험과 모험을 시도하였다. 그것들은 과격하기도 하고 본질적인 것이어서 그 만큼 우리에게 값지고 필수 불가결한 것 같다. 핫산의 비전은 다변적이어서 모든 언어와 방언, 모든 관점, 모든 시점을 총괄적으로 포용하는 바벨탑과도 같다. 그의 비평은 통시성, 공시성, 연속성, 불연속성의 관계 속에서 현실을 파악하고자 하는 여러 가지의 목소리를 담고 있다. 비평가로서의 그의 명성은 「기본적인 순수성」 이후 얼마간은 안정된 것이었으나 「침묵의 문학」 이후 다소 감퇴된 듯 하다가 최근 들어 포스트 모더니즘과 새로운 문학 이론의 선두 주자로 그 중요성이 부각되고 있다.

Ⅵ

그는 최근의 많은 비평가들과 공감대를 가지면서도 이른바 "예일 비평가 구룹"으로 불리는 데리다, 하트만, 드 만, 밀러, 블룸 등 어떤 유파와도 거리를 두고 독립적인 또는 절충적인 비평을 하고 있다. 핫산은 이상 국가주의자(?) 이기는 하나 물론 마르크스주의자는 아니다. 이것은 70년대 초반 에드워드 사이드와의 격렬한 논쟁을 보아도 그렇고 최근 1985년 봄 『신비평 이후』의 저자 프랭크 랜트리키아와의 대담을 보아도 그렇다. 핫산은 또한 해체주의자나 포스트구조주의자도 아니다. 물론 핫산 자신은 후기의 롤랑 바르트와 상당히 의기가 상통하기는 하나 1982년 여름 밀워키에서 있었던 예일 그룹의 제프리 하트만, 폴 드 만, 『신문학사』의 편집자인 랠프 코헨 등과의 특별 세미나에서도 드러났듯이 데리다적도 아니다.

신비평 이후의 비평의 커다란 바람은 유럽 대륙쪽에서 불어오고 있음은 사실이다. 핫산 자신은 에머슨, 휘트만, 도로우 등으로부터 상당한 영향을 받고 있다고 말하고 있고 또 미국적인 감각으로 비평 활동을 하고 있는 것도 사실이지만 그에게 있어서 큰 맥이라고 할 수 있는 것은 유럽 학계와의 관계이다. 그래서 그런지 그는 미국에서보다 오히려 유럽에서 넓게 이해되고 받아들여지고 있다. 그러나 미국에서의 그의 위치도 확고하여서 "주요 비평가"로 평가되고 있고(마이클 호프만), 미 국무성이 주관하는 인문 과학분야 발전을 위한 국가 기금 관리소(NEH ; National Endowment for Humanities Summer Seminar for College Teachers)의 포스트모더니즘 부문의 주임교수로 임명되기도 하였다. 그리고 노벨상 문학 부문의 의장이자 스웨덴 학술원 회원이기도 한 아서 룬드크비스트는 핫산을 "변경을 초월하는 다양한 이념과 서로 다른 학문 분야에 대한 전문가로서의 지식과 통찰력을 지니고 있는 독특한 비평가"라고 말하고 "미국 문하계의 진정한 지식인"이라고 극찬을 하고 있고, 리차드 코스탈레네츠는 1982년에 있었던 한 인터뷰에서 핫산을 "미국의 3대 최고 문학 비평가 중의 한 사람이고 가장 중요한 문학 이론가"라고 평가하고 있다.*

* 핫산의 비평담론에 대한 좀 더 구체적인 논의로는 편자의 졸고, 「포스트모던 비평 : 팝비평과 파라비평」『문학사상』(1990, 4월) 참고 바람.

저자 서론 : 포스트모더니즘의 타작(打作)

I

포스트모더니즘이 우리의 의식 속에 침투하여 그 모든 수수께끼들의 해답을 구하지도 못한 채 벌써 30여년의 세월이 흘렀다. 그 부분적인 이유는 우리 앞에 놓인 문제들이 포스트모더니즘 자체가 자기 자신에 대해 문제를 야기하도록 우리에게 가르쳐 준 문제들이기 때문이다. 그러나 이제 우리는 벌써 식상해 있는가? 이 질문은 병발, 앞지르기를 암시해 주므로 포스트모던한 것이 되지 못할 수도 있다. 그러나 우리가 그러한 질문을 하고 있다는 사실만 보아도 우리가 상당히 초조해 하고 있으며 이 순간에 대한 좀 더 큰 의미를 가질 필요를 절실히 느끼고 있음을 알 수 있다.

다시 한 번 나는 제임스의 실용주의—이것은 우리의 모든 고통을 없애주지는 않을 것이다—에서 지금의 우리 상황에 즉시 이용할 수 있을 뭔가를 보게 된다. 이번을 마지막으로 내가 포스트모더니즘 자체의 상황을, 화려한 잡동사니와 우스꽝스러운 돌덩이들로 가득한 요즈음의 문화의 장을 재검토하게 되면, 이러한 인식은 좀 더 설득력을 지닐 것이다. 예비조사는 물론 아니더라도 이렇게 재검토를 하다 보면 현재처럼 느껴질 수도 있을 아주 가까운 미래에 대한 그림을 보게 될 수도 있으리라.

Ⅱ

포스트모더니즘 비평가면 누구나 처음으로 느끼는 충동은 지금도 포스트모더니즘을, 그것이 갖고 있는 의미소 즉 모더니즘과 관련시키는 것이다. 이것은 종종 지적 절망으로, 그리고 어떤 때는 비평의 기상으로 인도한다.[1] 모더니즘과 포스트모더니즘의 관계가 지속인가, 단절인가 아니면 절충인가 하는 문제는 항상 역사적 전제조건에 의존할 것이고 아마도 그 정도는 영원히 미결로 남을 것이다. 모더니스트들이 전통과 단절되었다는 점은 좀 더 분명하게 의견의 일치를 보고 있는데, 허버트 리드, C. S. 루이스, 제프리 바라클라우, 데이비드 죤스, 알란 벌록, 죠오지 스타이너와 같은 다양한 학자들이 그러한 의견을 낸 바 있다. 가장 최근에는 리카도 J. 퀴노네스가 간명하게 그 점에 대해 말한다. "모더니스트들이 낭만주의에 대항하여 자신들의 정의를 내린 것과는 달리 포스트모더니스트들은 모더니티에 대항하여 자신들의 정의를 내리지 못한다."[2] 물론 이것은 포스트구조주의자들이 개탄하는 시간의 선형적 분류방법을 취한 것이다.[3]

1) "포스트모더니즘의 '포스트'는 모더니즘의 확장 내지 반작용이 아닌 것처럼 '후기'라는 의미를 암시하지 않는다."라고 Linda Hutcheon은 *Narcissistic Narrative : The Metafictional Paradox*(Waterloo, Ontario, 1980), 2.에서 적고 있다. 업다이크는 죤 바스를 인용하면서 이 문제를 좀 더 소화하기 쉽게 표현한다. "훌륭한 포스트모더니스트는…'20세기 전반부를 뱃속으로 밀어 넣었지 등에 지지는 않는다.' 모던한 것들을 다 소화한 그는 비교적 풍만하게 보인다." John Updlike의 "Modernist, Postmodernist, What Will They Think of Next?" *New Yorker*, 10 September 1984. 142. 물론 이 말은 로버트 K. 머튼이 On the Shoulders of Giants : A Shandean Postscript (New York, 1965)에서 신나게 추적한 과거의 기발한 착상을 변형한 것이다.

2) Ricardo J. Quinones, *Mapping Literary Modernism : Time and Development.* (Princeton, 1985), 254. 또한 Timothy J. Reiss, *The Discourse of Modernism* (Ithaca, N. Y., 1982) 5, 585도 참고할 것.

3) 예를 들어 폴 드 만은 다음과 같이 말한다. "나에게 문제가 되는 것은 '포스트모던한 접근'이 다소 순진한 역사적 접근으로 느껴지는 점이다. … 문학운동의 정의를 확장된 모더니스트의 관점에서 시도하는 것은(이것은 핫산의 작업에서도 마찬가지이다) 밑빠진 독에 물붓기식이다." Stefano Rosso, "An Interview with Paul de Man," *Nuova Corrente* (1984), 310. 그러나 '밑빠진 독"이 모든 수사학적 체계 속에 숨어 있다고 훌륭하게 가르쳐준 이가 폴 드 만 자신이 아니었던가?

하여튼 포스트모더니즘이 예측하는 지정학적인 변화는 모더니스트들의 어떠한 스타일과 감수성 면에서의 혁명보다도 궁극적으로는 더 중요한 것으로 증명될 수도 있다. 이것은 물론 우리가 이러한 변화를 모더니즘 자체의 속성으로 돌리지 않는 경우에 그렇다.

만일 모더니스트와 포스트모더니스트의 단절의 넓이와 깊이에 비평가들이 의견의 일치를 보이지 않는다면 그 부분적인 이유는 그들이 문화적 변형의 이론을 공유하지 않기 때문이다. 어떤 비평가는 전통적인 문학사의 개념에 매달리고 또 다른 비평가는 파괴없는 불연속성, 체제의 폐지 없이 일어나는 급진적인 수정을 묘사하는 르네 톰의 "대격변 이론"을 채택한다.4) 그러나 또 다른 비평가들은 공존하는 파라다임들, 거듭쓰는 양피지와 같은 변화, "유연한" 이론을5) 찬성하는 의견을 보인다. 포스트모더니즘의 개념에 대해서 우리는 당분간 단순히 모더니즘에 반론을 피는 것, 종합연대기적인 역사 구도 속에서 문화적인 상호시간적 형태로 모더니즘을 다시 평가하는 것이라고 일단 접어둘 필요가 있다. 마테이 칼리네스쿠스가 말하듯이 "포스트모더니즘은 … 역사라는 문제를 하나의 장으로 우리 앞에 재재해 주는 성질이 있다 … 그것은 또한 역사를 하나의 과정으로서 펼쳐주는데 그 속에서 불가역성은 반복으로 보이는 것 속에 침투하고 또 그 반대의 일도 일어나게 된다. 간단히 말하면 지속적 / 단속적 지식과 기술들, 실행과 반실행이 다양한 층을 이루고, 다양한 전통이 공존하는 하나의 과정이지 모더니스트들이 가상적인 '상실된 통합체'의 명목으로 반기를 들었던 그 상상의 전통을 말하는 것은 아니다."6) 이것이야말로 포스트모더니즘을 통해 나아가기 위해, 우

---

4) Rene Thom, "The Rational and the Intelligible,"과 Horia Bratu, "Voca- bulary of Crisis : Catastrophes," both in *Krisis*, no. 2 [1984] : 120-26과 127-36을 참조할 것.

5) Douwe W. Fokkema, *Literary History, Modernism, and Postmodernism* (Amsterdam, 1984)와 Douwe W. Fokkema와 Hans Bertens가 편집한 *Approaching Postmodernism*. (Amsterdam, 1986)에서 다수의 이러한 문제들이 아주 쓸모 있게 재고된다.

리 자신의 변화의 모형에 우리 자신을 익숙하게 하기 위해 우리가 지향할 대화적 포스트모던의 길이다.

이러한 모형들이 완성되면서 이제 우리는 서로 상치되는 현상들 가운데에서 구별하기 시작하고, 또 때로는 집단의 유사성을 부과하기도 한다. 예를 들면 구체시, 누보 로망, 라틴 아메리카 소설, 해프닝, 해체, 로리 앤더슨과 앤디 와홀과 존 바스의 작품들, OULIPO그룹, L-A-N-G-U-A-G-E 그룹들의 작품들-이들의 유사점과 차이점도 구별한다. 내가 이 선집에 모아놓은 글에서 항상 내가 시도한 이러한 구별은 자의적인 것도 아니고 외고집도 아니다. 포스트모더니즘이란 용어가 대륙을 건너가면서-독일로, 이태리로, 영국으로 그리고 최근에는 프랑스로-그것은 서구인의 담화를 형성하게 되었다. 이러한 확산은 포스트모더니즘의 역동적인 형성지가-그 발생지는 아니더라도-해방주의자들과 반문화적인 경향이 가득했던 60년대의 미국이라는 점을 암시한다.

여기서 다시 한 번 포스트모더니즘의 역사를 이야기할 필요는 없다. 포스트모더니즘의 역사, 아니 그 이야기는 항상 다르게 이야기되긴 했어도 이미 다른 사람들이 충분히 논의하였다.7) 내가 여기서 다시 지적할 필요가 있는 것은 포스트모던한 충동이 미국에서는 부정적일 뿐만 아니라 긍정적이었고 프랑스 비평가들이 최근 주장했

---

6) Matei Calinescu, "Postmodernism and Some Paradoxes of Periodization," in *Approaching Postmodernism*, 252 참조.

7) Michael Kohler "'Postmodernismus' : Ein begnffs-geschichtlicher. Uberblick," *Amerikastudien* 22. no, 1 : 8-18, Andreas Huyssen, "Mapping the Postmodern," *New German Critique*. 33 (Fall 1984) : 5-52, 그리고 Hans Bertens, "The Postmodern Weltanschauung and its Relation with Modernism, in *Approaching Postmodernism*" 참조. 포스트모던 토론을 확산시킨 3개의 학술발표회가 있었다 : 1976년 뉴욕의 빙햄튼에서 『경계 2』 잡지가 후원한 "포스트모더니티와 해석학"에 관한 학회, 1976년에 위스컨신대학교 (밀워키소재)에서 개최된 "포스트모던 퍼포먼스"에 관한 심포지움, 1978년 뉴욕에서 개최된 "포스트모더니즘의 문제"에 관한 MLA연차대회 포름이 그것이다. 이어서 3권의 서적이 출간되었다. *Boundary 2* 4, no. 2. (Winter 1976) ; Michel Benamou and Charles Caromello, eds. *Performance in Postmodern Culture* (Madison, Wis. : 1977) ; 그리고 Harry R. Garvin, ed. *Romanticism, Modernism, Postmodernism*. (Lewisburg, Pa., 1980).

듯이 탈권위화의 역할과 함께 도덕율 폐기론적이면서 동시에 유토피아적이었다는 사실이다. 분명 그 충동은 마샬 맥루한, 벅민스터 훌러, 존 케이지, 노만 O. 브라운, 칼로스 카스테네다, 허버트 마르쿠제의 예언 속에서, 미래학자들과 생태학자, 여권론자와 민권운동가, 소비자 운동과 각종 운동가들의 계획 속에서 생명의 양식을 찾아내었다. 이견의 표현이 포스트모던한 동기의 일부이며 또 다른 일부는 비전적이다. 그리하여 60년대에는 블레이크가 유행이었고 최근에는 에머슨 붐이 일고 있다.

이 점은 특히 강조되어야 하는데 그 이유는 해체가 포스트모더니즘을 자신의 아이로니 속에 빨아들이고 자신의 유토피아적인 의지를 약화시킬 위험이 있기 때문이다. 그러나 이러한 의지는 성급함과 —"당장 자유를 달라!"—총체적인 주장은 삼가면서 실용주의를 배우게 되었다. 이 의지는 변칙적인 권력과 환상적인 욕망 속에서, 대중문화의 꿈, 신비스러운 새로운 기술의 발전, 부호의 타락, 온갖 종류의 조건반사의 상실 속에서, 오래전부터 마음속에서 나오는 주장들 속에서, 자유 내지 적어도 유희를 찾는 법을 배웠다. 이리하여 포스트모더니즘은 모더니즘보다 더 영웅적인 저항의 행위와 묵인의 고통을 모두 피하는 듯하다. 그러나 그러한 행위 속에서 포스트모더니즘은 포스트모더니즘을 거의 압도하는 듯한 경쟁적인 이데올로기들이 현재의 변화를 전유하고자 발버둥치는 때에 그 이데올로기들에게 자신을 개방시킨다.

그러나 포스트모더니즘 자체도 변화했다. 초기단계의 포스트모더니즘은 존케이지, 머스 커닝햄, 로버트 라우센베르크, 백 남준, 로버트 윌슨, 도널드 바셀미의 작품에서 볼 수 있듯이 냉정하면서도 장황한 아방가디스트이 기질이 지배했다. 물론 그 단계에서는 포스트모더니즘은 모더니즘으로부터 분기된 자신만의 독특한 스타일, 자신만의 특징적인 혼합시간적이고 단편적인 인식을 얻어내었다. 시간이 흐름에 따라 모더니즘으로부터의 분리에 중요한 요소가 되는 그 반사적이며 풍자적인 경향이 나보코프로부터 쿠버, 바스에 이르기까지의 많은 메타허구적인 작가들에게 골고루 나타나는 주요 경향이 되었다(이 두 가락은 반세기 이전에 다다이스트이면서 반사적 수수께끼의 대가인 마르셀 뒤샹에게서 이미 합치되었는데 뒤샹은 아이로닉하게 포스트모더니즘의 사도로 다시 등장하게 되었다). 다시 그 후 70년대 말에 이르러 포스트모더니즘은 다양한 절충적인 경향으로 분산하게 되어 음악, 미술, 건축과 같은 부분에서는 신낭만주의의 경향으로 또 다른 분야에서는 저속한 작품, 캠프, 팝, 해체주의자, 신다다이스트, 은밀하게 반사적이기도 하고 또는 단순히 게으름을 피우는 등 다양하게 분파되었다.[8]

Ⅲ

앞에서 말했듯이 다양한 이데올로기들이 70년대에 포스트모더니즘에 대해 서로 논쟁을 벌이기 시작했고 이따금 포스트모더니즘을 찬성하는 발언을 내놓았다. 이러한 이데올로기 속에는 제랄드 그라프의 「문학에 대항하는 문학」을 순진한 것으로 보이게 하는 찰스 뉴만의 「포스트-모던 아우라」와 같은 통렬한 비난은[9] 말할 것도 없고 신보수주의, 신마르크스주의, 포스트구조주의, 신실용주의 등이 포함된다.

신보수주의자들에게 나타나는 유령은 공산주의보다도 더 퇴폐적이다. 이 유령은 신보수주의자들의 포스트모더니즘에 대한 인식을

8) Christopher Butler도 포스트모더니즘의 두 경향인 글쓰기의 우연의 방법과 법칙 지배의 방법을 구별하고 있다. 그는 일반적으로 포스트모더니즘의 반 실존주의적이며 반 이데올로기적인 특질과 새롭고 추상적인 미학 그리고 모든 "이론적인 엄격성과 절충주의 사이에 놓여있는 예술들"을 또한 지적해 내고 있다. 그의 *After the Wake ; An Essay on the Contemporary Avant-Garde* (Oxford, 1980), 116, ix, 132, 159쪽 참조.

9) Charles Newman, *The Post-Modern Aura* (Evanston, Ill., 1985) 참조. 그리고 *Salmagundi 67* (Summer 1985) ; 163-97쪽에 실린 이 책에 대한 내 자신을 포함한 여러 반응들도 참조.

휘감고 있다. 그러나 그들의 주장에는 긴박감이나 정교성이 결핍되어 있다. 그래서 다니엘 벨은 다음과 같이 선언한다.

> 내 생각으로는 우리 서구 사회가 분수령에 접근하고 있다. 우리는 부르조아 이념 – 즉 인간행위와 사회관계(특히 경제행위)에 대한 관점 – 의 종말을 목격하는 중이다. 그 이념은 지난 200년간 현대라는 시대를 형성하였다. 또한 내 생각으로는 우리는 창조적 충동과 모더니즘의 이념적 통치의 종말에 도달하였다. 모더니즘은 하나의 문화운동으로 모든 예술 분야를 지배했고 지난 125년간 우리의 상징적 표현양식을 형성하였다.[10)]

벨의 선언은 원망으로 가득하다. 경제, 정치형태, 문화영역들 사이의 분열 ; 프로테스탄트 윤리, 즉 일반적으로 중산층 가치체계의 위기 ; 치솟는 기대를 벗어나는 자격부여와 선망의 정치학의 도래 ; 우리 세계에 풍미하는 통합주의와 스타일의 뒤섞임 ; 사회가 분별이나 저항도 없이 새로운 것에 침투되는 현상 ; 사실과 환상이 혼란하게 뒤섞여 있는 개인생활과 공공 생활 ; 쾌락주의, 소비, 열병과 같은 풍요에서 자라난 포스트모던 자아의 철수가 아닌 무기력함 ; 벨은 이 모든 것이 서구적인 사물의 질서를 위협하고 있는 사실에 두려움을 표명한다.

그러나 아직도 더 주의를 요하고 있다. 왜냐하면 벨은 포스트모던의 기수들에 의해 점점 더 많이 운영되게 된 상징적인 전 우주 체계, 즉 문화자체를 주된 죄인으로 삼기 때문이다. "포스트-모더니스트의 기질은 이전에는 환상이나 상상력 속에서 연출되어진 것이 이제는 실생활 속에서도 연출되어져야 한다고 요구하고 … 예술에서 허용되는 것은 모두 실생활에서도 허용된다."[11)] 그래서 예술은 삶을 변화시킨다. 그리하여 문화의 기수들은 사회의 관습들, 도덕들 그리고 궁극적으로는 정치에도 영향을 끼쳐 전체적으로 사회를 형성하게 된다. 벨이 생각하기에 이러한 동화작용은, 투

---

10) Daniel Bell, *The Cultural Contradictions of Capitalism* (New York, 1976), 7쪽.
11) 같은 책, 53쪽 이하.

쟁적인 과거의 전위파들의 이러한 "민주화 작업"은 지금 사회라는 개념 자체를 위태롭게 하고 있다.

물론 벨은 포스트모던의 기수들의 영향을 과장하고 있다. 그의 글에는 통찰력이 엿보이지만 그는 동시대의 상상력이 우리의 정치형태의 견고성에 해를 끼치는 일을 개탄스럽게 생각하는 사회학자로서 글을 쓴다(나는 그가 미국의 고전문학과 그것의 끔찍한 어둠의 힘에 대해서 어떻게 생각하는지 궁금하다). 대부분의 신보수주의자들과 마찬가지로 포스트모더니즘에 대한 그의 견해는 끔찍하다. 즉 모더니즘의 고갈은 건조된 자아와 소모된 도시의 모습을 남겨 놓았다는 것이다. 포스트모던 문화는 그러한 고갈을 정상적인 태도의 가치, 실제로는 부르주아 자유주의에 대한 "맹공격"으로 바꾼다. 그렇다면 합법성, "규범적" 질서는 어디에 있게 될까? 아마도 "서구 사회에 어떤 종교의 개념이 회복"되는 경우에만 이러한 신념의 위기를 극복할 수 있을 것이고 우리를 다시 현실 속에 거주하게 할 것이라고 벨은 가정한다.[12] 이러한 주장은 비기독교적인 문명의 실패를 예언한 엘리어트의 "램버스 이후의 사고들"을 연상시킨다.

퇴폐의 수사학이 신보수주의적 입장의 특징을 이룬다. 시간은 비애만을 가져올 뿐이다. 포스트모더니즘에게서 좋은 것이 나오리라고 기대할 수가 없다. 크레이머 역시 이와 같은 우울한 말을 반복해서 말한다. 크레이머는 60년대를 취소시키고 그 시대의 모든 "사악한 공격들"을 파기하고 싶어한다. 그는 모더니즘을 회복시키기를 원한다. 그 모더니즘은 고급문화와 저급 문화를 분명히 구별하며, 엄격하고 엄밀하면서 위협을 주지 않기에 우리가 비판 기준에서 "숙명적인 붕괴"를 맞이하지 않도록 도와줄 것이다. 이것은 문화와 자본주의 사이에 편안한 관계를 가정하는 정치적 계획이다. "고급 예술의 가치들이 살아남아 번성하기를 기대할 수 있는 곳은 우리 체제와 같은 민주주의뿐이다."[13] 크레이머가 묻고 있는 것처럼 어째서

12) 같은 책, 29쪽 그리고 278-82쪽.

좌파만이 예술을 정치화할 수 있는 특권이 부여된단 말인가?

크레이머의 설명에 의하면 모더니즘은 향수적으로 19세기 부르주아 예술을 불러내고 있는 포스트모더니즘 속에서 자신의 존재를 부정함으로서 끝이 났다. 그러나 포스트모더니즘의 이러한 소환은 단순히 향수적인 것만은 아니다. 그것은 또한 모더니즘 예술의 고도의 진지함을 대중적인 익살성으로 대치시키면서 캠프, 아이로닉, 역기능의 경향도 갖게 된다. 그리하여 크레이머가 교묘하게 주장하듯이 포스트모더니즘은 과거로부터 끈질긴 적으로 여기던 모더니즘 자체에다 "속물적인 복수"를 벌인다. 그러나 모든 것이 이미 끝난 것이 아니다. 모더니즘이 아직도 우리의 예술이 주장할 수 있는 정말로 유일한 전통, 즉 "주요한 전통"이기 때문에 아직 복수가 끝난 것이 아니다. 포스트모더니즘에 대해 말하면 "그것은 아주 부정적으로 모더니스트들이 유산을 역사적으로 드라마틱하게 뚜렷한 자리를 차지하게 했고 그래서 모더니즘의 중요성을 우리에게 다시 한 번 확인시켜 주었다."[14]

신보수주의자들의 모더니즘에 대한 열망은 어느 정도 감상적이지만 이해는 된다. 그 열망은 물론 일반적으로 과거에 대한 열망이고 좀 더 구체적으로 표현하면 폭력, 고뇌, 자극이 없는 "주류 모더니즘"－즉 안전하고 순한 모더니즘－에 대한 열망이다. 정말로 모더니즘은 "지나간 좋은 시절", "도덕적 장엄성", 그리고 "고상한 목적", 그리고 빅토리아 시대에나 귀속시킬 그러한 특질들을 상징하게 되었다. 왜냐하면 이러한 "주류 모더니즘"은 중산층 문화와 "깊숙히 융합되었고", "다양한 심미적, 정치적 이해관계에 도움이 되는 한탄스럽고 때로는 허무주의적인 학구적 태도"로부터 구별되지 않는 포스트모더니즘과 대조되어 고상하게 보인다.[15]

---

13) *The New Criterion* 창간호 (September 1982) 5쪽에 실린 "권두언" 참조, 문체로 보아 Hilton Kramer의 글인 듯하다.

14) Hilton Kramer, *The Revenge of the Philistiness : Art and Culture, 1972-1984.* (New York, 1985), 11쪽.

Ⅳ

신보수주의자들과 신마르크스주의자들은 흥미로운 점에서 완전한 의견의 합치를 보인다. 물론 신마르크스주의자들은 이론적으로는 훨씬 더 활기있게 포스트모더니즘에 접근한다. 그들은 실천없는 마르크스이론은 마르크스주의가 아니라는 점은 무시하고서 포스트모더니즘에 접근한다. "이론"은 마르크스주의를 그 역사로부터, 그리고 이념들을 그 결과들로부터 구해내고자 하는 고결한 환영이 되기 때문이다. 간단히 말해서 신마르크스주의자들은 포이에르바하에 대한 마르크스의 가장 기본적인 명제를 무시한다. 즉 그 명제는 철학은 단순히 세상을 이해하기 위한 것이 아니라 세상을 변혁시키는 것이 임무임을 강조한다. 이러한 회피 행위는 무엇보다도 신마르크스주의자들의 철학이 미국에서－한번도 그 철학이 "시도된" 적이 없었던 바로 그 미국에서－"변증법적 비유물론", 불만의 집합체, 희망의 신학으로서 존속되는 것을 허용한다. 그리고 그것을 넘어서서 하나의 지적활동으로서 그것을 행하는 사람들에게 총체적인 면책과 함께 도덕적 우월감도 부여한다.16)

마르크스주의자들의 이론의 우아한 멋은, 물론 풍요롭고 다원적인 사회에 빈곤, 인종주의, 성차별주의가 횡행하는 것에 대한 우리의 진정한 불쾌함이자 우리의 적절한("부르주아적인") 자기비판의 일부이다. 또한 솔직히 말해서 마르크스주의는 우리에게 가장 분명하게 진술된 사회역사적인 담화를 제공하고 따라서 널리 퍼져 있는

---

15) 같은 책, xiii쪽.

16) 우리시대의 마르크스주의에 대한 건전하고 때로는 고자세로 그러나 언제나 재미있게 쓴 비판으로는 Frederick Crews, "Dialectical Immaterialism," *The American Scholar*, 54, no. 4(Autumn 1985), 449-66쪽. 그러나 마르크스주의에 대한 좀 더 완전하고 한결같은 비판으로는 Martin Jay, *Marxism and Totality : The Adventures of a Concept from Lukacs to Habermas.* (Berkeley, 1984)도 참조할 것.

텍스트주의의 막연한 아포리아에 안정을 제공하는 하나의 평형추 역할을 한다. 그러나 마르크스주의의 속죄신화나 역사적인 수사학 그 어느 것도 비자유적인 기질은 차치하고라도 서구사회에서 비평의 담화로서의 부적합성을 숨길 수는 없다.

그렇다고 해서 신마르크스주의자들이 포스트모더니즘에 대한 격렬한 관심을 버린 것은 아니었다. 어떤 신마르크스주의자는 포스트모더니즘을 "후기자본주의"의 타락의 증거로 환영한다. 그러나 다른 이들은 포스트모더니즘의 역사적인 도전들 속에서－그들이 "진보적" 이미지를 되찾기 위해 더 이상 무시할 수 없는 도전들 속에서－자신의 이론의 재생을 추구한다. 그들은 항상 포스트모더니즘을 접근할 때는 그 "대항적" 역할을 찾고자 한다. 다시 말해서 그들은 예술을 사회예방의 범주로 정의내렸기 때문에 그들은 이제는 그 해방이 마르크스 사상에 일치하는가를 확인하기만 하면 된다. 이것은 그들에게서 하나의 미적 감각의 짐을 벗어주는데, 그 짐은 놀랍게도 아도르노와 벤야민을 제외하고는 마르크스 자신으로부터 하버마스에 이르는 일련의 사상가들에게 분명하게 나타나는 방해물이었다.

이 점을 잘 보여주는 예가 할 포스터의 선집인 『반미학』이다. 포스터는 처음부터 색깔을 드러낸다. 포스터는 포스트모더니즘에 대한 이전의 많은 개념들을 다시 서술한 다음 두 가지 즉 좋은 포스트모더니즘과 나쁜 포스트모더니즘으로 구별한다. "저항의 포스트모더니즘은 모더니즘이라는 공식적인 문화뿐만 아니라 반동적인 포스트모더니즘의 '거짓된 규범성'에 대한 역관행으로 생겨난다."[17] 의

---

17) Hal Foster, ed. *The Anti-Aesthetic : Essays on Postmodern Culture* (Port Townsend, Wash., 1983), xii. 포스터는 *New German Critique* 33 (Fall 1984). 67-78쪽에 실린 다른 논문인 "(Post) Modern Polemics"에서 이러한 이분법을 변형시키고 있다. 이 논문에서 그는 텍스트성의 포스트모더니즘과 혼성모방의 또 다른 포스트모더니즘은 궁극적으로 주체와 역사적인 내러티브성의 똑같은 '정신분렬증적' 붕괴의 증상 즉 후기자본주의에서 물신화와 단편화의 동일한 과정에 대한 징후를 보여주고 있다고 지적한다. 포스트모던한 경향들에 대한 다른 좀 더 풍부한 견해로는 Charles Russell, *Poets, Prophets, and Revolutionaries : The Literary Avant-Garde from Rimbeau through Postmodernism.* (New York, 1985) 특히

심의 여지없이 요즈음의 포스트모더니즘은 저속한 작품과 캠프, 그리고 또한 자기 만족에 대한 보복 수단으로 다시 생겨난 우리 문화의 재순환된 찌꺼기도 상당히 보여준다. 그러나 포스트모더니즘이 아주 중요한 뭔가를 표현하는 한, 포스트모더니즘의 역사적인 (반동적이건 발전적이건 간에) 의도에 대한 손쉬운 판단을 삼가야 한다. 왜냐하면 그러한 판단은 우리가 아직도 획득해야 하는 어느 정도의 문화적 합리성을 가정하기 때문이다. 분별력 있는 신마르크스주의자인 안드레아스 후이센은 그것을 다음과 같이 적고 있다.

> 포스트모더니즘은 … 전통과 혁신, 보존과 쇄신, 대중문화와 고급문화 사이의 긴장된 영역에서 작동한다. 그리고 뒤에 적힌 용어들이 앞에 적힌 용어들보다 더 이상 자동적으로 특권이 부여되지는 않는다. 그 긴장된 영역은 진보 대 반동, 좌파 대 우파, 현재 대 과거, 모더니즘 대 리얼리즘, 추상화 대 재현, 전위 대 저속한 작품과 같은 구분으로는 이제 더 이상 파악되지 않는다. 결국 모더니즘의 고전적인 설명에 중심이 되는 그러한 이분법은 깨져 버렸다는 사실이 변이의 일이다.[18]

정말로 우리 문화의 "발전적 요소"는 기득권이 있는 이데올로기들의 견지에서 더 이상 자명한 것이 아니다—지금까지도 그렇게 못했었다. 권력도 이용되건 오용되건 간에 항상 다른 것도 아니고 착취적이지도 않다.[19] 그렇다면 어떻게 "저항"이 그렇게 명백할 수 있을까? 마르크스주의자들의 모형도 이제 거의 쓸모없게 되었다. 그것은 도전 내지 소외, 바리케이드에서의 폭약 냄새 내지 매캐한 검댕

236-70쪽 참조. 문학적인 포스트모더니즘에 대한 탐구적인 최초의 연구로는 Charles Caramello, *Silverless Mirrors : Book, Self, and Postmodern Fiction* (Tallahassee, Fla., 1983)과 Carl Parryl Malmgren, *Fictional Space in the Modernist and Postmodernist Novel* (Lewisburg, Pa., 1985) 참조.

18) Andreas Huyssen, "Mapping the Postmodern," 48쪽.

19) Umberto Eco는 "나는 포스트모더니즘을 푸꼬(그는 아마도 료따르나 보드리야르를 추가로 포함시킬 수 있었으리라)의 가르침, 즉 권력이란 우리들 밖에 존재하는 단일한 어떤 것이 아니라는 사실을 배운 사람들의 동향이라고 보고 싶다"고 말하고 있다. Stefano Rosso, "A Conversation with Umberto Eco," *Boundary 2.* 12, no, 1. (Fall 1983), 4쪽.

이로 더러워진 거리를 가정한다. 그러나 포스트모던한 삶은 최악의 경우에도 우리의 재현의 "반풍경", 즉 텅빈 장면을 지나 조용히 움직여 나간다. 흐릿해진 마비상태가 요구하는 것은 대항이라는 좀 더 교묘한 전술이다.[20)]

상당한 역사적 선입견 『반미학』에 실린 프레드릭 제임슨의 글에서도 찾아볼 수 있다. 제임슨에 의하면 포스트모더니즘은 과거를 소멸시킨다. 포스트모더니즘은 기호들의 정신분열증으로 "시간과 역사를 다룰 능력이 없어진 한 사회의 놀라운 병세적 증세"이다.[21)] 그리하여 향수와 혼성모방이 유행한다. "양식의 쇄신이 더 이상 불가능한 세상에서 할 수 있는 일이란 죽은 양식을 모방하는 것, 가면을 통해 상상의 박물관에 전시된 양식의 목소리로 말하는 것뿐이다." 그리고 이것은 "예술과 심미적인 것의 필연적 실패, 새로운 것의 실패, 과거 속으로의 투옥"을 보장한다.[22)] 그러나 분명한 것은 이러한 인식은 기껏해야 부분적이라는 사실이다. 왜냐하면 그것은 포스트모더니즘을 오래되고 어느 정도는 반동적인 가정들로 만들기 때문이다. 다시 말해서 이 판단은 모더니스트의 용어 심지어는 에드워드 왕조의 용어로-자기 재현의 방식, 보편 내재적인 과정들이 아주 다른 사회에나 적용될 그러한 용어로-혁신의 정의를 내리고 또 혁신을 비판하고 있다.[23)]

---

20) Jean Baudrillard, "What Are You Doing After the Orgy?" *Art Forum*, October 1983, 43쪽 참조.

21) Fredric Jameson, "Postmodernism and Consumer Society," in *The Anti-Aesthetic,* 117.

22) 같은 책, 115쪽 이하.

23) 건축분야의 분석 뿐 아니라 문화 범주에서도 인상적인 그의 긴 논문에서 제임슨은 변증법적으로 "포스트모더니즘의 진실을 견지하고자" 노력하고 있다. 그러나 이러한 시도들은 대체로 의도적일 뿐이다. 곧 이데올로기라는 강철 족쇄가 압박을 가해 온다. "아직은 미국적인 이 전지구적인 포스트모더니즘 문화는 세계전체를 통해 미국의 군사적이며 경제적인 지배의 새로운 전체의 흐름의 내적이며 상부구조적인 표현이다. 이런 의미에서 계급 역사를 통해 보아온 것처럼 문화의 저류에는 피, 고문, 죽음과 공포가 있다." Fredric Jameson, "Postmodernism, or The Cultural Logic of Late Capitalism," *New Left Review* 146 (July August 1984) 57쪽. 그러나 또한

그렇다고 해서 우리의 심판에서 포스트모더니즘이 면제되지는 않는다. 벨과 크레이머, 포스터와 제임슨이 터뜨리고 있는 불만은 다 맞는 말이다. 그러나 그러한 불만들은 반박이나 무시 이상의 것을 요구한다. 그것들은 상상력이 풍부한 평가를, 해석의 틀에 대한 진정으로 근본적인 성찰을 요구한다. 왜냐하면 이 세상은 우리가 해악하다고 생각하는 그 이상도 그 이하도 아닐 수가 있기 때문이다.

이와 마찬가지로 포스터 선집에 실린 보드리야르의 글 역시 상당히 (시학적으로)급진적이다. "뭔가 변했다."라고 그는 말한다. "그리고 파우스트적인, 프로메테우스적인(아마도 외디프스적인) (마르크스주의적이라는 말도 덧붙일가?) 생산과 소비의 시대는 '프로틴적인' 방송망의 시대로, 나르시스적이고 프로테우스적인 연결, 접촉, 접근, 피드백, 그리고 통신의 세계에 통하는 일반화된 공유영역의 시대로 바뀌었다."[24] 이 우주 속에서 "육체, 풍경, 시간 모든 것이 점차적으로 장면처럼 사라진다.. 그리고 사회공간도 마찬가지다. 사회생활을 위한 현장과 정치 현장 모두는 점차 축소되어 머리가 여러 개 달린 커다란 부드러운 하나의 육체로 환원된다."[25] 더 이상 메시지는 존재하지 않고 오로지 매체들만이 순수한 순환의 역할을 떠맡는다. "우리는 단지 이러한 마르크스주의자들의 분석을 연장시키거나 아니면 그것을 두 번째 또는 세 번째 권좌로 밀어내야 한다. 통신의 세계의 투명함과 무풍경 (문자 그대로 장면이 없는 것, 장면을 벗어난 것)을 움켜잡기 위해서 말이다. 통신의 세계는 상품의 세계에 대한 상대적 분석을 저 뒤켠으로 밀어 놓는다 … 그것이 통신의 환희이다."라고 보드리야르는 결론 내린다.[26]

56, 58, 86, 92쪽에서 좀 더 조절된 진술들을 참조할 것. 어떤 경우든 제임슨에게는 포스트모더니즘은 "비판적 거리"를 허용치 않으므로 어쩔 수 없이 흡수하는 것이다. 이렇게 그는 비관적인 우울 속으로 빠져 "현재 우리가 확인해야만 하는 것은 포스트모더니즘의 '진실의 순간'은 정확히 놀라울 정도로 타락시키고 의기소침케 하는 새로운 지구 공간이라는 사실"이라고 주장한다(88쪽).

24) Jean Baudrillard, "The Ecstasy of Communication" in *The Anti-Aesthetic,* 127쪽.

25) 같은 책, 129쪽.

여기에서 우리는 (단순히 신마르크스주의자가 아니라) 순수한 포스트마르크스주의자적인 분석의 암시를 보는데 그러한 분석은 포스트모던한 상황을 적절한 용어로 문제삼게 한다. 그 용어들은 어떤 경우에도 하버마스가 모더니티에 대해 쓴 유명한 논문(『반미학』 첫 번 째로 실린 논문)에서 사용한 것보다 더 중요하다. 그 논문의 반향음은 지적인 힘보다는 도덕적 요구에 더 부응하며, 무엇보다도 포스트모더니즘 논의의 활성화에 힘을 더한다. 그러므로 우리는 논쟁적인 관점에서 벌이고 있는 여러 주장들을 불러 모아서 포스트모던의 합리성 문제에 초점을 맞추게 할 그 논의의 주요 주제를 다시 한 번 살펴볼 필요가 있다.

V

시작은 항상 희미하다. 우리가 아는 것은 단지 포스트모던의 논의가 미국에서 유럽으로 건너갔다는 사실뿐이다.[27] 프랑소와 료따르는

26) 같은 책, 131쪽.

27) 밀워키와 뉴욕시에서 있었던 포스트모더니즘에 관한 학술모임에 각각 쟝-프랑소와 료따르와 쥬리아 크리스테바가 참석했다(주7 참조). 료따르는 그 당시에 이미 *La Condition Postmoderne* (Paris, 1979)을 출간했다. Jürgen Habermas가 간접적으로 "Die Moderne ; Ein unvollendetes Projekt" (*Die Zeit,* no, 39, 26 September. 1980)에서 논박하였다. 이 논문은 원래 같은 해 프랑크푸르트에서 Theodor W. Adorne 수상 강연이었으나 후에 Seyla Benhabib의 번역으로 *New German Critique* 22 (Winter 1981), 3-14쪽에 "Modernity versus Postmodernity"란 제목으로 재수록 되었고 다시 *The Anti-Aesthetic* 에 "Modernity-an Incomplete Project"란 제목으로 실렸다. 그 후에 논쟁이 확산되고 있다. 중요한 것만 추리면 다음과 같다. Jean-François Lyotard, "Answering the Question : What is Postmodernism?" in Ihab Hassan and Sally Hassan, eds., *Innovation / Renovation : New Perspectives on the Humanities* (Madison, Wis., 1983), 후에 Jean-François Lyotard, *The Postmodern Condition,* trans. Geoff Bennington and Brian Massumi (Minneapolis, Minn., 1984)에 부록되어 수록됨. Jean-François Lyotard, "Regles et Paradoxes et Appendice Svelte," *Babylon* 1 (Hiver 1982-1983), 67-80쪽. Richard Rorty, "Habermas and Lyotard on Postmodernity", *Praxis International* 4. no. 1 (April 1984), 32-44쪽. Jürgen Habermas, "A Philosophico-Political Profile : Interview," *New Left Review* 151 (May June. 1985), 75-105쪽. Albrecht Wellmer, "On the Dialectic of Modernism and Postmodernism", *Praxis International* 4. no. 4

불확정 보편 내재성에 호감을 갖고 정보사회에 대한 조사를 한 후 포스트모더니즘을 "메타담론에 대한 불신"으로 요약했다. 계속해서 그는 다음과 같이 말한다.

> 메타담론 이후에는 합법성을 어디에 둘까? 효력발휘의 기준은 기술적이다. 그것은 어느 것이 진실되다 또는 정당하다를 판단하는 것과는 관련성이 없다. 위르겐 하버마스가 생각하듯이 합법성을 토의를 통해 얻어지는 의견의 일치에서 발견할 수 있을까? 그러한 의견의 일치는 언어놀이의 이질성에 폭력을 가한다. 그리고 발명은 항상 불화에서 생겨난다. 포스트모던한 지식은 단순히 당국의 도구만은 아니다. 그것은 차이에 대한 우리의 감수성을 세련되게 만들고 같은 척도로 비교할 수 없는 것에 대한 인내심을 강화시킨다. 그 원칙은 전문가의 상응물이 아니라 발명가의 불합리한 추리이다.[28]

2차 세계대전 이후 새로운 기술들의 출현과 자유자본주의의 재전개는 지배 부호들의 무력화에 결정적 역할을 했다. 과학영역의 재형성도 모든 언어게임에서 더 큰 확산의 일부가 되어 마찬가지 역할을 했다. 그리하여 료따르는 "하나의 집합적인(보편적인) 주제로서의 휴머니티는 모든 언어게임에서 허용된 '움직임들'의 규범화를 통해 공동의 해방을 추구하고 어떠한 진술의 합법성은 그러한 해방에 대한 기여도에 달려 있다고 말하는 하버마스의 주장의 밑에 깔려 있는 믿음"을 문제시 하고 있다.[29]

그러한 비판은 우리의 관심을 끈다. 그러나 료따르는 의심스러운 토대 위에서—최근 선진국이나 미개발국에서 벌어지는 정치 현상을 보라—다음과 같이 말한다. "대부분의 사람들은 잃어버린 이야기에 대한 향수를 잃었다. 그렇다고 사람들이 잔인하게 되었다고 결코 말

(January 1985), 337-62쪽. 이 논문은 특별히 균형이 유지된 아주 통찰력 있는 글이다. 이 밖에 3개 잡지의 특집호, *New German Critique* 33 (Fall 1984), *Theory, Culture and Society* 2, no. 3 (Spring 1985), *Critique* no. 456 (1985) 참조. 지금까지 언급한 많은 논문들이 Richard J. Bernstein, ed., *Habermas and Modernity* (Cambridge, Mass : MIT Press, 1985)에 실려 있다.

28) Lyotard, *The Postmodern Condition* ; xxiv쪽 이하.

29) 같은 책, 66쪽.

할 수 없다. 그러한 상황에서 그들을 구제하는 길은 그들 자신의 언어 관행과 의견교류에서 만이 합법성이 생겨날 수 있다는 점을 깨닫는 것이다."[30] 그는 또한 수상한 토대 위에서 "언어게임의 이질적 성질에 대한 인식"은 "그것들이 동일한 구조를 가진다고 가정하고 또 그렇게 만들려고 노력하는 폭력행위의 거부"로 유도한다고 주장한다.[31] "향수"－현재 통용되는 용어로 비난을 무마시킨다－는 적극적인 욕망, 희망과 미래의 원칙을 전달하기도 한다. 그리고 폭력행위는 모든 종류의 이성적 인식들에 의해 "거부되는" 경우가 드물다. 우리는 또한 이러한 "언어게임"이 대량학살, 도시의 증발, 지구의 피폐화를 가져온다는 사실을 상기해야 한다.

포스트모더니즘의 모든 이론가들이 당면하는 골치 아픈 문제는 측정불가능성, 재현불가능성이다. 다시 말해서 포스트모던한 사회에서 어떻게 차이들을 보존하고, 극복하고, 중재할 것인가? 료따르는 기꺼이 그 차이들을 보존하고자 어떤 유쾌함 속에 자신을 맡긴다. 물론 그의 추종자들은 그것을 이교적 즐거움이라고 부른다. 하버마스는 그 차이들을 극복하고자 우리의 역사가 허용하는 것 이상으로 이성에 대한 요구를 크게 한다. 그러나 이러한 행위들은 그들 자신의 사고가 분별력 있게 실용주의와 만나면서 부인하게 될 지나치게 단순화시킨 경우가 된다.[32]

하버마스의 경우, 부인을 하게 되면 그의 더 큰 목적에 도움을 준다. 즉 마르크스주의자의 합리주의를 우리 세계에 재건하는 일이다. 하버마스는 이렇게 함으로써 2차 대전 후의 많은 독일지성인들이 경도했던 계몽주의 전통의 맥을 이을 수 있다고 믿는다. 하버마스는 "해방의 완수되지 않은 노력"으로 인식된 모더니티－다시 한 번 그 어둡고 야만적인 면은 무시된다－를 그 빛나는 이름으로 포스트모

30) 같은 책, 41쪽.
31) 같은 책, 66쪽.
32) 특히 Jean-François Lyotard, *Le Differend* (Paris, 1983)과 Jürgen Habermas, *Theory of Communicative Action*, v. 1, trans, Tom McCarthy (Boston, 1983) 참조.

던 문화의 "반작용들"과 대칭해서 옹호한다. 하버마스는 수사학적으로 질문한다. "우리는 계몽주의의 의도가 약하긴 하지만 그 의도에 매달리려고 노력해야 할까? 아니면 우리는 모더니티의 전 작업을 실패한 운동이라고 선포해야 할까?"[33] 대답은 분명하다. 하버마스는 이 "완수되지 않은 작업"에 많은 것을 걸고 있다. 말하자면 이 세상에서의 예술의 역할, "모던한 문화를 일상생활의 실천과 다시 연계시키는 것", "내부의 역동성, 그리고 자동화되다시피한 경제체계와 그 행정적 보충물에 제한을 가하는 기구들을 발전케 할 수 있는… 실제세계"의 능력을 들 수 있다.[34] 모더니티를 이렇게 이해하는 것을 보면 하버마스가 "젊은 보수주의자들의 반모더니즘" (프랑스의 "바따이유로부터 푸꼬를 거쳐 데리다에 이르는 계열")을 "나이든 보수주의자들의 전모더니즘" (레오 스트라우스, 한스 요나스, 로버트 스패만)과 "신보수주의자들의 포스트모더니즘" (독일의 경우 "초기의 비트겐쉬타인, 중기의 칼 슈미트, 말기의 고트프리드 벤")으로부터 구별하는 것도 그렇게 특이한 일은 아니다.[35]

하버마스는 자기나름대로의 가설범주 속에서 동기는 아주 다르지만 다니엘 벨과 마찬가지로 포스트모더니즘을 자유롭게 폐기한다. 그는 마르크스주의를 단호하게 "발전적"이라고 규정하고 있기에 모든 다른 이데올로기가 그 어떤 것을 제안하건 관계없이 반동적 또는 보수적이라고 낙인찍을 수 밖에 없다. 그는 젊은 시절에 제3공화국을 경험했기 때문에 과거의 악몽을 되살릴 수 있는 모든 것－신화, 낭만주의, 와그너, 니체, 하이데거, 데리다, 포스트모더니즘, 어느 정도 편향된 역사 속에서 대문자로 쓰여질 수 있는 모든 것－에 대해 경계의 눈초리로 볼 수 밖에 없다. 그러나 이 모든 것을 감안해

---

33) Habermas, "Modernity verse Postmodernity", 9쪽.
34) 같은 책, 13쪽.
35) 같은 책, 13쪽. 그러나 Fredric Jameson이 구성한 좀 더 정교한 결합으로는 그의 논문 "The Politics of Theory : Ideological Positions with Postmodernism Debate," *New German Critique* 33 (Fall 1984) : 53-65쪽 참조.

도 그의 주장을 다 받아들이기는 곤란하다.

하버마스의 이성, 역사, 예술, 의견의 일치, 주체, 모더니티 그리고 포스트모더니티 개념에 대하여 마르크스주의자들과 비마르크스주의자들 모두가 이의를 제기하였다. 이곳에서는 마지막 두 주제에 관해서 아주 중요한 요점을 몇 가지 언급해 보자. 료따르가 우리에게 상기시키듯이 모더니티는 단순히 "불충분한 이성"의 재발견이 아니라 모더니티는 의지와 욕망을 이성에다 재주입시킨 것이고 언어 자체에다 "의지의 무한함"을 재투자할 것이다.[36] (그리하여 모던이건 포스트모던이건 간에 혁신은 끊임없이 언어 체제의 비타협성을 이용한다.) 마르크스주의자들의 식으로는 아니라 해도 역사적으로 모더니티 자체가 이해되어지지 않지만 그것은 여러번 수정된 해석이고 수차례에 걸쳐 다시 되풀이되는 이야기이다. 이 모든 것은 말하자면 마틴 제이가 말하듯이 "하버마스는 그가 모더니즘에서 옹호하고 싶어 하는 심미적－실제적 합리주의의 본질을 좀 더 분명히 설명할 필요가 있다."[37] 그는 또한 푸꼬와 데리다를 "젊은 보수주의자"라고 이름붙일 필요가 없는 포스트모더니즘에 대한 좀 더 정교한 설명도 해 주어야 한다.

그러나 대화적 순간에는 마음과 마음이 서로 영향을 주고 실용주의가 우위에 서는 경우도 생긴다. 하버마스는 포스트모더니즘 토의에서 그의 입장을 수정하였거나 아니면 적어도 자신의 태도를 분명히 밝힌 것 같다. 그는 이제 아도르노의 부정적 변증법, 푸꼬의 고고학, 그리고 데리다의 해체 사이에서 어떤 친근 관계를 발견하고 그 자신과 로티 사이에서 훨씬 더 큰 친근 관계를 발견하게 된다.[38] 게다가 하버마스는 미국의 실용주의가 마르크스와 키에르 케고르의 뒤를 이어 "헤겔에 대한 세 번째 생산적 답변"이라는 것을 오랜 시

36) Lyotard, "Regles et Paradoxes et Appendice Svelte", 77-79쪽.
37) Martin Jay, "Habermas and Modernism," *Praxis International* 4, no. 1 (April 1984), 12쪽.
38) Jürgen Habermas, "A Philosophico-Political Profile", 81, 82, 93쪽.

간에 걸쳐 알아냈음을 인정한다. 그는 "그 후 줄곳 민주주의 이론과 관련해서 마르크스주의의 약점들에 대한 보상문제가 생길 때 나는 미국식의 실행 철학에 의존했다."라고 인정한다.[39] 그는 심지어 실용주의적 타협을 환영하기도 한다. "이래서 나는 다원주의적인 이해관계와 아무런 문제가 없다."라고 그는 덧붙인다. "결국 우리는 다원주의적인 생활형태와 개인주의적인 생활양식들이 사회주의라는 명칭이 붙을 만한 사회에서 지수적인 비율로 증가하리라고 예상한다."[40] 여기에서 하버마스의 이념적 명령은 포스트모더니즘의 유토피아적인 약속을 암시하는데, 그것은 때가 되고 그리고 또 때가 된다면 우리가 자본주의라거나 사회주의라고 분명히 부를 수 없을 그러한 사회의 약속이다.

궁극적으로 이 이념적 명령은 포스트모더니즘의 여러 가지 개념들과 가치판단들을 구별하며 또한 그것들을 그것들과 부분적으로 공유하는 실용주의와 구별한다. 이리하여 하버마스는, 물론 실용주의에 호의를 보이긴 해도, "이성의 후견인"으로서의 철학의 역할을 포기할 수는 없다. 그는 로티나 료따르와는 달리 정당화된 신념이 "좋은 이성"보다 "어떤 특정 장소에서 사회적으로 통용되는 생활습관"에 의존한다는 사실을 인정할 수가 없다.[41] 하버마스는 그것을 인정하면 철학을 무력화하고 정치적 반작용을 양성할까봐 두려워한다. 그는 비록 다른 포스트모더니즘 사상가들처럼 "총체성의 주장"을 약화시키고자 애쓰지만 궁극적으로 그는 "일반구조에 대한 강력한 진술들"을 주장하는 일에 더 많이 관여한다.[42]

---

39) 같은 책, 77쪽.
40) 같은 책, 96쪽.
41) Jürgen Habermas, "Habermas : Questions and Counter-Questions", 231쪽.
42) 같은 책, 248쪽. 또한 성격상 체계적이기보다는 인류학적 따라서 좀 더 실용주의적인 "유연한(부드러운) 사상"에 관한 Pier Aldo Rovatti and Gianni Vattimo, eds., *Il Pensiero Debole* (Milano, 1983) 참조.

Ⅵ

미국의 실용주의는 다른 방법을 택한다. 로티에 의하면 진정한 문제는 이론이 아니라 실천의 문제이다. 부가하여 말하자면 전체와 부분들 사이에서 벌어지는 확실히 증명되지 않은 끊임없는 협상의 과업이다. 종국에 가서는 로티는 료따르와 하버마스와 거리를 유지해야 한다. 즉 정치적 전위주의에서처럼 미학적 전위주의로부터, 그리고 "숭고미"와 "의사소통적 합리주의"로부터 거리를 유지해야 한다. 그 대신 로티는 그가 글에 인용하는 듀이를 따르곤 한다. "철학이 사건의 힘과 협력하게 되고 일상의 사소한 일의 의미를 분명하고 일관성 있게 만들면, 과학과 감정은 상호침투하고 실천과 상상력은 서로 포옹하게 될 것이다."[43] 로티는 료따르와 하버마스의 "차이를 타협"하고자 "탈이론화된 지역사회의 의미" 즉 "사회가 전체적으로 그 터전을 마련하고자 힘쓰지도 않으면서도 자기를 주장하게 되는 사회생활"의 형태를 추구한다.[44]

포스트모더니즘이 여러 가지 실용주의 쪽으로 편향하고 있음은 - 미국에서만 이런 것은 아니다 - "이론에 반하여"와 같은 논의에서도 나타난다. 지금까지 포스트모더니즘 논의는 스티븐 냅과 월터 벤 마이클즈의 초기 발언에 의해 자극되어 문학이론가들의 주관심사가 되었다. 그러나 그 논의는 광범위한 문화적 관련의 문제를 야기한다. 말하자면 만일 포스트모던한 지식이 본질적으로 설화적이고, 잠정적이고, "근거가 없는" 것이라면 어떻게 이론이 실천(형태, 가치, 규범들)의 정의를 내리고 또 실천에다 권위를 부여할 수 있겠는가? 물론 냅과 마이클즈는 그러한 권위부여의 역할을 모두 부정할 것이

43) Rorty, "Habermas and Lyotard on Postmodernity", 42쪽.

44) 같은 책, 41, 43쪽. 따라서 Vattimo는 Habermas보다 Rorty가 해석학을 인류학으로 귀착시켰다고 결론짓는다. Gianni Vattimo, "Differance and Interference : On the Reduction of Hermeneutics to Anthropology," *Res* 4 (Autumn 1982), 87쪽 참조.

다. 그들은 최근에 불쑥 다음과 같이 답변한다. "처음부터 우리의 주장은 사람들이 언어, 해석, 그리고 신념에 대해서 어떠한 입장을 취한다고 생각하던지 간에 그들은 모두 실천에 있어서는 실용주의자들이라는 것을 보여주는 형식을 취했던 것인다."[45]

그러나 작가들은 중요한 신념의 문제를 다룰 때 대부분의 신실용주의자들과 마찬가지로 다소 우발적인 경향이다. 예를 들어 스탠리 피쉬는 포스트모던 내지 "반근본주의자적인" 사고에 대해 다음과 같이 말한다. "반근본주의자적인 이론은 (근거가 충분한 진리에 대한) 어떠한 정당화도 앞으로는 결코 있을 수 없고 그래서 우리의 신념을 그 근원이 신념이 아닌 그 어떤 것에 대비하여 실험해 볼 방법은 결코 없다는 것을 보여준다."[46] 그렇다면 우리는 결코 신념으로부터 자유롭지 못하다. 그러나 어떤 신념? 어떻게 신념들이 실질적으로 특수한 실행들 사이에서 중재를 할까? 신념들의 등급, 중재의 등급이 있는 것인가? 그리고 만일 한 사람의 신념이 다른 사람의 신념과 갈등을 일으키거나 아니면 그 같은 사람의 다른 신념들과 상치되면 어떤 일이 생길까? 정신이 번쩍 들게 하면서도 아주 중요한 그런 질문들에 대해서 요즈음의 대부분의 실용주의자들은 별로 신경을 쓰지 않는 것 같다. 물론 그와 비슷한 질문들에 대해 페어스, 듀이, 그리고 특히 윌리암 제임스는 상당한 관심을 두었다.

앞에서 말했듯이 신념은 포스트모던한 상황에 상당히 중요하다. 그 이유는 그 상황이 다원주의적이고, 의견대립적이고, 불확정 보편내재적이기 때문이다. 의식적이건 무의식적이건 간에 신념들은 우리의 광신적인 행위는 물론 우리의 모든 합법화의 노고를 있게 한다. 이제는 포스트모던 사회의 확산과 정들, 모호한 보편내재성이 모든 신념의 문

45) Steven Knapp and Walter Benn Michaels, "A Reply to Rorty : What is Pragmatism?" *Critical Inquiry* 11, no. 3 (March 1985), 472쪽. 이 논쟁의 모든 논문들이 W. J. T. Mitchell, ed., *Against Theory : Literary Studies and The New Pragmatism* (Chicago, 1985)에 수록되어 있다.

46) Stanley Fish, "Consequences," *Critical Inquiry* 11, no. 3 (March 1985), 440쪽.

제를 얼마나 격화시키고 있는가하는 점에 대해 주목한 후 마지막으로 다시 포스트모던한 상황과 신념의 문제로 다시 돌아와야겠다.

Ⅶ

다시 말하건대 포스트모더니즘 이론은 잡다한 난제와 교묘한 회피구를 갖고 있다. 이 난제들 중 많은 것이 서구사회 자체내의 모호성으로 되돌아간다. 우리는 이러한 사회를 후기 산업사회, 대중매체사회, 소비사회, 정보사회라 부르고 있고 이러한 꼬리표는 이 사회가 갖고 있는 눈에 두드러진 특질에 대한 우리의 직관 내지 당황함을 나타낸다. 우리는 이러한 특질을 개념화하고자 마르크스나 웨버, 두르크하임이나 켈렌, 벨이나 파슨즈에 의존한다. 그러나 우리는 분명히 이성적 모델을 갖고 있지 못하며 어떤 경우에는 대규모적으로 우리 사회의 정치, 경제, 문화에 대한 경험주의적인 이해도 없기도 하다. 우리는 단지 현실에 의해 끊임없이 부서지는 이데올로기의 거울만을 갖고서 그것들이 우리의 욕망의 심상 속에서 재구성되기만을 기대한다.

계몽주의 이후로 우리의 사회 이론들은 그것들의 솔직하게 이데올로기적인 특질을 제외하고는 하나도 변한 것이 아마 없을 것이다. 그러나 이것 역시 아마도 이지만 현대 사회이론들은 새로운 것, 괴팍한 것, 교묘한 것, 새로운 기술혁신의 붙잡기 어려운 점을 설명해주지 못한다. 우리는 우리 시대의 지식과 권력의 경향을 말로 표현하고자 하는 푸꼬의 "비사고," 들뢰즈의 "뿌리줄기", 료따르의 "작은 마르크스양"을 보면서 우리는 적어도 새로운 어휘의 필요성을 인식한다.[47] 우리는 보드리야르가 설명할 수 있는 모든 사회적 관계 즉 "사회"의 종말을 선언하거나 그가 현대 서구사회 내에 있는 "권력의 그림자", "흡수나 내파의 힘", "우주의 검은 총체"를 언급할

47) 본서 298~306쪽 참조.

때에도 마찬가지 기분이다. "일반 대중들과 그들의 본능적인 기질은 우리를 귀찮게 만드는 사회의 이 모든 형이상학을 우리에게서 궁극적으로 제거시켜 줄 사회의 파타피직스(프랑스 소설자 재리의 조어로 과학적 사고와 작품을 풍자하기 위한 공상적 과학 : 역자주)를 가져다 줄 것이다."라고 보드리야르는 말한다.[48]

"일반대중들"이 모든 이해에 감연히 도전하거나 인식적 확산이 이 시대의 긴박한 요구들을 대응할 수 있을지 나는 확신할 수 없다. 이러한 무정부적인 태도나 추정은 정말로 이 세상의 생존 명령인 끈덕진 본능을 무시하는 것이다. 게다가 이러한 추정은 고통, 고문, 죽음을 포함한 우리 삶의 "본체"를 끊임없이 비유적으로 만드는 정치적 상호작용의 언어 모델에 의존한다. 그러나 내가 확신하는 것은 우리 사회의 담화 용어들, 그 조용하고도 구성적인 은유들은 이제 재발명을 필요로 한다는 사실이다.

좌파와 우파, 하부구조와 상부구조, 생산과 재생산, 유물론자(요즈음은 상당히 사내답다)와 이상주의자, 객관적 그리고 주관적, 사회와 자아, 심지어는 유전과 환경과 같은 그러한 용어들, 그리고 그 용어들이 암시하는 모든 완고함은 분명히 편견을 영속화시키는 일을 제외하고는 이제 아무 쓸모없는 것들이 되어 버렸다. 인공두뇌학적인 기호의 사회에서, 꾸준한 교환, 중재, 전이, 봉쇄, 유동의 사회에서 전통적 특징을 정지 상태에 두고 그 특징들을 잠정적으로 억누르거나 소모하거나 심지어는 잊어버리게 하는 절충적인 모델이－그러한 모델이 우리의 목적에, 우리의 삶에 좀 더 근사한 것이 되지 않을까?－그러한 절충적인 모델이 어떠한 경우에도 모호한 우리의 보편내재성, 우리의 편재한 중재들, 모호한 우리의 "새로운 영지주의"[49]에 좀 더 가까이 다가갈 수 있을 것이다.

---

48) Jean Baudrillard, *A L'Ombre des majorites silencieuses ou la fin du social.* (Fontenay-sous-Bois, 1978), 52쪽 이하. 여기 인용은 핫산의 번역이다.

49) 나는 이 책을 통해 이 표현을 사용했다. 이 현상에 대해 나는 졸고인 "The New Gnosticism" *Paracriticisms : Seven Speculations of the Times* (Urbana, Ill.,

이러한 결코 "종교적"이지는 않은 보편내재성들은 서로 다른 입장을 취하는 사상가들의 관심에서 벗어나지 않았다. 예를 들어 다니엘 벨은 "지수적 성장과 과학의 분기, 새로운 지적 기술의 증가, 연구개발비를 통한 체계적 연구의 창조, 그리고 이 모든 것의 꽂받침이라고 할 수 있는 이론적 지식의 성문화"에 관해 언급한다.[50] 그 결과로 더 이상 자연스럽거나 인공적이지 않은 현실은 상징적, 절충적이 되고 "자아와 타자의 상호의식을 통해서 경험을 얻게 되며" 또한 "사회 자체는 하나의 사회 건축물로서 현실화 된 상상의 형태, 즉 의식망"이 되어 버릴 것이다.[51] 벨과는 다른 관점에서 제임슨은 같은 현상에 대해 암시한다. 그는 "오늘날의 다국적 자본주의"의 왜곡된 형상화를 제공하고 있는 "거대한 통신과 컴퓨터망"을 가정하는 "기술의 숭고함", "고등기술 편집병"에 대해 얘기한다.[52] 그리고 료따르는 또 다른 관점에서 현실을 우리의 5감각이 사라지게 되는 한 세트의 변하는 메시지들로 재현하는데 섬뜩섬뜩하고, 정교하며 논란의 여지가 있었던 조르지 퐁피두 센터에서 열린 "무형물"라는 제하의 전시회가 그 예이다. 이 (거의) 비물질화된 전자공학의 환경－보이지 않는 코드들, 예술적 개념들, 들리지 않는 속삭임들의 공간이다－을 따라 걷다보면 방문객은 자기자신도 육체에서 분리되는 듯한 감각, 마음의 상태로 사라지고 있음을 느끼게 된다. 기호학적인 모델은 물체 그리고/또는 영혼의 모델을 대체한다. 우리는 단지 에네르기의 형태, 그리고 그 형태들의 유동적 거래, 즉 무형물로 남을 뿐이다. 료따르는 우리의 이어폰 속으로 그 쇼의 한 정신적 영역 속으로 중얼거린다. "누가 알리오. 태양계의 물체들이 은하계를 가

1975)에서 좀 더 완전하게 설명하고 주를 달았다(본서 75~108쪽 참조 : 역자주).

50) Daniel Bell, *The Coming of Post-Industrial Society : A Venture in Social Forecasting* (New York, 1973), 44쪽.

51) 같은 책, 44쪽.

52) Jameson, "Postmodernism, or The Cultural Logic of Late Capitalism", 79쪽 이하.

로질러 여행하고 있는 것처럼 언젠가 우리는 생존물 속에 거주하게 되고 인간들은 이야기 속에 머물게 될 것이다."[53] 반면에 우리는 물론 도처에 존재하는 환영 속에 거주한다.

또는 보드리야르가 『시뮬레이션』에서 말하듯이 우리는 "과도로 진실한 것"속에 거주한다. 그 단어는 "상상적인 것으로부터 그리고 현실과 상상적인 것의 구별로부터 회피되고 단지 궤도를 따른 모델들의 순환과 차이들의 가장된 생성의 여지만을 남기게 된다."[54] 이러한 세상은 지도와 영토가 똑같은 것이 되기에 지도가 영토보다 선행되는 영지적 세계이다. 이 세상은 재현의 세계라기보다는 시뮬레이션의 세계이다. 그 세계는 숨겨진 진리의 허구성을 포기하기 때문에, 힘의 행사를 위태롭게 하기 때문에 좌파나 우파 모두에게 참기 어려운 것이 된다—어떻게 범죄나 덕목의 시뮬레이션에 상을 주고 또 벌을 내릴 수 있겠는가? 그래서 "실재하는 것의 과정을 유리시키는 것이나 증명하는 것이 이제는 불가능"하게 된다[55]고 보드리야르는 말한다. 그 결과로 우리는 "실재의 생산과 재생산의 히스테리"에 굴복하게 되고 상품이나 소모품들을 생산하는 대신—"정치 경제의 아름다운 시대"의 흔적들—우리는 과도로 진실한 것을 확산시킨다.[56]

진보적인 사상가들이 프랑스의 니체나 프랑스의 프로이트를 이전에 발굴해냈듯이 지금은 프랑스 맥루한을 발견하는 중이라는 인상을 우리는 때때로 받는다. 그러나 보드리야르의 현대 사회에 대한 생략적이며 비유적인 통찰력은 료따르가 "무형물"에서 보여준 통찰

53) Jean-François Lyotard, "Site of Stellar Crucibles," trans. Ali and Mary Chokri, in *Immaterial*, 조르지 퐁피두센터 전시 팜플렛(1985년 3월 28일 - 7월 15일), 12쪽. 또한 그 전시회와 관련되어 출간된 특히 Jean-François Lyotard and Thierry Chaput, "La Raison des Epreuves," *Epreuves deciture* (Paris, 1985), 6쪽 이하. Elie Theofilakis, ed., Modernes, et apres? *Les Immateriaux*, (Paris, 1985) 특히 4-14쪽.

54) Jean Baudrillard, *Simulations*, Trans. Paul Foss, Paul Palton, and Philip Beitchmann. (New York. 1983), 4쪽.

55) 같은 책, 41쪽.

56) 같은 책, 44쪽.

력과 마찬가지로 포스트모던한 사회의 보편내재적인 성격과 그 기호론적인 공상, 기분 좋거나, 황량하거나 또는 죽음을 부르는 듯한 그 사회의 디즈니랜드들을 우리가 인식하도록 해준다. 그렇다면 우리의 현기증나게 하는 실재 속에서, "의사소통의 환희", "지나치게 진실한 것의 히스테리" 속에서, 우리가 포스트모더니즘에 관습적인 구분-문학적이건 정치적이건 간에-을 적용하는 것이 헛된 일임을 알게 되는 것은 놀라운 일이 못된다.

Ⅷ

변화는 많은 수준에서 발생하고 재발한다. 전 세계적이라고는 할 수 없지만 하나의 문화적인 변형물로, 포스트모더니즘은 상당히 냉정하고 장난기있다고 판명되었고 어떤 때는 속임수도 쓰는 것으로 나타났다.

사실 다음으로 "무형물"은 인간상황에, 아마도 인간적인 것의 미래상황에 상당한 변화가 있음을 알려주었다. 그러나 퐁피두 센터에서 열린 지적인 이 전시회가 문을 닫은지 몇 달 되지 않아서 또 다른 전시회가 파리의 그랑 팔레스에서 열렸다. "스타일 85"라는 기치 하에-그 기에는 아인쉬타인의 머리가 그려 있었는데 혀를 우스꽝스럽게 내밀고 있는 모습이었다-압정에서 요트에 이르기까지 백 헥타아르에 걸쳐 펼쳐져 있는 포스트모던한 디자인들이 또 다른 양상의 포스트모더니즘을 보여주고 있었다. 100헥타아르에 걸쳐서 활기, 패로디, 익살이 넘쳐흐르는 전시물 사이로 걸으며 나는 입술의 미소가 얼어붙는 느낌이 들기 시작했다. 그것은 결코 찌푸림이나 노호의 소리로 바뀌지는 않았지만 짖궂은 눈초리에 가깝게 되었다. 그때 나는 포스트모더니즘, 그러한 종류의 포스트모더니즘은 저지된 위트, 불신에 수반하는 위트가 되었음을 깨달았다. 그랑 팔레스의 거대한 유리공간과는 달리 포스트모던의 디자인은 영웅주의, 환상, 신념이 다 고갈된 한 아름다운 작은 시대였다.

그러나 남자들이나 여자들은 어떤 버팀목이나, 어떤 권능부여의 신앙이 없이 지낸 적이 별로 없었다. 포스트모더니즘의 불확정적인 것들이나 유령과 같은 보편내재적인 성질들은 제임스의 "신념에의 의지"를 방해할 것 같지 않다. 만일 포스트모더니즘이 어떤 방향을 향하고 있다고 하면 그것은 지금 과거의 신앙에 대한 애도 내지 향수를 넘어선 그 어떤 것을 향하고 있으며, 새롭게 된 신념은 아닐지 모르지만 동시에 여러 방향을 바라보며 신념 그 자체를 향하고 있다. 불임의 시기는 지나갔다. 우리는 신화의 껍질을 벗겨놓은 대가들에게 감사해야 한다. 데리다의 엽서는 운명과 목적지가 다 있다. 그것은 우주이고 그 우주는 그것을 형성한 요소가 무엇이던 간에 인간의 의지, 정신, 신념에 의해 감동적으로 생명이 불어넣어진 우주이다. 우리 모두는 이 포스트모던 풍토 속에서, 경이감, 지혜, 광희도 없이 무익하게 되는 모험을 하고 있다.

나는 신앙, 신념에 대해 말하고 있다. 어떤 신념, 어떤 신앙을 말하는가? 회의주의와 취약함 사이에서 어떤 것에 전념하면 삶을 고양시켜줄까? 어떤 것이 더 유익할까? 이 『포스트모던 대전환』을 엮어가는 중에 나는 우리를 위해서 가까운 장래를 바라볼 수 있는 창문을 열어 달라고 윌리암 제임스에게 벌써 세 번이나 원조를 요청했는데 다시 한 번 그와 의논해야겠다.

지금보다 훨씬 전에, 허무주의와 광신자들로 위험했던 시기에, 제임스는 벌써 이성이라는 시금석은 지나친 신앙과 지극히 작은 신앙 구별에 별 도움이 될 수 없다는 것을 알았다. 그리하여 이 "반은 미치고, 반은 구원받은" 세상에서 우리의 끊임없는 투쟁, 그칠 새 없는 시도가 있게 된다. 그러나 제임스는 신념에의 의지가 어떻게 지식이나 행위가 되는지도 알고 있었다.

> 이 세상의 개념은 어쨌든 당신에게서 생겨나게 마련이다. 그것은 사실인가 아닌가? 당신은 묻는다.
>
> 그것은 자기모순적이지 않기 때문에 어디에선가는 사실일 수도 있다고 당

신은 말한다.

그것은 사실이 될 만하다. 그것이 사실이라면 좋겠다. 그것은 사실이어야 한다라고 당신은 곧 느낀다.

그것은 사실임에 틀림없다. 그 다음에 당신 내부에서 뭔가가 설득력 있게 속삭인다. 그리고 나서 - 마지막으로

그것은 사실로 믿겨져야 한다라고 당신은 결정한다. 당신에게는 그것은 사실로 존재하게 된다.

그리고 당신의 행위는 어떤 특별한 경우에는 그것을 궁극적으로 확실하게 사실로 만드는 수단이 될 수도 있다.

이러한 과정을 보면 그 어느 단계에도 논리성이 없다. 그러나 이것이 일원론자나 다원론자 모두가 그들의 비전을 신봉하고 굳게 매달리게 되는 방법이다. 그것은 논리를 벗어나는 삶이다. 그것은 이론적인 이성이 일단 결론이 있기만 하면 주장할 구실을 찾는 실질적인 이유이다. 바로 이러한 방법으로 몇몇 사람들은 완성되지 않은 다원적 세계에 매달리게 된다. 그리고 바로 이러한 방법으로 다른 이들은 또 영원히 완성된 무시간의 우주에 매달리게 된다.57)

이러한 "완성되지 않은 다원주의"는 원숙하지 못하고 절박하며 조잡하다. 독단적인 주장도 없이 이 다원주의는 끊임없이 우리 편의 도덕적, 정치적, 인식적 참여를 요구한다. 만일 그것이 뭔가에 "의존한다면", 그것은 분명 답변이 가능한 신념, 차이점으로 가득차고 고집스러운 우주에 대한 어떤 궁극적 신임일 것이다. 두 개의 마음이 그러한 우주를 이해하고자 한다면, 어떠한 압도적인 힘이나 달콤한 유혹으로도, 또 어떠한 이론으로도, 그것을 하나로 축소시키지 못할 것이다. 실용주의적 다원주의는 어떤 철학체계는 아니다. 그것은 이 세상에 살고 있는 우리의 존재상황인 것 같다. 포스트모더니즘은 역사 속에서 우리를 잠에서 깨어나게 해서 그것을 보게 한다. 이 만장일치의 밤의 이쪽 편을.

포스트모더니즘이여, 이제는 그대가 알아서 움직이도록 내버려 두겠다. 아마도 우리가 포스트모더니즘에게서 배운 모든 것은 신들이 신화나 역사 속에서 우리에게 가르쳐 준 것이리라. 심지어는 신들이 욕심스러운 눈으로 보아도 이 우주는 혼자가 아니고 우리에게 보이는 것처럼 하나이면서 동시에 다수일 것이리라. (이소영 역)

---

57) William James, *A Pluralistic Universe.* (Cambridge, Mass, 1977), 148쪽.

제 I 부

포스트모던 문화

제1장　포스트모던이즘 : 파라비평적인 참고서지

Ⅰ. 변 화

디오니서스와 큐피트는 모두 변화의 집행자였다. 첫째로 『박카스 주신』은 도시를 파괴하는 것이고 그런 다음에 『변형송』 *The Metamorphoses*은 자연을 심술궂게 변형시키는 것이다. 누군가가 변화는 폭력이며 폭력은 그것이 공포이건 하이캠프(예술적으로 속된 것을 효과적으로 살리는 일 : 역주)이건 간에 지속적이라고 말할지도 모르겠다. 그러나 교활한 오비드Ovid는 간단히 다음과 같이 선포한다.

> 나의 의도는 다른 형태로 바뀌어진 육체에 대해
> 말하는 것이다 ; 그러한 변화를 일으킨 신들은
> 나를 도와서 – 또는 그러기를 바란다 – 이 세상이 생겨났을 때부터
> 우리가 살고 있는 오늘날까지 이어지는 시를 짓게 해줄 것이다.

오늘날에도 육체들은 그것이 자연계의 것이건 정치상의 것이건 간에 달과 같이 찼다 기울었다 한다. 무엇인가가 상아로 만들어진 갈라테아(Galatea ; 피그메일리안이 만든 상아로 된 처녀상 : 역주)에게 열기를 불어넣어 돌까지도 정신적인 형태로 바꾸어 놓는다. 아마도 사랑은 우리가 변화를 경험하게 하는 한 가지 방법일 것이다.

그렇다면 우리는 어떻게 변화를 사랑하지 않고서 살아갈 수 있겠는가?

> 그 조용한 천재인 오웬 바필드Owen Barfield는 진화에게는 적이 있다는 사실을 알고 있다. 『선조에게서 내려오지 않는 목소리들』*Unancestral Voices*에서 그는 적들의 이름을 루시퍼와 아리만Ahriman이라고 부르고 있다. 거의 대부분의 경우 그들은 우리 속에 공존하고 있다. 루시퍼는 전적으로 분해로부터 과거를 보존하고 아리만은 자신의 발명품들을 위하여 철저하게 과거를 파괴시킨다.

1. 이리하여 연속성의 연대기들과 같은 그러한 종류의 역사에서는 우리는 진정한 변화를 부정한다. 결말조차도 결말의 역사의 일부가 된다. 분리로부터 파라다임으로, 계시로부터 원형으로 바뀐다. 적대관계에 있는 여러 제국들, 격변과 기아, 엄청난 희망들, 먼 옛날의 이름들－케옵스, 함무라비, 다비드, 다리우스, 알키비아데스, 한니발, 케사르－모두가 숫자가 매겨진 페이지 위에 자리를 차지한다.

그러나 '그리스의 영광, 로마의 위엄'과 같은 연속성은 변화를 감지할 수 없게 하면서 어떠한 서술적 추상화의 수준에서 이야기 속에 널리 보급되어 있어야 한다.

2. 또 다른 종류의 역사 속에서 우리는 또한 끊임없이 과거를 재발명하고 있다. 비젼이나 꾸준한 수정 없이 『1984년』과 같은 당의 연대기를 작성한다. 또는 개인적으로 각 개인은 자신을 개조하기 위해서 그의 조상들을 꿈꾼다. 흑인 회교도는 그 끔찍한 새벽의 공격, 노예 상인들 사이에서 나오는 알라신에 대한 울부짖음, 그리고 아랍인들 사슬에 묶여 아프리카를 횡단하던 여행길을 모두 무시한 채 새로운 이름을 취하고 있다.

그러나 관련성은 변화를 베일로 가리우고 어떠한 허구적인 선택의 단계에서 이야기 속에 꾸준히 존속되어야 한다.

모든 역사의 뒤에는 그것이 지속적이건 분리된 것이건, 추상적이건 자폐적이건 간에 죽음과 동일시하려는 투쟁이 숨겨져 있다. 역사는 종종 역사가들의 비밀스런 전기인가? 그것은 인류 자신의 기록된 상상력인가?

그대, 무언의 형태여, 영원히 그렇듯이 생각없이
우리를 괴롭히는구나 ; 냉혹한 전원곡이여.

Ⅱ. 시대 구분

언제 현대라는 시대가 끝이 날 것인가?

한 시대가 여지껏 그렇게 오랫동안 기다린 적이 있는가? 르네상스? 바로크? 신고전주의? 낭만주의? 빅토리아 시대? 아마도 중세 암흑 시기만이 그러했을 것이다.

모더니즘은 언제 끝나고 그 다음에는 어떤 시대가 뒤따를 것인가?

21세기 사람들은 우리를 무엇이라 부를까? 그리고 그 목소리가 우리 무덤과 똑같은 쪽에서 나올 것인가?

모더니즘은 단지 우리의 삶들을 확장시키기 위해서만 확장하는가? 아니면 유연성이 있어서 새로운 시대감각을 주는 것일까? 시대를 구분하는 작업이 끝난 것일까? 동시성이 천천히 도달하는 것인가?

설사 변화가 전보다 더 신속하게 변화시키고 있고 미래가 지금 우리들에게 심한 충격을 주고 있는데도 불구하고, 사람들은 그 어느 때보다도 더 끝과 시작을 모두 거부하는 것일까?

어린 시절은 엄청나게 크고 청년기는 황금 시기이다. 어느 누구도 되찾지 못한다. 비평가들과 예외는 아니다. 누구나와 마찬가지로 그들은 젊은 시절의 문학을 찬란하게 회상하며 그것이 도대체 변색하리라고는 생각하지 않는다.

"어린아이가 책을 읽을 수 있게 되면 그를 사로잡을 위대한 사람들이 어디에 있을까를 생각해 보자." 델모어 슈바르츠Delmore Schwatz는 조이스, 엘리어트, 파운드, 릴케, 예이츠, 카프카, 만을 제시하며 그렇게 썼다. 그는 좀 더 이름을 덧붙일 수도 있었으리라 : 프루스트, 발레리, 지드, 콘라드, 로렌스, 울프, 포그너, 헤밍웨이, 오닐 ….

그러한 문학의 도시를 산보하는 사람은 잊지 않을 것이다. 그는 또한 용서도 하지 않을 것이다. 어떻게 엘리슨, 핀터 또는 그라스Grass의 동시대 사람들이 이러한 조상의 공기 속에서 감히 숨을 쉴 수 있겠는가? 그러나 우리는 각자 자기 자신의 아버지가 될 때까지 보이지 않는 인간으로 모두 남아 있을 수는 있다.

Ⅲ. 혁 신

우리 모두는 조상 숭배라는 교묘한 의식을 고안해 낸다. 그러나 형태의 지도자인 프로테우스와 피카소 두 사람의 삶 속에는 우리를 위한 우화가 하나있다. 그들의 형태는 자기 변형이고 그들은 혁신의 비밀이 운동임을 안다.

> 가능성의 대가들은 다음과 같이 숙고한다. 그들은 죽은 자들의 왕국은 그 어느 왕국보다도 더 크다고 말하곤 했다. 그러나 지금 지구는 폭발 상태에 있다. 머지 않아 죽은 사람 모두보다 더 많은 사람들이 살게 될 날이 올 것이다.
>
> 살아 있는 사람이 죽은 사람 모두를 합한 수보다 더 많아질 때 역사는 뒤집어질 것인가? 종말인가?

우리는 판단을 구실로 새로운 것을 거부한다. '우리는 기준이 있어야 한다.' 그러나 기준은 적용되어질 수 있는 곳에만 적용된다. 이것이 새로운 것의 전통에서의 문제점이었다(해롤드 로젠버그).

기준들이란 불가피한 것이다. 그리고 가장 좋은 기준들은 새로운 상황에 부딪치고 또 새로운 상황을 만들어 낼 수 있도록 스스로의 기준들을 만들어 낼 것이다. 그러므로 우리는 기준을 인정하기로 하자. 그러나 우리가 또한 묻고자 하는 것은 얼마나 많은 문학 비평가들이 선별적이나마 새로운 것을 지지하고 그것을 기쁘게 이해하며 언급하는가 이다. 가장 잘 알려진 비평가도 모험을 해보려 하지 않고 서평가들이 길을 열 때까지 기다린다.

새로운 것에 대한 반응은 이성으로 거의 인정할 수 없는 자기 나름대로의 이성을 지니고 있다. 그것은 또한 퇴짜놓기의 수사학도 포함한다.

1. 일시적 유행

— "그것은 지나가는 유행이고 경박하다 : 만일 우리가 그것을 지금 무시해 버리면 그것은 조용히 사라져 갈 것이다."

— 이것은 영속성을 절대 가치로 암시하고 있다. 그것은 또한 시간이나 창조적인 직관력의 혜택 없이도 유행과 역사를 구별할 수 있음을 암시한다. 얼마나 많은 이러한 종류의 심판이 문학의 연옥을 채우는가?

2. 오래된 이야기

— "이것은 이전에 행해졌던 것이어서 그 속에서는 새로운 것이란 하나도 없다. 여러분은 유리피데스, 스턴, 휘트만에게서 그러한 면을 찾을 수 있다."

— 이것은 애매모호한 유사점이 있다는 근거로 거부하는 이전의 안면을 암시한다. 그것은 변화하는 것은 정말로 하나도 없다는 것을 또한 암시한다. 그러므로 무엇 때문에 상황을 동요시키고 새로운 반응을 다시 필요로 한단 말인가?

3. 안전한 해석

— "그렇다. 그것은 새로워 보인다. 그러나 그 장르에서 나는 뒤샹을 택하겠다. 왜냐하면 그가 그것을 정말로 더 잘해 내었기 때문이다."

— 이것은 혁신적이면서도 어느정도 내성적임을 의미한다. 입장료는 이미 일시불로 영원히 지불되었다. 결코 교양 없다는 인상은 주지 않으면서 그는 현재의 것의 침입을 멸시할 수가 있다.

4. 예술의 뉴스피크(죠지 오웰의 『1984년』에 나오는 인위적인 공식 언어로 말의 표면과는 상반되는 의미를 전하는 표현 : 역주)

— "전위파는 바로 새로운 전통주의이다."

— 이것은 전통적으로 보이는 예술이 좀 더 진정한 의미에서 혁신적일 수 있다는 것을 암시할 수도 있다. 그리고 이것은 때때로 진실이기도 하다. 또한 이것은 단순히 분노-평판을 나쁘게 하기 위한 수단으로서의 모순어법-를 암시할 수도 있다.

진정한 혁신에 대해서는 우리는 쉽게 선입견을 지닐 수 없다. 예언은 단순한 외삽법이고 구릉 지대에서 들려오는 서늘한 속삭임이다. 그러나 예언력은 광기나 창조적 상상력과 비슷하다. 그것은 거의 일직선상에 놓여 있지 않고 변화나 돌연한 비약 속에서 부서지고, 회전하며 사라져 버린다.

그러므로 우리는 과거, 현재, 미래의 전위파가 같은 논리를 따르고 같은 형태를 취하리라고 기대할 수 없다. 예를 들어 새로운 전위파는 역사 의식을 갖거나 인정할 수 있는 가치를 표현하거나 급진적인 정치를 승인할 필요가 없다. 새전위파는 충격을 주고 놀라움을 일으키며 항거할 필요가 없다. 새로운 전위파는 결코 '전위파'가 아닐 수도 있다. 단순히 아직은 보이지 않는 변화의 대리자일 수도 있다.

주의 : 르나토 포기오리.Renato Poggioli의 『전위파의 이론』 *The Theory of the Avant-Garde*(캠브리지, 매사추세츠, 1968)을 보시오.

그러나 이곳에서 내가 말한 모든 것이 악용될 수가 있다. 변화에 대한 열망은 자기 증오나 원한의 한 형태일 수가 있다. 어떠한 혁명가라도 잘 살펴보도록 하라.

최근 전위파들의 극단적인 면도 또한 잘 살펴보아라. 비토 한니발아콘치Vito Hannibal Acconci는 대중 앞에서 자신을 깨물고 자르고 함으로써 그의 '육체 조각'을 창조한다. 루돌프 슈바르츠코글러Rudolph Schwarzkogler는 그의 음경을 서서히 절단하고 숨을 거둔다. 더 이상 선형적인 형태가 아닌 세계에서 우리는 의문을 가져야만 한다 : 어느 쪽 길이 앞으로 향한 것인가? 어느 길이 삶인가? 행위는 던지면 다시 돌아오는 부메랑의 논리를 종종 얻고 있다.

로부터 환경(구체) 예술에 이른다.

—— 와홀이 기계가 되고자 원하는 것, 키오란 Cioran이 생존에 대해 지니는 이중적인 감정의 유혹. 인본주의는 하부 인본주의나 후기 인본주의로 변화한다. 그러나 공상 과학 소설에서처럼 훌러, 카스타네다, 브라운, 어슐라 르귄 Ursula LeGuin에서처럼 우주 인본주의로도 변화한다.

'비인간화'는 모더니즘과 포스트모더니즘에서 모두 궁극적으로는 과거의 리얼리즘의 종말을 의미한다. 점차적으로 환상주의는 예술 뿐 아니라 현실 속에서도 그 자리를 차지한다. 전달 매체는 포스트모던사회에서는 터무니없을 정도로 이러한 과정에 기여를 한다. 해롤드 로젠버그는 『행위와 자아를 만드는 행위자』 *Act and the Actor Making the Self*에서 다음과 같이 말하고 있다 : "역사는 온통 뒤바뀌어졌다. 창작은 그것이 일어나기 전에 발생하고 모든 정치가는 미발달 상태의 작가이다." 이리하여 정치학의 환상주의는 대중 예술이나 신리얼리즘과 짝을 이룬다. 어떤 사건이 결코 일어났을 필요가 없다.

과거의 리얼리즘과 종말은 또한 자아의 개념에도 영향을 끼친다. 이리하여 모더니즘과 포스트모더니즘 모두에게 '비인간화'는 문학적인 자아나 작가적 자아의 수정이 입증되기를 요구한다.

모더니즘 —— 초현실주의 이론에 의해서(브레똥), 예술의 몰개성의 개념에 의해서(예이츠의 가면과 엘리어트의 전통),초개성의 양식에 의해서(조이스, 프루스트, 포그너, 닌의 의식의 흐름이나 로렌스의 동소체적인 자아)이다 (로버트 랭바움의 『모던의 정신』 *The Modern Spirit*, pp.164-184을 참조할 것).

포스트모더니즘 —— 저자의 자기 재귀성에 의해, 사실과 허구의 결합(카포티, 울 프, 메일러), 현상학(훗설, 사르트르, 메를로-퐁띠, 베켓의 의식 소설), 다양한 누보 로망(샤로 뜨, 뷔또, 로브-그리예), 그리고 『텔켈』지의 언어학적 소설 (솔러즈, 티보드)에 의해서이다(비비안머시어의 『신소설』 *The New Novel*, pp.3-42를 참고할 것).

4. 원시주의 —— 신화적인 것으로부터 탈피하여 실존주의적

인 것으로 향한다. 비트와 히피. 백색 흑인들의 에너지와 자발성(메일러).

—— 후에는 후기 실존주의적인 풍조와 사이키풍으로 되고(리어리), 디오니서스적인 자아(브라운), 장난꾸러기들(케이시), 광기(랭), 정령 신앙주의와 마술(카스타네다)로 흐른다.

—— 히피 운동, 우드스톡에서의 공연, 록 뮤직과 시가들이 친하게 교제한다. 「전지구목록」의 문화. 대중 예술.

—— 원시적인 예수. 새로운 루소주의와 듀이주의, 즉 인간의 잠재 능력 탐색 운동, 공개 교실 등이 있다(굿맨, 로저스, 레나르).

5. 에로티시즘 —— 「차타레이 부인의 사랑」의 재판의 저편. 검열제도의 폐지. 그로브 출판사와 「에버그린 리뷰」지.

—— 라이히적인 오르가즘부터 다형의 성 도착증과 에살렌적인 육체 의식에 이르는 새로운 성욕.

—— 동성 연애적인 소설(버로오즈, 비달, 셀비, 레히). 훼미니즘에서부터 레즈비아니즘에 이름. 새로운 자웅 동체를 향한 것인가?

—— 캠프와 희극적인 외설 문학. 유아론적인 놀이로서의 섹스

6. 도덕율 폐기론 —— 정치적으로 또는 다른 방법으로서의 반대문화들. 자유연설 운동, SDS운동(1960년대 미국에서 설립된 급진적인 학생 그룹 운

동. 민주사회를 위한 학생 활동 : 역주), 웨더맨파(SDS의 분파로 혁명을 제창한 청년 과격파 조직 : 역주), 교회의 투사들, 여권운동, 유대인 방어동맹, 흑인 세력, 공산 세력, 치카노 세력(멕시코계 미국인)등등. 반란과 반동!

—— 문화 전체로부터의 소외감을 넘어서고 불연속과 분리성을 수용함. 예술에서도 정치나 도덕에서처럼 급진적인 경험주의가 진화함.

—— 반서구적인 '방식들'이나 형이상학, 선, 불교, 힌두교. 그러나 또한 서구적 신비주의, 초월주의, 마법, 비법 등도 등장(앞에 나온 '원시주의'를 참조).

—— 때로는 혁신으로, 어느 때는 무효화로, 어떤 때는 혁신-무효화 모두로서 작용하는 묵시주의에 대한 널리 퍼져있는 숭배감.

7. 실험주의 —— 개방적이고 비연속적이고 즉흥적이고 불확정적이거나 또는 우발적인 구조를 지닌다. 엔드게임 전략이나 신초현실주의의 양식들. 환원적이고 최소주의자적인 형태와 분별 없는 엉뚱한 짓. 일반적으로 반형식주의이다(칼빈 톰킨즈의 『신부와 독신자들』 *The Bride and the Bachelors* 참조).

—— 동시 발생주의. 현재. 예술의 일시성(드라이아이스로 만든 조각이나 센트럴 파크에 있는 흙으로 메꾸어져 있는 구멍)과 인간의 무상함. 부조리한 시간.

—— 환상, 놀이, 유머, 해프닝, 희화, '하찮은 것 dreck'(바셀 미). 또한 점차 증가하는 자기재귀성(위의 '비인간화' 항목에 있는 아이러니를 참조할 것).

—— 상호 전달 매체들, 형식들의 결합, 영역의 혼란. 예술 작품의 '아름다움'이나 '독특성'에 중점을 두었던 전통적인 미학에 대한 종말인가? 해석에 대한 반대(손탁).

모르스 페캄Morse Peckham은 『혼돈에 대한 인간의 열망』 *Man's Rage for Chaos* 에서 "예술은 관습에 의해 확립된 분리된 범주이고 예술은 지각적인 부문의 범주가 아니라 역할을 담당하는 범주"라고 주장한다. 그리고 마이클 커비 Michael Kirby는 『시간의 예술』 *The Art of Time* 에서 "전통적인 미학은 특별히 심원한 태도나 작품의 감각적 인식에 집중한 정신의 상태를 요구 한다… (포스트모던) 미학은 어떠한 특별한 태도나 경향을 이용하지 않고 예술은 삶에서 단지 그 밖의 다른 어떤 것으로 간주되어진다." 예술이 '삶에서 그 밖의 다른 어떤 것'으로 간주될 때 환상은 그것의 '객관적 상관물'로부터 풀려나오게 되고 환상이 최상의 것이 된다.

이것이 모더니스트들의 관점에서 본 포스트모던한 예술이 불안함을 달래 주기보다는 불안함을 더 많이 만들어 내는 이유인가? 아니면 이러한 경향은 새로운 영지주의로 향한 것인가?

XI. 대안代案들

독자는 의심할 바 없이 모더니즘이 현재에 얼마만큼 침투되어 있고 현재 새로운 현실의 요소를 어느 정도 포함하고 있는가를 스스로 판단하고 싶을 것이다. 그러한 판단은 항상 이성적으로 이루어지지는 않는다. 자기애라든가 분해에 대한 공포감은 문학 세대들의 갈등만큼이나 많이 그 판단 속에 들어갈 것이다. 그러나 모더니즘의 중심이 더 이상 유지되지 못하는 바로 그 이유 때문에, 다다이즘이나 초현실주의를 제외한 모더니즘은 그 자신의 예술적 권위의 형식들을 만들어 내는 한편, 포스트모더니즘은 각자 흩어지려는 것들과 더 깊이 연루되어 예술의 무질서 상태를 향해서, 또는 대중 예술을 향해서 가는 경향을 보인다고 지적하는 것이 이미 가능할 것이다.

좀 더 생각해 보면 우리는 모더니즘의 권위가－예술적이건, 문화적이건, 개인적이건－위기의 시대에 강렬하고 엘리트적이며 스스로 만들어 낸 질서에 안주한다고 말할 수 있을 것이다. 그것에 대해서는 '헤밍웨이 법전'이 아마도 가장 완전한 예일 것이고 엘리어트의 전통이나 예이츠의 의식은 조금은 정도正道에서 벗어난 것이다. 그러한 엘리트적인 질서는 아마도 이 세계에서 최후의 엘리우시스 제전이 될 것인데 우리 가운데에서 더 이상 하나의 자리를 차지하지 못하게 될 것이다. 왜냐하면 우리는 똑같은 순간에 멸절과 전체주의에 의해 위협을 받고 있기 때문이다.

그러나 무정부적이거나 팝적 포스트모더니즘, 아니면 심오한 반응이라고 할 수 있는 포스트모더니즘의 환상은, 어쨌든 필연적으로 더 내면적인 것이란 말인가? 비록 나의 공감은 현재에 있지만 나는 이것이 전적으로 그렇다고는 믿을 수가 없다. 어떤 무정부 상태 정신에서는, 유머나 놀이 속에서는, 지나치게 앞서가고자 하는 상상력의 자유로움과 마구 풀려 나오는 사랑속에서는 일관성에서처럼 다양성의 우주적인 의식 속에는, 삶의 고양이 있다는 것은 사실이다. 나는 이러한 것들을 포스트모던 예술이 의도하는 가치로 인식하고, 시간에서 뿐만 아니라 취지에서도 포스트모던 예술이 희망 자체를 변형한 것에 훨씬 더 가까이 있음을 알고 있다. 그럼에도 나는 어떠한 예술도 우리가 지금 얻어내야 하는 동기들을 발생시키는 데 도움이 될까에 대해, 또는 그러한 노력 속에서 우리를 실망시키는 예술에 오랫동안 계속해서 가치를 부여해 줄 수 있을까에 대해, 의문을 가진다.

제2장 새로운 영지주의 : 포스트모던 정신의 한 양상

Ⅰ. 제사題詞들[1]

빛나고, 텅비고, 광휘의 거대한 몸체로부터 떼어 낼 수 없는, 그대의 의식은 출생도 없고 죽음도 없는 영원히 변치 않는 빛이다.

진리의 복음은 진리의 아버지로부터 지식의 축복을 받은 사람에게는 기쁨이 된다 … 무엇인가를 알고 있는 사람은 위로부터 내려온 존재이다. 그의 이름이 불리어지면 그는 듣고 대답하며 그를 부른 사람에게 돌아오기 위해 그를 향해 돌아선다 … 직관적 신비를 소유하고 있는 사람은 그가 어디에서 와서 어디로 향하는지를 안다.

내부는 주변이고 이기적인 자기중심은 외부에 형성되어진다. 그리고 주변은 영원을 향해서 끊임없이 확장한다.

"이것은 모든 경험과 어울리지 않는 것으로 판명될 것이다. 하지만 그것은 사실이다"라고 오일러Euler가 궁형에 대한 법칙에 대해 한 탁월한 발언은 이미 자연을 정신으로 전이시켜 주었으며 물질을 버림받은 시체로 남겨 놓았다.

기계화 과정의 근원은 우리가 상상하는 것보다 더 신비스럽다.

우주는 거대한 기계라기보다는 거대한 사상으로 보이기 시작한다.

정신화된 에너지는 우주 에너지의 꽃이다. 하늘의 힘을 장악하고 바다의 힘을 운하화하는 것은 모두 잘하는 짓이다. 그러나 이러한 승리는 인간의 사고와 사

1) 제사들의 참고 문헌은 이 장의 마지막 페이지에 있다.

랑이 세계를 관장하는 것과 비할 때 무엇이란 말인가?

오늘날 컴퓨터들은 어떤 코드나 언어를 순간적으로 번역하여 다른 코드나 언어로 바꾸어 주는 수단으로서의 가능성을 계속 지니고 있다. 간단히 말해서 컴퓨터는 공업 기술로서 우주적인 이해와 일치라는 오순절의 조건을 약속해 준다. 그 다음에 올 논리적인 단계는 아마도 언어를 바꾸는 것이 아니라 총체적인 우주적 의식을 위해서 언어를 무시하는 것이리라.

모든 과학적인 통칙은
순수한 형이상학이고
모든 형이상학은 무중력 상태에 있으며
그리고 물리적으로 무한한 것이다.

의식 확장이라는 목표가 지는 지복천년의 성질 때문에 만일 우리가 그것을 채택한다면 우리는 그것이 아주 오랜 시기에 걸쳐서 인간 활동에 작지만 끊임없는 영향을 행사하리라는 것을 기대할 수 있다.

진정한 세계란 … 사고가 무엇이든지 할 수 있고, 희망과 행동 사이에 어떤 구별이 생기지 않는 그러한 세계이다. 마치 신약에서와 같이 … .

우리는 사실상 빛에서 태어났다고 말할 수도 있다 … 빛이 모든 물질의 창조자라고 나는 믿는다. 물질은 소비된 빛일 뿐이다.

그러나 위의 열 두 개의 제사題詞들은 무엇을 증명하고 있는가?

우리 중 어느 누구도 똑같은 권위를 받아들이지 않기 때문에 위의 열 두 개의 제사들은 권위에 대한 호소의 답변은 아니라는 것이 확실하다.

위의 제사들은 하나의 분위기를 환기시키고, 하나의 주제를 선언하며 하나의 결론을 은근히 암시하고 있는가? 그럴 수도 있겠다. 그러나 출발점으로 돌아와서 그것들은 텍스트 자체가 확인 또는 부정해 주지 않는 것은 아무것도 하지 않는다. 이리하여 제사들은 실패를 위한 일종의 준비가 된다.

또는 제사들의 기능은 은유들과 사상들을 어떤 특별한 시간, 공간, 정신의 구속으로부터 해방시켜 주는 것인가? 인용 부호들이 어떤 생각이 사고 속에 있는 더 큰 주체 의식을 찾는 것을 억제할 수 있을까? 그리고 언어 속의 벽들은 무엇으로 만들어진 것인가?

위의 의문들이 종종 즉흑적으로 일어나고 있다.

Ⅱ. 의식의 집중

이러한 파라비평적인 에세이의
주제는
즉석에서 현실을 감지하고자 하는
마음이 점차 강하게
증가하는 것이고 ;
그러한 마음이 점점
본질적으로 모여져서
그리하여 그 자신의
실재가
되어 버리는 것이다.
의식은 모든 것이 된다.
그리고 한 신비로운
꿈에서처럼
물질은
빛 앞에서
분해되어 버린다.

확실히 의식이란 용어는 우리의 문화적인 의지의 도구인 정열의 표시로서 명예, 신념, 이성, 감각 등을 대신하는 주요한 용어 중의 하나가 되었다. 냉혹한 눈을 가진 행동주의자들은 그 용어를 회피할지도 모르겠다. 그러나 그 후광은 우리가 정치학과 외설 문학, 언어와 문학, 도덕과 형이상학을 논할 때 우리의 수사학 위에 아직도 걸려 있다. 이리하여 우리가 오늘날 의식에 대해 하는 그렇게 많은 여러 가지 중에서도 우리는 특히 의식을 '고양시키고', '확장하며', '변화시키고', '비판하며', '괄호로 묶는다'.

이러한 문화에 대한 담화는 아주 한가롭지만은 않다. 우리의 세계를 비물질화시키는 어떤 과정이 확실히 일어나고 있다 : 문화를 "영묘하게 변화시키는 것" (아놀드 토인비)으로부터 물질을 "덧없이 만들기도 하고"(벅민스터 훌러), 예술의 "탈脫정의"(해롤드 로젠버그)에 이르기까지 한다. 문학 작가는 "죽어 가고"(롤랑 바르트), 문학 텍스트는 총칭적인 추상화인 "쓰기"속으로 사라져 버린다. 우리는 지난 수십 년 동안에 얼마나 많은 형식, 계율, 제도들이 무정형의 새로운 모습으로 와해되는 것을 보았는가? 단단한 물질로 이루어진 얼마나 많은 물건들이 하나의 과정, 하나의 이미지, 하나의 정신적인 틀로 분해되는 것을 우리는 보았던가? 죤 브록만John Brockman은 「발문Afterwords」에서 "우리는 시공을 초월한다. 우리는 선악을 초월한다. 단지 정보만 있을 뿐이다. 그것은 통제이고, 두뇌 활동을 변화시키는 수단이다 … "라고 했다. 또 분해 작용인가?

『뉴욕 타임즈』(1972년 10월 22일)

컴퓨터의 영향은 흑인 빈민지구에서 달에 이르기까지 사실상 미국 전역에 걸쳐 구석구석에서 느낄 수 있다. 그리고 정보 처리는 세계에서 가장 빠르게 증가하는 주요 산업이다. 지금부터 10년 내에 어느 때쯤 그것은 세계에서 가장 큰 산업이 되리라고 예상된다.

하드웨어에서 소프트웨어로 발전하고, 소프트웨어에서 순수한 정신으로 발전하는 것일까?

실제로 그러한 과정은 분해라기보다는 오히려 집중 작용의 하나일 것이다. 동시 친화적인 의식의 힘은 모든 면에서 우리 세계를 다시 만들고 있다. 그리하여 다니엘 벨Daniel Bell은 벅민스터 훌러와 같이 변형의 주요한 원천을 "과학의 지수적 성장과 분지 작용, 새로운 지적 기술의 발생, 조직적 연구의 창조 … , 그리고 이 모든 것을 받치고 있는 이론적 지식의 부호화"로 본다 (『후기 산업 사회의 도래』 *The Coming of the Post-Industrial Society*). 흥미롭게도 그것은, "발생하는 모든 것에 집중한다"라고 말한 떼이야르 드 샤르댕Teilhard de Chardin의 생각과 그렇게 다르지 않다. 그것은 적어도 우리가 호의를 가지고 받아들일 필요가 있는 가설이다.

그러나 샤르댕의 이 유명한 구절은 플라너리 오코너Flannery O'Connor의 이야기 선집에 아이러닉한 제목을 제공한다. 어째서 아이러닉한가? 왜냐하면 그 이야기들은 고립, 공포, 소모를 보여주고 은총이 없는 삶을 보여 주기 때문이다. 여기에 우리가 전적으로 거부할 수만은 없는 인간 상황에 대한 또 다른 가정이 있다. 인간들이 처한-나는 그렇게 말하고 싶지는 않지만-그러한 상황의 철저한 부적절성은 아직도 오래된 영지주의적인 꿈에다 제어할 수 없는 저항을 제공한다. 우리가 그것을 악이라고 부르던, 아난케(그리스 신화의 불변하는 자연 법칙의 불가항력성 : 역주)로 부르건, 아니면(감상적으로) 제도라고 부르건, 이러한 저항은 인정되어야 한다. **동의가 없이도**.

Ⅲ. 전원주의자들과 기술 우선주의자들을 넘어서서

새로운 영지주의는 여러 가지 공동 작용의 결과이다. 예를 들면 신화와 기술이 지금은 쉽게 정신 속에서 조화가 된다. 그러나 문화의 상당 부분이 아직도 대립을, 불화를 선동한다. 예를 들어서 전원주의자들과 기술 우선주의자들 사이에 있는 현재의 구별을 생각해 보자.

전원주의자들은 자연 속에서 손상되지 않은 삶을 갈망한다. 그들의 정신은 신화적이고 낙원적인 경향을 가진다. 그들은 기술에 대해서는 냉담한 태도를 지니면서 친교나 환경, 건강식품, 민

기술 우선주의자들은 도시의 적극적인 삶을 택한다. 그들은 기술적인 기질과 유토피아적인 사고방식의 경향을 가진다. 그들은 기계장치, 공상과학 소설, 전자음악, 우주계획, 환경의 미래적인

속음악, 신비주의, 그리고 환상적인 문학을 좋아한다. 그들은 대지의 자손이고 위대한 원형들에 의해 지배를 받는 어머니에게 적응된 사람들이다. 찰스 라이히의 『미국의 녹색화』 *The Greening of America*, 디오도어의 로스작의 『황무지는 어디서 끝나는가』 *Where the Wasteland Ends* 또는 조지 레나르의 『변형』 *The Transformation*을 참고하라. 도안을 좋아한다. 그들은 하늘의 자손이고 새로운 형태를 창조하고자 애쓰는 아버지에게 적응된 사람들이다. 즈비그뉴 브레제진스키의 『두 개의 시대 사이에서 : 기술 전자 시대의 미국의 역할』, 에스판디아리Esfaniasry의 『낙천주의 1 : 급진주의의 발생』, 또는 빅토르 페르키스Victor Ferkiss의 『기술학적인 인간』 *Technological Man*을 참고하라.

이것들은 분명히 구태 의연하다. 그러나 그것들의 역사적인 긴장감이 레오 마르크스의 『정원 속의 기계』, 아서 쾨슬러Koestler의 『기계 속의 유령』 *The Ghost in the Machine*과 루이스 멈포드Mumford의 『기계의 신화』 *The Myth of the Machine*－제목을 유의하시오－와 같은 진지한 작품들을 만들어 내고 있고 이러한 작품들은 우리의 몇몇 포스트모던 혼란감을 예견해 준다.

비록 전원주의자들과 기술 우선주의자들의 적대감이 인간의 마음속에 있는 예전부터의 상처로부터 기인하는지는 모르지만 그것에 대해서 불가항력적인 것은 없다. 대지와 하늘, 신화와 기술학은 이전에 합세되었고 그 사이의 간격은 좁혀지고 있다. 최초의 완성품인 에덴 동산과 최후의 완성품인 유토피아는 서로 상응하는 상상적인 구조물이며, 똑같은 원초적인 욕망을 보여 주는 거울의 심상들이다. 게다가 신화의 법칙과 과학의 법칙은 다음과 같은 것을 공통으로 갖고 있다 : 그 둘 모두가 실재를 부분적으로 부호화한 것이고, 정신이 그 자체를 모방하는 방법들이다. 그들의 구조, 기능, 예언적인 논리는 똑같지는 않겠지만, 둘 모두가 인간의 창조 과정의 부분이다. 이러한 가설은 탁월한 학자인 칼 프리드리히 본 봐이즈새커Weizsacker로

하여금 뮌헨에 있는 그의 연구소에서 요가와 물리학의 관계를 연구하도록 이끌어 주었다. 다시 말하건데, 신화도 과학도 상상력의 영향하에서 벗어나지 못한다. 아인쉬타인은 『사상과 의견들』*Ideas and Opinious*에서 다음과 같이 말한다. "이론물리학의 공리적인 토대는 경험에서 추론해 낼 수 없고 자유롭게 발명 되어져야만 한다." 그리고 브로느브스키Bronowski는 『미국학자』(1966, 봄호)에서 "새로운 원리가 첨가되는 단계는 그 자체가 기계화될 수 없다. 그것은 자유로운 정신 활동이고 논리적인 과정 밖에서 이루어지는 발명이다. 이것이 과학에 있어서 상상력의 중심행위이고 모든 면에서 문학에서 이루어지는 것과 유사한 행위이다"라고 말하고 있다. 그렇다면 어째서 우리는 아이작 뉴턴이 모든 물질에 있어서 생명의 일반적인 특징을 찾으면서 비밀스럽게 연금술의 연구를 애써서 했는지를 의문시해야 할까? 그리고 누가 뉴턴이 수세기 전에 살았던 파라셀수스와 함께 어떤 신성한 대화를 나누었는지 알겠는가? 그리고 케플러는? 기계화의 기원은 정말로 우리가 상상하는 것 이상으로 더 신비스럽다.[2)]

바로 그 점은 전원주의자들이 기계 우선주의자들을 "단일한 비전과 뉴턴의 잠"(블레이크의 용어 : 역주)을 가졌다고 호되게 비난할 때도－충분한 변증법과 무수히 많은 다중법으로－무시하기 쉬운 결정적인 직관이다. 예를 들어 로스작의 「황무지는 어디에서 끝나는가」는 몇몇 부분에서 나의 공감을 깊이 불러일으킨 작품이지만 현대 과학에 포함되어 있는 정신적인 변형의 가능성을 단호히 부정한다. 그렇게 함으로써 그 작품은 거대한 의식의 영역에서 상상력을 추방하고 변화, 혁신, 인간 진화의 형이상학적인 의미를 회피한다. 내 생각으로는 윌리엄 어윈 톰슨의 용어인 '신비주의자들'과 '기계론자들'이 새로운 문제점을 향해 나아가는 것 같다.

---

2) 아서 쾨슬러의 『동시 발생의 뿌리』 *The Roots of Coincidence*(1972)는 흥미롭게 이 점을 강조하고 있다. 유감스럽게도 나는 그 작품을 이 논문을 완성한 후에야 읽게 되었다.

> 서양 문명은 묵시적인 소요의 시대에 종말에 가까워져 가고 있다.
> 그러한 소요 속에서 인류를 기계로 집단화하는 과거의 인류와 의식 속에서 인류를 단일화시키는 새로운 인류는 서로 공모하여 우리가 인간의 본성으로 알고 있는 것을 없애고자 한다.
>
> 『역사의 가장자리에서』 *At the Edge of History*

그러나 내가 말하고자 하는 집중은 광범위한 문화적 맥락 속에서 분명히 나타나고 우리가 기대하지 않고 있을 때에도 개인 생활 속에서 한 목소리를 찾아낸다. 고(故) 핸드릭스Jimi Hendrix의 말을 들어보자 :

> 그것은 음악이다 … 우리 모두를 내가 전기 교회라고 부르는 그러한 정신적인 고양 상태로 이끌어 가는 것은 바로 … 전기력이다 … .
> 정신의 확장 … 나는 처음으로 불을 켜고 전기 엠프에 플러그를 꽂았을 때 나의 것을 확장했다 … 언젠가 그것은 나를 끌고가 그곳 – 순수한 마음 – 으로까지 데리고 갈 것이다.
>
> (참고 문헌을 잃었음)

신화적인 음유 시인이 기술학의 신비주의자가 된다. 이제 다른 종류의 야심가를 살펴보자. 환각제로 마비된 흑인 음악가가 아니라 WASP(앵글로색슨 출신의 신교도 백인 : 역주)으로 올바르고 조심성 있는 모범 인물인 린드버그Charles Lindbergh의 말을 들어보자.

> 나는 점차 비행술에서 생물학적인 연구로 시간을 많이 돌렸다. 인간은 얼마나 기계적이고 얼마나 신비적이었을까? 수명은 확장될 수 있을까? …
> 과학과의 교제 속에서 수십 년을 보냈고 그것의 매개물은 나의 정신과 감각으로 하여금 그들의 힘이 미치지 못하는 범주로 향하게 했다. 나는 이제 과학적 성취를 하나의 목적이 아니라 하나의 길 – 그 길은 신비로 향하고 있고 또 신비 속에 사라져 버리는 길 – 이라고 생각한다.
>
> 『라이프』*Life* (1969년 7월 4일)

낭만적인 모험가인 린드버그는 기술주의자로 변모하고 그 기술주의자는 곧 다시 자연의 신비주의자로 된다. 그의 비젼은 지미 핸드릭스의 것과 조화 되는가? 그리고 그 우주 비행사들은 내면의 모체가 되는 신비학을 탐험하고자 우주로부터 귀환했는가?

몇몇 사례만 가지고 어떤 경향을 증명할 수 없다는 것은 분명하다. 하지만 그러한 사례들은 마치 우리 각자가 '모순된 사실들이 똑같이 사실이 되는 그러한 장소'인 자신의 뷰러(Beulah : 존 번연이 지은 「천로 역정」에 나오는 천상의 기쁨의 나라를 말함 : 역주)를 찾도록 강요되고 있는 것처럼 우리 삶의 도처에 흩어져 있다. 우리는 컴퓨터 예술이 피타고라스의 신비를 열망하는 것을 보았다. 그리고 인도의 검은 화신들조차도 「2001 : 우주의 오딧세이」에서처럼, 기술학의 예언이 되고자 우리의 꿈의 속박에서 자신들을 해방시키고 있다.

새로운 영지주의는 아직 잘 알려지지 않은 조화된 공동 작용을 탐색하면서도 과거의 정신의 특징들을 회피한다.

> 엔트로피들 : 정신은 또한 알려지지 않은 엔트로피들을 창조하는가? 이반 카라마조프 : "내가 신을 받아들이지 않겠다는 것이 아니다. 당신도 알다시피 내가 받아들이지 않는 것은 신이 만들어 낸 세계이다."
>
> 그리고 아직도 상황은 마찬가지인 듯하다 :
>
> 죽음Death
>
> 결핍Dearth
>
> 사기Deceit.
>
> 어디를 보나 부패로 가득 차 있다.

Ⅳ. 프로메테우스에 대한 여담

신화, 기술학, 그리고 문학은 프로메테우스의 다양한 비유와 우화 속에서 만난다.

타이탄 신으로서 프로메테우스는 대지, 자연 그리고 본능의 영적인 힘으로 되돌아간다. 그러나 이 타이탄은 영리하다. 그래서 그는 제우스 신의 새로운 파르나서스의 관습과 동맹을 맺는다. 그는 하늘까지 세력을 뻗치고 그의 이름은 선견지명을 의미한다.

이 타이탄은 아마 너무 영리한지도 모르겠다. 타고난 책략가인 그는 지성의 창조 원리－자신의 한계, 자신의 목적을 모르기 때문에 창조적이지만 본질적으로 결점이 있는－를 나타낸다. 프로메테우스는 지혜가 부족한 채로 시작한다.

가스똥 바슐라르, 「불의 정신 분석」
그러므로 이것이 불꽃에게 보내는 존경심에 대한 진정한 기준이다 :

어린애가 손을 불길에 가까이 가지고 갈 때면 그 아버지는 자로 손마디를 톡톡 두드린다. 그러니까 불은 태울 필요도 없이 때릴 수가 있다. 이 불이 불꽃이건 열기이건 간에, 램프이건 난로이건 간에, 부모의 경계는 마찬가지이다. 그리하여 불은 처음부터 막연한 금기의 대상이다. 그리하여 다음과 같은 결론에 이르게 된다 : 사회적 금기는 불에 대해서 우리가 처음으로 갖게 되는 일반적인 지식이다… 결과적으로 금기는 주로 사회적 금지이므로 불에 대해 개인적인 지식을 얻게 되는 문제는 영리한 불복종의 문제이다. 어린아이는 그의 아버지가 하는 것을 자기도 행하기 원하나 그의 아버지로부터 멀리 떨어진 곳에서라야 한다. 그래서 작은 프로메테우스처럼 그는 몇 개피의 성냥을 훔친다.

프로메테우스는 신들과 인간들이 그들의 분쟁을 해결하려고 모이는 메코네에서 신들로부터 잔치에서 신들이 차지할 몫의 고기를 속여 빼앗는다. 이리하여 신들과 사람들은 서로 거리가 멀어질 것이다. 프로메테우스는 불을 인간에게 주고 정신(알파벳, 숫자 그리고 모든 실용 예술과 비법예술들)을 줌으로써 제우스 신에게 다시 한번 반항을 한다.

프로메테우스 : 본래 거인신이었고, 창조적인 책략가였으며 기술학의 대가이다. 그의 고통은 시작된다. 아마도 그는 묶이고 못에 박히고 간이 찢겨진 채 끔찍한 바위에 묶여 있을 때만 위엄을 얻는 것 같다. 어떤 사람은 그의 고통은 속죄를 하는 것이라고 말하며(이스킬러스), 어떤 이는 그것은 단지 신들의 어리석음을 증명할 뿐이라고 말한다(괴테). 분명한 것은 프로메테우스가 지옥에서 고통을 당

하고 있고 그의 고통으로부터 모호한 예언이 창조된다는 점이다. 아니면 그것은 단지 또 다른 속임수인가? 아마도 그렇지는 않을 것이다. 왜냐하면 프로메테우스는 자신의 기관으로 검사해 보고 사건을 예언하기 때문이다.

> 여러분이 그 예언을 꿰뚫어 볼 수 있다면 - 예언은 해방을 약속하고 있다.
> 프로메테우스의 해방을,
> 인간의 진정한 해방을
>
> 그것은 또한 신들을 철폐할 것을 약속하는가?
> 그 문제는 아직 확실치 않다.

다음의 맥락에서 프로메테우스의 우화를 검토해 보자.

1. 헤시오드Hesiod의 『신정기』 *Theogony*, 『노동의 날들』 *Works and Days*
2. 이스킬러스의 『구속된 프로메테우스』
3. 괴테의 『프로메테우스 : 하나의 단편극』 *Prometheus : A Dramatic Fragment*
4. 퍼시 비쉬 셸리의 『해방된 프로메테우스』 *Prometheus Unbound*
5. 메리 셸리의 『프랑켄쉬타인 : 현대의 프로메테우스』 *Frankenstein : or the Modern Prometheus*
6. 제럴드 화인버그의 『프로메테우스 계획』

시초에 한 행위가 있다 : 속임수, 반항, 창조, 희망, 그리고 한계와 위반, 타락과 초월의 견지에서 인간 상황을 정의 내리는 인간과의 동맹이 있다. 그렇다. 불은 훔쳐졌다. 그리고 훔친 불과 함께 의식은 그 신성한 장소에서부터 힘들게 얻어진다. 그러나 불과 같이 의식은 심술궂고 고집이 세다. 그것은 그것의 반대의 것을 추고하고 그 자신의 고통을 삼켜 버린다. 의식은 이 세상에 풀려 나와서 모든 것에 의문을 가지고 자신을 마지막까지 애태우면서 물질에 그리고 모든 물질에 의심을 품는다. 그렇다면 프로메테우스의 해답은 무엇일까?

1. 헤시오드는 주로 신화를 기록하고 있다. 여기저기서 그는 교훈적인 기미로 얘기를 한다. 그러나 프로메테우스의 속죄는 그의 마음을 거의 괴롭히지 않는다.

2. 이스킬러스는 예언과 인내심에 초점을 두고 있다. 인간과 신들 사이에서, 죽음과 영원성 사이에서 중개자 역할을 할 수 있는 영웅들(헤라클레스)의 출현을 기다려 보자. 그러나 누가 '영웅들'이란 말인가? 우리에게는 그들은 과거이다. 그러나 프로메테우스에게는 그들은 미래이다. 또는 프로메테우스는 제우스 신의 종말에 대한 어떤 다른 비밀을 알고 있단 말인가?

3. 괴테는 반역을 생각한다. 케레니Kerényi는 다음과 같이 말한다. "괴테의 프로메테우스는 하나님이 아니다. 타이탄 신도 아니고 인간도 아니다. 그는 단지 최초의 모반자이며 그의 운명을 긍정하는 불멸의 인간의 원형이다. 왜냐하면 그는 지구의 영주로서 신에 대항하는 자로 나타난 이 지구상의 최초의 주민이기 때문이다. 이러한 맥락에서 볼 때 그는 희랍인이라기보다는 노시스교도인 듯하다 …"(『프로메테우스 : 인간 존재의 원형적 심상』 *Prometheus : Archetypal Image of Human Existence*). 무엇보다도 그는 낭만적으로 보여서 거의 현대인처럼 보인다.

4. 퍼시 비쉬 셸리는 의지와 비전 모두의 피조물인 그의 프로메테우스를 충분히 설명해 주지 않을 것이다. 셸리는 그를 밀턴의 사탄과 비슷한 인물로 보고 있다. 그러나 그는 모던한 대천사의 '사악한 궤변'으로 부터는 면제되고 있다. 프로메테우스는 그 자신으로부터 해방시키고자 노력한다. 다시 완전한 상태에 도달하려면 그는 상상력 속에서 재생의 길을 발견해야만 한다. 이러한 상상력은 또한 목적론적이다. 끝에 가서 데모고르곤은 프로메테우스에게 확신시켜 준다. "… 희망이 그 자체의 파멸로부터 사색하는 것을 / 희망이 창조해 낼 때까지 바라는 것이거늘 / … 이것이야말로 인생이고 기쁨이며 왕국이고 승리다."

5. 메리 셸리는 과학주의와 이상주의, 이성과 계시가 만나는 지점을 예언하고 있다. 그 지점은 공포 속에 감추어져 있다. 현대판 프로메테우스인 프랑켄슈타인은 그가 정밀과학을 통달하기 이전에 알베르투스 마그누스와 파라셀수스에게 굴복한다. 프랑켄슈타인은 "나는 끝도 없이 장엄한 망상들과 거의 가치가 없는 현실을 교환하도록 요청을 받았다"라고 말한다. 그러나 그의 큰 실수는 다른 곳에 있었다. 자기 일에 열중해서 사로잡힌 나머지 그는 자신 속에 있는 공감의 힘을 말려 버린다. 그의 고독한 '악마성'은 책임감이나 사랑을 없애 버린 프로메테우스주의의 악령의 화신으로서 그에게 끊임없이 나타나 그를 괴롭히고 우리를 괴롭힌다. "내가 삶을 받아들인 날은 끔찍한 날이었다!"라고 악마를 부르짖는다. 그것은 순수한 마음에서 생겨난 생명에 대한 저주인가? 프랑켄쉬타인과 그의 마성은 둘도 아니고 그렇다고 하나도 아니다. 그러나 그들은 함께 자기 창조라는 (영웅적이고도 악마적인) 노력속에서, 의식의 위기를 예시해 주는 면에서, 치밀하게 잘 짜여져 있다. 이러한 프로메테우스의 모험은 불로 만들어진 세계가 아니라 얼음으로 만들어진 세계에서 끝이 난다.

6. 화인버그는 프로메테우스주의에 대하여, 한계가 없는 자의식의 증가에 대하여, 별로 의구심을 갖지 않았다. 그러한 증가가 그의 계획이고, 그의 프로메테우스는 우리들 자신이다. 그의 전체는 다음과 같다 : "내 생각에는 의식의 정신이 자기 자신의 유한성에 대해 깨달음으로 해서 갖는 절망감은 상당한 것이어서 인간이 그의 현재 형태나 아니면 그와 비슷한 어떤 것에서도 변치 않는 만족감을 얻지 못하게 할 정도이다. 그러므로 인간은 현재의 모습으로부터 아주 다른 어떤 형태로 변형되어져야 한다고 나는 믿고 있다." 화인버그는 인류는 자신을 위해서 장기

적인 목표를 세울 필요가 있고 그에 상응하는 수단을 고안해 낼 필요가 있다고 차분하게 알기 쉽게 그리고 간단히 주장을 펴나간다. 그가 가장 그럴듯한 인간의 숙명으로 제안하고 있는 목표는 정말로 프로메테우스적이다 : 즉 인간은 완전한 의식으로 변할 것이다. "한 의식의 단일성과 외부 세계에서 일어나는 현상의 다양성 사이에서 일어나는 갈등의 내면적인 논리로 인해서 의식의 지배력이 무한히 확장될 때까지는 의식의 존재가 만족한 상태가 되는 의식의 단계는 아마 없을 것이다." 우리는 이러한 확장을 달성하기 위하여 떼이야르 드 샤르댕의 신학도 필요치 않으며 오라프 스태플든Olaf Stapledon의 공상 과학 소설도 필요치 않다. 화인버그는 "기술학의 미래를 예측하려는 노력 속에서 현실이 인간의 가장 극단적인 비전을 능가할 것 같다"고 지적하고 있다. 포스트모던한 프로메테우스는 머나먼 별에 있는 불을 찾고자 애쓰고 있다.

프로메테우스의 원형(그런데 나는 지드의 것을 포함해서 많은 해석을 생략했다)은 우리들 속에서 다시 나타나는 집중현상의 대상이다. 그러한 원형은 노스틱한 꿈이나 계획을 포함한다 :

의식이 완전한 지식 속에서 속죄를 마치고 자신을 구할 때까지 인간 의식을 창조하고 또 끊임없이 재창조한다.

그 계획에는 의지가 암시되어 있다	: 프로메테우스는 의도하고 심지어는 비행을 저지르고자 하는 의지를 보이기까지 한다.
그것은 또한 예언을 암시한다	: 먼 앞날을 내다보는 프로메테우스는 예정 한 날을 향해서 나아간다.
무엇보다도 그것은 상상력을 암시한다.	: 프로메테우스는 만물의 고정된 질서인 주어진 세계에 대해 하나의 혁신적인 재구성을 시도한다.

그리하여 프로메테우스주의는 해롤드 브룸이 생생하게 묘사한 시인들로 이루어진 그 '비전적인 무리들'의 중요한 인간노력으로 남는다. 그렇다. 그곳에는 예리한 위험들－유아론, 외고집, 자기 타락－이 있다. 그러나 윌리엄 린치Lynch의 『예수와 프로메테우스』*Christ and Prometheus*에서처럼, 극단적으로 경건한 정신 속에서만이 "프로메테우스주의는 상상력과 실재에서 분리된, 그래서 대부분의 인간들로부터 분리된 의지의 계획이다"라고 우리는 결론을 내릴 수가 있다. 내 생각에는 프로메테우스주의는 창조된 여성원리를 부정할 때 악마의 정신으로 향하는 것 같다. 그러므로 이스킬러스는 그의 우화 속에 테미스와 이오를 모두 포함시키고 있고 퍼시 셸리는 아시아를 포함시키고 있다(메리 셸리의 프랑켄쉬타인이 결코 엘리자베스와의 관계를 완성시키지 않고 어떠한 남자나 여자와의 관계도 단지 피상적으로만 유지하는 점은 의미심장하다). 케레니의 주장에 의하면 프로메테우스적인 성질에는 달과 같은 어두운 면이 있는데 그것은 어머니의 힘에 의해 형성되는 면이라는 것이다. 그 면은 프로메테우스가 결코 무시할 수 없는 면이다.

하늘은 더 이상 대지를 무시할 수 없고 기술학도 더 이상 신화를 무시할 수 없다.

V. 신 화

새로운 영지주의가 예를 들어 한스 요나스Jonas의 탁월한 작품인 「영지주의적인 종교」에 상술되어 있는 고대나 중세기의 그러한 이단 종파들로 되돌아가고 있다고 나는 단 한순간도 암시하지 않는다. 그럼에도 불구하고 노시스의 새로운 형태와 오래된 형태들은 어떤 신화에서, 어떤 끈질긴 인간의 꿈들 속에서, 하나의 공통적인 기원을 발견할 수도 있다.

시작에서처럼 끝에서도 마찬가지이다. 위에서처럼 아래에서도 그러하다. 이러한 것들이 신비적인 사고 원칙들이다. 그러나 신화는 주로 뒤를 되돌아가는 것처럼 보인다. 어떤 경우에는 그 대상이 아득한 과거에 놓인 사건이기도 하다. 그렇게 멀고 희미하며 신성한 시간에 특전이 있는 한 존재 상황이 주로 투사된다. 그러한 상황은 보편적인 의식의 상황인가?

우리는 에덴 동산의 이야기를 알고 있다. 「창세기」에는 또 다른 신기한 이야기가 있다.

> 온 땅의 구음이 하나이요, 언어가 하나이었더라 :
> 또 말하되 자, 성과 대를 쌓아 대 꼭대기를 하늘에 닿게 하여…
> 여호와께서 가라사대 이 무리가 한 족속이요 언어도 하나이므로 이같이 시작하였으니 이후로는 그 경영하는 일을 금지할 수 없으리로다.
> 자, 우리가 내려가서 거기서 그들의 언어를 혼잡케하여 그들로 서로 알아듣지 못하게 하자.

그렇다면 질투심 많은 신이 언어를 혼란시키기 이전에 인류가 지녔던 유일한 언어란 어떤 것이었을까? 음악? 수학? 이심전심? 「피네간의 경야」? 촘스키의 정신의 심층 구조, 아니면 서로서로에게 울리고 있는 언어의 보편적 개념이었을까? 비코Vico가 말하는, 무언의 종교적인 행위로 나타나는 원시언어였을까?

아니면 그것은 노래하는 오르페우스가, 그 자신이 새, 나무, 바위, 늑대, 그리고 구름으로 변했던 오르페우스가, 머나먼 트라키아에서 말하던 바로 그 언어였을까? 침묵의 시? 정신과 자연이 완전히 일치될 때에 나오는 침묵이었을까? 노만 브라운이 "모국어"라 부르던 그러한 침묵인가?

에리히 노이만에 의하면 고대 시대의 풍부하고 충만한 영적인 존재상황은 의식의 세계라기보다는 무의식의 상황으로서 대모大母에 의해 지배를 당하고 신비한 분위기에 참여하는 상황이다. 그러나 영지주의는 이러한 상태를 정신적으로 해석하기를 주장한다. 노이만은 「의식의 기원과 역사」에서 “결과적으로 영지주의에서는 구원의 길은 무의식의 부분을 상실하면서 의식을 고양시키고 초월적인 정신으로 돌아가는 데에 있다. 반면 대모를 통한 영적 세계로의 구원은 의식원리를 포기하고 무의식적으로 되돌아올 것을 요구한다”고 말하고 있다.

그러므로 변화는 무의식에서 의식으로 이루어진 듯하다. 떼이야르도 『인간의 미래』 *The Future of Man*에서 “신화와 민화는 … 사실상 하늘로 가는 길을 찾기 위한 깊이 뿌리 박힌 대지의 결심을 표현하는 상징들과 우화들로 가득 차 있다”고 동감을 표명한다.

> 조지프 캠벨, 『오늘의 심리학』 *Psychology Today*, 1971년 7월호에서 우주인들의 최초의 월면 보행에 대하여 다음과 같이 말한다 :
>
> 이제 대지는 상징적으로 하늘로 끌어올려지게 되었고 물질은 정신적인 것이 되었다 … 미국 항공 우주국은 우리가 경험할 수 있는 이 단 하나의 세계가 우주의 수학에 의해 결정되고 있다는 사실의 경험적인 증거를 우리에게 제시하여 주었다. 그리하여 과거의 정신과 물질, 즉 신과 인간으로 구분하던 이분법은 종말을 고한 것이다.

그러나 만일 시작과 끝의 성질이 같은 것이라면 그것들은 적어도 어떤 숨겨진 단계에서는 그들의 접촉점 내지 심지어는 동일점까지도 표현해 주어야만 한다. 예를 들어 유대인의 『고대 유대의 성서주해서』 *Midrash* 에서는 자궁 내에 들어 있는 아직 태어나지 않은 아이의 그 머리 주위에 예언적인 빛을 지니고 있어서 세상의 종말을 보고 있다고 한다(‘2001년’의 끝부분에서 광채를 발하는 은하 사이의 태아에 대한 말세론적인 영상을 다시 상기해 보라). 더욱이 신비적인 황홀감과 샤머니즘적인 여행은 현재로 향하는 최초의 순간과 마지막 순간을 회복하는 두 개의 방법이다.

그렇다면 무의식에서 의식의 세계로 변하는 것이 현실의 국부적인 조망속에서만 사실이 될 수 있을까? 의식과 무의식은 신화가 머나먼 신성한 과거로 투사되거나 훨씬 후의 신성한 미래로 투사되는 더 넓은 정신 상태에 모두 함축될 수 있을까? 꿈, 비전, 그리고 황홀경이 즉각적인 현재에서 원상태로 회복되는 정신의 상태가 가능한가?

> 머시아 엘리아데, 『신화, 꿈 그리고 신비한 일들』 *Myths, Dream, and Mysteries* :
> 인도에서는 모든 문학이 철저하게 무의식적인 것-물질-과 그 존재 양식에서 무시간적이고 자유로우며 생성에 관여하지 않는 순수한 '의식'인 정신 사이에서 이루어지는 이러한 역설적인 관계를 설명하고자 노력해 왔다. 그리고 이러한 철학적 노력의 가장 기대치 않았던 결과는 일종의 '목적론적인 본능'에 의해 움직이는 무의식(즉, 파크리티pakriti)이 정신의 행동을 모방하고 무의식은 그 활동이 정신의 존재 양식을 예상하는 듯한 방식으로 행동을 한다는 결론을 유도해 낸 것이다.

나로서는 그러한 질문들이 하나의 대답을 고집하는 사람들을 만족시킬 수 있는 용어들로 지금 대답되어질 수 있다고 믿지 않는다. 그러나 그러한 질문들이야말로 바로 신화가 회의론적인 마음에다 반복해서 던지고 있는 질문들이다. 이러한 질문 뒤에는 시간을 초월하고 우리의 가장 복잡한 언어 조직을 초월하는 하나의 보편적인 의식에 대한 하나의 욕망, 하나의 직관-심지어는 아마도 신비적 직관까지지도-이 숨어 있다.

Ⅵ. 기 술

우리 모두는 과학과 기술 확장이 이 세상을 변화시켜 주는 주요한 동인이라는 것을 인정한다. 때때로 우리는 그 사실을 두려워하며 인정하기도 하는데 『기술 사회』 *The Technological Society*에서의 쟈크 에륄Jacques Ellul과 같이 우리는 우리의 미래에 놓인 어둡고 불길한 징조만을 보기도 한다. "인간은 그가 만들어 놓은 창조물 속에 갇힌 채 '출구가 없다'는 사실을 알게 된다. 즉 인간은 수십만 년 동안 적응된 과거의 환경을 다시 찾기 위해 기술학의 껍질을 뚫을 수가 없다"라고 에륄은 적고 있다. 서른이 넘은 사람들은 지구가 과거에는 더 깨끗했고 더 놀라운 곳이었고 감각적으로 더 다양한 곳이었다는 것을 분명히 기억해 낼 것이다. 그러나 과학과 기술학은 또한 다른 차원에서도 보이지 않게 조용히 작동하고 있어서 삶을 우리에게 조금이라도 더 이용 가능하게 만들고자 항상 노력한다. 에륄과 같은 비관론자 까지도 "노력을 기울이거나 관심을 둘 필요가 없을 것이다. 필요한 것은 의식을 통하지 않고 기계에서 두뇌로 직접 전달될 것이다"라고 예언한다.

그 낯익은 제목인 '의사소통의 폭발'을 잘 생각해 보라. 지각력이나 인식의 층이 떼이야르의 '정신권noosphere'과 아주 유사하게 언제나 외부를 향해 움직이면서, 지구를 지금 감싸고 있음은 아주 분명한 일이다.

의문

의사소통의 폭발은 기술학의 결과일 뿐만 아니라 인구 폭발의 결과이기도 하다. 문자 그대로 이 지구상에는 동시에 함께 일하는 두뇌들이 더 많아진 것이다. 이러한 사실이 지구의 지각력의 정도에 어떻게 영향을 끼칠까?

의문의 끝

더욱이 의사소통 자체가 점차로 즉각적이 되어 가고 명상을 점점 허용하지 않는다. 50톤의 무게가 나가는 돌에 새긴 상형 문자와 1파운드의 무게도 못나가는 무선 세트 사이에는 엄청난 격차가 있다. 지금도 베리 슈바르츠Barry Schwartz가 말한 대로 "동작이 느린 이심전심"을 우연히 사용하기도 한다. 그 장치는 부호로 바뀐 전달 내용의 부호를 풀고 그것을 다시 피드백시켜주는데 드는 시간이 100만분의 1초밖에 걸리지 않는다(『사회 속의 예술』 *Arts in Society*, 1972년, 여름－가을호). 그러한 과정은 무선기나 레이저 광선을 사용해서 전우주에 까지 확장되어질 수가 있다. 그 외에 다른 수단들도 있다.

『뉴욕 타임즈』(1972년 2월 27일) :

오늘밤 모든 일이 순조롭게 진행되면 미국은 역사상 가장 긴 우주 비행 계획을 수행할 것이다… 그것은 계획 자체에 관심을 끌어모은 인류의 공식적인

> 최초의 노력이다. 파이어니어 10호(혹성 탐사용 인공 혹성 : 역주)가 목성을 지나갈 때 이 혹성의 중력이 그 우주선을 잡아 당겨서 태양계에서 벗어나도록 할 것이다. 그것은 메시지를 지니고서 은하계의 광대한 범위를 무한히 항해할 것이다….

그 메시지는 세익스피어의 작품에서 인용한 글로 구성되어 있지 않다. 그곳에서 여자와 남자의 모습을 알 수 있게 표현한 그림과 수소 분자의 구조를 나타내는 수학기호 그리고 맥박 횟수가 적혀 있다. 이 우주의 기본적인 리듬이 보편적인 지성을 나타내는 피타고라스의 알파벳을 제공할 수 있을까?

물질이 물러가고 있다. 벅민스터 훌러가 『직관』 *Intuition*에서 다음과 같이 적고 있다.

> 간단히 말해서 물리학이 다음과 같은 사실을 발견 하였다.
> 즉 고체도 없고
> 연속적인 표면도 없고
> 똑바른 선도 없다.
> 단지 파동만 있고
> 사물은 없으며
> 단지 에너지 이벤트의 복합체만 있고
> 행위만 있고
> 동사만 있고
> 관계만 있으며….

이러한 발견은 끊임없이 더 적은 양을 가지고 더 많이 하고자 하는 '덧없이 만들기'의 과정을 강화한다. 그 결과로 물질은 인류의 활동에 점점 더 조금씩 관여하게 된다. 그리고 정신은 그 자신의 운명을 추구해 나가는데 자유롭게 되어서 우주 속에서 지식을 모으고 의식을 확장시키며 물리적으로 부패하고 있는 우주를 형이상학적으로 재생시키면서 반엔트로피적이거나 또는 동시친화적인 힘으로 된다. 이러한 지각력을 지닌 분위기 속에서 이심전심은 새로운 가능성이 된다. 이리하여 훌러는 다시한번 "우리는 지금껏 이심전심으로 알아왔고 또 아주 신비스럽다고 생각되어졌던 것이 사실은 초고주파 전자파가 전파되는 것이라는 사실을 10년 내에 과학적으로 발견하리라고 생각한다"고 말한다(『집과 정원』 *House and Garden*, 1972년 5월호).

그 신비스러운 직관의 언어인 이심전심이란 말이 기술학에도 있는 것일까?

1. 1954년 인공 두뇌학의 아버지인 노버트 비이너Norbert Wiener는 『인류의 인간적인 이용』 *The Human Use of Human Beings*이란 제목의 저서에서 다음과 같이 말하였다.

> 기차나 비행기로 여행하는 것 외에도 인간이 전보로 여행하리라고 생각하는 것이 실현되기에는 아주 힘든 생각이더라도 본질적으로 어리석은 생각은 아니라는 것을 인정하자.

그런 후 20년도 채 못 되어서 우리는 일본학자들이 '인터섹스' 또는 '인공두뇌섹스'－감정이 일치하는 남녀들 사이의 장거리 성관계－를 발전시키고자 노력하고 있다는 소리를 듣게 된다. 이 아이디어는 전자장치와 컴퓨터를 이용해서 모든 성적 충동, 즉 시각적, 촉각적, 청각적, 후각적 심지어는 동력학적動力學的인 자극을 가능한 한 완전히 기록하여－메스터즈Masters와 죤슨Johnson이 일찍이 꿈꿔 왔던 것보다도 훨씬 더 완전히－성 관계를 가지는 두 남녀에서 이러한 자극을 전달시킨다는 것이다. 그보다 한 걸음 더 나아가서 "히까리Hikari는 금세기 말쯤에는 저명한 남녀 유명 인사들에 의해 기록된 상업적인 인공두뇌섹스 테이프가 오늘날 사람들이 축음기를 사는 것 만큼이나 널리 이용될 수 있기를 기대하고 있다"(『건축 디자인』 *Architectural Design*, 1969년 9월호).

2. 1964년 마샬 맥루한은 『전달 매체의 이해』*Understanding Media*에서 다음과 같이 적고 있다.

> 전기 공학은 계수형 전자 계산기가 숫자를 필요로 하지 않듯이 말을 필요로 하지 않는다. 전기는 세계적인 규모로 그리고 조금도 언어로 나타내고자 하지 않고 의식 자체의 과정을 확장하는 방법을 보여 준다.

그 후 10년도 채 못 되어서 우리는 예일 대학에 있는 호세 델가도 Delgado 박사가 투우의 특수한 뇌피질부에다 전극을 끼워 넣었다는 이야기를 듣고 있다. 단추를 눌러서 그는 가장 격렬하게 돌격을 하고 있는 황소를 저지시킬 수 있었다. 델가도 박사가 그의 황소를 컴퓨터에 '전기로 연결시키고' 황소의 생활을 프로그램화하는 것을 막을 것은 아무 것도 없다. TV의 '탐구'라는 주간 프로그램이 쉽게 잊어버리는 시청자들을 일깨워 주는 역할을 하듯이, 우리가 황소에게 했던 그것을 인간에게 적용시키는 것을 막을 이론적인 어려움은 없다. 델가도 박사는 1970년 11월 15일자 「뉴욕 타임즈 매거진」에서 "곧 컴퓨터의 도움으로 우리는 감각 기관을 참여시키지 않고도 두 개의 다른 두뇌 사이에 직접적인 접촉을 할 수 있을지도 모르겠다"고 말하고 있다. 또한 직접 두뇌에 작용하는 '꿈의 기계'의 도움으로 우리는 집에 앉아서도 어떠한 감각적인 경험—파리의 라세르에서 별 세 개짜리 음식을 먹어본다거나 아니면 안데스 산맥을 넘어가는 비행기에서의 자유 낙하—을 흉내내거나 소유할 수 있을지도 모른다.

우리는 이런 저런 여러 가지 발전 과정의 유토피아적인 그리고 결함 사회적인 가능성을 상상해 볼 수 있다. 그리고 정말로 그런 종류의 많은 것들이 이미 공상 과학 소설에서 다루어졌다. 그러나 과학을 히스테리적으로 거부하거나 적용할 수는 없을 것이다. 왜냐하면 우리가 이미 알고 있는 것, 우리의 현재의 상태, 그리고 우리의 앞으로의 가능성을 우리의 정신적 건강에 심각한 영향을 끼치지 않고는 억압할 방법은 없기 때문이다. 우리는 우리의 진화에 흔적—생물학적인 유전 부호?—을 남기고 있을지도 모를 꿈은 버리지 말고, 우리 속에 삶의 깊은 리듬을 회복할 수 있는 길을 찾아야만 한다.

우리의 감각 기관은 이미 우주와 공존하게 되고 있다. 우리는 달 위에 있는 물건들을 '만질 수가 있고', 우주의 기슭에 위치하고 있는 준항성準恒性에 '귀를 기울일 수'있기 때문이다. 천천히 우리는 모두 다차원적이고, 유클리드적이 아니면서 그래도 감각적인—왜냐하면 감각과 정신은 하나이기 때문에—존재 영역으로 들어가고 있는 중이다. 우리는 지금껏 우리가 해왔듯이 우주 저 멀리에 있는 목소리로 하여금 우리에게 이야기하도록 초대하는 것뿐 아니라, 인간들끼리 서로에게 그리고 주위에 있는 동물들에게 '말을 하기를' 시작할 수 있다.

> 존 릴리John C. Lilly, 『인간과 돌고래』 *Man and Dolphin* :
>
> 다음 10년 내지 20년 이내에 인류는 다른 종種들과의 의사소통을 확립할 것이다 : 그들은 인간이 아니고 이질적이며 지구 밖의 외계인일지도 모르고 아마도 바다 속에 사는 것일 가능성은 조금 더 크다 ; 그러나 분명히 그들은 상당히 머리가 좋을 것이며 아마 지성적일 수도 있다….
>
> 그러한 의사소통이 이루어진다면 우주 내에 우리의 위치 그리고 우리 자신에 대한 우리의 견해는 상당히 수정될 것이다. 우리 자신의 수준에서 우리와 대화를 나눌 수 있을지 모를 다른 종들은 우리가 지금은 단지 희미하게만 인식할 수 있는 어떤 관점을 줄 것이다. 우리 사이에 이루어지는 우리 자신의 의사소통은 그러한 접촉으로 인해 고양되고 증진될 것이다. 우리 서로서로에게 지니고 있는 관점은 종과 종 사이의 대화로 인해서 상당한 변모를 겪게 될 것이다. 우리가 그들과 대화를 나누고자 노력하고 있다는 그 사실이 우리 자신의 진화론적인 성숙 단계를 나타내 주는 중요한 표시다.

더 나아가서는 우리는 기술학이 공해에서 벗어나고 또 보이지 않게 되어야 한다고 주장할 수가 있다. 기술학이 사물 내에 존재하는 고유한 질수를 모방할 수 있다고 믿는 사람들도 있다. 죤 케이지의 말을 들어 보자.

> 훌러의 돔들이(돔 속에 돔이 있고 반투명하며 그 사이에는 식물들이 있다) 전혀 집이라고 할 수 없는(야외에서) 곳에서 살고 있다는 인상을 주듯이, 모든 기술학은 인간이 사물들을 변화시키기 시작하기 전에 있었던 사물들의 상태 – 완전 신비에 싸여 있는 자연의 운용방식으로 자연과의 동일화 – 를 향해서 움직여 나가야만 한다.
>
> 『일 년 뒤의 월요일』 *A Year From Monday*

간단히 말해서 기술학은 신화처럼, 인간이 중개된 행동과 언어를 쓸모없는 것이 되도록 하는 우주적인 의식을 창조하고 있다는 사실을 암시한다. 이러한 견해를 가지기 위해서는 어느 정도 철저한 미국적인 순진성이 요구된다. 케이지는 그것을 가지고 있다. 찰스 린드버그도 그러한 면을 지니고 있는데 그는 한층 더 훌륭한 기술학의 신비주의자일지도 모른다.

> 우리는 우주선이 없어도 은하계에 도달할 수 있으리라는 것을 발견할까? 그리고 원자핵 파괴 장치인 사이클로트론이 없어도 우리는 원자핵의 내부를 알 수 있을까?
>
> 『라이프』 (1969년 7월 4일)

죠나단 리빙스턴 시걸Jonathan Livingston Seagull이 말했던가?

Ⅶ. 문 학

문학가들은 말이 정신에게 육신을 부여한다고 믿는 경향이 있다. 그리고 비평가들은 그러한 견해를 옹호하는데 있어서 그들이 비판하는 작가들보다도 한층 더 설득력이 있다. 문학은 인간의 속성의 주요한 부분이다. 문학은 인간처럼 하늘과 땅 사이에 서 있으며 하늘과 땅 그 어느 것으로부터 분리되지 않는다. 그래서 우리는 문학이 즉각적인 정신에 대해 어떤 반동을 나타내기를 기대한다.

그러나 두드러진 예외들이 있다. 예를 들어 지오르다노 브루노 Giordano Bruno는 "실재하는 것과 가능한 것은 영원 속에서는 다른 것이 아니다"라고 말했고 윌리엄 블레이크는 '최후의 심판에 대한 비전'에서 "정신적인 것만이 유일하게 사실이다. 육체적이라고 불리는 것이 거처할 장소는 아무도 모른다. 그것은 오류 속에 있으며 그것의 존재는 사기이다 … "라고 말한다. 블레이크와 동시대인인 도나티엔 알퐁스 프랑스와 드 사드가 그 자신의 악마적인 이유들로 인해서 전적으로 동의할 수도 있었음은 호기심을 불러일으킨다. 내가 「오르페우스의 사지 절단」에서 그랬듯이 블레이크와 사드가 두 가지 영지주의의 전범들로서 현대적인 경험의 출발점에 서 있다고 주장하고 싶은 유혹을 받을 것이다. 물론 다른 종류들도 있다 : 신비적이고 직관적인 충동이, 비록 문학에서는 제한적이기는 하지만, 각 시대에 환상적이거나 도덕율 폐기론적이거나 아니면 낭만적인 작가들에게 자극을 주고 있다.

그러나 중재가 되지 않은 의지가 18세기 후반에 문화적인 현상으로서 확실히 드러나고 있다. 예술가는 내부를 향한 여행을 시작하고는 침묵의 언어들을 발견함으로써 여정을 끝마친다. 헤겔은 낭만주의에 하나의 철학적인 참고점과 또한 하나의 반동의 지점을 제공한다.

> 에리히 헬러, 『내면을 향한 예술가의 여행』:
> 초기 낭만주의자들과 헤겔에서는 인간의 정신이 그 자체에 대해 전적인 권리를 주장한다. 그 주장 내에는 혁명과 내세론이 불편하게 섞여 있다. 이 세계는 상상력과 시의 세계가 되어야 한다고 낭만주의자들은 말한다. 그리고 헤겔은 이 세계는 이성적인 의식의 세계가 되어야 한다고 말한다. 그러나 낭만주의자들이 주장하는 시나 헤겔이 의미하는 이성적인 의식은 많은 공통점을 지니고 있다. 무엇보다도 인간 정신이 지닌 현실세계의 지위를 빼앗길 정도로 이 세계를 독점하고자 하는 야망을 들 수 있다.

세계 정신world-spirit이 궁극적으로 펼쳐져서 모든 시가 불필요한 것이 되고, 모든 예술이 쓸모없이 될 때에도, 이 세계는 시가 된다. 이것은 낭만주의적인 '영혼'의 역설적인 예언이다.

내부로 향하는 여행은 의식을 향한 것이며, 점점 더 제약하는 조건이 적어지고 단독으로 주장하는 바가 많아지는 정신을 향한 여행이다. 그 여행은 광범위한 의미에서 볼 때만 직관적 신비적이고, 그림자가 드리워져 어둑어둑한 그 여행길들은 다기 다양한 인간적인 노력들 속에서 발견되어질 것이다. 예를 들어 헤겔로부터 하이데거, 훗설, 사르트르, 그리고 비트겐쉬타인에게로 흘러 내려가는 철학은, 그것이 관찰하고자 절망적으로 출발한 광활한 새로운 주관성의 영역에 이르게 되었다. 문학 비평도 풀레Poulet, 블랑쇼, 바르트, 푸꼬Foucault, 데리다의 여러 가지 다른 작품들 속에서 비슷한 길을 따르고 있는데 그 길은 뒤에 '텍스트들'을 남겨 놓으며 언어를 통해서 훌륭하게 방황을 하고 마침내는 의식 속으로 사라져 버리는 길이다.

문학 자체만 보더라도 우리는 문학에 대한 이야기를 수도 없이 많이 들었으며 『이야기의 내면적인 전환』 *The Inward Turn of Narrative* 에서의 에리히 칼러Erich Kahler처럼 아주 훨씬 뒤로 가기도 하고 샤론 스펜서Sharon Spencer가 『현대 소설에서의 공간, 시간 및 구조』 *Space, Time and Structure in the Modern Novel* 에서 그랬듯이 아주 훨씬 앞으로 나가기도 한다. 발레리, 프루스트, 릴케, 카프카, 조이스, 예이츠, 파운드, 엘리어트, 스티븐즈 등의 위대한 모더니스트들로부터 베케, 보르헤스, 즈네, 뷔또, 코르타자르Cortazar, 바스 등의 수수께끼 같은 포스트모더니스트들에 이르기까지 문학의 경향은 문학 자체로부터 벗어나고 문학의 형태를 뒤엎거나 초월하고 상상력을 다시 상상해내는 것이었고 그리고 다시 말해서 중재되지 않은 문화적 인식의 상태를 만들어 내는 것이었다. 그러나 이러한 종류의 일반화는 내가 이곳에서 시작하고자 엄두도 내지 못할 조건들을 요구한다. 우리는 좀 더 좁은 초점－조건들의 희미한 윤곽 속에서의 영지주의적인 경향들이 아니라 특히 미국 문학 내에서의 새로운 영지주의－을 필요로 한다. 이것은 우리를 궁극적으로는 공상 과학 소설로 끌고 갈 것이다.

하나의 방백 : 버로오즈와 그 밖의 다른 작가들

윌리엄 버로오즈는 『초라한 점심』 *Naked Lunch*을 써낸 이래로 계속해서 입으로는 분명히 자신이 언어의 적이었다고 선언을 해왔다. "말하는 것은 거짓말하는 것이다", "말을 영원히 지워 버려라", 또는 『무효화된 표』 *The Ticket That Exploded* 에서는 "말이라는 것은 이제는 하나의 병균이다 … 과거에는 말이 건강한 신경 세포였을지 모른다. 이제 그것은 중추 신경 계통을 침입하여 해를 입히는 기생물이다. 현대인은 침묵의 선택권을 상실해 버렸다"고 말한다.

버로오즈가 언어에 반대하는 차디찬 분노는 부분적으로는 자기 희화적이다. 그러나 그의 분노는 또한 그가 말씀과 동일시하고 있는 과거의 의식, 과거 의식의 모든 기만, 금기 그리고 모든 통제 수단에 대항해서 겨냥된 것이다. 무엇보다도 그의 혐오감은 순수한 의식에 대한 이루어지지 않은 꿈을 떠받치고 있다. 그는 "말씀들은—적어도 우리가 사용하는 방식—내가 비육체적인 경험이라고 부르는 것을 방해할 수가 있다"고 말한다. "지금은 우리가 육체를 뒤로 돌려놓는 문제를 생각할 시간이다"라고 말한다(『작업하는 작가들 : 파리 인터뷰』 *Writers at Work : The Paris Review Interviews*, 3집). 그리고 버로오즈는 지구까지도 뒤로 돌려 놓아야 한다고 주장한다. 왜냐하면 그렇게 함으로써 우리는 우리의 조건지워진 존재에 대해, 즉 중력이라는 의미에 대해 새로운 조망을 얻기 때문이다. 그렇다면 버로오즈는 기술학의 영지주의자이다. 아주 명백하게 그는 과학이 인간을 다시 만들어 내는데 도움이 될 것이라는 희망을 표명한다. 자유 의지의 과정들, 환각을 일으키는 약들, 전기의 두뇌 자극, 이심전심, 그리고 염동念動 작용, 이 모든 것들은 인간 정신의 힘을 사용하여 정신을 변화시키고 육체나 물질이 성가시게 개입하지 않고도 직접 정신에 영향을 미칠 수 있기 때문에 버로오즈는 상당한 관심을 표명한다('인터뷰', 『펜트하우스』 *Penthouse*, 1972년 3월호).

그러나 버로오즈의 경우가 우리의 일반적인 문화 현상과 관련이 있는가? 아니면 그의 경우는 단순히 문학의 한 말단의 경우인가? 그 대답은 우리가 다른 작가들, 즉 모든 다른 종류의 유심론자들을 어떻게 평가하는가에 달려 있지 않을까 하는 생각이 든다. 그 배경에는 월러스 스티븐즈가 서 있다 : "현대의 본질은 반反창조의 실재계이고 그 속에서 우리가 드러내 보이는 것은 신념의 폭로가 아니라 고귀한 우리 자신의 힘에 대한 불길한 징조일 뿐이다. 우리가 발견하리라고 기대할 수 있는 최대의 진리는… 인간의 진리가 모든 것의 최종적 해답이라는 것이다." 우리에게 더 가까이 서 있는 사람으로는 나보코프Nabokov, 베켓, 보르헤스가 있다. 그리고 더 한층 가까이 있는 것들로는 존 바스의 『괴물 키메라』 *Chimera*의 장난스러운 '궁극성', 핀천Thomas Pynchon의 『재산 49호의 절규』 *The Crying of Lot 49*에서의 엔트로피적인 불확정성, 도널드 바셀미의 『도시 생활』 *City Life*의 대중적이거나 '잡동사니를 모아 놓은'듯 한 초현실주의, 로버트 쿠버Robert Coover의 『우주 야구 협회』 *The Universal Baseball Association*의 꿈에서 죽음을 거부하는 방자함, 루돌프 뷔르리체Rudolph Wurlitzer의 『공동 가옥들』 *Flats*의 인식론적인 내향성, 레이몬드 훼더만Raymond Federman의 『두 배 아니면 무』 *Double or Nothing*에서의 자아 반영적인 풍부함과 인쇄상의 웃음소리, 그리고 로널드 수케닉Ronald Sukenick의 『밖』 *Out*에서의 재생적인 이야기체의 여백 등을 생각해 볼 수가 있다. 틀림없이 이러한 소설들은 독특하고, 그들의 포스트모던한 작가들은 한층 더 그러하다. 그러나 이러한 작가들이 이 세상을 분해하고자 하고—아니면 적어도 그 분해를 인정하고자 하고—이 세상을 부조리하거나 썩어 가고 있거나 희화적이거나 아니면 개인적인—그래도 계속 상상력의—구조물로 다시 만들어 보고자 하는 복잡한 욕망을 버로오즈와 함께 나누고 있지는 않은가? 신비주의자라기보다는 흙점占치는 사람들인 그들은 **환상**으로 주어진 사물의 공포, 황량함, 위험을 계속 폐지하고 있다. 그렇다면 이러한 **환상**은 세속적인 신비주의의 새로운 소설 형태인가? 아마도 보르헤스의 『원형의 폐허』 *The Circular Ruins*에 나오는 그 '이름 없는 사람'과 같이, 우리는 모두 우리의 후계자가 존재하기를 꿈꾸고 있다. 아마도 우리는 초점을 좀 더 좁힐 필요가 있다.

로널드 수케닉, 『소설과 다른 이야기들의 죽음』*The Death of the Novel and Other Stories* :

우리 시대의 작가는 – 그가 일부분을 차지하고 있는 생활과 치열하게 접촉하는 작가 – 무에서부터 시작하도록 강요당한다. 실재계는 존재하지 않고 시간도 존재하지 않으며 개성도 존재하지 않기 때문이다. 신은 무엇이나 알고 있는 전지전능의 작가였으나 그는 죽었다. 지금은 어느 누구도 플롯을 모르며 우리의 실재계는 창조적인 인가를 받지 못하기 때문에 표준이 되고 있는 의견의 신빙성에 대해서는 아무도 보증할 수가 없다.

이것은 또한 제롬 크링코비츠Jerome Klinkowitz와 존 소머John Somer가 편집한 『혁신적인 소설 : 70년대를 위한 이야기들』 *Innovative Fiction : Stories for the Seventies*에 인용됨.

Ⅷ. 공상 과학 소설

미국 문학의 새로운 영지주의에 대하여 좀 더 날카롭게 보는 견해는, 공상 과학 소설에 초점을 맞출 것이다. 이것은 아마도 어떤 문화적이고 심미적인 복잡성에서 빠져 나오는 쉬운 방법같이 보인다. 그러나 지금 이 시점에서 우리가 공상 과학 소설에 호기심을 느끼는 것을 적절하다. 공상 과학 소설은 우리가 사용하는 기계의 새로운 신화들과, 우리의 사회적 존재의 새로운 모형들과, 우주 속에서의 우리의 운명에 대한 새로운 심상들을 창조하는 상상력의 형태이다. 그러므로 우화로서, 풍자로서, 예언으로서의 최상의 공상 과학 소설은 우리가 지금까지 부정하려 들었던 상당한 비평적인 관심을 앞으로는 받아 마땅하다. 많은 '진지한' 소설가들 – 이 공상 과학 소설을 마음에 맞는 장르로 생각하고 있기 때문에 공상 과학 소설에 관한 관심은 곧 나타날 것이다.

그리고 이곳에서의 중요한 요점은, 가장 훌륭한 몇몇 공상 과학 소설이 그것의 양친 부모인 신화와 기술학처럼 보편적인 의식의 문제에 관여를 한다는데 있다. 삶이 고양된 형태로 행해지는 곳은 어디에서든지 간에, 지성 또한 즉각적으로 기능을 발휘한다는 하나의 가정이 종종 나오는 것 같다. 또는 단지 인간 정신이 훌륭해서 더 나은 정신을 상상할 수 있을 정도이지만, 크게 나아질 것도 없다는 가정이 가능하기도 하다.

유럽 식의 공상 과학 소설은 이러한 주제를 그들 나름대로 풍부하게 보여준다(예를 들면 프레드 호일Fred Hoyle의 『검은 구름』 *The Black Cloud*, 오라프 스태플든의 『최후, 최초의 인간들』 *Last and First Men*, 그리고 스타니스로 램Stanislaw Lem의 『솔라리스』*Solaris*가 있다). 그러나 나는 미국 문화의 일부를 이루고 있는 다음 네 작품을 예로 언급해 보겠다.

① 로버트 하인라인Robert Heinlein, 『이상한 나라의 이방인』*Stranger in a Strange Land*

② 알프렛 베스터Alfred Bester, 『분쇄된 인간』*The Demolished Man*

③ 디어도어 스터전Theodore Sturgeon, 『인간 이상의』*More Than Human*

④ 어슐라 르귄, 『하늘의 선반』*The Lathe of Heaven*

1. 하인라인의 유명한 작품은 지루하면서도 인기를 끌기 위한 유쾌한 술책으로 가득 차 있어서, 찰스 맨슨Charles Manson의 공동 생활촌에 영향을 끼쳐 왔다는 소문이 있다. 그러나 소설에 가득 차 있는 색정적이고도 종교적인 이교 단체들은, 그 작품에 나오는 화성에서 온 것으로 추정되는 영웅이 지닌 '예언자적인 괴상한' 전달력보다는 중요하지 않다. 이러한 이교 단체들은 지구상의 인간들이 아직도 물질적이며, 그들의 불완전한 예언자적인 괴상한 전달력은 육체를 통해서 신비스럽게 중재되어야 함을 보여 준다. 괴상한 전달력 그 자체는 완전한 동일화, 완전한 이해, 즉 두 존재가 더 큰 하나의 인식속에서 순간적인 융합이 됨을 의미한다. 그러한 개념은 신비스

러운 참여의 신화적인 느낌과 이심전심의 기술학적인 생각을 접촉 지점으로 이끌어 간다.

2. 베스터의 소설은 장차 먼 장래에 인류의 운명이 "초감각을 지닌 사람들" 또는 구어로 "남의 마음을 들여다보는 사람들"이라고 불리는 독심술사들로 이루어진 거의 부패하지 않은 사회에 의존하는 모습을 보여준다. 삼류급의 남의 마음을 들여다보는 사람들은 '정상인'의 의식세계를 파악할 수가 있고, 이류급은 의식 이전의 세계, 일류급은 깊이 잠자고 있는 잠재 의식을 파악할 수가 있다. 그러나 독심술사들의 전체 사회는 장래의 인간의 발전, 즉 더 큰 의식을 향한 인간의 진화 과정의 한 고리를 형성한다. 강력한 세력을 가졌고 자기 본위적이며 살인적인 거물이 이러한 진화에 위협을 할 때, 그의 '정상적인' 두뇌는 모든 독심술사들의 집합적인 영혼의 에너지로 가득 차게 된다. 이리하여 그는 계몽을 받고 그 자신의 주체성과 우주적인 사랑에 대한 신비를 감지하게 된다. 그는 소멸된 욕구 속에 갇힌 채 외고집장이의 고립된 자아로서만 '분해'된다.

3. 그러나 이러한 공상 과학 소설 중에서 가장 미묘하게 처리된 작품은 스터전의 것이다. 그 소설의 시간은 현재로서 미국의 숲속 어디에선가 한 지역 사회가 우연히 형성된다. 이 사회에는 이심전심의 능력을 가진 성인 백치와, 염동念動 작용에 의해 행동하는 조그만 쌍둥이 흑인 소녀들, 약간 나이가 든 백인 염동 작용가, 그리고 그녀가 맡아 기르고 있는 컴퓨터 정신과 외계와의 연관 능력을 가진 몽고 족의 아이가 한 명 살고 있다. 홀로 있으면 고독하고 야릇한 그들이지만, 다 함께는 형태 인간으로 불리는 새로운 종류의 지성적인 삶의 초자연적 유기적 조직체를 구성하며 그 사회는 또한 중력을 정복할 수 있는 수단도 지니고 있다. '중력학'은 물질, 에너지, 공간 그리고 시간을 이미 포함하는 통합된 장에다 정신을 덧붙이는 것처

럼 보인다. 그러나 형태 인간은 정신적인 약진을 하기 전에 도덕적인 기풍에 대해서 뭔가를 호모 사피엔스로부터 배워야만 한다는 것이 밝혀졌다.

4. 꿈은 현실을 만들어 내고 문자 그대로 재창조해 낸다. 그리고 그 현실은 그 자체가 『하늘의 선반』이란 소설 속에서는 꿈의 궁극적인 실현이다. 시기는 2002년경이다. 하비 박사와 그의 전기 증폭기의 최면술로 주인공 오르는 유토피아를 꿈꾸게 된다. 오르의 꿈은 인구, 공해, 전쟁, 인종 문제를 모두 '해결한다.' 이 꿈은 60억의 인구를 말살시키고 은하계에서 온 침입자들인 외계인 종족을 현명한 동맹자로 바꾸어 놓는다. 그러나 이러한 효과적이며 반동적인 꿈을 하나하나 꾸고 난 후에도 어쩐 일인지 사태는 항상 조금씩 악화된다. 왜냐하면 이 작품의 주요 논점은 존재와 생성, 변화와 정지 사이에 있기 때문이다. 오르의 꿈은 그 외계인들이 그에게 가르쳐 주듯이 하나의 우주적이고 의지가 없고 말로 표현할 수 없는 힘의 일부분이다 : "모든 것은 꿈을 꾼다. 형식과 존재의 놀이는 본체를 꿈꾸는 것이다 … 그러나 정신이 의식을 하게 될 때 진화의 속도가 빨라질 때 여러분들은 주의해야만 한다." 이러한 경고를 띤 음조가 장자莊子에 의한 다음의 한 제사에서 울리고 있다 : "이해력을 이해할 수 없는 곳에서 멈추게 하는 것은 상당히 높은 경지에 달한 것이다. 그렇게 할 수 없는 사람들은 하늘의 선반 위에서 멸망할 것이다." 인간 정신의 무한한 능력에 대해서는 이쯤 해두자.

위의 네 편의 공상 과학 소설들은 인간이 광대한 순수 이성의 현실로 변형되어 지식을 즉각적으로 교환할 수 있는 보편적인 의식을 지닐 수 있음을 예언하는 데－그리고 그것에 대한 경고도!－있어서 결코 독특한 것은 아니다. 그러한 예언적인 신화들이 천천히 자아실현의 예언들이 될 수 있을까? 아니면 미래란 단순히 우리가 가장 널리 의견을 나누고 마음에 새기고 수정을 하는 환상에 불과할까?

Ⅸ. 종결부

다시 한 번 내가 강조하고 싶은 바는 내가 이곳에서 과거의 영지주의 종교, 그들의 창조와 계시 이론, 그들의 이원론과 조물주, 그들의 히브리 신들인, 소피아스, 아브락사스 그리고 헬렌에 관심을 기울이고 있는 것이 아니라는 점이다. 오히려 내가 이곳에서 관심을 기울이고 있는 것은 정신의 즉각성과 완전한 노시스 또는 지식에 대한 새로운 의미이다. 이러한 의미는 이 우주에서 의식이 광범위한 새로운 역할을 한다는 것을 암시한다. 그러한 역할은 고대의 정열적인 주관성을 지닌 작가들인 영지주의자들에 의해 희미하게나마 예상되어졌다.

그러나 새로운 영지주의는 단지 신비적인 경험이나 신화적인 유형에만 근거를 두는 것은 아니다. 그것은 은근히 포스트모던한 문학에 영향을 주고 있고 우리의 과학과 기술학의 상태로 나타난다. 새로운 영지주의는 조용히 문화의 정의를 바꾸고 있는 집중 현상들을 전제로 한다.

> (브라운의 다형적인 외고집의 신화적인 비전과 전기를 인간의 신경조직으로 보는 맥루한의 기술적인 생각은 모두 자아를 중심에서 밖으로 내보내는 것이고 두뇌를 확산시키는 것이다. 그리고 마르쿠제의 새로운 현실 원리는 '새로운 감수성과 탈승화된 과학적 지성이 심미적인 기풍의 창조 속에서 결합하게 될' 어떤 질서를 가정한다.)

그러한 집중 현상들이 인간의 정의를 바꿈으로써 끝나게 될 것인가?

나는 지금까지 추리적인 목소리로 이야기를 했다. 몇몇 다른 이들처럼 나는 우리가 인간의 급진적인 변형 과정을 목격하고 있다는 가설로 삼았다. 그러나 이러한 가설에 대안들이 있다. 예를 들어 우리는 한 인종으로서 우리 자신을 말살할 수도 있다. 또는 우리는 우리 운명을 급격하게 바꾸지 않으면서 우리가 지금 하고 있는 것을 그럭저럭 해나가면서 빨리 발전을 할 수도 있다. 아니면 우리는 어떤 보편적인 의식을 부과하지 않는 방법으로 급격하게 변화할 수도 있다. 올라가는 모든 일이 집중되어야만 하나? 아마도 떨어지는 모든 것도 또한 그러할 것이다.

내가 추리적인 목소리로 이야기를 해온 것은 문제를 제기하기 위한 것이지 문제를 미리 처리하기 위한 것은 아니었다. 그러나 추정은 또한 이론이나 판단 또는 신념을 위한 길을 열어 주기도 한다. 의심할 바 없이 모든 독자는 자기 나름대로의 반응을 보일 것이다. 남아 있는 문제들은 우리들, 좀 더 구체적으로 말해서 문학 독자와 작가들에게 중요하다. 어떻게 우리는 이러한 새로운 현실에 대응할 것인가? 우리는 우리 자신을 우리 시대의 상상력과 변화의 근원으로부터 분리시켜야만 하는가? 우리는 영지주의적인 꿈에다 더 크고 더 풍요로운 형태를 주기 위해 그 꿈속으로 들어갈 수 있는가? 아니면 우리는 우리 자신의 전통 위에서 경건함, 회의주의 그리고 복합적인 희망을 지니고 우리의 생명력을 유지해 나갈 것인가?

하나의 전범 : 노만 메일러

그는 항상 미국에서 모범이 되고자 노력했다. 그의 집은 우리가 알듯이 자아의 영역, 즉 힘, 본능, 비전이다. 그는 새로운 마술보다는 과거의 마술에 가까이 하면서 심오하면서도 모호하게 기술학을 비판해 왔다. 그러나 아마도 이렇게만 보는 것은 잘못일 것이다. 왜냐하면 메일러는 내 생각에는 인간 진화 과정에서 마술과 기술이 중요한 지점에서 만나고 있다는 점을 감지하고 있으나 그것을 자신에게 숨기기 때문이다. 하여튼 메일러는 현재와 미래의 초현실적인 세계에서 샤만들과 컴퓨터들이 즐거이 교류하는 것을 보고 있다.

> 그러나 미래에 대한 이러한 모형도 너무 단순했다. 왜냐하면 이성적 사회와 비이성적인 세계 사이에 국경이 없게 될 것이기 때문이다. 컴퓨터 마을은 피부병 치료법은 없고 상처 속에 고름만 가득하며 정신적 지도자는 불면증에 대한 치료약도 없으나 달을 향한 여행을 한다. 그래서 사람들은 영원히 이 사회 저 사회로 이동하게 될 것이다. 성 행위는 두 세계 모두에서 통용되는 새로운 형태가 될 것이다.-그것만이 우리들이 의존할 수 있을 것이다.
>
> 『달 위의 하나의 불에 관하여』*Of a Fire on the Moon*

성 행위-그리고 또한 그것의 원시 시대부터의 등가물은 중력 그리고 빛이라고? 성적 의식-육체가 육체를 찾고, 에너지는 그 자체로는 해방되어 나오고-이 무엇이 될지 누가 알겠는가?

메일러가 문학계에 내놓은 본보기는 우리 시대에 문학 행위자체의 전범이며 문학계 자체의 노력의 표본이다. 분에 넘치는 그의 야망, 상상력 그리고 아이러니는 이 시대의 몇몇 결정적인 사실들과 환상들을 이해하고자 시도한다. 그러나 우리의 일상생활의 반항, 우리의 편견과 고통의 집요함이 인류의 보이지 않는 가능성과 상당히 대조가 되므로 가장 극단적인 비전까지도 자체를 보호해야만 한다. 우리의 평범한 존재 속에서 기아와 분노가 아직도 상상력보다 훨씬 더 우리들의 나날들을 지배하고 있다.

전범의 끝

새로운 영지주의는, 의식이 점점 더 증가하면 할수록 사실과 환상이 더 많이 집중하게 될 것이고 더 많은 현실과 가능성, 감성과 사상이 하나가 되리라고 가정한다. 문학적인 상상력은 단지 새로운 영지주의에 의심을 품을 뿐이다. 새로운 영지주의는 아직도 문학에서 상상력이 해야 하는 주요한 성취를 이룰 수 있을까에 대해 의심을 한다.

지옥에서 천당에 이르기까지 모든 창조의 중간 형태를 통해서 연결되어 있는 존재의 커다란 사슬은 아마도 부서져 버렸을 것이다. 또는 더 정확히 말하면 존재의 커다란 사슬은 선형적이 아닌 다형태 의식의 커다란 고리로서 재구축되고 있는 중이다. 남자와 여자는 이제 더 이상 땅과 하늘 사이에서 있지 않고 그들은 둘 모두 그리고 둘 중의 하나가 되고 있다.

그러나 얼마나 많은 사람들이
각종의
정신의 학술원
내에서 또는 밖에서
(블레이크)

우리 친구의
이러한 은유가
끝나는 곳을
진정으로 감지할 수 있을까? (나는 아니다.)

… 각자의 모래알이
대지위에 있는 각각의 돌멩이가
각각의 바위와 각각의 언덕이
각각의 분수와 시냇물이
각각의 약초와 각각의 나무가
산, 언덕, 땅, 그리고 바다가
구름, 별똥별, 그리고 별이
멀리서 본 인간이노라.[3)]

---

3) 제사들의 참고 문헌 : 『티벳의 죽은 사람들의 책』*The Tibetan Book of the Dead* ; 『진리의 복음서』*The Gospel of Truth* ; 윌리엄 블레이크, 「예루살렘Jerusalem」 ; 랄프 월도 에머슨, 『자연』*Nature* ; 앙리 베르그송, 『도덕과 종교의 두 기원』 *The Two Sources of Morality and Religion* ; 제임스 진스, 『신비스러운 우주』*The Mysterious Universe* ; 떼이야르 드 샤르뎅, 『지구를 건축하기』*Building the Earth* ; 마샬 맥루한, 『전달 매체의 이해』 ; 벅민스터 훌러, 『직관』 ; 제럴드 화인버그, 「프로메테우스 계획」 ; 노만 브라운, 『사랑의 육체』*Love's Body* ; 루이스 칸, 『타임』, 1973년 1월 15일자.

제3장 문화, 불확정 그리고 보편내재 : (포스트모던) 시대의 변경

주장 :

불확정과 보편 내재의 작용은 이제는 어색하게 사용되던 시기를 무사히 넘기게 되었는지도 모르는 용어인 포스트모더니즘의 인식소認識素에 결정적으로 중요하다. 변환되는 변경과 스스로 깨닫게 해주는 단편들 사이에서, 이 '불확정, 보편내재'의 시대와 관련된 주장이 다음의 7개의 부분으로 순서대로 진행될 것이다.

Ⅰ. 무질서인가 또는 불확정인가
Ⅱ. 인식소의 문제
Ⅲ. 새로운 과학
Ⅳ. 붉고, 은빛이며, 진홍색인 청어들에 관하여
Ⅴ. 우리 시대의 문화에 나타난 증거
Ⅵ. 예술 부문에서
Ⅶ. 인간적이며 결론이 없이

반대 주장 :

텍스트는 그 자체가 결론이 없는 우리 시대의 하나의 허구이다. 현재는 언제나 우리로부터 숨겨진 채로 남는다. 그리고 진정한 예언은 지금 이 경우엔 적당하지 않지만 광기를 요구한다. 불확정과 보편 내재성은 언어와 같이 영원하다. '불확정, 보편적 내재성'은 조야한 행동이다. 그리고 인식소는 우리 시대의 명령, 즉 올바른 실천으로부터의 탈선이다. 이 주장은 스스로 깨닫게 하기 보다는 신비적이거나 궤변적이어서 그 자체가 주변적이다.

I. 무질서인가 또는 불확정인가

우리는 우리 시대의 지식에 대한 질서와 무질서에 대해 숙고하도록 요청받고 있다. 그러나 나는 또한 우리의 시대, 죽어야 할 운명을 지닌 우리 시대의 변경에 대해 의문을 품는다. 그리고 우리는 후손들과 타협하기 위해서 우리가 죽을 때 어떻게 우리 자신들에게 이름 붙일가를 생각해 본다. 어색하게 우리는 포스트모던 시대의 자식들이라고 말할 것인가? 그러나 왜 그러한 문제를 숙고해야만 하는가? 하나의 이름 속에 결국은 무엇이 있을까? 부분적으로 우리의 존재가, 또 부분적으로는 우리의 희망이 있을 것이다. 그것을 출산과 놀이라고 부르자. 우리는 언제나 우리가 다시 창조하려 하는 선조들을 주문으로 불러내기 위해 우리의 목청을 돋군다.

지식의 질서는 배타성 위에 토대를 두고 있다고 미셸 푸꼬는 주장한다. 우리의 과업은 이렇게 제외된 것들을 드러내는(포함하는) 것이다. 『담론의 질서』 *L'Ordre du discours*(파리, 1971).

나는 매슈 아놀드와 프리드리히 니체를 불러낸다. 그들은 너무 자주 불러내어져 왔기 때문에 이제는 더 이상 새로운 감을 주지 못한다.

신장이 3피트 반밖에 안 되었고 지혜의 인간은 아니었지만 그래도 직립 인간이었던 아파르 평원에 3백만 년 이상을 누워있는 루시를 생각해 보라. 호리 호리한 인간이었던 그녀는 우리 모두의 어머니였을까? 그들은 그렇지 아놀드는 오늘날 학계에서 영국 선호의 사람들 사이에서 문화의 개념에 대해 거의 선매권先買權을 얻고 있다. 그의 저서 『교양과 무질서』*Culture and Anarchy*는 내 주제위에 내가 쫓아버릴 수 없는 어떤 그림자를 던져 준다. 아놀드에 있어서 문화는—우리 모두 이것을 너무나 잘 알고 있다—하나의 '내향적인 작용'이며 결실이 풍부한 열정적인 '호기심'이며 '이 세계에서 여지껏 생각되어지고 표현된 최상의 것을… 알게 됨으로써 우리의 총체적인 완전성을 추구'하는 데 필요한 하나의 '전반적인 지성'이었다. 문화는 '우리 인간성의 모든 면을 발전시키는 데 있어서' 그리고 또한 '사회의 모든 부분을 발전시키는 데 있어서' '최상의 자아'에게 공손함을, 조화를 요구하였다. 이런 말 중에서 '조화', '총체성' 그리고 '완전성'과 같은 말들이 중요하다. 그것들이 없으면 우리는 무질서에 노출되거나 또는 더 나쁘게는 조야한 도덕에 직면하게 된다 : 아놀드는 이 두 가지 면—즉 무질서와 조야한 도덕—에서 모두 미국인들이 뛰어나다고 생각하였다.

나는 특히 미국 문화를 염두에 두고 있다. 미국 문화는 그 어느 때보다도 지금 초월적인 헤브라이즘이나 아니면 명백한 무질서 중 어느 것에 더 열중하고 있는가? 아니면 미국 문화는 아놀드가 인식하지 못한 불확정적이고 보편 내재적이며 풍요롭고 기이한 어떤 것으

않다고 말한다. 그녀는 우리의 '진정한 선조들'이 지구를 걷기 시작했을 때 그들을 호기심있게 바라보았다. 그렇게 해서 페이지를 넘길 때마다 우리의 '선조들'의 인상이 희미해진다. 그리고 기원에 대한 허구는 차이들의 허구를 만난다. 고생물학에서 서체학으로.

이안 그리거 편, 『교양과 무질서』(인디애나폴리스와 뉴욕, 1971), pp.5-8.

"메인 주에서 플로리다까지, 그리고 다시 거꾸로 와도 미국 전체는 히브리풍이다"라고 아놀드는 불평한다(p.15). 이것은 1869년의 경우였다. 오늘날의 남부 캘리포니아 주에 대해

로 그 자체를 전환시키고 있는 것일까? 왜냐하면 불확정성은 확실히 조화로운 완전성의 이상을 거부할 필요가 없으며 또한 기이함은 때때로 우리 삶 속의 보편 내재적인 미래의 행위이기 때문이다. 아놀드는 "그러므로 현재를 위해 아니 그보다는 좀 더 미래를 위해 문화 애호가들은 확고하게 그리고 훌륭한 양심을 가지고 무질서를 반대하는 것이다"라고 적었다. 난점은 다음과 같다 : '허무주의'처럼 단지 새로운 것에 대한 심한 비난으로 여겨질 수 있는 '무질서'를 어떻게 인식하는가 하는 것이다.

그는 어떻게 생각할까?

(p.17)

우리 지성의 수사학 중 어느 정도가 주로 마술적이거나 아니면 수사의 힘에서 벗어나고 있는가?

그러나 다른 주장이 있다. 그것은 니체에 의해 훌륭하게 이루어졌다. 여기에는 달콤하다든가 빛이라든가 하는 것은 없다. 대신에 망치와 모루에서 벗어나 죽어 가는 불꽃이 있다. 좀 더 상세히 인용하기로 하자 :

월터 카우프만 편, 『권력에의 의지』(뉴욕, 1967), pp.13, 39, 149, 163, 181, 199, 267, 283, 291, 309, 380, 418, 548.

우리가 여기서 발견하는 것은 아직도 사물의 가치의 의미와 척도로써 자신을 위치시키는 인간의 **과장적인 소박성**이다.

*

명료성의 시대 : 사람들은 낡은 것과 새로운 것이 기본적으로 대립적이고 … 모든 낡은 이상들은 삶(타락에서 생겨나고 비록 도덕이라는 훌륭한 일요일의 복장 속에서도 타락의 집행자들이라고 할 수 있는)에 적대적인 것으로 이해하고 있다.

*

나의 주요 제안 : 도덕적인 현상들은 없다. 다만 이러한 현상들에 대한 하나의 도덕적인 해석만이 있을 뿐이다. 이 해석 자체는 도덕 너머에서 생겨난다.

*

'자유 의지'라는 도덕성의 결과로서의 '놀이 행위' … 의식으로서, 방언의 추론으로서의 의지에 의해 조건지워진 개인적인 완전성은 하나의 희화이며 일종의 자기 모순이다－어느 정도의 의식은 완전성을 불가능하게 만든다－'놀이 행위'의 형태.

포스트모더니즘의 너무 많은 중요한 특징들이 1883-88년 사이에 쓰여진 이글 조각과 부스러기 속에 암시되어 있다. 예를 들면 :

a. 탈인간중심화
b. 새로운 것들의 활력
c. 해석학
d. 이성理性이라는 신화의 추방
e. 통일성의 거부
f. 공허한 주제
g. 사실-허구, 투시주의
h. 언어의 식역성
i. 허구들 속에서의 사색
j. 기원들에 대한 부정
k. 가치의 에너지 역학
l. 장난의 예술들과 놀이의 형이상학
m. 존재와 생성의 붕괴, 하나의 새로운 본채론

*

나에게는 모든 것을, 통일성을, 어떤 힘을 그리고 조건지워지지 않는 어떤 것을 제거해야 하는 것이 중요한 것처럼 보인다(왜 갑자기 이렇게 겸손해지는 것일까?). 그렇지 않으면 우리는 끊임없이 그것을 최고 상고 법원으로 간주하고 '하나님'이라고 명명하는 일을 그치지 않을 것이다.

*

'주체'는 하나의 허구일 뿐이다 : 왜냐하면 우리가 이기주의를 비난할 때 말하고 있는 주체의 자아는 전혀 존재하지 않기 때문이다.

*

오로지 사실들만이 존재한다고 나는 말하고 싶다. 아니 정확히 말해서 사실들은 존재하지 않고 오로지 그것에 대한 해석만이 있다

…. '지식'이란 어휘가 어떤 의미를 가진다면 그 세계는 알 수 있는 것이 된다. 그러나 그 세계와는 달르게 해석될 수 있다. 세계는 그 뒤에 아무런 의미를 지니고 있지 않다. 그러나 무수한 의미를 가진다-'투시주의'.

*

언어는 가장 단순한 편견들의 토대 위에 존재한다.

지금 우리는 언어의 형식 속에서만 생각하기 때문에 사물의 불협화음과 문제점들을 야기시킨다. 이렇게 해서 우리는 '이성'이라는 '영원한 진리'를 믿는다….

우리는 언어의 제약 속에서 [다른 곳에서는 "언어의 감옥"으로 번역하고 있다] 생각하기를 거부할 때 사고하지 않는 것이 되며, 이런 제약을 하나의 제약으로 보는 의구심을 거의 가지지 않는다.

*

파르메니데스Parmenides는 "우리는 존재하지 않는 것은 생각하지 못한다"고 말했다. 우리는 다른 극단에서 "생각되어질 수 있는 것은 확실히 하나의 허구임에 틀림없다"고 말하는 것을 듣는다.

*

지식은 과거로 거슬러 올라가 참조한다. 본질적으로 무한한 회귀이다. 멈추는 것은(최고의 원인으로 추정되는 것에서, 조건지워지지 않는 것에서 등등) 나태이며 권태이다….

우리는 니체와 동시대인인 윌리암 제임스가 포스트모던한 경향들의 한 기원이 될 수 있다는 사실을 쉽게 망각하고 있다. 예를 들면 : "정신은 모든 단계에 있어서 동시적인 가능성이 펼쳐지는 하나의 현장이다." 또는 랠프 월도 에머슨까지도 기원이 될 수 있다 : "그러나 인간 자신과 모든 사물들은 확정되지 않고 분리되고 잡히지 않는다."

*

가치는 한 인간이 통합할 수 있는 최대량의 힘이다—한 인간이 : 인류가 아니다! … 인류는 단지 실험의 재료에 불과하며 놀라울 정도로 많은 실패의 잉여물들이다 : 폐허 지대.

*

세계 자체를 탄생시키는 한 예술 작품으로서의 세계 … '놀이'는 무익한 것—'어린이와도 같이' 힘이 넘쳐흐르는 그의 이상으로 삼았다.

*

새로운 세계 개념—세계는 존재한다. 그러나 세계는 생성하는 어떤 것이 아니고 지나가 버리는 어떤 것도 아니다 … 세계는 생성되는 것과 지나가 버리는 것들 가운데에서 그 자체를 지탱한다. 세계는 자체를 먹고 산다 : 세계의 배설물은 바로 세계의 음식물이다.

거의 동시대인이라고 할 수 있는 이 두 위대한 유럽인들이—니체는 아놀드가 죽고 난 후 1년도 못돼 미쳐 버렸다—인간 상황에 대해 그렇게 다르게 느끼고 있었다는 것에 대해 나 자신은 상당한 즐거움 마저 가지지만, 어떤 사람들은 이러한 일련의 사색들을 반정신 착란상태에서 이루어진 것으로, 어떤 경우이든 호감이 가지 않는 것으로 평가할 것임에 틀림없다. 만인 공통의 문화와 '취미와 권위의 중심'에 토대를 둔 비평에 대해 아놀드가 가졌던 희망과는 정반대로 니체는 아이러닉

월터 카우프만 : "니체의 최종적이며 체계적인 저작인 「권력에의 의지」를 출판함으로써 그의 저작들과 그의 주석 사이의 구별은 애매하게 되었다. 그러나 그의 저작에 나타나는 경구들이 이렇게 체계가 없는 메모들과 같은 종류의 것이라는 잘못된 인상을 주게 되었다." (p.xix)

하고 시적으로, 그리고 거친 말투로 허무주의 자체를 무력하게 만들 정도로 급진적인 투시주의를 찬양하고 있다.

물론 많은 니체들이 있다. 하나는 신의 살해자이며 초인의 사자이며 디오니서스적인 심리학자이며 모든 가치들의 가치를 전화轉化시키는 예언자로 나타나는 독일의 니체로 프로이트, 스펭글러, 하이데거, 야스퍼스, 비트겐쉬타인, 그리고 릴케, 조르지, 카프카, 만, 뮈실Musil, 벤Benn, 에른스트 윙거Ernst Jünger 등은 그를 예리하게 의식하고 있었다. 그러나 또 다른 하나는 아마도 모던하기보다는 포스트모던하고 해체의 박사이며 분산의 기하학자이며 언어 철학자인 프랑스 니체이다. 죠르지 바따유와 피에르 클로소우스키Pierre Klossowski가 그러한 니체에 관해 썼고, 좀 더 최근에는 여러 많은 사람들 중에서 쟈크 데리다, 질 들뢰즈, 쟝-프랑소와 료따르, 앙리르페브르와 미셸 푸꼬 등이 있다.

"19세기의 모든 사상가들 중에서 아마도 도스토예프스키와 키에르케고르를 제외하고는 니체만이 오늘날 우리가 당면하고 있는 놀라운 상황들에 그리 놀라지 않을 유일한 사람이다 … 너무나 너무나 많은 것이 그에게는 이미 다 있었던 일로dejavu 여겨질 것이다. 그렇다. 그는 그것을 예견했었다. 그리고 그것을 이해했을 것이다 … ." 에리히 헬러, 「예술가의 내면을 향한 여행」(뉴욕 1968) p.173. 니체 자신도 "오, 광기를 허락해 주십시오. 그대 하늘의 힘들이여! 결국에는 나 자신을 믿게 할 그 광기를… " 라고 절규하였다. 같은 책, p.197.

우리가 어떠한 니체의 화신化身을 불러일으키고 선택하여도 그것은 현재 시점에서 아놀드의 추종자들에게 당혹감을 줄 뿐이며, 우리에게 문화와 무질서를 새롭게 정의 내려 주는 급진적인 하나의 반전통임을 우리는 인정해야만 할 것이다. 그러나 물론 우리가 해야 할 작업은 허무주의적인 멋에 빠지는 경향을 지닌 전통과 경건한 덕행에 빠지

노만 브라운의 '묵시록 : 정신의 생활에서의 신비의 위치(『하퍼즈』 *Harper's*, 1961년 5월호)와 라이오널 트릴링의 『현대 세계에서의 정신』 *Mind in the Modern World* (뉴욕 1972)을 비교해 보라.

는 또 다른 전통 모두를 피해야 한다—다시 말해 우리의 지적인 임무 수행을 하는데 있어서 점잔빼며 걷는 것과 질질 끌며 지척거리며 걷는 것 모두를 피해야만 한다.

소크라테스 식의 문답법

신념이 어떻게 보류되며 욕망은 어떻게 연기되며 정서는 어떻게 제거되거나 억제되는가? 아마도 상상력을 통해서, 그리고 상상력의 모든 둔사遁辭들과 비유들을 통해서일 것이다. 그러나 니체는 '세계를 해석하는 것은 우리가 필요해서이다. 즉, 우리의 욕구들과 그 욕구들의 찬성과 반대 때문이다. 모든 욕구는 일종의 지배하려는 욕심이다 …'(pp. 267). 지배하려는 욕심 : 그러면 학회 모임은 무엇인가? 안다바테스, 레티아리우세스, 미르미론스, 삼나이츠, 트라키안즈들(로마 시대의 유명한 검술사들의 이름이다 : 역주)과 승리를 겨루고 그러다가 지게 되면 다수의 엄지 손가락들이 하늘을 향하기를(목숨을 살리라는 신호) 희망하는 검술사들의 쇼인가, 아니면 사상들의 거대한 콜로세움인가? 그리고 이 모든 것들이 결과는 무엇이 될 수 있을까? 우리 모두가 반은 바라고 그 반의 반은 반쯤 믿으니까 그것은 '분명한 해명'이라고 할 수 있을까? 아니면 학회 모임들에 대한 하나의 본체론, 좀 더 정확히 말해서 하나의 본체론적 관능학과 본체론적 정치학이 있는 것일까? 어떻거나 우리의 모든 인식소들을 형성하고 또 부드럽게 조롱하는 존재가 있는 것인가?

Ⅱ. 인식소의 문제

니체의 회의주의 뿐 아니라 그의 급진적인 투시주의는 플라톤에서 헤겔에 이르는 철학이 구축하려고 추구했던 근본 토대에 도전하였다. 자연, 언어, 정신은 더 이상 조화를 이루지 못하고 하나의 절대적인 경전의 논리를 거부하였다. 이런 견해는 이제는 진부한 것이 되어 버렸다. 그러나 문제는 남는다 : 그러한 불확정 자체가 새로운 인식소의 부분인가?

『말과 사물』 *Les Mots et les choses*(파리, 1966), pp.219-21, 313.

미셸 푸꼬는 「사물들의 질서」에서 지구 역사의 3가지 주요한 '인식소'를 구별해 내고 있다 : 마지막 것이 19세기 초로부터 시작되는 '현대'라는 인식소이다. 두 가지 현대적인 사유 형태가 생기게 된다 : 논리와 본체론과의 관계를 규명하는 과학과 의미와 시간의 관계를 탐구하는 역사가 그것이다. 그러나 결정적인 특징은 다음과 같다 : 존재와 의미의 상호 관련성에 의문을 제기하면서 모더니즘은 종국에 가서는 자기 반영적인 담화를 만들어 냈다. 이 담화는 근본적으로 이행적移行的이 아닌 자동사의 언어로서 그 자체의 '직하直下하는 존재'와 그 자체의 장난기 있는 '확산'만을 확인시켜 줄 수 있을 뿐이다. 우리는 그러한 언어를 모더니즘 문학이라고 부르고 있다.

우리의 일상적이며 안이한 인본주의 속에서 "우리는 우리가 호랑이의 등에 업혀 있다

언어의 확산-그것과 유사한 보편 내재성이라고나 할까?-은 푸꼬에게는 문자 그대로는 아니라도 하나의 특별한 사상으로서 분명

는 것을 상기해서는 안 되나?"라고 푸꼬는 말한다. (p.333) 이제 나타나기 시작하는 후기 인본주의의 호랑이일까?

히 역사의 구체적인 비유적 표현인 인간의 '소멸'로 받아들여진다. 이러한 '소멸'은 니체의 또 다른 예언으로 평가되고 있고 그 실현이 하루하루 가까워지고 있다. 그 예언은 언어의 놀이 속에서 실현된다 : 푸꼬의 말을 들어 보자.

(p.394 이하 계속)

언어로서 경험되고 자세히 고찰된 언어의 내부에서, 극단의 지점에까지 이른 언어의 가능성의 놀이에서 선언할 수 있는 것은 인간은 '종국에 다다랐으며' 모든 가능한 언어의 정상까지 올라갔지만 인간은 자신의 바로 그 중심부에는 다다르지 못하고 인간의 한계를 지우는 변두리에 도달했을 뿐이라는 점이다. 그 변두리 지역에서는 죽음이 배회하고 사상이 죽어 가고 기원에 대한 가망성이 무기한으로 사라져 가고 있다.

아르또, 루셀, 바따유, 블랑쇼, 카프카를 언급하면서 푸꼬는 또 다른 꼭대기, 즉 앞으로 도래할 빛나는 변형을 암시하고 있다. 모더니즘의 인식소가 와해되기 시작하고 인간의 얼굴이 그 가면 속에서 웃음으로 폭발하는 그곳에서 푸꼬는 언어 속에 어떤 말할 수 없는 힘의 회귀를 상상하며 다음과 같이 묻는다 : "이것은 통합의 전체가 이제 막 붕괴되고, 언어의 존재가 수평선 위에서 계속해서 전보다 더욱 더 밝게 빛나는 동안 인간은 소멸의 과정 속에 처해 있다는 표시는 아닐까?" 이렇게

후고는 유물론자였지만 여기서의 그의 비전은 떼이야르 드 샤르댕과 일치하는 것처럼 보인다. 그러니 푸꼬는 모든 문화의 표면적인

해서 우리의 모든 언어들의 존재는 미래 정신이 지닌 보편적 내재를 불러내는 것처럼 보인다.

그러나 잠시 생각해 보자. 푸꼬의 주장은 정확하게 어디에 기초를 둔 것인가? 그를 대신해서 나는 단도직입적으로 말한다 : 19세기 초에 시작되는 모던적인 인식소는 이제 거의 끝날 때가 되었다. 그 운동이 전개되는 동안 담화의 확산, 지식의 불확정성, 인간의 소멸 등의 문제가 서서히 대두되었다. 우리는 이제 아마도 새로운 로고스와 언어의 새로운 보편내재 상태로 접근하고 있는지도 모른다. 그러므로 푸꼬에게는 확산의 계기가 무르익는데 2세기가 걸린 셈이 된다. 문학사가들이 낭만주의, 빅토리아 주의, 모더니즘, 포스트모더니즘이라고 부르는 것들은 모두 그 속에 포함된다. 그러나 이것은 하나의 거시 역사이며 또한 메타 역사이기도 하다. 왜냐하면 미셸 푸꼬는 만일 그가 말하자면 기번이나 미셸레나, 헨리 애담즈나 스펭글러가 가질 수 없었던 뒷가늠자를 가지지 못했더라면 그는 놀라운 지식의 고고학의 이론을 펼치지 못했을 것이기 때문이다. 아놀드가 무질서를 본 곳에서 푸꼬는 담화의 또 다른 질서의 조짐을 보여 주는 불확정성을 찾아내고 있다. 이렇게 해서 그의 확산의 개념은 그 자체가 포스트모던의 기풍의 일부이다. 문화와 정신의 새로운 구성 원리인 포스트모더니즘의 효력 있는 인식소가 지금 언명될 수 있느냐는 아직 논의의 여지가 있다.

언어 지상주의 뒤에는 '담화의 무질서하고 지속적인 커다란 무익한 잡음'에 대한 애매한 두려움, 깊은 '언어 공포증'이 숨어 있다는 것을 느끼고 있다. 『담화의 질서』, p.53.

또 다시 니체는 여기서 예외가 될 수 있다. 그러나 현대성 그 자체는 언제나 복합적이다. 폴 드 만에 의하면 "현대성은 하나의 기원으로서 현순간의 힘에 그 신뢰를 두고 있지만, 자체를 과거와 분리시키는데서 현대성은 동시에 현재와도 분리됨을 알게 된다. 니체의 저서 『역사의 효용과 오용』 *The Use and Abuse of History* 은 그로 하여금 결정적으로 이러한 발견을 하게끔 이끈다…" 「맹목과 통찰력」(뉴욕, 1971), p.149.

그러나 아직까지는 미결정의 상태로 남아 있었던 불확정이라는 용어 자체가 또 다른 비평의 슬로건으로 되어 생기를 잃기 전에 탐구되어야 할 시간이 되었다는 것은 확실하다.

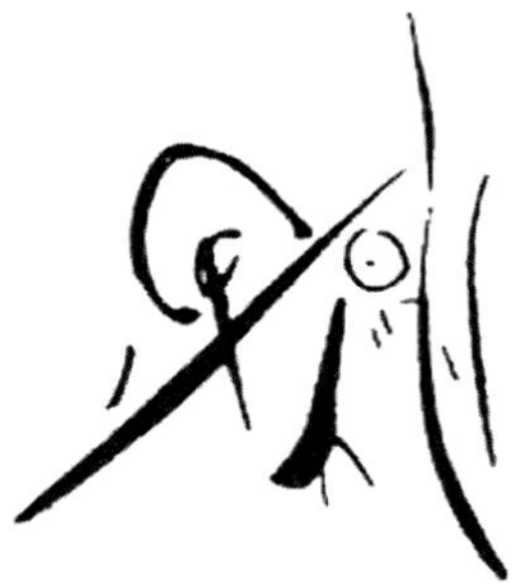

소크라테스 식의 문답법

모든 사상은 경직화된다. 추상적인 사상은 절대적으로 경직화된다. 은유까지도 원형, 신형新型, 상투형이 된다. 그리고 '해체'는 곧 레닌의 무덤이 놓여 있는 곳보다 더 견고한 토대를 제공할지도 모른다. 언어에는 영속적인 혁명이 있을까? 우리는 그것을 시詩라고 부른다. 그러나 비평에서 시적인 것의 위치와 작용은 무엇일까? 그리고 만일 시가 비평의 담화를 위해서도 지나치게 무력하다는 것이 증명된다면 어떻게 되는 것일까? 그러므로 우리는 이데올로기 비평과 서투른 비평 중에서 선택해야만 하는 것일까? 그러므로 우리는 비평가의 고통을 위한 하나의 형식이 필요할 것이다. 왜냐하면 고통의 원천이 진지함과 세련미 속에 있을 때 고통 속에 능변이 있을 수 있기 때문이다. 그러나 이것은 지나치게 강제적이어서 비평 속에 포함될 수 없을 것처럼 보인다. 우리는 비평적 텍스트의 즐거움이 무엇인지 물을 수도 없는 것일까? 시, 고통, 즐거움 : 우리는 비평적 담화의 형식 속에서 그것들의 존재를 어떻게 인정해야 할 것인가?

Ⅲ. 새로운 과학

나는 이 자리를 빌어 이 글을 쓰는데 도움이 된 테레사 애버트 Teresa Elbert의 훌륭한 논문인 「애매성에 대한 관용」에 감사하는 바이다.

푸꼬에 의하면 '사유'의 두 가지 모형 중의 하나인 과학은 – 다른 하나의 역사이다 – 19세기에 이미 현대적인 인식소가 출현하고 있음을 보여 준다. 그러나 20세기의 과학은 그 자체의 인식론적인 경계 설정을 보증할 만큼 충분히 독특하다. 훗설은 그러한 경계설정을 1930년대 후반에 『유럽과학의 위기와 초월적 현상학』 *The Crisis of European Sciences and Transcendental Phenomenology* 이라는 저서에서 다소 적대적인 입장에서 시작하였다.

우리는 1905년을 전환기로 생각해 볼 수도 있다. 그해에 앨버트 아인쉬타인은 특수상대성 이론에 관한 논문을 발표했다. 사건들은 항상 어떤 특별한 구조와의 관련 속에서 인식된다. 다른 좌표의 체계 안에서는 '똑같은' 사건도

『나의 생의 후기에서』 *Out of My Later Years*

(뉴욕, 1950), p.41.

똑같지 않다. 아인쉬타인은 그러한 현상을 간명하게 표현하였다 : "절대적인 시간이나 공간도 없다. 진공(c)속에서 시계와 가늠자의 움직임의 속도가 빛의 일정한 속도에 접근한다면 움직이는 시계는 더 천천히 똑딱거리고 움직이는 가늠자는 더 짧게 측정할 것이다. 그러나 맥스웰과 로렌츠의 이론을 원용하고 있는 그 이론은 단순한 속임수는 아니다. 그것은 공간, 시간, 운동에 새로운 이해를 가져왔다. 그 이론은 절대적 동시성의 개념을 제거하였고 전기 자기학의 방정식을 분명히 해명해 주었고 운동량과 에너지의 보존 법칙을 단일화시켰고 우리 모두가 잘 아는 바와 같이 질량과 에너지가 등가等價라는 것을 증명하였다.

$$l = \sqrt{1 - \frac{V_2}{C_2}}$$

$$t = \frac{1}{\sqrt{1 - \frac{V_2}{C_2}}}$$

1915년에 아인쉬타인은 일반 상대성 이론을 만들

$$E = mc^2$$

『과학 에세이』 *Essays in Science* (뉴욕, 1934). pp.52, 58

어 냈다. 그 이론은 통일된 장(場 ; 힘의 작용이 미치는 범위 : 역주)의 요소들로 중력과 관성 좌표계를 고려해 넣고 있다 : "그 이론에 따르면 공간의 물리적인 성질들이 무게를 잴 수 있는 질료에 의해 영향을 받는다"는 것이다. 또한 이 이론은 유크리드 기하학을 버리고 그 대신에 '곡선의', 즉 리만Riemann의 공간을 채택하였다. 그러므로 "'직선'과 '평면'등의 가장 기본적인 개념들은 물리학에서 그들의 확실한 중요성을 상실하게 된다"고 아인쉬타인은 적고 있다. 우주의 블랙홀들의 '특성'을 포함해서 물론 더욱 더 많은 것들이 문제성을 가지게 되었다. 아인쉬타인은 자신의 두 이론으로 갈릴레오와 뉴턴이 보여 준 우주와는 전혀 다른 얼굴을 보여 주었다고 말하는 것으로 그치기로 하자.

아인쉬타인은 또 다음과 같이 말한다 : "이 새로운 물리학에서는 장과 질료 모두를 위한 자리는 없다. 왜냐하면 장이 유일한 실재계이기 때문이다." 프리초프 카프라 Fritjof Capra, 『물리학의 도道』 *Tao of Physics* (보울더, 콜로라도, 1975), p.211에서 재인용.

이 농담에 대해 니일스 보어는 "신에게 그가 이 세계를 어떻게 움직여야 하는가를 처방해 주는 것이 우리의 직무는 아니다"라고 대꾸했다.

베르너 하이젠버그, 『물리학과 그 너머』(뉴욕, 1971), p.81.

그러나 아인쉬타인이 생각했듯이 신은 '우주와 주사위놀이'를 하지 않는다. 그러한 재담은 양자 물리학의 새로운 이론가들 특히 '코펜하겐 해석'의 저자들인 니일스 보어Niels Bohr와 베르너 하이젠버그에게는 하나의 심각한 비난이었다. 왜냐하면 하이젠버그는 1927년에 '불확정성의 원리' Uncertainty Principle'에 관한 유명한 논문을 발표했기 때문이다. 한 입자의 운동량이나 또는 그 위치는 각각 정확하게 측정될 수 있으나 둘 모두를 한꺼번에 측정할 수 없기 때문에 측정의 체계와 장, 관측자나 측정대상 사이의 피할 수 없는 연루連累관계를 폭로하게 된다. 같은 해에 보어는 '상보相補의 원리' Principle of Complementarity를 발표했다 : 빛은 동시에 파장으로서 또한 입자들의 양자들로서 작용하는 것처럼 보이기 때문에 어떤 현상

베르너 하이젠버그 : "우리가 관찰하는 것은 자연 자체가 아니라 우리의 의문방식에 노출된 자연이다 … 이런 방식으로 양자 이론은 보어가 말한 바와 같이 … 삶이라는 극속에서 우리는 배우인 동시에 관객이라는 … 오래된 지혜를 상기시켜 준다." 『물리학과 철학』 *Physics and Philosophy* (뉴욕, 1962), p.58.

W. B. 예이츠 : '어떻게 우리는 춤추는 사람과 춤을 구별할 수 있겠는가?' '학교 어린이들 사이에서'.

주註 : 보어가 작위를 수여받았을 때 그는 모순점들은 상호보완의 관계에 있다를 좌우명으로 삼았다. 그는 1937년 중국을 방문했을 때 태극 모양을 보고 크게 놀랐다.

에서의 논리적인 모순들은 상호 보완의 양상하에서 경험적으로 발견되고 검증되어질 수 있다. 내가 제대로 잘 설명하지는 못했지만 이러한 원리들이 지닌 수학적인 형식주의는 그 원리들이 함축하고 있는 철학적인 의미가 비록 오늘날까지도 열띠게 논의되고 있기는 하더라도 놀라운 세련미를 지니고 있다.

그러나 새로운 물리학의 어떤 특징들은 잠정적으로는 분명한 것처럼 보인다. 반反우상적인 과학으로서 물리학은 아원자의 작용을 묘사할 때 기하학적인 모델을 이제는 사용하지 않는다. 주로 비언어적인 학문분야인 물리학은 자연 언어들의 애매모호성들과 개념적인 제약들 모두를 피하고 있다. 이 새로운 과학은 별개의 대상물 대신에 또한 개연성, 존재하려는 경향들에 관해서 이야기함으로써 존

아인쉬타인은 쟈크 하드마르에게 말하였다 : “언어의 단어들은 쓰여지거나 말로 되어 나올 때 나의 사상의 구조 속에서 아무런 역할도 하지 않는 것처럼 보인다.” 그리고 모차르트는 출처가 분명치 않은 편지에서 다음과 같이 말했다. “나는 내 상상력 속에서 부분 부분을 연속적으로 듣지 못하고 마치 그것들이 모두 동시에 일어나는 것처럼 들린다.” 브류스터 기스린 편, 『창조

재의 본체론적인 경계선을 희미하게 만들고 있다. 하이젠버그는 다음과 같이 말한다.

과정』*The Creative Process* (뉴욕, 1952), p.43에서 재인용.

『변경을 넘어서』(뉴욕, 1974), p.115.

…새로운 실험들을 통해 우리들은 겉보기에 상충되는 것처럼 들리는 "질료는 무한정으로 구분될 수 있다"와 "질료의 가장 작은 단위들이 있다"와 같은 두 개의 진술들을 어떤 논리적인 어려움에 빠지지 않고 결합할 수 있다는 것을 배우게 되었다.

인과율은 유용성이 모호한 개념이라고 증명되고 있고 '질료의 파장들'속에서 지속성은 단지 명목적인 것처럼 보인다. 그래서 전자들은 한 '궤도'에서 다른 궤도로 사이에 있는 공간들을 거치지 않고도 '건너 뛰어넘을'수 있을지 모른다. 객관성이란 것도, 대상이 주체가 아니라 우주의 나머지들과 구분될 때에만 유용한, 정통적인 개념으로부터 전환된 하나의 허구처럼 보인다. 우주 기계론, 결정론, 유물론은 일

제논의 역설인가? 아니다. 단순히 개연성 기능인 ψ가 기상奇想을 설명한다. 또한 가설적 입자들인 쿼크, 중성 미자微子들, 그리고 우리의 안개 상자(고속 원자나 원자적 입자가 지나간 자취를 보는 장치 : 역주) 속에 살고 있는 '마력', '반향' 또는 '기이함'을 지닌 다른 유령과도 같은 질료들도 있다.

종의 순수 이성적인 헤라크리투스Heraclitus의 불인의식의 흐름 앞에서 세력을 잃는다. 이러한 인식에는 의기양양함 뿐 아니라 경악감도 있다. 하이젠버그의 증언을 들어 보도록 하자.

『물리학과 그 너머』, p.61.

처음에는 나는 아주 놀랐다. 원자 현상들의 표면을 통해 나는 기이하게 아름다운 내부를 바라보고 있다는 느낌을 가졌으며 지금 자연이 내 앞에 풍성하게 펼쳐 놓은 수학적 구조들의 이 보물을 탐구해야 한다는 생각에 거의 현기증을 느낄 정도였다.

괴델의 증명에 대한 부기

'수학적 구조들이 보물'조차도 한계가 있다. 하이젠버그의 불확정성에 대한 논문이 나온 3년 뒤에 쿠르트 괴델Kurt Gödel은 모든 논리적 구조는 좀 더 크고 '좀 더 강한' 구조의 부분이 되어야 하는데 그 이유는 아무 것도 완벽해질 수 없기 때문이라는 논증을 해내었다. 스트로더 퍼디Strother B. Purdy는 말한다 : "쿠르트 괴델(1930)과 알론조 처치Alonzo Church(1936)의 제한적인 공리적인 법칙들로 분명해진 것은 수학의 기본 속성인 어떤 문제들은 해결될 수가 없고 어떤 질문들은 대답될 수 없다는 것이 공식적으로 인정되어야만 한다는 것이었다. 이러한 영역에서 수학은 이제 실재계를 폭로하는 것이라기보다는 한 인간 발명 게임에 더 가까운 것처럼 보인다" (『구조 속의 결함』*The Hole in the Fabric*[피츠버그, 1977], p.5). 이렇게 해서 마음과 실재계 전체를 같은 표준으로 잴 수 없다는 것이 암시되고 있다. 이러한 주장의 신학적인 영기를 감지한 장 피아제는 별난 말을 하고 있다 : "그러나 신 자신은 괴델의 법칙 이래로 움직이지 않고 가만히 있기를 그만 두었다. 신은 살아 있는 신이다. 지금까지의 그 어느 때보다도 더 그러하다. 왜냐하면 신은 끊임없이 '더욱 더 강한' 체계를 구축하고 있기 때문이다" (『구조주의』[런던, 1968], p.141).

이 모든 것은 아놀드의 신성에 대한 감각과는 거의 일치하는 것이 없다고 나는 생각한다. 좀 더 요점을 추려 보자. 모든 가능한 구조들 중의 한 구조에 대한 이상이 실현될 수 없는 것처럼 보이기 때문에 지식은 **궁극적으로 불확정한 상태로** 남아야만 한다.

이성이 그렇게 난해해지게 된 영역에서 인본주의자는 모던하건 포스트모던하건 간에 숨이 막힌다. 우리는 우리의 주요 관심사인 현재의 문화와 그 특이한 불확정성의 문제로 되돌아갈 필요가 있다. 우리가 뉴턴적인 우주나 라플라스Laplace적인 우주에 살고 있지 않다는 것을 인정한다면 새로운 과학들이 포스트모더니즘의 정의를 내리는 데 어떻게 기여할 수 있을 것인가?

이 문제는 우선 그 문제의 끈질긴 성질을 인정함으로써 해답을 얻어야만 한다. 과학적인 개념들을 문화적인 은유들, 그리고 문학적인 비유들과 혼동해서는 안 된다는 주의를

우리는 받고 있다. 과학자들의 발견물에 대하여 의미를 부여하는 데에 있어서도 과학자들 자신들끼리도 의견의 일치를 보지 못한다. 보어의 도구주의에 반대하여 아인쉬타인은 끝까지 그의 사실주의를 고집하였다. 반면에 슈뢰딩거Schrödinger는 그 둘 사이에서 엉거주춤 서 있었다. 우리는 실재계의 본성에 관한 철학적인 진술을 만들어 내도록 수학공식을 강요하게 될 때 또 다른 난점을 만나게 된다. 수학공식들은 뒤에 하나의 추상적이고 고통스런 웃음만을 남겨 놓고 사라져 버리는 경향이 있다(이 점과 관련해서 칼프리드리히 본 봐이즈새커Carl Friedrich von Weizsacker가 고전주의 논리학을 변형시켜 언어 형식과 수학공식을 상호 관련시키려는 노력은 착상은 좋았으나 결론이 나지 않았다). 최

슈뢰딩거의 고양이 역설 : “한 마리의 고양이가 고양이 자신은 작동시킬 수 없는 다음과 같은 ‘고문틀’이 있는 방안에 갇혀 있다고 상상해 보라. 아주 극소량의 방사선 물질을 지닌 가이거 계기가 방안에 놓여 있다. 그래서 아마도 한 시간 내에 한 원자의 방사선 물질이 붕괴된다 … 만일 한 원자가 붕괴되면 그 계기가 반응을 일으켜 연쇄적인 작동에 의해 청산가리 알약을 내보내는 격철擊鐵의 방아쇠를 당긴다. 그 기구만을 한 시간 동안 놓아둔다면, 만일 원자가 하나도 그 동안 붕괴되지 않으면 고양이는 살아 있을 것이라고 말할 것

종적으로 우리는 과학이 아무리 모호성에 대해 관대하다해도 과학이 근거를 두고 있는 보편내재성의 전제를 쉽게 버릴 수 없다는 것을 상기할 필요가 있다. "양자 이론은 우리들로 하여금 우주를 물리적인 물체들의 집합체가 아니라 오히려 하나의 통합된 전체의 다양한 부분 사이에 얽혀 있는 거미집같이 복잡한 관계로 보도록 강요하고 있다"라고 현대의 한 물리학자는 적고 있다. 이것은 반세기 전에 『과학과 현대 세계』 *Science and the Modern World* 에서 아주 훌륭하게 표현된 화이트헤드의 유기체 조직론을 반향하고 있다.

카프카, 「물리학의 도」, p.138.

그러나 이와 같은 어려움속에서도 우리의 최초의 질문, 즉 물리학의 역설이 현대문화를 이해하는 데 어떻게 기여할 수 있을까라는 문제에 대한 어떤 해답이 있을 수 있

이다. 반면 첫 번째 원자가 붕괴되면 고양이는 죽을 것이다. 이 전체 기구의 기능은 살아 있는 고양이와 죽은 고양이가 반씩 섞여 있거나 서로 들어붙어 더럽혀져 있다는 사실을 그 자체에 내포함으로써 그 상황을 설명해 줄 것이다… 원래 원자의 영역에만 제한되었던 불확정성은 직접 관찰에 의해서만 결정될 수 있을 뿐인 거시적 지각적인 불확정이 되어 버렸다." 어윈 슈뢰딩거, 자그디슈 메라의 『양자의 원리』 *The Quantum Principle*에서 재인용(도트레히트, 홀란드와 보스턴, 1974), p.72이하. 그러나 그 고양이는 반드시 검정, 적황색 또는 파란 눈, 짧은 털을 가진 샴 고양이라야 되는 것일까?

다. 왜냐하면 준항성이나 쿼크 모형이 인본주의자들에게 아무리 기괴하게 보일지라도-그리고 나는 우리가 살고 있는 사회의 어떤 구조들이 낯설지 않은 것처럼 그것들도 낯설지 않다는 것을 알게 되었다-과학은 그 기술적인 확장을 통해 우리의 삶에서 양도할 수 없는 부분이 되었다는 것이 이제는 분명하기 때문이다. 더욱이 제우스의 확고부동한 시대에서처럼 새로운 프로메테우스가 정신의 통일 이상을 시험하고 있다. 그 계획은 결코 신화적인 것은 아니다. 그 증거가 모호하게나마 우리들 사이에 존재하기 때문이다. 우리가 좀 더 확신을 할 수 있는 것은 과학의 인식론적인 관심은 과학자들 자신들이 내가 언급했던 어려움들을 거부하면서 계속 철학적으로 해석하고 수학으로가 아니라 자연 언어들로 말하기를 고집한다는 점에서 더욱 더 우리에게 중요한 것이 되어야 한다는 것이다. 하이젠버그도 다음과 같이 시인하고 있다.

「물리학과 철학」, p.201 이하 계속.

> 우리는 어떠한 이해도 종국에 가서는 자연 언어 위에 토대를 두어야만 한다는 것을 알고 있다. 왜냐하면 우리가 실재계를 확실하게 다룰 수 있는 곳은 그곳 뿐이기 때문이다. 그러므로 해서 우리는 이 자연 언어와 자연 언어의 본질적 개념과 관련된 어떠한 회의주의에 대해서도 의구심을 가져야 한다 … 이러한 식으로 현대 물리학은 아마도 인간의 정신과 실재계 사이의 관련에 대해 좀 더 광범위한 전망을 위한 문을 열어놓은 것이 된다.

요약하면 상대성, 불확정성, 상호 보완성과 불완전성은 단지 수학적으로 개념화된 것은 아니다. 그것들은 우리의 문화 언어들을 구성하기 시작하는 개념들이다. 그것들은 불확정성과 보편내재성 모두에 기초를 둔 새로운 지식의 질서의 일부이다. 그

"정신적인 일들의 질서 속에서는 욕망과 사건 사이에 어떤 아주 신비스러운 관계가 있는 듯하다 … 왜냐하면 정신은 그 자체의 유일한 물질로 환원되면서 끝낼 힘이 없어지고 또한 혼자서 절대적으로 그 자신을 구속하지는 못하기 때문이다." 폴 발레리, 『창조과정』, 기스린편, p.101.

러한 개념 속에서 우리는 '담화의 확산'을 알려 주는 뛰어난 예들을 본다. 그들에게서 그리고 다른 실험적인 개념들–추상 과학이 추상 예술을 앞질렀던 것처럼 보인다–에서 우리는 또한 우리 자신의 역사적인 순간에 알맞은 모형들을 발견할 수 있을 것이다. 과학, 문화 그리고 잡다한 예술적이고 정신적인 현상들 사이에서 내려지고 있는 현재의 유추들이 너무나 용이하게 증명될 수 있다는 것은 틀림없다. 그러나 이체· 동형에 대한 지각적인 가능성들을 탐구하는 데 있어서 동시에 지나치게 정밀하면서 지나치게 겁을 먹기가 쉽다. 기호 언어학자인 움베르토 에코Umberto Eco는 다음과 같이 말한다.

또한 "하나의 문학적인 대산은 결코 그것이 지닌 다양한 확정성의 종말까지는 다다르지 못한다." 그리고 : "문학 작품 자체의 바로 그 불확정성으로 해서 문학 작품은 시간과 쓰여진 말의 제약을 초월하여 모든 시대와 다른 배경을 가진 모든 사람들에게 다른 세계로 들어가 그들 자신의 삶을 풍요롭게 할 수 있는 기회를 줄 수 있다는 것이 아마도 문학이 지닌 주요한 가치 중의 하나일 것이다." 볼프강 이저, 「산문 소설에서의 불확정성과 독자의 반응」, 힐리스 밀러J.Hillis Miller편, 『서사의 양상』*Aspects of Narrative* (뉴욕, 1971), pp.10, 45.

테레사 드 로레티스 Teresa de Lauretis 『자명한 작업』*Opera aperta* 에 번역하여 실은 '무

하나의 유추는 그것이 그 이상의 증명을 위한 출발점으로 가정될 때 부당한 것이기를 멈춘다. 왜냐하면 이제 문제가 되

는 것은 다양한 현상들을(미적인 것과 그렇지 않은 것) 좀 더 정밀한 구조적 모형들로 환원시키고 또 그 속에서 유추들이 아니라 구조적인 동족관계들인 구조의 유사성들을 찾아내려는 데에 있기 때문이다.

한한 기호성', 『기술 시학과 문학 이론을 위한 잡지 2』(1977), p.367 이하 계속을 재인용함.

그러한 동족 관계는 우리로 하여금 하나의 문화적인 인식소의 정의를 더 잘 내리게 하는 데 도움이 될 뿐 아니라 이제는 위협과 가능성 모두를 충분히 가지고 있는 과학 자체의 부적절함을 포함하여 다른 모형들의 부적절함을 좀 더 흡족하게 정의 내리는 데 도움이 될 수 있을 것이다.

소크라테스 식의 문답법

과학으로서의 이 장엄한 답사는 정확하게 우리를 어디로 이끄는 것일까? 보편내재성과 불확정성, 전체주의와 특수 형태주의, 통합과 우연, 총체와 자유를 받아들이는 쪽으로 향하고 있는가? 물리학자들과 생물학자들은 그러한 용어들이 양립할 수 있음을 알아냈다. 그러니 상상력의 권능을 부여하는 모순들과 함께 살고 있는 인본주의자들도 그래야만 될 것이다.

그렇다면 비평가들은 왜 소박한 학문과 강박적인 해체, 존재와 놀이, "지각적인 신념"과 "지각적인 무신론"(E. D. 허쉬) 사이에서 선택해야만 하는가? 모든 지루한 가정들을 지닌 인본주의, 아니면 황량한 언어 놀이들일까? 인본주의는 '인간', '가치들', '우수성', 그리고 '비평적인 지성'에 대해 마치 그것들이 인문학을 위한 정부 기부금 담당 기관에 의해 법률로 제정될 수 있는 것처럼 말한다. 해체는 기꺼이, 궤변자들을 주문으로 불러내어 구역질이 날 정도로 모든 '비유'를 '비유화'하고, 아이러닉한 역행 속에서 모든 '텍스트들'의 '신비를 벗김'으로써 끝을 낸다. 한편에서는 정신적인 나태가 있고 때로는 "좋지 못한 믿은"(쟝-폴 사르트르)까지 있고 다른 한편으로는 불모, 즉 진정한 '명랑함'이 없는 '과학'(프리드리히 니체)이 있다. 이 둘 모두에서 궁극적으로 잃어버리는 것은 무엇인가? 시, 통찰력, 신성에 대한 어떤 감각?

이 시대와 공간에서의 우리의 천재인 니체를 다시 생각해 보자. 그는 정복자이며 동시에 아이러니스트이고 "예술상의 소크라테스"(월터 카우프만)가 아니었을까? 그리고 문화 자체는 어떻게 세워지는가? 니체는 '초 도덕적 의미에서의 진실과 허위'라는 예변적豫辨的인 에세이에서 다음과 같이 말한다.

> 이성적 인간과 직관적 인간이 나란히 존재하던 시대들이 있다. 한 사람은 직관을 두려워하고 다른 한 사람은 추상을 마음껏 조롱한다. 왜냐하면 이성적 인간이 비예술적인 것처럼 직관적 인간은 비이성적이기 때문이다. 그들은 모두 삶을 지배하려는 욕망을 가진다 … 예를 들어 희랍의 초기 역사에서와 같이 직관적 인간이 그의 적인 이성적 인간보다 그의 무기를 더 힘차게 승리자처럼 휘두를 때마다 바로 그곳에서 유리한 조건하에 한 문화는 발전될 수 있고 예술은 삶을 지배할 수 있다.
>
> 『니체의 철학』*The Philosophy of Nietzsche*(뉴욕, 1965), 제프리 크라이브Geoffrey Clive편, p.514 이하 계속.

한 "문화가 발전할 수 있다." 우리 자신의 "뒤늦음"(해롤드 브룸)

에 도전하고 우선 지금 이곳에서 우리의 과학과 우리의 시를 만든 그 힘에 의해 우리 자신들을 다시 만들 시간이 온 것이 아닐까?

Ⅳ. 붉고, 은빛이며, 진홍색인 청어들에 관하여

우리는 확고하게 포스트모더니즘의 문제점을 향해 접근하고 있다. 그러나 나는 처음부터 분명하게 해두고 싶은 어떤 문제들이 있으며 그 밖에 다른 문제들은 이 맥락 속에서는 괄호로 묶어 버리거나 무시하려고 생각하고 있다.

1. 연쇄적 누증 감각(포스트모더니즘) 자체가 내가 탐구하기를 멈출 수 없는 하나의 커다란 현상의 일부이다. 라이오넬 트릴링은 그의 최고의 저작들 중의 하나를 『문화를 넘어서』라고 이름 지었다 : 케네스 보울딩Kenneth Boulding은 후기문명은 『20세기의 의미』*The Meaning of the Twentieth Century*의 하나의 필수적인 부분이라고 주장하였다. 그리고 죠지 스타이너가 그의 에세이집인 『푸른 수염의 사나이의 성에서』*In Bluebeard's Castle*의 부제로 "후기문화post-culture의 정의를 위한 노트"라고 붙인 것은 잘한 일이다. 이들보다 앞서 로데릭 세이덴버그Roderick Seidenberg는 정확하게 금세기의 중간에 그의 『후기-역사적인 인간』*Post-historic Man*을 출판했다. 그리고 아주 최근에 나는 지금 나타나기 시작하는 후기 인본주의('수행자로서의 프로메테우스')에 관해

논하였다(방점은 모두 역자의 것임). 아마도 다음과 같이 말한 다니엘 벨이 옳을 것이다 : "지금까지의 위대한 문학적 수식어는 넘어서 beyond라는 말이었다 … 그러나 그 어귀는 이제 다 소진된 것 같고 오늘날의 사회학적인 수식어는 후기의 post이다 … ."

「후기산업사회의 도래」(뉴욕, 1973), p.53.

2. 포스트모더니즘과 포스트모더니티는 반드시 동일한 것은 아니다. 후자는 좀 더 포괄적인 역사적인 용어로 유럽의 르네상스와 더불어 시작된 한 주기의 끝을 의미한다. 리차드 파머 Richard E. Palmer가 지적하듯이 포스트모더니즘은 현대의 하나의 예술 운동을 암시하며 포스트모더니티는 한 시대의 도래를 지적한다. 이 에세이에서 나는 이 용어들이 어떤 문제점을 가지고 있음을 인정한다. 즉 현대의 하나의 운동으로서의 포스트모더니즘은 후기 인본주의와 후기 문화를 포함하는 포스트모더니티의 어떤 요소들을 미리 나타내 줄 수가 있다.

리차드 E.파머 「포스트모더니티와 해석학」, 『바운더리 2』, 5권 2호(1977, 겨울), p.236.

3. 이 에세이에서 나는 모더니즘과 포스트모더니즘을 확연하게 구별하려 들지 않을 것이다. 나는 다른 글에서 위험을 무릅쓰고 이런 작업을 했다. 그런데 그 작업을 완성시키려면 좀 더 기대려 충분히 되돌이켜 생각해 볼 필요성이 있다. 즉 우리가 좀 더 추상적이고 좀 더 선별적이고 역사적인 설화를 쓸 수 있을 때까지 말이다. 추상화의 어떤 단계에서 모더니즘 자

「조이스, 베켓 그리고 포스트모던한 상상력」『트라이쿼터리』 *TriQuarterly*, 34호(1975, 가을)『파라크리티시즘』 *Paracriticisms*, 제2장.

체는 낭만주의와 그리고 낭만주의가 남긴 다양한 영향들과 동화되어야 할 것이다. 이런 견해는 몇몇 비평가들에 의해 학문적인 흥미와 그들의 전현대적인 기질에 따라 설득력 있게 주장되었다.

폴 드 만에게는 모더니즘이란 모든 시대의 모든 문학속에 있는 혁신적이거나 아니면 살아있는 요소이며 끊임없는 위기의 순간이다. 「맹목과 통찰력」, 제8장.

4. 소위 말하는 한 "문학기"는 간혹 결코 한 시대가 아닌 경우가 있다 : 그 정의는 연대기적일 뿐 아니라 유형적이기 때문이다. 우리는 포스트모더니즘의 '선조들'을 스턴, 사드, 블레이크, 로트레아몽, 랭보, 재리, 호프만시탈, 스타인, 조이스, 파운드, 뒤샹, 아르또, 루셀, 바따유, 뀌노 또는 카프카에게서 찾을 수 있다. 이것은 우리가 우리의 마음 속에서 상상력의 한 특수한 유형학인 포스트모더니즘의 한 모형을 이미 만들었으며 다양한 작가들과 또 서로 다른 순간들이 그 모형과 가진 동족 관계를 '재발견'하려는 데까지 이르렀음을 의미한다.

엘리너 와일리의 '독수리와 두더지'를 보라. 우리는 "태양을 응시해야 하는가", 아니면 "절단된 해골들 사이에서 살아야"만 되는가?

5. 정말로 역사를 통해서 연속적인 시기들 사이에 연속성과 불연속성 모두가 발견될 수 있다. 여위고 추상적인 아폴로적인 견해는 단지 지속성만을 감지하며 불연속적인 디오니서스적인 견해는 즉각적인 현재만을 고수한다. 우리가 가까운 과거를 되돌아보는 데에는 어느 정도의 양극화가 불가피한 것처럼 보이나 궁극적으로는 어떤 한 조망과 대립된 다른 조망을 선택할 수는 없다.

이렇게 해서 포스트모더니즘의 '공간적인' 그리고 '시간적인' 성격 사이의 불필요한 대립이 생긴다 : 위르겐 페퍼Jurgen Peper의 「포스트모더니즘 : 단일한 감수성」, 『미국학』*Amerikastudien*, 22권 1호(1977)와 윌리엄 스파노스William V. Spanos의 「경계에서의 탐정」, 『실존주의 2호』 (뉴욕, 1976)를 보라.

6. 그러므로 우리는 연속성과 불연속성, 통시성과 공시성을 포용하는 상호 보완의 네 겹의 비젼이 필요한 것 같다. 그러나 우리는 변증법적인 비전도 또한 필요하다. 왜냐하면 특징을 정의하는 것은 때때로 반명제적이기 때문이며 역사적 실재의 이러한 경향을 무시하는 것은 뉴턴의 꿈이 없는 잠 속으로 빠지는 것이기 때문이다. 특징을 정의하는 것은 또한 다원적이어야 한다. 하나의 단일한 절대적인 특징을 선택하는 것은 역사의 유어반복 속에서 자신을 훈련시키는 것 밖에는 안 된다.

이 용어의 간략한 역사를 알기 위해서는 마이클 콜러Michael Kohler의 「포스트모더니즘 : 역사적으로 분명한 관점」, 『미국학』, 22권 1호(1977)

7. 포스트모더니즘이란 용어는 어색할 뿐만 아니라 개념적으로 문제성이 있다. 예를 들어 빅토리아니즘이란 용어는 모더니즘이나 또는 낭만주의와는 별로 관련이 없는 반면에 포스트모더니즘이란 용어는 모더니즘과 지나치게 가깝게 관련되어 있다. 포스트모더니스트들이 인정하려 들지는 않지만 현저하게 그 용어는 시간적인 선형성을 표시하고 뒤늦음을 암시한다. 궁극적으로 그 용어는 포스트모던한 사상 자체가 극복하고자 추구하는 문학적인 주기성의 개념을 영속화한다.

소크라테스 식의 문답법

확실히 포스트모더니즘은 우리의 욕망에 대한 서투른 이름이고 우리가 지탱하고 후손에게 남겨 주기를 바라는 삶에 대해서도 불충분한 이름이다. 그렇다면 우리는 우리 시대를 어떻게 부를 것인가? 불확정의 시대? 보편내재의 시대? 불확정 보편내재의 시대? 아니면 그저 퉁명스럽게 원자 시대라고나 할까?

V. 우리 시대의 문화에 나타난 증거

우리는 우리의(포스트모던) 문화로부터 어떤 증거를 기대할 수 있는가? 아마도 간접적인 부수적인 증거만을 얻을 수 있을 것이다 : 사회적인 골동품, 지적인 파편, 그리고 파괴된 상상력의 빛나는 조각들, 이 모든 것들은 그들의 기이한 주선율들과 변주곡들을 귀에 거슬리게 서로 음조가 맞지 않는 소리로 내고 있다. 나는 그러한 문화적인 소음에 유의하면서 7개의 관련 있는 주제들을 모험적으로 다루고 싶다.

a. **불확정성** : 과학적 사고에서와 같이 문화적인 사고 속에서도 불확정성은 분해하려는 의지(확산, 해체, 불연속성 등)와 그와 반대되는 통합적인 의지 사이의 공간을 채우고 있다. 그러나 문화적인 불확정성은 좀 더 교묘하게 통합 능력을 지니고서 그 자신을 드러낸다. 즉, 선택, 다원주의, 파편, 우연, 상상력은 내가 곧 나타내 보여 주고자 하는 그 애매모호한 양상들의 일부에 불과하다.

b. **과정과 변화** : 기술세계에서 모든 것은 유동적이다. 타임 머신은 삶과 죽음 모두를 가속화시키는 후기 산업의 기계 자체이다. 최

악의 경우 과정은 로고스를 '도구적인 이성'으로 변모시킬 수 있다. 즉, 우리의 "일차원적"(허버트 마르쿠제)이 된다. 최상의 경우, 과정은 변화, 경악, 혁신을 허용한다. 과정은 시간에 대한 존재의 개방(마르틴 하이데거)을 선언한다. 그러나 이러한 형이상학적인 직관은 별로 우리의 정체 속으로 침투하지 않는다. 거기에서는 대상들과 체제들까지도 단지 덧없는 존재들이다. 그리고 "감각의 시대"(허버트 헨딘Herbert Hendin)에서 사람들은 아무런 언질도 없이 만족을 추구한다. 구체화는 의심스럽게 된다. 지금 일어나고 있는 미래학(헤르만 칸 주식회사)은 목적론을 쓸모없는 것으로 만든다. 그러므로 과정은 역사에서 합의가 이루어진 어떤 변화의 목적이나 형태보다 더 유일한 가치의 원천이 될 것이다.

c. **자아의 분산** : "자아 상실"(와일리 사이퍼)로부터 "디오니서스적인 자아"(노만 브라운)와 "분할된 자아"(R. D. 랭)을 통해 "변화무쌍한 자아"(로버트 제이 리프톤Robert Jay Lifton)와 "해체된 자아"(레오 베르사니)에 이르기까지 개인의 주체성은 분해 확산되었다. 어떤 사람들은 변화하는 가면들의 "신화 치료"를 시행한다(죤 바스). 어떤 이들은 성의 주신제와 같은 상태와 마약이 일으키는 도취적인 황홀감과 광기에 몸을 내맡긴 채 "새로운 돌연변이체"와 같은 구태 의연한 방법들을 열심히 흉내낸다(레스리 피들러). 그리고 더 많은 사람들은 자신들만의 은빛의 굴절 속으로 조용히 빠져 들어가 "새로운 나르시시즘"(피터 마린Peter Marin)을 개발한다. 그러한 것들은 모두 "사람들이 행하는 놀이들"(에릭 베른)이다. 그러나 현대 예술을 통해 그러한 자아의 익살스러운 분산은 훌륭한 새로운 구조들을 생성한다.

d. **욕망의 감정 전이** : 욕망은 모든 격렬하고 다종 다양한 형태로 해방되어 표현되어져 왔다. 다른 시대에는 관능적인 면에서 숨기지

않고 나타내졌을지도 모른다. 그러나 어떤 시대도 지금보다 더 욕망의 보편 내재함을 그렇게 예리하게 이해하고 그렇게 철저하게 그것을 사유의 대상으로 삼았던 때는 일찍이 없었다. 정말로 욕망은 하나의 특권을 가진 이론적인 담화가 되어 우리 문화의 필수적인 소담거리가 되었다. 외국에서나 미국에서나 신 프로이트파 그리고 후기 프로이트 파(샌토 훼렌치Sandor Ferenczi, 빌헬름 라이히, 메라니 클라인, 쟈크 라깡, 질 들뢰즈, 휄렉스 가타리, 쟝-프랑소와 료따르 등등)들은 욕망의 언어들을 널리 퍼뜨리는 데 도움을 주어 심지어는 그 욕망의 언어들을 육체 속에다 암호화시키는 데까지 이르렀다. 미국에서 "잉여 억압"과 "억압적인 비승화"(허버트 마르쿠제), "다형태의 도착된 성욕"(노만 브라운), "텍스트의 관능학"(수잔 손탁) 그리고 "파편적이며 불연속적인 욕망의 심리학"(레오 베르사니)과 같은 그러한 최근의 개념들은 사랑의 자극에 대한 향성向性을, 우리의 개인적이며 문화적인 삶(생활)속에서의 감정 전이들을 암시하는 것인지도 모른다.

e. **전달 매체의 보편 내재** : 이것은 구텐베르그로부터 시작되었는지도 모른다. 그리고 그것이 맥루한에게서도 끝나지 않을 것이라는 것은 확실하다. "기계 복제 시대의 예술 작품"(발터 벤야민)과 "벽 없는 박물관"(앙드레 말로)은 "대중 문화"와 "중간 문화"mid cult(로버트 와서우 Robert Warshaw, 드와이트 맥도널드Dwight Macdonald)에서 볼 수 있는 더 큰 경향들을 예견하며 바하, 베토벤 그리고 척 베리Chuck Berry의 음을 우주의 허공 속으로 보내는 "보이저Voyager I호"(칼 사장) (미국의 화성탐색 위성 계획 : 역주)를 시사한다. 어느 때보다도 더 가까이 있는 전달 매체는 우리들의 모든 일상 생활을 형성한다. 사실상 이 전달 매체들은 모형, 사건, "영상"들로 분해된다 (다니엘 부어스틴 Daniel Boorstin). 또는 워터게이트 사건에서와 같이 전달 매체들은 공적인 '실언들'과 개인의 녹음 테이프 사이로

영원히 사라지는지도 모른다. 역사 자체는 역사 자체의 사실들 앞에서 하나의 퍼포먼스라기 보다는 하나의 해프닝으로 각색된다. "망상의 정치학" (해롤드 로젠버그)이 득세한다. 전파 천문학에서 우리의 가장 비밀스러운 마음의 성향에 이르기까지 전달 매체의 보편내재성은 이제 로고스의 확산을 가져온다.

f. **지구와 하늘의 결합** : 종교와 과학, 신화와 기술학, 직관과 이성, 대중 문화와 고급 문화, 여성과 남성의 원형(또는 판에 박힌 유형들)은 서로를 변화시키고 서로서로에게 정보를 주고 있다 : 어디에서든지 우리는 "변경을 넘고 간극을 메꾸려는"(레슬리 피들러) 시도들을 목격한다. "두 문화"(C. P. 스노우, F. R. 리이비스)를 넘어서 "신비주의자들과 기계주의자들" (윌리암 어윈톰슨)을 넘어서 "전원주의자들과 과도한 기술 애호자들"(이합 핫산)을 넘어서 새로운 의식의 특징들이 나타나기 시작한다. 이렇게 해서 생태학의 반-"자연파괴(공해나 살충제에 의한)" (레이첼 카슨Rachel Carson), "새로운 연금술사들"(존 토드John Todd와 윌리엄 맥라아니William McLarney), 이념적이거나 비전적인 "자웅동체" (캐롤린 하일브런Carolyn Heilburn, 쥰 싱거June Singer), "물리학의 도道" (프리초프 카프라)와 아마도 심지어는 "단일한 감수성"(수잔 손탁)까지도 우리 지식의 질서 속에서 인식론적인 전환을 요구한다.

g. **새로운 영지주의 또는 존재의 비물질화** : 여기서 우리는 로고스의 확산에서 가장 추리적인 단계에 이르게 된다. 자연은 "역사" (칼 마르크스)로 변화되고, 문화는 "상징적 언어들"로 바뀌고(루이스 멈포드, 에른스트 카시러), 이제 언어들은 "비-지각적인 의사소통"(호세 델가도)으로 변하기 시작하였다. 이러한 "영지주의적인 경향"(이합 핫산)은 점증하는 존재의 "영화"etherealization(아놀드 토인비) 내지 존재의 "무상화" ephemeralization(벅민스터 훌러) 또는 존재의 "개념화"conceptualization(어빈 라스즈로Ervin Laszlo)를 가정한다.

정신의 구성물은－니체는 "허구들"이라고 부르겠지만－지상에서 일차적인 원천이 되어 이제는 그것들이 우리의 지식이다. 정신은 자체 내에 더 많은 정신을 포용하고 또 점점 더 많은 실재계를 즉각적으로 이해하기를 고집한다. 이런 속에서 물리학자(제럴드 화인버그), 신비주의자(떼이야르 드 샤르댕)와 전설 작가(오라프 스태플든, 아서 클라크Arthur Clarke, 알프렛 베스터, 디어도어 스터전, 어슐라 르귄, 사뮤엘 디러니Samuel Delany 등)는 하나의 상상력으로 꽉 짜여진 것처럼 보인다. 그러나 우리는 이러한 의식의 확장이 얼마나 문제성이 있으며, 얼마나 마력을 지녔거나 아니면 단순히 얼마나 망상적인가에 대해 의문을 제기해야만 한다.

위의 7개의 주제들을 통해 불확정성과 보편 내재성의 작용이 항상 명백하게 들리거나 보여진 것은 아니더라도, 끊임없이 나타났으리라. 그러나 이러한 주제들은 우리 자신의 상상적인 양탄자 안에 있는 단순한 추상들이며 표상들일까? 아주 그렇지는 않다. 이제 나는 이 중 첫 번째 주제인 불확정성 자체로 돌아가서 우리 문화가 기원적이고 우연적이고 잡다한 분위기 속에서 얼마나 다양한 불확정의 변형들을 부지하고 있는가를 보여 주고자 한다. 비합리적인 목록의 모습으로 문화적인 불확정의 변형들을 다음의 12개 항목으로 간추려 보았다.

항목 1 : 사회가 분리를 야기한다. 종족, 성, 계급, 언어, 연령 집단들은 각자 그들의 권리 주장을 하고 권리 주장에 반격하기도 한다. 가치와 가치가 서로 상충된다. 폭력주의와 전체주의, 무정부 상태와 관료주의가 공존한다. 그들 사이에서 미국의 다원주의는 아직도 번성할 수 있다. 그러나 다니엘 벨은 좀 더 비관적인 견해를 가지고 있다. 사회의 세 가지 영역들－경제, 정치와 문화－사이에서 일어나는 불화는 위험한 모순을 만들어 낸다. 벨에게는 "모더니즘이란 다 소모된 것이고 다양한 종류의 포스트모더니즘은 … 단순히 개인적인 에고를 마멸시키려는 노력의 결과로 일어나는 자아에 대한 분해에 불과하다."『자본주의의 문화적 모순들』*The Cultural Contradictions of Capitalism*(뉴욕, 1976), p.29.

항목 2 : 종교 분야에서 초교파주의와 비교적 전통이 모두 성행한다. 선불교, 요가 탄트리즘, 하리-크리스나(1966년 교주 박티배단타에 의해 미국에 소개된 힌두교로, 반복해서 하리-크리스나라고 외쳐댄다 : 역주), 초월적 명상, 아리카와 나로파 연구원, 피타고라스 주의, 범신론적 신비주의(이슬람교에서의 금욕주의적 신비주의교로 만유 신교적 교리를 섭취하고 신비주의를 형성함 : 역주), 떼이야르 주의(프랑스의 예수회의 교도이자 고고학자이며 인류학자인 떼이야르가 주장한 것으로 일종의 종교적 진화론적 문명론을 말함 : 역주), 카발리즘, 하시디즘(18세기 초 러시아에 사는 유대인들 사이에서 시작된 경건한 대중 종교 운동 : 역주), 영지주의, 인지학(신지학에서의 신대신에 인간을 중심에 놓는 신비적 체계로 윤회설을 믿음 : 역주), 샤머니즘, 흑백마술, 연금술, 점성학, 강신술, (마약을 통한) 도취주의 등 이 모든 것들이 우리의 수줍어하는 영혼을 둘러싸고 있다. 정통파 기독교도들이 격노하는 가운데 교회는 여성들이 성직에 들어가는 것을 허락한다. 아마도 이러한 모든 것들은 니체("다신론에서 인간의 자유로운 사고와 다면적 사고는 하나의 원형 – 즉 새롭고 개인적인 눈을 스스로 창조해 내는 능력 – 을 수립하였다 … ")를 인용하고 많은 신들과 여신들이 환희속에서 다시 태어난다고 선포하고 있는 데이비드 밀러 David L. Miller에 의해 요약된다. 『새로운 다신론』*The New Polytheism* (뉴욕, 1974), p.1.

항목 3 : 세속적인 영혼의 신들과 여신들이 또한 무더기로 다시 태어나고 있다. 즉 에살렌 연구소(1960년대에 캘리포니아에 있던 연구소로 인간 대 인간의 관계 및 감각적인 경험을 강화시켜 인간의 의식을 확장하고자 노력한 연구소임 : 역주), 형태 심리학, 인간 잠재력 운동 등이 그것이다. 더욱 중요한 것은 아브라함 마스로우Abraham Maslow는 더 깊은 영역의 인간 본성을 탐구하며 제임스 힐만James Hillman이 다신론적인 심리학을 요구하며 단일한 분석 신화를 밝혀내는 것이다. 우리가 알기로는 그들보다 앞서서 노만 브라운이 생식기관의 압제로부터 육체를 해방하고 변칙성의 개방성을 격찬하기 위해 시적으로 썼다. ("모든 것은 은유이다. 시만이 있을 뿐이다"). 물론 브라운도 시대에 뒤떨어지게 모든 사물들의 단일성을 가정하기도 했다. "치유하는 것이란 완전하게 만드는 것이다." 『사랑의 육체』(뉴욕, 1966), pp.266, 80.

항목 4 : 혼돈에 대한 인간의 열망은 질서와 폐쇄를 부과하는 사회적인 필요성에 대항하기 위한 하나의 생물학적인 구조인지도 모른다고 모르스 페캄은 추측한다. 그는 "구태 의연한 표현을 빌리면, 질서로의 충동은 또한 진흙 속에 빠져 꼼짝 못하게 되고자 하는 충동이기도 하다"라고 말한다. 예술은 적응을 하기 위한 장난기 있고 분리적인 수단으로 예술 자체를 제공하면서 이러한 경향에 저항하는 역할을 한다. "예술은 인간이 실재 세계의 긴장과 문제들에 맞부딪쳐 견디어 내도록 하기 위해 만들어진 실제가 아닌(가상적인) 세계의 긴장과 문제점들을 폭로한다." 『혼돈에 대한 인간의 열망』(필라델피아와 뉴욕, 1965), pp. xi, 314.

항목 5 : 과학사가인 폴 화이라벤드는 "과학은 본질적으로 무정부적인 사업이다 : 이론적인 무정부주의는 법과 질서의 대안보다 훨씬 인도주의적이며 발전을 더 고무시켜 준다"고 주장한다. 박학하고 명석하고 색다른 화이라벤드는 자신을 "변화와 실험이 불가능한 것처럼 보이는 영역에서 조차도 즐거운 실험에 착수할 준비가 되어 있는 …" 신 다다이스트라고 생각한다. 『방법에 대항하여』*Against Method*(런던, 1975), pp.17, 21.

항목 6 : 우리의 현 세계는 무수히 많은 가능한 세계들 중의 단 하나에 불과하다고 믿었던 라이프니츠에게서 실마리를 잡은 우리 시대의 수학의 천재인 사울 크리프케Saul Kripke는 다양한 '가능한 세계의 의미론' 속에서 사실과 부합되는 진술의 종류들을 구별하기 위해 양식 논리의 경계를 확장했다. 그렇게 해서 가장 형식적인 사고 양식들도 기원법을 호의로 받아들이는 듯하다. 그리고 크리프케 같은 수리 논리학자들도 분석 철학의 정통파적 관행들에 도전한다. [테일러 브렌치Taylor Branch, 「미국 철학의 새로운 미개척 영역」, 『뉴욕 타임즈 매거진』, 1966년 8월 14일자.]

항목 7 : 모든 분야에서 독창성은 이제 복합성과 불균형으로 향하는 경향, 애매 모호성에 대한 농도 짙은 관용으로 여겨진다. 창조성 연구에 많은 기발한 실험들을 고안해 낸 프랭크 배론Frank Barrn은 "그러므로 독창성은 (비통일의) 정지 상태가 최소한이고 앞으로 도달할지도 모를 좀 더 높은 차원의 통합을 위하여 어느 정도의 분열이 용납되는 곳에서 번성한다"라고 말한다. 『창조성과 개인의 자유』(뉴역, 1968), p.212.

항목 8 : 오늘날 비평 이론에서 중심적인 쟁점은 '다원주의의 한계'에 대해서이고 강조점은 '혁신가로서의 비평가'에 두고 있다. [『크리티컬 인콰이어리』, 3권 3,4호(1977, 봄호, 여름호)와 4권 1호(1977, 가을호), 그리고 『시카고 리뷰』, 28권 3호(1977, 겨울호).] 정신 분석 비평가들은 분석의 '제3의 양상'에 관해서도 말하는데 그것은 개인을 회복시키기 위해 대담하게 친근성과 불완전성의 개념을 시도한다. 노만 홀란드는 "해석을 할 독자수만큼이나 많은 해석이 가능하다. 다양해 질 수도 있고 또 그래야만 한다"고 말한다('문학 해석과 정신 분석의 세 가지 양상', 『크리티컬 인콰이어리』, 3권 2호 [1976, 겨울호], p.233). 일반적으로 반명제적인 비평가들, 해체주의자들, 비평적 허구가들, (모두 이름없이 남게 될) 파라비평가들은 전통주의자들이 무서운 얼굴을 하고 있는 온건파들은 지치고 싫증난 듯이 비평의 '책임'을 재확인하고 있는 동안 난폭하게 서로 힘을 겨루고 있다.

항목 9 : 허구에서와 같이 사실에서도, 문학에서와 같이 사회에서도, 사실과 허구는 서로 밀고 당기며 혼합된다. 이렇게 되어 수많은 것들 중에서 특히 카포티의 '넌픽션' 소설이 생겼고 스타이런Styron의 '역사에 대한 명상'이 생겼으며 메일러의 '전기로서의 역사'가 생겼고 톰 울프의 '새로운 저널리즘'이 생겼다. 마수드 자바자데Mas'ud Zavarzadeh는 '전체성', 통합을 거부하는 '허구-실재의' 장르를 이론화하게 되었다. 이 장르는 "사실적인 것이 안전하거나 명백하지 않고 오히려 불가사의할 정도로 기이하고 괴상하게 보이는 그러한 경험의 지역이고, 허구적인 것이 결코 그렇게 멀리 떨어져 있거나 낯설은 것처럼 보이지 않고 오히려 일상 경험과 기이할 만큼 닮은 점을 지닌 경험 지대이다." 『신화를 만드는 현실』*The Mythopoeic Reality*(어바나, 일리노이 주, 1977), p.56.

항목10 : 오늘날 역사가들은 클리오 여신(뮤즈 여신의 하나로 역사의 여신 : 역주)보다는 카리오프 여신(뮤즈 여신 중의 하나로 그리스 신화의 웅변과 서사시의 여신 : 역주)을 더 모시는 것 같다. 헤이든 화이트Hayden White에 따르면 역사는 시학과 형이상학으로 결합되어 있다 : "역사의 지배적인 비유 양식과 그에 수반되는 언어학적인 의정서는 모든 역사적인 저작의 다시 바꿀 수 없는 '메타 역사적인' 토대를 구성한다." 『메타 역사』*Metahistory*(볼티모어, 1973), p.xi, 그리고 앵거스 플레처 편의 『사실과 문학』*The Literature of Fact*(뉴욕, 1976)과 『신문학사』, 8권 1호(1976, 가을호), 새로운 시대의 수사학자들에 대해서는 이쯤에서 그만두어야겠다.

항목11 : 공간의 수사학자들은 건축가들이다. 그들도 또한 본격 모더니즘의 특징인 엄격하고 날카롭고 순수하고 선형적인 양식으로부터 아주 멀리 떨어져 있는 새로운 '언어들'에 대해 말한다. 찰스 젠크스Charles Jencks는 포스트모던 건축에 대해서 다음과 같이 말한다 : "현재 상황은 반대되는 접근 방식들을 관대하게 다룬다 … 만일 하나의 단일한 방향만 있다면 나는 차라리 독자들이 그것은 다원적이라는 것을 발견하기를 기대한다. 즉 건축가는 의사소통의 여러 가지 양식들과 기호들에 정통해야 하고 그가 설계하고 있는 특정 문화에 어울리게 만들기 위해 이것들을 다양하게 변화시켜야 한다. 나는 과거에는 이것을 '임기 응변주의'라고 불렀으나 여기서는 '급진적인 절충주의'라는 용어를 사용한다." 『포스트모던 건축의 언어』 *The Language of Post-Modern Architecture*(뉴욕과 런던, 1977), p.7. 젠크스가 계속해서 보여주고 있는 바와 같이 사실 건축학은 다양한 소문화권과 '기호학적인 집단들'의 재치 있는 건축물이 되었다.

항목12 : 우리 시대를 나타내는 모든 기호의 학문인 기호학까지도 사회 현실에 만연된 애매성에 자신을 열어 놓고 있으며 한 문화권내에서의 의미 영역의 계속적인 변이를 인정한다. 언어적인 부호들의 규칙성에도 불고하고 그러한 변이들은 창조적이 될 수 있어서 기호학적인 놀이의 규칙을 변형시킨다. 움베르토 에코는 정말로 일종의 불확정성의 양상하에서의 기호학의 작업 자체를 감지한다. 그는 그러한 작업은 "배가 지나가자마자 배의 항적이 사라져 버리는 그러한 바다탐험과 같은 것이 아니라 달구지의 바퀴 자국이나 발자국이 탐험되고 있는 풍경을 변화시켜서 탐험자가 표현하는 묘사에는 그가 만들어 낸 생태학적인 다양한 변종들도 또한 반드시 고려되어야 하는 삼림 탐험과 같은 것이 될 것이다"라고 말하고 있다. 움베르토 에코, 『기호학 이론』 *A Theory of Semiotics*(블루밍턴, 인디아나 주, 1976), p.29.

의심할 바 없이 이러한 문화적인 주제들의 변종들은 셀 수 없이 많고, 정신이 그 자체가 이해하고 있는 것의 일부가 되는 관계로 우리 정신 속에 구성되어 있다. 어떤 것들은 60년대의 흔적들처럼 보일 수도 있다. 그 60년대는 풍부한 시기였으나 지금은 그 수사학 속에서 그리고 우리 자신의 압박 속에서 우리로부터 빠져나가 버렸다. 그러나 결국에는 나는 불확정이라는 용어가 하나의 유행이거나 인위적인 용어가 아니라 오히려 우리 지식의 새로운 질서 속에서 하나의 결정적인 요소가 되고 있다고 믿고 있다. 그리고 그 반대편에는 보편 내재성이 자리하고 있다. 이것은 예술 부문에서 생생하게 나타난다.

소크라테스 식의 문답법

우리 세계에는 통제, 조종, 고문이 선택이나 불확정성만큼이나 많이 있는 것은 아닐까? 그리고 불확정성과 보편 내재성의 이러한 결합은 위대한 낭만주의자들의 정신 속에도 또한 있었던 것은 아닐까? 한 젊은 시인이 1817년 12월 21일에 보낸 한 유명한 편지에서 다음과 같이 사색하고 있다 : "그리고 어떤 특질이 특히 문학에서 성취하는 인간을 만들어 내는데 도움이 되는가 하는 생각이 갑자기 떠올랐다 … 내가 의미하고자 하는 것은 소극적 수용 능력인데 그것은, 즉 한 인간이 사실이나 이성을 찾아 신경 과민적으로 추구하지 않아도 불확실한 것들, 신비로운 것들, 의문스러운 것들 속에 파묻힐 수 있을 때를 말한다." 그렇다면 키이츠 시대 이래로 변한 것은 무엇인가?

아마도 보편내재성에 대한 우리의 감각은 좀 더 기호학적이 되는 동시에 좀 더 기술학적이 되었다. 그리고 불확정성에 대한 우리의 감각은 더 이상 몇몇 사람들만의 전유물이 아니고 이제는 거의 우리의 문화 의식에 대한 하나의 선고가 되어 버렸다. 불연속의 시대, 불확실성의 시대, 불안의 시대, 또는 예술을 정의 내리기에 대한 거부 등의 현재 유행하는 그러한 명칭들은 도대체 그 밖에 무슨 의미가 있겠는가? 찰스 올슨Charles Olson이 "역사에 대한 특별한 견해"라는 그의 에세이에서 소극적 수용 능력은 "포스트모던 인간에게는 아주 중요하다"고 주장하는 것 외에 또 어떤 이유를 들 수 있겠는가?

엠프슨의 애매성들과 브룩스의 역설들은 한 때 모더니즘적인 시각에서 본 틀에 박힌 작가들의 작품의 문체를 설명하였다. 이제 불확정성과 보편내재성은 또 다른 (포스트모더니즘적인) 유리한 위치로부터 자아와 세계, 언어와 실재계에 대한 바로 우리의 개념들을 암시하고 있는 것일까?

Ⅵ. 예술 부분에서

버지니아 울프는 인간의 특성이 변하고 모더니즘이 시작된 때를 정확하게 알고 있었다 : "1910년 12월 내지 그때 즈음해서"라고. 나는 시작에 대해서는 좀 더 분명치 않은 감각을 지녔다고 고백하는 바이다. 불확정 보편내재의 예술은 언제 시작되었는가? 그것이 언제였든 간에 예술에서의(포스트모더니즘은) 이제 국내외 어디에서든 전위파적인 잡지에서 뿐 아니라 학술 잡지에서도 널리 검토되고 제고되어지고 있다.

우선 불확정성부터 생각해 보자. 문화전반에서처럼 불확정성은 예술 부문에서도 많은 모습을 가진다. 그것은 소극적 수용능력으로부터 병렬에 이르기까지 서로 다른 이름으로 불리어질 수도 있다. 그리고 그것은 수많은 예술 형식을 취한다 : 꼴라쥬, 몽타쥬, 우연성의 음악, 해프닝, 컴퓨터 및 지세학적 미술, 접지 미술과 보디 아트, 동역학 및 진행 과정 예술, 개념 예술, 미니멀 아트 (최소한의 조형 수단으로 제작된 그림, 조각 : 역주), 구체시, 발견된 조각 재료들과 기성품 예술, 자기 파괴 조각, 부조리주의자들, 괴기물 그리고 환상적인 양식들, 부분적

예를 들면 : 「트레마」, 1 (1976) ; 『미국학 연구』 22, No.1(1977) ; 『문학비평』 2(1973)와 5(1976) – 만프레드 퓌츠Manfred Putz와 하트비히 이세른하겐의 서평문이 각각 실려 있다.

"그러나 오늘날 우리는 '성취하는 인간' – 베켓, 로브-그리예, 그라스, 버로오즈, 고다드와 같은 작가들 – 일차적인 특질이 소극적 수용 능력이라고 여겨지는 시대에 우리 자신들이 살고 있음을 정말로 알게 된다. 왜냐하면 그러한 작가들은 우리 시대의 인간의 현장 속에서 완강하게 불확정적이며 애매한 것의 형상을 바꾸거나 아니면 억제하거나 해결하는 데에 일반적으로 확고한 주저감과 혐오감을 보이기 때문이다 … ." 내이산 A. 스코트Jr., 『소극적 수용능력』 *Negative Capability*(뉴헤이븐, 1969), p.xiv. 죤 케이지도 역시 이 점에서 매우 중요한 인물이다.

이며 불연속적이고 비창조적이고 장난스럽거나 자기-반사적인 모든 종류의 형식들 그리고 이밖에도 많은 것들이 있다. 이 모든 '예술'들은 다종 다기한 수단에 의해 폐쇄를 지연시키고 기대를 좌절시키며 추상성을 조장시키고 조망들의 유희적인 다원성을 지탱시키며 일반적으로 그들 관객이나 청중들에 대한 의미의 토대들을 바꾸어 버린다.

★

블랙 유머와 '복합성의 형이상학'에 대해서 : "이러한 새로운 절대회의론을 … 나는 급진적인 궤변이라고 명명하였다." 막스 슐츠, 『급진적인 궤변』(아텐스, 오하이오 주, 1969), p.viii.

★

'부조리한 시대에 반형식적인 불가피한 임무들', 윌리엄 스파노스, 『실존주의』 2호, p.169.

★

"필연성에 대한 하나의 보충으로서의 우연성과 우연의 결정 요소로서의 필연성. 이들의 상호작용은 게임과 같은 것이다." 쟈크 에르만, 「서론 : 게임, 놀이, 문학」, 『예일대 프랑스 문학 연구』, 41호 (1968), p.5.

★

게임 이론과 문학에 대한 체계 연구에 대해서 : "우리는 형식에 대한 연구와 작가들이 원하는 대로 이용할 수 있을 새로운 구조들에 대한 연구를 가능성의 문학이라고 부른다." 레이몽 뀌노, 『가능성 문학의 작업실』(파리, 1973), p.38.

★

"변화는 … 예술이 예술가로부터 분리되는 것이다. 우리가 예술 작품을 경험하는 동안에 예술가가 의도한 어떤 자질이나 양식으로부터 훈련된 대로 완전하게 벗어나는 것이다 … ." 루이스 밍크 Louis Mink, 「예술가 없는 예술」, 이합 핫산

편, 『해방』(미들타운, 코네티컷 주, 1971), p.80.

★

"… 모더니즘은 창조적인 감수성과 예술작품 사이의 관계, 말하는 사람과 전달 내용 사이의 관계를 강조하는 듯이 보인다. 반면 포스트 모더니즘은 전달 내용과 듣는이 사이의 관계를 강조한다." 게르하르트 호프만, 알프레드 호르눙, 뤼디거 쿠노오, 「모던, 포스트모던과 우리 동시대」, 『미국학 연구』, 22권 1호(1977), p.40

★

"이 시대의 혁신적인 예술가들과 사상가들이 항거해 온 것은 실재계의 구성을 종속과 지배의 관계 속에서 요구하는 의식인 구문적으로 구성되는 비전이라는 바로 그 원리이다 … 병렬적인 관습은 심상들과 지각들의 위계 질서적인 배열에 관한 어떠한 충동도 거부하고자 하며 병렬이라는 단어의 어근 자체가 보여 주듯이 '나란히 함께 배열'하는 것을 시인한다 … ."

그리고 또다시 :

"병렬적 문체는 본질적으로 사회관습적이기보다는 공동 사회적인 문체이다. 그것은 선천적으로 귀족적이고 엘리트적이라기보다는 민주적이며 평등주의적이다. 그리고 금세기에 예술과 사상에서 병렬적 구문의 재탄생이 새로운 전체주의의 출현이나 또는 신

화로 되돌아가는 것을 나타낸다기보다는 궁극적으로 하나의 통합된 인간성을 가능케 해줄 의식의 변화에 대한 요구를 나타내는 것이다." 헤이든 화이트, 「비평의 문화」, 이합 핫산 편, 『해방』, pp.67, 69.

그러므로 불확정성은 예술에서 그 자체의 의정서들과 선입견을 가지고 있다. 그것은 병렬적 문체를 선호하고 현재 프랑스 비평의 기묘한 수사학에서 불확정성은 은유 보다 환유에, 계열 관계적인 양상보다는 결합 관계적인 양상에, 존재보다는 놀이에, '전이된 부모의 공간에서' 부모보다는 어린이에 더 가치를 부여하는 경향이 있다.

여기에 중요한 진술문이 있다 : "기원과 부모의 전이를 위해서는 상징적 의미의 위계질서보다는 놀이에 신뢰를 두고, 까다롭고 부정적인 신학보다는 부재를 즐겁게 받아들이며, 언어에서 심지어는 부호로서의 언어가 아니고 놀이와 즐거움으로서의 언어를 우리의 유일한 '군주'로 삼는 - 이 모든 태도들은 결국 인간적인 것이다라는 신화 해체적인 구절과 매한가지이다." 미셸 베나무, 「부모의 공간의 전이 : 미국 시와 프랑스 상징주의」, 『바운더리. 2』, 5권 제2호 (1977, 겨울), p.483.

그리고 거의 모든 사람들에게 - 이것은 언제나 의문시된다-극히 중요한 시인으로서, 어버이답지 않은 이들은 스티븐즈, 파운드, 윌리엄즈이다. 그러므로 죠셉 리들Joseph Riddel에게는 페이터슨Paterson은 아버지 Pater에서부터 아들son까지를 의미하는 것 아니면 단순한 한 언어에 불과한 것이다. 『거꾸로 달린 종』*The Inverted Bell*(바톤 루즈, 1974), 1장 특히 p.83 이하 계속.

그러나 불확정성의 먼 한계 지점에서는 침묵의 상징적 상태가-죠지 스타이너, 수잔 손탁, 그리고 내가 다양하게 상술한 바 있다-지배한다. 침묵은 문학에서 문학 자체를 심문하고자 하고 스스로에게 이의를 제기하고자하는 침묵의 충동을 '실험'으로 시작하고 있다. 그리고 나서 침묵은 자기 희화와 자기 전복, 급진적인 아이러니를 통해 언어의 가장자리까지 움직여 간다. 의식의 어두운 가장자리, 그곳에서 문학은 그 자체를 전적으로 소모해 버리고 초월하기를 원한다-그러나 그것은 헛된 일이다. 그리고 침묵의 가장자리, 바로 그것에서는 보편내재의 꿈은 문학을 희롱하고 모든 예술에 지분거려 잠에서 깨어나 있도록 한다. 『피네간의 경야』에서와 같이 말이다.

"『피네간의 경야』는 의도적으로 언어의 자유로운 유희

에 자신을 내맡기고 있다… 우리는 사고의 전당, 선술집, 꿈의 공간이기도 한 기호의 이 진귀한 것(골동품 가게)을 어떻게 읽을 것인가? … 우리와 그대가 철저하게 이해하고 있는 것은 무엇인가? 그 의미는 대화체일까? 그 1인칭과 2인칭, 텍스트와 독자는 – 셈과 샤운이 HCE로, 이시가 ALP로, ALP가 결국은 HCE로 변하는 것처럼 – 분해되어 하나의 주관의 상호관련적인 독서 자체로 끊임없이 변하거나 아니면 영원히 확장되는 하나의 텍스트의 상호 관계로 변해 버린다. 즉, 모든 것이 나를 읽고 내가 모든 것을 읽게 되는 것일까?" 찰즈 카라멜로, 「후기 얼굴」, 미셸 베나무와 찰즈 카라멜로 편, 『포스트모던 문화에서의 공연』(매디슨, 위스컨신 주, 1977), p.222.

보편 내재성의 확산은 가장 먼 지역에서, 부호들의 확산 속에서, 의식의 확장 속에서 암시적으로 분명히 나타난다. 그것은 아주 비형이상학적으로 문학을 포함한 모든 확장하는 기호 체계들의 특질들이 되어 버렸다.

문학에 관해 찰스 알티에리는 코울리지와 워즈워드가 상징적이며 보편 내재적인 모형들을 각각 예견하고 있고 오늘날 (포스트모던) 시학의 토대를 구성하는 것은 보편 내재성이라고 설득력 있게 주장하였다.

"… 포스트모던 시인들은 인간과 자연이 통합되는 방법을 발견하고자 노력해왔다. 그렇게 되면 가치는 인간이 창조의 집행자인 만큼 인간이 대상 자체가 되는 보편 내재의 과정들의 결과로 보여질 수 있게 된다."

그리고 :

"모더니스트들을 위해서 신의 강림이 한 역할은 그렇지 않으면 공허하고 무질서했을 자연 세계에다 형식과 의미 있는 가치를 결합한 예를 나타낸 반면 우리와 동시대인들(포스트모더니스트)들을 위해서는 신은 에너지로, 그리고 보편내재적 힘을 강렬한 표현으로 나타난다."

결론적으로 :

상징주의를 불신하고 나서 다음과 같은 중재가 나온다.

-"포스트모던 시학은 근본적으로 프로테스탄트적이다."

-"포스트모더니스트들은 보편적인 것을 구체적인 것으로 만들고 특수한 것을 묘사적이 아니고 신령적인 것으로 보고자 추구한다." 찰스 알티에리, 「상징주의자적인 사고에서 보편 내재성으로 : 미국 포스트모던 시학의 토대」, 『바운더리 2』, 1권 3호(1973, 봄), pp.608, 610, 611.

그러나 다른 (포스트모던) 예술을 포함하기 위해 일반적인 진술로 요점을 펴나갈 수도 있다. 대상 자체보다 체계

쪽으로 점차적으로 방향을 잡고 있는 사회에서 예술은 이러한 체계들의 명료한 예술들을 간혹 이용해야만 한다. 예술은 또한 의사소통이 가능한 경험의 흐름을 형성하고 변화시키던가 아니면 단순히 그 흐름을 가시적으로 만들어야만 한다. 이리하여 예술은 여러 세대를 위해 만들어진 대작들이기 보다는 정보를 제공하는 조직을 가진 반엔트로피가 되어 버린다.

"다른 말로 하면 만일 우리가 소프트웨어의 의미를 확장하여 전예술의 정보를 가공처리하는 순환 과정까지 포함시키자면 예술에 관한 책, 목록, 면담, 서평, 광고 및 판매와 계약 등 모두가 예술의 소프트웨어적인 확장이며 그 자체가 예술 작품을 합법적으로 구체화하는 것이다. 예술 대상은 사실상 정보의 '제동기'인 것이다." 잭 번함, 『위대한 서부의 제염소』(뉴욕, 1974), p.28.

예술의 개념을 하나의 보편 내재적인 조직이나 장으로 보는 것은 문화의 각 영역에서 추상화의 힘이 점증하는 것을 표시하는 것이며 다시한번 그 자신 만만한 계획, 즉 인간의 환경 자체가 하나의 거대한 시니피앙이 될 때까지, 또 말을 하지 않는 물체가 말을 시작할 때까지 언어와 예술의 조건을 일반화하려는 계획을 상기시켜 준다. 그러나 많은 종류의 예술에서– 말하자면 뉴턴과 헬렌 해리슨의 생태학적인 예술이나 대릴 사피엔Daryl Sapien과 마이클 힌톤Michael Hinton의 제식 예술에서는–감각적이며 심지어는 육감적인 행위들이 신성하고 막연하나마 범신론적이며 비개성적인 하나의 비젼의 일부가 된다. 또 다른 경우에서도 예술에 대해 신비하고 체계적인 접근 방법들은 기이할 정도로 잘 어울린다. 이리하여 예를 들면 유대교의 신비철학에서 사용하는 「여호수아서」의 히브리 글자들은 그들의 어마어마한 결합 내에 창조의 법칙뿐 아니라 모든 인간의 부호체계까지도 구성한다. 유대교의 신비철학적이며, 영지주의적이며, 연금술적인 전통적인 지식에 의지하여 번함은 비교적인 지혜와 마르셀 뒤샹의 작품 사이에서 놀라운 유추를 만들어 냈다. 이러한 유추들의 어느 것들은 신비롭고 비밀스럽게 보이기도 하지만 그것들은 뒤샹의 고요한 수수께끼–무관심의 미학의 초점 속에서 지탱되고 있는 불확정성과 보편내재성의 독특한 혼합, 그리고 이접적離接的인 기지와 널리 미치고 있는 관능학의 독특한 혼합–에 암시를 던져 준다.

우연히 수잔 손탁은 아르또에게 끼친 영지주의와 유대교의 신비철학적인 영향을 강조한다. 그녀의 『앙또냉 아르또 : 선집』(뉴욕 : 1976), pp.xlv-liii을 참조할 것, 우리들의 선구자들인 아르또와 뒤샹은 모두 신령한 예술가들이며 아르또는 냉철하고 뒤샹은 충동적이며 그들은 모두 파편의 대가들이며 모든 사람들의 시종꾼들이다. "본질적으로 「큰 유리잔」은 히브리 글자들의 힘이 확립되는 수단을 정의내리는 반면에 이미 만들어진 것들은 앞으로 만들어질 예술을 만드는데 글자들의 힘을 사용하고 있다."

또한 :

"유대교의 신비 철학적인 문학의 전통적 지식 내에서 사원소가 다양하게 순열을 이루는 것은 속박된 형태들을 나타낸다. 즉, 그 순열들은 언어나 예술형태의 부분들을 분리하거나 격리시키는 것을 불가능하게 만드는 어떤 수학적이며 정신적인 응집력을 가지고 있다 … 뒤샹은 이러한 것을 다루고 있다 … ."

그리고 :

"그래서 뒤샹이 이끄는 내밀스런 계획속에서 하나의 성

상 속에서 신의 존재를 느낀다는 생각은 모든 것에서 신의 존재를 느끼는 것보다 훨씬 열등한 것이다. 이것은 마치 원근법으로 신의 존재를 증명하는 것이 우상화의 타락한 형태인 것과 꼭 마찬가지이다."

결론적으로 :

"그렇게 해서 유대교의 신비적 철학자들에 의해 고안된 분류의 원칙을 사용함으로 우리는 신부가 여러 개의 '살아있는 실체'로 나누어짐을 알게 된다.

불 : 상호 보완성을 포함하는 예술
공기 : 불확정성을 사용하는 예술
물 : 인과율이나 연루를 채택하는 예술
대지 : 진정으로 물리적이면서 영적인 경향을 지닌 원칙들에 관심을 가지고 있는 예술."

번함,『위대한 서부의 제염소』, pp.75, 79, 93, 115.

『소금파는 사람』*Salt Seller*의 저자인 마르샹 뒤셀에 관해 너무 많이 이야기한 것 같다. 그가 도대체 소금이 수은과 유황－전자는 변덕스러운 확산의 원리를, 후자는 고착되고 내부로 수축되는 원리를 나타낸다－이 남녀 양성이라는 혼합적인 지혜의 정상에서 재접합한다는 연금술의 삼각형에 대해서 알고 있었는

지 아니면 모르고 있었는지 모르겠다. 그러나 뒤샹이 그리고 체계로서의 비학秘學이 정말로 얼마나 우리의 시학을 대표한다고 할 수 있을까?

"많은 포스트모던한 허구의 작품들은 마치 입문식의 경우처럼 해독되기를 기대리는 '비교적인 작품'의 역할을 한다. 그러한 작품을 읽기 위해 우리는 시각에 통달되어 있어야만 하는데 그 시각은 그 대신 우리로 하여금 우리의 독서 능력이 세계라는 텍스트까지 전사하게 한다." 캠벨 테이섬, 「신화 치료와 포스트모던한 허구 작품」, 『퍼포먼스』, p.153.

"카발라는 창조 속의 정신에 대한 직접적인 묘사를 넘어서서 시적인 영향의 과정들을 위한 하나의 모형을 제공해 주고 또 해석의 문제시되는 방법들도 상세히 보여 준다. 최근 프랑스 비평에서의 어떠한 발전보다도 더 대담한 카발라는 쓰기의 이론이다. 그러나 그것은 존재와 부재 사이의 인간적인 구별을 거부하고 있는 바로 그 동안에도 쓰기와 영감을 받은 연설과의 절대적인 구별을 부정하는 이론이다." 해롤드 브룸, 『카발라와 비평』 *Kabbalah and Criticism*(뉴욕, 1975), p.52

다른 것은 다 고 사하고 우리의 순간

은 너무 많은 은유들과 체계들을 만들어 내고 있고 이것들은 우리가 다른 체계에 의해 노예화되는 것을 막아 줄 것이다. 어느 누구도 이것이나 저것 중에서 하나만을 고르도록 강요당하지는 않지만 나로서는 해체보다는 카발라에 대해 더 많은 공감이 간다고 말하고 싶다. 그러나 여기서 좀 더 큰 요점은 다음이다 : 우리의

몇 사람들의 이름을 알파벳순으로 적는다 : 아몬스A. R. Ammons, 데이비드 안틴, 존 애쉬베리, 존 바스, 도널드 바셀미, 크리스틴 브룩로즈, 존 케이지, 크리스토, 머르스 커닝햄, 재스퍼 존즈, 알란 카프로우, 로버트 모리스, 얼윈 니콜라이, 백 남준, 토마스 핀천, 로버트 라우 셴베르크, 마이클 스노우, 로버트 윌슨, 앤디 와홀, 라몽트 영 등등.

철학적인 설득력이 무엇이든 간에 또 뒤샹에 대한 우리의 태도가 무엇이든 간에 우리는 아직도 불확정 보편 내재의 예술이 어떻게 우리 문화의 중심부와 가장자리 모두를 추적하고 있으며 어떻게 그러한 예술이 자기 내향과 자기 포기 사이에서 지속적으로 작용하는가 하는 것을 관찰할 수 있다는 것이다.

소크라테스 식의 문답법

뒤샹의 아이러닉한 흙점(옛날에 한 줌의 흙모래를 땅에 뿌려 그 모양으로 치던 점 : 역주)이, 여러 부분 속에 들어 있는 우리 문화는 고사하고, 우리의 모든 예술을 기술하지 못한다 하더라도 예술가로서의 그의 모습은 우리 속에 거물로 남아 있다. 그러나 지금 우리는 의문을 제기할 수 있다. 우리가 그렇게 발작적으로 과학과 비학을 불러내는 것은 당혹감이나 방종의 표시가 아닐까?

이것은 정말로 불확정 보편 내재가 지닌 위험이다. 왜냐하면 그것은 모든 종류의 이념들에 의한 회복과 호선互選을 가져오기 때문이다. 불확정 보편 내재는, 정의는 별로 내려지지 않았으면서, 지나치게 확장되어 쓰이므로 필연성이나 별난 생각에 너무나 커다란 영역을 줄지도 모른다. 그러나 필연성은 역시 욕망이며 일종의 희망이다. 그렇다면 우리는 우리의 폭력과 인식론적으로는 동등한 것이면서도 계속 우리의 무질서 속에서 새로운 지식을 만들어 내고 있는 불확정 보편 내재와 함께 어떻게 살아가야 할 것인가?

Ⅶ. 인간적이며 결론이 없이

"인간은 만물의 척도이다." "세상에 불가사이한 일은 많다. 그러나 그 어느 것도 인간만큼 기이하게 걷는 것은 없다." "인간은 하나의 작품이다." 인간의 척도는 프로타고라스와 소포클레스 그리고 셰익스피어 이래로 별로 변하지 않았다 - 그러나 전체적으로 볼 때는 변화를 했다.

계량기라는 단순한 척도의 개념에 대하여 생각해 보자 : 진공 상태의 유리 상자 속에 봉인된 상태로 세브르(프랑스 세느 강가의 도시 : 역주)에 있는 백금 - 이리듐 계량기는 길이의 원기로서 1세기 이상을 사용되었다. 요즈음의 도량형 원기는 크립톤 86의 오렌지 적색 선인 빛의 분광 파장이다. 여기에 일종의 비물질화가 있다. 그러나 우리는 뒤샹의 '통조림 선택'과 더불어 더 생각해 볼 필요가 있다. 즉 길이가 각각 1미터씩이 되는 줄 세 개를 한 1미터 정도 되는 높이에서 진한 청색 캔버스 조각 위로 자유로이 드리워지도록 한다. 그러면 그 캔버스 조각 위에 그 줄들이 조심스럽게 고착되게 된다. 이렇게 뒤샹은 우리에게 이상적인 길이에 대한 세 가지 해석을 제공하고 있다. 또는 여러분이 원한다면 캐더린 드라이어 유물에 대한 예의로 「세 개의 표준적인 정지물들」이라고 명명된 '한 예술 작품'을 살펴보자. 아마도 내가 불확정 보편내재에 관해 이야기 하려고 했던 모든 것이 금속, 기체, 그리고 오그라진 줄로 만들어진 바로 이러한 계량기들 주위에 숨어 있다.

이제 결론을 내리도록 하자. 우리는 인간의 척도 안에서는 우리가 상상하는 것보다 훨씬 더 심오한 변화의 입구, 즉 발단 시기에 살고 있을지 모른다. 아니면 우리는 아무런 각성이 없는 역사의 일상적인 악몽 속에서 그럭저럭 살고 있는지도 모른다.

아서 클라크 : " … 우리가 확신할 수 있는 미래에 대한 단 한 가지 사실은 미래가 완전히 환상적일 것이라는 것이다." 『미래의 모습』 *Profiles of the Future* (뉴욕, 1972), p.xv. 케네스 E. 보울딩 : "20세기는 인류가 처한 상황 속에서 일어나고 있는 하나의 커다란 전환기의 한 가운데를 표시한다. 20세기는 인류 역사상 두 번째로 커다란 전환기라고 불러도 적절할 것이다." 『20세기의 의미』(뉴욕, 1965), p.1. 주註 : 클라크와 보울딩의 저작들은 각기 1963년과 1964년에 처음으로 출판되었다.

미래에 의해 영향을 받기 쉬운 성질을 가진 우리 시대의 개방성, 즉 시간에 대해 우리 시대가 지니고 있는 개방성은 알빈 토플러와 같은 미래학자들로부터 데이비드 안틴과 같은 시인들에 이르기까지 많은 사람들에 의해 주목되어 왔다. 스탠포드 연구소의 윌리스 하르만과 같은 이들은 심지어 다음과 같이 말한다 : "우리가 현대의 혁명적인 힘의 중요성을 알아내려고 고심함에 따라 우리는 치명적인 간극이 세대차나 자유주의자들과 보수주의자들 사이의 차이가 아니라 현대 조류의 계속을 기대하는 사람들과 어떤 격렬한 변화가 반드시 일어나야 한다는 사람들 사이에 있다고 느끼기 시작했다." 『미래주의자』, 11권 1호(1977년 2월), p.8.

다른 예술에서보다는 숫자가 적기는 하지만 문학 부문에서도 역시 예술가들은 서구의 역사에서 일어나고 있는 이러한 한 양상의 종말을 감지해 왔다. 그래서 레나드 메이어는 다음과 같이 말한다 : "인간은 이제는 더 이상 만물의 척도도 우주의 중심도 아니다 … 이러한 급진적인 경험주의자들에게는 르네상스는 끝이 났다 … 나머지 우리들에게 – 우리 문화 전반에 대해 – 르네상스가 끝이 났는가는 오로지 미래만이 말해 줄 것이다. 그러나 그것이 끝났건 그렇지 않건 간에 급진적 경험주의의 예술과 미학을 진지하게 생각해 보면 우리가 무의식적으로 당연시하고 있는 신념이나 가치들의 토대를 발견하고 또 명백히 드러나도록 우리를 만드는 장점이 있다." 『음악, 예술 그리고 이념들』(시카고, 1967), p.83 이하 계속. 메이어는 이 에세이를 1963년에 처음으로 출판하였다. 그 당시 그는 보편내재성이 아니라 불확정성을 보았다.

그러나 악의에 찬 재난이 미국 전역에 걸쳐 그리고 세계 각처에서 인본주의자들에게 엄습해 온 것은 의심할 바 없다. 이러한 불행은 어디서 오는 것일까? 나보다 인문 과학 중 사회학이나 경제학에 더 정통한 다른 사람들이 그 사실에 대해 알지도 모른다. 나는 단지 우리의 지식의 불안한 체계에 적합하다고 생각되는 어떤 문화적인 풍조, 즉 어떤 인식론적인 전이를 지적해 보고자 할 뿐이다. 나는 포스트모더니즘이란 용어 자체만큼이나 궁극적으로 어색한 용어인 불확정 보편 내재서의 질서를 의미하는 바 나는 그것이 우리의 역사적인 에너지를 나타내는 좀 더 정확한 증거품이기를 희구했다.

이 글의 주요한 문제는 계속 남아 있다 : 인간적인 비전 또는 포스트 인간적인 비전－그것을 잠정적으로 인간적이라고 부르자－의 토대 또는 불안한 지식의 질서의 토대를 실제로 어떻게 세우는가 하는 것이다. 절박한 나머지 성급히 몇 가지 예감과 추측을 내려보기는 했지만, 나는 단정할 수 있는 해답은 가지고 있지 못하다. 진정으로 도전하자면 자기 폭로가 꼭 필요하다는 사실을 항상 기억하면서, 일단 변화라는 현실들에 도전하자면, 우선 그러한 현실들을 인정해야 할 것이다. 우리는 또한 우리가 지닌 도덕적인 지성적인 야망들에 대해 좀 더 커다란 범위를 고집할 수 있다. 인본주의자들은 한때 전인간적인 우주를 그 우주에서 일어나고 있는 모든 불가사의한 일과 잔인성과 괴팍성과 함께 그들의 상상력의 영역으로 차지했다고 자부심을 가졌었다. 과연 몇 명이 아직도 그렇게 자부하고 있고 또 그렇게 자부할 수 있겠는가?

> **월터 카우프만** : "학자들은 그들의 진지한 작품 속에서 본질적인 문제에 대해 자신들과 동의하는 사람들에게만 말하고자 한다. 그 결과 우리는 담화의 전체적인 차원을 상실한다." 그리고 "지식의 최전선에서 일하기를 진정으로 원하는 사람들은 자신의 분야의 경계를 뛰어넘어야 한다." 『인문학의 미래』 *The Future of the Humanities*(뉴욕, 1977), pp.42, 43.
>
> **아서 쇼펜하우어**는 좀 더 조롱적이었다 : "교수직을 가지고 있는 사람은 마굿간에서 그의 식량을 받고 있다고 말할 수 있을 것이다. 이것이 되삭임하는 동물들에게는 최선의 방법이기 때문이다." 그리고 나서 계속 말한다. "그것은 결코 전문가가 되지 않을 분명히 제1급의 지성인들의 마음이다. 왜냐하면 그들의 본성은 존재 전체를 그들의 문제로 삼고 있기 때문이다…." 『문학 예술』 *The Art of Literature*(앤 아버, 미시간 주, 1960), pp.40, 42.

동시에 우리는 청중에 대한 우리의 감각을, 우리가 우리의 이야기를 전달시키고 싶은 인간적인 타인에 대한 감각을 회복할 수 있을지도 모르겠다. 만일 우리가 예상에 어긋나게 어떤 한계를 넘어서서 "제발, 나를 너무 쉽게 이해하지 말아 달라"고 단지 울부짖기만 한다면 말이다. 이것은 인본주의자들이 감응하는 지성을 높이 평가하고 전문 용어나 궤변을 재잘거리는 것에 반대하여 진정한 문체를 높이 평가할지 모른다는 것을 말해 주는 것이다. 동시에 우리는 우리 자신의 정신을 잔인하게 대하지 않으면서도 우리 삶 속에 행위에 대한 명령을, 모순되는 요구를, 말하자면 정의와 자유를 계속 잊지 않을지도 모르겠다. 어떤 조용한 이념들이 불확정 보편 내재성의 문화를 구성하는가? 그리고 우리는 어떤 실행이나 참여에 이끌리는가? 궁극적으로 우리는 꿈꾸는 법을 배울지도 모르겠다.

인본주의자가 꿈꾼다는 것은 무엇을 의미하는가? 아마도 그것은 인간의 욕망을 고백하고 나가서 그 욕망을 우리의 삶에서 아직 창조되지 않은 형태로 변형시키는 것을 의미할 수도 있다. 장대한 꿈! 좀 더 겸손하게 말한다면 꿈꾼다는 것은 상상력을, 공감의 힘을 인정하는 것이며 우리 자신의 희망과 증오감을 인정하는 것인지도 모른다. 예이츠가 학자들을 "자신의 죄를 잘 잊어버리는 대머리들"이라고 꾸짖은 사실을 우리는 알고 있다. 그러나 인본주의자들은 학자들이고 그 이상이기도 하다 : 인본주의자들은 정신을 통합적인 것으로 만들려면 어떤 소요가 일어나는지 알고 있기 때문이다. 지식이 인본주의자들의 일차적인 사명이라는 것은 옳은 말이지만, 인간적인 것을 초월하는 지상에서 그들은 아마 예술가들처럼 문화와 욕망, 역사와 희망 사이를 중재할 것이다. 그리고 어떤 최후에서 두 번째의 계획 속에서, 알고자 하는 인간의 충동은-심원하고 신비롭고 광기까지도 가능한-그 충동은 영지주의자들이 오래 전에 사랑이라고 불렀던 것의 한 변형이 아닐지도 모른다고 누가 감히 말할 수 있겠는가?

제4장 포스트모더니즘과 다원주의

I

다시 한 번 포스트모더니즘을 얘기해 보자. 포스트모더니즘과 거리가 더 벌어지기 전에 말이다! 나는 다원주의를 통해서 포스트모더니즘 문제로 접근하고자 한다. 다원주의 자체가 이제는 수많은 논문에서－비평적인 논문과 그렇지 않은 논문 모두에서－포스트모던 담론의 거추장스러운 상황이 되어 버렸다. 그 이유는? 어째서 지금 와서 다원주의가 문제시되는가? 이 질문은 두 세기 이전에 칸트가 제기했던 질문－"우리는 지금 누구인가?"－을 상기시킨다. 그 질문에 대한 답변은 미셸 푸꼬가 인식한 대로[1] 역사적 존재에 대한 주목할 만한 사색이었다. 그러나 오늘날 그러한 문제에 대해 숙고한다는 것은－그리고 바로 이 점이 나의 중심 되는 요점이다－실로 "포스트모더니즘이란 무엇인가?"하는 질문을 탐구하는 것이다.

우리 시대의 다원주의는 포스트모더니즘의 사회적, 심미적, 지성

1) "모든 철학적인 문제들 중에서 가장 확실하다고 할 수 있는 것은 아마도 바로 이 순간에 우리가 무엇인가 하는 문제와 현재라는 시간의 문제일 것이다."라고 미셸 푸꼬는 "The Subject and Power"라는 논문에서 적고 있다. 이 논문은 Hubert L. Dreyfus와 Paul Rabinow가 편집한 *Michel Foucault : Bryond Structuralism and Hermeneutics*(Chicago, 1982), 210에 "Afterword"로 재수록되었다. 이 논문은 *Critical Inquiry* 8(Summer 1982) : 777-96에도 수록되었다.

적 가정들속에서 그 자신을 발견한다(비록 그 기초를 그 속에다 세우지는 않는다 해도 말이다). 즉, 그 곳에서 자신의 시련, 자신의 정당성을 찾는다. 좀 더 나의 의견을 개진한다면 미국의 여러 다원주의자들－수많은 다른 미술가들과 사상가들은 논외로 치고, M. H. 에이브람즈, 웨인 부스, 케네스 버크, 마테이 칼리네스쿠, R. S. 크레인, 넬슨 굿맨, 리차드 맥케온, 스티븐 페퍼－의 비평 의도는 그 도도한 질문, "포스트모더니즘은 무엇인가?"와 마주하고 심지어는 암묵적으로 답변도 해보는 것이다. 간단히 말해서 그들은 현대의 M. 주르뎅[몰리에르의 희곡 「시민귀족」에 나오는 주인공의 이름 : 역주]과도 같이 포스트모더니즘을 잘 알지도 못하면서 일생동안 포스트모더니즘에 대해 왈가왈부하고 있다.

그러나 포스트모더니즘은 무엇인가? 나는 아직도 모더니즘 자체의 정의만큼 포스트모더니즘의 엄밀한 정의를 내놓을 수가 없다. 그러나 이제는 포스트모더니즘의 상규를 벗어난 경향이나 당황케 하는 점들을 침묵시키지 않고 포스트모더니즘을 이론화시키고 역사속에 투영시킬 시기인 것 같다. 이러한 것은 문화적인 모형만들기, 문학상의 시대구분, 문화적인 변화의 문제들－즉 도덕율 폐기론의 시기에 비평적 담화 자체가 지니는 문제들[2]－과 관련된다. 그래도 모더니즘의 고갈상태, 아니 적어도 모더니즘의 자기수정은 특이한 사색가들로 하여금 포스트모더니즘의 병발상태를 논의하게끔 했다. 그리하여 "보수주의적" 사회학자, 다니엘 벨은 "지난 125년간을 하나의 문화운동으로 모든 예술계를 석권했고 우리의 상징적인 표현방식들을 구체화시킨 모더니즘의 창조적인 충동과 이념적인 영향력

2) 나는 이와 관련된 몇 가지 문제점을 *The Dismemberment of Orpheus : Toward a Postmodern Literature*, 2nd ed. (Madison, Wis., 1982), 262-68에서 논한 바 있다. 또한 Claus Uhlig의 "Toward a Chronology of Change", Dominick LaCapra의 "Intellectual History and Defining the Present as 'Postmodern'"과 Matei Calinescu의 "From the One to the Many : Pluralism in Today's Thought", in *Innovation/Renovation : New Perspectives on the Humanities*, Ihab Hassan과 Sally Hassan 편집 (Madison, Wis., 1983)도 참조할 것.

의 종말"을 증언한다.[3] 그리고 또한 "급진적인" 철학자 위르겐 하버마스도 "노장파 보수주의자들의 선先모더니즘", "소장파 보수주의자들의 반反모더니즘", 그리고 "신보수주의자들의 포스트모더니즘" 간의 구별을 시도하나[4] 내 생각으로는 헛된 짓이다.

모든 "병발상태"는 옆으로 밀어놓고 이제 나는 문화의 영역에서 주로 일어나고 있는 일련의 포스트모던한 특질을 병렬적인 목록식으로 제시하고자 한다. 내가 제시하는 예는 선별적일 것이고, 특징들이 중복되기도 하고 서로 모순되기도 하고 차례가 뒤바뀔 경우도 있을 것이다. 그래도 그들은 한데 어울려 비평상의 다원주의가 모양을 갖추게 되는 일련의 포스트모던 "불확정보편내재성"(보편내재성 속에 자리한 불확정성)을 연출한다.[5]

Ⅱ

내가 제시하는 특징들은 다음과 같다.

1. 불확정성 아니 불확정성들이 더 낫겠다. 이 속에는 지식과 사회에 영향을 끼치는 온갖 형태의 애매모호성, 파열, 그리고 환치들이 포함된다. 우리는 베르너 칼 하이젠버그의 불확실성의 원리, 쿠르트 괴델의 불완전성의 증명, 토마스 쿤의 파라다임, 폴 화이라벤드의 과학의 다다이즘을 연상한다. 또는 해롤드 로젠버그의 탈정의화된 불안한 예술대상물들을 상기할 수도 있다. 그리고 문학이론에서는? 미하일 바흐친의 대화적 상상력에서

---

3) Daniel Bell의 *The Cultural Contradictions of Capitalism*(New York, 1976), 7
4) Jürgen Habermas, "Modernity versus Postmodernity", *New German Critique* 22 (Winter 1981) : 13.
5) 과학문화 속에서 이것과 유사한 것을 알려면 나의 책 *The Right Promethean Fire : Imagination, Science, and Cultural Change*(Urbana, Ⅲ. 1980), 139-71을 참조할 것.

부터 롤랑 바르트의 쓸 수 있는 텍스트, 볼프강 이저의 문학상의 미확정성, 해롤드 브룸의 오독, 폴 드 만의 우화적 책읽기, 스탠리 피쉬의 독자반응의 문체론, 노만 홀란드의 거래적인 분석, 그리고 데이비드 블라이히의 주관비평을 거쳐 마지막으로 채 기록도 되지 않은 시간에 유행하는 아포리아에 이르기까지 우리는 미결정의 상태로 남기며 상대적인 것으로 만든다. 불확정성들은 우리의 행위, 사고, 해석에 고루고루 침투하여 우리의 세계를 구성한다.

2. 단편화 현상 불확정성은 종종 단편화 현상의 뒤를 잇는다. 포스트모더니스트는 단지 접속을 끊는 행위를 하며, 끊어진 조각들이 포스트모더니스트가 신임하는 양 가장하는 것이다. 그가 최대의 불명예로 생각하는 것은 "총체화"이다. 그것이 사회적이건, 인식론적이건, 아니면 시적인 것이건 모든 종합에 대해서는 다 해당된다. 그러므로 포스트모더니스트는 몽타즈 수법, 꼴라쥬, 발견된 또는 잘라낸 문학상의 대상물을 선호하고, 종속형태보다 병렬형태, 은유보다 환유, 편집증보다 정신분열증을 선택한다. 그래서 그는 또한 역설, 배리, 불합리한 추리, 파라비평, 단속성의 개방성, 정당화되지 않은 여백에 의존한다. 그리하여 쟝 프랑소와 료따르는 "우리의 총체성을 상대로 전쟁을 벌이자. 표현할 수 없는 것의 증인이 되자. 차이점을 활성화시키고 그 명성을 구해내자."라고 권유한다.[6] 이 시대는 시니피앙들을

6) Jean-François Lyotard, "Answering the Question : What is Postmodernism?" Regis Durand 이 번역한 것이 *Innovation/Renovation*, 34에 실림. 예술과 사회의 병렬적 스타일에 대한 것으로는 Hayden White의 "The Culture of Criticism," in *Liberations : New Essays on the Humanities in Revolution*. Ihab Hassan편 (Middletown, Conn., 1971), 66-69. 병렬과 다원주의의 유사성에 대해 윌리엄 제임스는 다음과 같이 말한다. "이 세상의 어떤 부분은 다른 지역과 단지 '그리고'라는 연결사만으로는 아주 느슨하게 관련지어져 있을 수도 있다. … 이처럼 부가적인 구성을 지닌 세계의 다원주의적인 관점은 실용주의가 신중한 고려에서 제거시킬 수 없는 관점이다." *("Pragmatism," and Four Essays from "The Meaning of Truth"*

바꾸어 가면서 차이점을 요구하고 있어서 심지어는 분자들도 포착하기 어려운 소립자로, 수학적 속삭임에 지나지 않는 요소로 분해된다.

3. 탈경전화 넓게 보면 이 현상은 모든 경전, 모든 권위적인 전통에 적용된다. 료따르의 말을 다시 인용하면 우리는 사회 내의 주요부호체계의 전반적인 "탈합법화" 현상을, 지배담론의 붕괴를 목격하고 있는 중이다. 그 대신에 우리는 언어게임의 이질성을 보존하는 "사소한 이야기들"을 선호하게 된다.7) 그리하여 "신의 죽음"으로부터 "작가의 죽음"과 "아버지의 죽음"에 이르기까지, 권위에 대한 야유에서 교과과정의 개정에 이르기까지, 우리는 문화를 탈경전화시키고, 지식의 신비의 껍질을 벗기며, 권력, 욕망, 기만의 언어를 해체한다. 야유와 개정은 전복행위에 해당되며 그 중에서 가장 비참한 형태는 요즈음 횡행하는 테러행위이다. 그러나 "전복 행위"는 소수민족 운동이라던가, 문화현상의 여성화와 같은 탈경전화 현상을 반드시 필요로 하면서도 좀 더 선의적인 형태를 취하는 경우도 있다.

4. 자아의 상실, 깊이의 상실 포스트모더니즘은 자기소멸을 가장하면서 전통적인 자아를 거부한다.—즉 내부 / 외부가 없는 위장된 균일성을 지닌다. 그것은 또한 자기소멸의 반대행위인 자기 배가행위, 자아반영을 가장하기도 한다. 비평가들은 근대문학에서의 "자아상실"에 주목을 했다. 그러나 "주체"를 "한낱

(New York, 1955), 112).

7) Jean-François Lyotard의 *La Condition Postmoderne : rapport sur le savoir* (Paris, 1979)를 참조할 것. 탈경전화에 관한 다른 관점을 알려면 *English Literature : Opening Up the Canon*, Leslie Fiedler와 Houston A. Baker, Jr. 편집. *Selected Paper from the English Institute*, 1979, n. s. 4 (Baltimore, 1981), 그리고 *Critical Inquiry* 10(September 1983)을 참조할 것.

허구"에 불과하다고 선언한 사람은 본래 니체였다. "인간이 에고이즘에 대해 비난을 퍼부을 때 그가 말하고 있는 에고란 것은 결코 존재하지 않는다."[8] 그리하여 포스트모더니즘은 "심오한" 낭만적 자아를 억압하거나 분산시키고 어떤 때는 그것을 재발견하고자 시도하지만 그 자아는 포스트구조주의자들의 세계에서는 "총체화시키는 원리"로서 상당한 의심을 받는다. 자아는 언어놀이 속에서 실재가 몇 겹으로 생겨나게 되는 차이점 속에서 길을 잃은 채 죽음이 자신의 놀이를 신나게 벌이고 있는데도 자아는 자신의 부재를 구현한다. 자아는 해석을 거부하고 회피하면서 깊이 없는 표현양식으로 자신을 방산한다.[9]

5. 표현불가능성, 재현불가능성 포스트모더니즘은 그 선배와 마찬가지로 반리얼리스트이고 우상반대적이다. 포스트모더니즘의 "마술적 리얼리즘" 조차도 영묘한 상황 속에서 분해되며 그 단단하고 평평한 표면은 모방을 물리친다. 특히 포스트모던 문학은 종종 그 한계점을 추구하고, 그 "소모"를 즐기며, 분명한 "침묵"의 형태 속에서 자신을 파멸시킨다. 그것은 자신의 재현방식에 이론을 제기하면서 의식의 한계에 도달한다. 칸트식의 숭엄미가 절대적인 것의 무형성, 공허성 위에서 번영하듯이－"그대들은 절대로 우상을 만들지 말라"－료따르의 대담한 유

---

8) Friedrich Nietzsche, *The Will to Power*. Walter Kaufmann편. Walter Kaufmann과 R. J. Hollingdale번역. (New York, 1967), 199. Wylie Sypher의 *Loss of Self in Modern Literature and Art* (New York, 1962)를 참조할 것. Charles Caramello의 *Silverless Mirrors : Book, Self, and Postmodern American Fiction* (Tallahassee, Fla., 1983)에 나타난 포스트모던 자아에 대한 토의도 참고할 것.

9) 넓은 의미에서 깊이의 거부는 자연이나 문화에 "침투"하는 해석학의 거부이다. 그것은 여러 가지 현대예술 형태에서 뿐만 아니라 포스트구조주의의 백색철학에서도 나타난다. 예를 들면 Alain Robbe-Grillet의 *For a New Novel : Essays on Fiction*, Richard Howard 역 (New York, 1965), 49-76과 수잔 손탁의 *Against Interpretation* (New York, 1966), 3-14을 참조할 것.

추에 의하면 "포스트모던은 모던 속에서 표현할 수 없는 것을 표현 자체로 나타내는 것이다."10) 그러나 재현에의 도전은 또한 다른 면에서의 의식의 한계상태로 작가를 인도하기도 한다. 예를 들면 숭고함이나 죽음 자체보다는 저열한 것-좀더 분명히 말하자면 쥴리아 크리스테바가 말하는 "기호와 죽음과의 교환행위"와 같은 것을 말한다. 크리스테바는 "재현할 수 없는 것은 무엇인가?"라고 되묻는다. 그리고는 "언어를 통해 살펴보면 어떤 특정언어의 일부가 되지 못하는 것 … 의미를 통해 살펴보아서 견디기 힘든 것, 생각하기 어려운 것, 즉 너무 끔찍한 것, 저열한 것이다."라고 답변한다.11)

여기에서 잠시 생각해 보니 우리는 부정의 마지막 말초신경까지 다다랐다. 다음의 "설명항목"인 아이로니에서 우리는 해체적인 경향에서 일단 자리를 옮겨 포스트모더니즘에 공존하는 재건적인 경향으로 가보도록 하자.

6. 아이로니 이 항목은 케네스 버크 이후로는 투시주의라고 불리워도 좋을 항목이다. 우리는 어떤 기본 원칙이나 파라다임이 없기 때문에 놀이, 상호놀이, 대화, 다중대화, 알레고리, 자아반영-간단히 말해서 아이로니로 눈을 돌리게 된다. 이 아이로니는 불확정성, 다원자성의 형태를 취하고 투명함, 신비의 껍질이 벗겨진 투명상태, 부재의 순수한 빛을 갈망한다. 우리는

10) Lyotard의 "Answering the Question," 340. 그 외에 Hayden White는 "The Politics of Historical Interpretation : Discipline and De-Sublimation," *Critical Inquiry* 9 (September 1982) : 124-28.에서 명민하게 숭엄미의 정치학에 대한 토의를 하고 있다.

11) Julia Kristeva의 "Postmodernism?" in *Romanticism, Modernism, Postmodernism.* Harry R. Garvin 편 (Lewisburg, Pa., 1980), 141. Leon S. Roudiez가 번역한 그녀의 *Powers of Horror : An Essay on Abjection* (New York, 1982)과 Margaret Waller가 번역하여 *Critical Inquiry* 9 (September 1982) : 84-85, 91에 실은 논문 "Psychoanalysis and the Polis"에서 "이름지을 수 없는 것들"에 대하여 가장 최근에 논의한 것도 참조할 것.

바흐친, 버크, 드 만, 쟈크 데리다, 그리고 헤이든 화이트에게서 그 변종들을 만난다. 그리고 알란 와일드에게서 우리는 아이로니의 형태들을 구별해 보고자 하는 시도를 본다. "간접적 아이로니," "분리적 아이로니," 그리고 "다양성, 임의성, 우연성, 심지어는 불합리성이라는 한층 더 급직적인 비전을 포함하는" "포스트모던" 내지 "미결정적인 아이로니."[12] 아이로니, 투시주의, 반사성 이 모든 것은 끊임없이 교묘히 피해나가는 진리를 찾아 헤매는 마음의 어쩔 수 없는 창조상황을 보여주는 것으로 이것은 단지 자아의식의 아이로닉한 접근 내지 과도한 자아의식을 우리 마음에 남겨 놓는다.

7. 혼성모방 또는 패로디, 익살화, 혼성곡을 포함하는 돌연변이체적인 장르의 복제 문화적 장르에 대한 "탈정의", 기형으로의 변형은 애매모호한 양식들, 즉 "파라 비평", "허구적 담화", "뉴 저널리즘", "논픽션 소설" 그리고 새로우면서도 아주 오래된 "파라 문학" 또는 "한계 문학"과 같은 유동적 범주의 양식들을 생성한다.[13] 상투문구와 표절(레이몬드 훼더만은 말장난으로 "도둑놀이" playgiarism라고 명했다), 패로디와 혼성곡, 대중성과 저속성은 재표현을 풍성하게 한다. 이런 점에서 이미지나 복제도 그 모델(보르헤스 작품의 피에르 메나르의 「동키호테」)만큼이나 타당성있게 되기도 하고 "존재의 증폭"을 가져오

12) Alan Wilde의 *Horizons of Assent : Modernism, Postmodernism, and the Ironic Imagination* (Baltimore, 1981), 10. Wayne Booth는 포스트모던 시대에 아이로니가 더 널리 유포되어 있음을 강조하며 "우주적인 아이로니"를 주장한다. 그는 인간이 중심이라는 생각을 수축시키고 전통적인 종교언어와의 놀라운 대비를 분명히 보여준다. 그의 "The Empire of Irony", *Georgia Review* 37 (Winter 1983) : 719-37.를 참조할 것.

13) "한계문학"이라는 용어는 Gary Saul Morson의 용어이다. Morson은 The Boundaries of Genre : *Dostoyevsky's "Diary of a Writer" and the Traditions of Literary Utopia* (Austin, Tex., 1981), 특히 48-50, 107-8, 142-43에서 한계문학, 패로디, 혼성모방에 대하여 탁월한 논의를 한다.

기도 한다. 이러한 것은 전통에 대한 색다른 개념을 보완한다. 그 속에서는 지속과 단절, 고급문화와 저급문화가 혼합되는데 그것은 모방을 위한 것이 아니라 현재 속에서 과거를 확장시키기 위한 것이다. 그 다원적인 현재 속에서는 모든 형식들이 현재나 비현재, 같은 것과 다른 것 간의 상호작용 속에서 변증법적으로 이용된다. 그리하여 하이데거의 "등시성"개념은 포스트모더니즘 속에서는 현재를 선호하기 위해 과거를 전혀 억압하지 않는 등시성, 상호시대성의 변증법, 즉 역사적 요소들 간의 새로운 관계정립을 이루게 된다. 프레드릭 제임슨은 이 점을 보지 못하고 포스트모던 문학, 영화 그리고 건축의 무역사적 특질, "표상성"을 비난한다.[14)]

8. 축제화 이 용어는 물론 바흐친의 용어이다. 그리고 이 용어는 지금까지 내가 제시한 불확정성, 단편화, 탈경전화, 자아상실, 아이로니, 혼성모방이 모든 것을 분방할 정도로 포용한다. 그러나 이것은 또한 익살맞은 선先포스트모더니즘의 전우주적인 정신 또는 부조리작가들의 정신 또한 전달한다. 축제화의 의미를 확대하면 "다성", 언어의 원심력, 사물의 "명랑한 상대성", 투시주의와 행위 performance, 거칠고 무질서한 삶의 참여, 웃음의 보편내재성도 포함한다.[15)] 실로 바흐친이 소설이니 카니발—즉 반체제—이니 하는 것은 아마도 포스트모더니즘 자체 내지는

---

14) Fredric Jameson의 "Postmodernism and Consumer Society," in *The Anti-Aesthetic : Essays on Postmodern Culture*. Hal Foster편. (Port Townsend, Wash., 1983)을 참조할 것. 이 글에 대한 반론을 보려면 Paolo Portoghesi의 *After Modern Architecture*. Mag Shore역 (New York, 1982), 9. 11와 Calinescu의 "From the One to the Many", 286을 참조할 것.

15) M. M. Bakhtin의 *Rabelais and His World*, Helena Iswolsky 역. (Cambridge, Mass., 1968)와 *The Dialogic Imagination : Four Essays by M. M. Bakhtin*. Michael Holquist편. Caryl Emerson과 Michael Holquist역. University of Texas Press Slavic Series, no. 1 (Austin, Tex., 1981)을 참조할 것. Bakhtin 특집논문집, *Critical Inquiry* 10 (December, 1983)도 참조할 것.

적어도 그 속에 들어 있는 재생을 약속하는 장난기 있고 전복적인 요소들을 상징할 수도 있다. 왜냐하면 "생성, 변화, 재생을 진정으로 축하하는 진정한 시간의 향연"인 카니발에서는 인간은 지금이나 그때나 "수많은 패로디와 익살, 굴욕행위, 신성모독행위, 희극적 대관식, 그리고 왕권찬탈행위가 있는 … '내부가 외부로 뒤집히고' '선회의 행위'가 벌어지는 특이한 논법, 즉 제2의 인생"을 발견하게 된다.[16)]

9. 행위, 참여 불확실성은 참여를 유도하고 간극은 반드시 메꾸어져야 한다. 언어적이건 비언어적이건 포스트모던 텍스트는 행위를 유도한다. 그 텍스트는 쓰여지고 수정되고 답변되어지고 연출되어지기를 원한다. 사실 수많은 포스트모던 예술은 장르를 초월하면서 스스로 행위라고 일컫는다. 행위로서의 예술은 (또는 그 점에서는 이론도 마찬가지이다) 자신이 시간, 죽음, 청중, 타자에 대해 취약점을 선언한다.[17)] "극장"은 혹시 진정한 의미에서 축제화되지는 않았다 해도 탈경전화된 병렬적인 사회의 행동원칙이 되어 테러행위라는 극한에 이르기도 한다. 리차드 포와리에의 주장대로 최선의 상태에서는 행위하는 자아는 "작동중인 에너지, 그 자신의 형태를 갖춘 에너지"를 표현한다. 그러나 "억압과 괴로움 … 에 대하여 자아발견적인, 자아경제적인, 궁극적으로는 자기만족적인 반응"을 나타내는 경우에는 그 자아는 유아론 쪽으로 방향을 돌려 자기도취로 빠지기도 한다.[18)]

---

16) Bakhtin의 *Rabelais* 10-11.

17) Michael Fried의 의견에 반대하여 Regis Durand가 포스트모던 예술에서의 행위의 원칙을 옹호한 글을 참조할 것. (*Innovation/Renovation*, 213-17에 실린 "Theatre/SIGNS/Performance : On Some Transformations of the Theatrical and the Theoretical"). 그 외에 Richard Schechner의 "News, Sex, and Performance Theory," *Innovation/Renovation*, 189-210도 참조할 것.

18) Richard Poirier의 *The Performing Self : Compositions and Decompositions in*

10. 구성주의 포스트모더니즘은 상당히 수식적이고, 구상적이고, 비현실적이어서-"생각되어질 수 있는 것은 분명히 허구이다." 라고 니체는 생각했다.[19]-포스트모더니즘은 칸트 이후, 실은 니체 이후의 "허구들" 속에서 실재를 "구성하고 있다."[20] 지금은 서구사회에서 최후의 리얼리스트라고 할 수 있는 많은 인본주의자들 보다도 과학자들이 스스로 발견되는 허구물에 더 편안함을 느끼는 듯 하다(심지어 어떤 문학 비평가들은 발가락으로 돌을 차는 양 언어를 차기도 한다.) 그러한 효과적 허구물은 자연과 문화에 점점 더 마음의 간섭을 증가시키고 있음을 암시하는 것인데 그러한 양상은 과학과 예술, 사회관계와 고급기술 속에서 분명히 나타나는 "새로운 영지주의"(나의 용어)이다.[21] 그러나 요즘 유행하는 해석학적인 이론이나 포스트구조주의 이론은 논외로 치더라도 구성주의는 버크의 "극적 비평", 페퍼의 "세계사설", 굿맨의 "세계형성의 방법", 화이트의 "예상되는 움직임들"속에서도 나타난다. 그리하여 포스트모더니즘은 굿맨이 말하듯이 "유일한 진리와 고정되고 발견된 세상에서" 벗어나 "정당하면서도 서로 갈등을 이루는 다양한 해석 내지

---

the Languages of Contemporary Life (New York, 1971), xv, xiii. Christopher Lasch의 *The Culture of Narcissism : American Life in an Age of Diminishing Expectations* (New York, 1978)도 참조할 것.

19) Nietzche, The Will to Power, 291.

20) James는 이와 같은 사실을 다음과 같이 표현했다. "당신은 인간들의 공헌을 제거해 버릴 수 없다. … 상당한 변화가 존재한다는 엄연한 사실이 있다 해도, 사실은 그 모두가 처음부터 끝까지 우리 스스로가 대부분 꾸며낸 일인 듯하다." (Pragmatism, 166)

21) Ihab Hassan의 Paracriticisms : Seven Speculations of the Times (Urbana, Ill., 1975), 121-50과 The Right Promethean Fire, 139, 72를 참조할 것. 그러나 선견지명이 있고 영지적인 발언을 한 사람은 Jose Ortega y Gasset이었다. 그리고 Ortega보다 앞서서 James는 다음과 같이 적고 있다. "이 세상이 어떤 분명한 연결고리에 의해 그 부분들이 연결되어 있는 한에 있어서는 분명히 하나이다. 어떤 분명한 고리를 획득하지 못하는 한에 있어서는 이 세상은 여러개이다. 그리고 적어도 인간의 에너지가 시간이 흐름에 따라 계속해서 구성하고자 하는 그러한 연결체계로 인하여 이 세상은 궁극적으로 점차 단일화되어가고 있다." (Pragmatism, 105). 그러나 The Anti-Aesthetic의 "The Ecstasy of Communication", 124-34에서 Jean Baudrillard가 말하고 있는 무의미한 보편내재성도 참고할 것.

형성 중에 있는 세상"으로의 이동을 지지한다.[22]

11. **보편내재성** 이 용어는 종교적인 반향없이도 상징을 통해서 보편화시키고자 하는 마음의 팽창능력을 의미한다. 요즈음 우리는 어디에서나 문제시되고 있는 산포, 확산, 분산을 목격하며, 마샬 맥루한이 야릇하게 예견한 것 같이 새로운 미디어와 기술발전으로 인해 우리의 감각이 확장됨을 경험한다. 영민하고도 허위적인 언어들이 우주를 재구성한다.-준항성에서 쿼크모형으로 그리고 다시 준항성으로, 글자가 새겨진 무의식에서 다시 우주 공간의 블랙 홀로-언어들은 이 우주를 그 자신들이 만들어내는 기호로 재구성하며, 자연을 문화로, 문화를 보편내재적인 기호체계로 바꾸고 있다. 언어동물이 등장했고 그의/그녀의 수단은 모든 삶의 텍스트의 상호관련성이다. 사고, 시니피앙, "관련들"의 멋은 이제 마음이 마음의 영지적(정신권) 우주공간 속에서 접촉하는 모든 것에 놓여 있다. 그 우주공간을 떼이야르 드 샤르댕과 같은 신비주의 신학자들, 기호학자들, 물리학자들, 생물학자들이 탐험한다. 그들의 탐험 속에 널리 퍼져있는 아이로니는 모든 어두컴컴한 모서리에서 자신과 만나고 있는 반영적 마음의 아이로니이기도 하다.[23] 그러나 소모적 사회에서 그러한 보편내재성은 예언적이기 보다는 공허한 것이 될 수 있다. 장보드리야르가 말하듯이 보편내재성은 고루고루 "경치가 되기를-거부하는" 것이 되어 "순수하고 텅빈 무경치의 형식으로 전진적인 도피" 즉 "현기증 나는 집합적 중화상태"가 된다.[24]

---

22) Nelson Goodman, *Ways of Worldmaking* (Indianapolis, 1978), x.
23) 적극적이고, 창조적이고, 자아반영적인 양상은 인위적인 지성의 발전이론에도 필수적인 것 같다. Douglas R. Hofstadter의 최근 작품에 대한 James Gleick의 논문, "Exploring the Labyrinth of the Mind", *The New York Times Magazine,* 21 August 1983 : 23-100을 참고할 것.
24) Jean Baudrillard, "What Are Tou Doing After the Orgy?" *Artforum* (October 1983) : 43.

지금까지 열거한 11개의 "항목들"은 무성음, 아마 부조리의 지경에까지 이르게 한다. 만일 이것들이 포스트모더니즘의 개념정리에 도움을 준다면 나는 오히려 놀라움을 표시할 것이다. 왜냐하면 포스트모더니즘은 기껏해야 모호한 개념, 분열적인 범주로 남아 있고 현상 자체의 충동성과 포스트모더니즘 비평가들의 변이적인 인식에 의해 그 개념은 이중으로 수정되기 때문이다 (최악의 경우, 포스트모더니즘은 도처에 편재해 있는 신비스러운 요소로 보이기도 한다－마치 집어넣기만 하면 새로운 요리로 금방 바꾸어 놓는 라즈베리 시럽과도 같이).

또한 나는 위의 11가지 "항목들"이 포스트모더니즘과 모더니즘을 구별하는 데 도움이 된다고 믿지도 않는다. 왜냐하면 모더니즘 자체는 우리의 문학사에서 고약한 도피행각을 벌이기 때문이다.[25] 그러나 내가 제안하는 바는 위에서 말한 것들－즉 생략적, 신비적, 부분적, 잠정적인 것들－이 두개의 결론을 이끈다는 것이다. 첫째, 비평상의 다원주의는 포스트모더니즘의 문화 분야에서 상당히 함축적이다. 둘째, 제한된 비평상의 다원주의는 어느 정도 포스트모던 상황 내에 존재하는 급진적인 상대주의, 아이로닉한 불확정 보편내재성에 대항하는 반작용이다. 즉, 그것은 그것들을 견제하고자 하는 시도이다.

Ⅲ

지금까지의 나의 주장은 전주곡에 해당된다. 이제 나는 우리의 포스트모던상황이 지니는 잠정적 무정부상태에 인지적, 정치적, 정서적 제약물로 자갈을 물리고자 하는 시도－이 행위를 나는 아주 적절하다고 믿는다－에 관심을 기울여야 할 것이다. 즉, 나는 케네스

---

25) 그 예로 폴 드 만의 "Literary History and Literary Modernity", *Blindness and Insight : Essays in the Rhetoric of Contemporary Criticism* (New York, 1971)과 Octavio Paz의 *Children of the Mire : Modern Poetry from Romanticism to the Avant-Garde*(Cambridge, Mass, 1974)를 참조할 것.

버크가 오래전에 동기 일람표를 광범위하게 만들 때 그랬듯이 비평을 장르, 권력 그리고 욕망의 면에서 간단하게 생각해 보고자 한다.

비평은 장르인가? 비평상의 다원론자들은 종종 그렇다고 생각한다.[26] 그러나 다원론자 중에서도 가장 이해심이 많은 웨인 부스조차도 조망들에 대한 조망을 갈망해야 하는 완전한 "방법론적인 다원주의"는 단지 "우리가 처음 출발할 때 지닌 문제를 이중으로 만들고 있는 것 같다는" 사실을 마침내 인정하고야 만다. 그래서 그는 "비평공화국에서 선량한 시민이 되고자 하는 나의 단순한 노력으로 생겨나게 된 이 어마어마한 문제들과의 결정적으로 만족스러운 대면을 나는 약속할 수 없다."라는 결론을 내린다.[27] 부스의 결론은 겸손하면서도 빈틈없는 것이다. 그는 비평적 다원주의의 인식론적 기반 자체가 정신적인 기반은 아니라 해도 도덕적인 근거 위에 의존하고 있음을 알고 있다. "방법론적인 투시주의" (그는 그의 다원주의를 이렇게 부르기도 한다)는 이성적이고 정당하고 상당히 동조적인 이해력을 지닌 구성행위에 의존하고 있는 "공유된 소작지"에 의존한다. 결국 부스는 일종의 칸트식의－아니 기독교식인가?－비평의 지상명령에 의거하게 되는데 이때 그것은 윤리적으로 그리고 형이상학적으로 함축해야 하는 그 모든 것을 다 포함한다.

비평이 그렇지 않을 수도 있었을까? 역사를 통해서 비평가들은 불화에서 제도를, 신념에서 인식론적 구조를 만드는 척 가장하고서 항상 의견을 달리했다. 문학이론의 공유된 소작지는 잠정적인 신임을 받는 해석학적인 지역사회 즉, 쾌적한 비평적 권위의 영지를 마련할 수도 있다. 그러나 이중에 어떤 것이 비평이 역사적 장르이면

---

26) 예를 들어 설득력 있는 Ralph Cohen의 논문 "Literary Theory as Genre," *Centrum* 3 (Spring 1975) : 45-64를 참조할 것. Cohen은 문학상의 변화 자체도 장르로 간주한다. Cohen의 논문 "A Propadeutic for Literary Change," 와 그 논문에 대하여 *Critical Exchange* 13 (Spring 1983) : 1-17, 18-26, and 27-38에서 반응을 보인 White Michael Riffaterre의 글도 참고할 것.

27) Wayne Booth의 *Critical Understanding : The Power and Limits of Pluralism* (Chicago, 1979), 33-34.

서 인식력있는 장르라고 개념정의해 주겠는가? 그것은 아마도 우리가 장르를 어떻게 의미규정 하는가에 달려있다. 전통적으로 장르는 지속과 변화의 맥락속에서 인지할 수 있는 특징을 지녔다. 장르는 비평가들(스탠리와 리빙스톤과 같은 비평가들)이 종종 의존했던 유용한 신분가장이었다. 그러나 그 가장은 오늘날의 불규칙한 시대에는 유지하기가 한층 더 힘든 것 같다. 그래서 요즈음에는 장르 이론가들까지도 장르를 초월할 것을 유도한다.-폴 헤르나디는 "우리 시대의 가장 섬세한 속명으로의 분류 방법은 우리로 하여금 분류라는 즉각적인 관심사를 뛰어넘어 문학 장르 사이의 경계선이 아닌 문학 질서에 관심을 집중하도록 한다."[28] 라고 말한다. 그러나 "문학의 질서" 자체가 추상적이 되었다.

특히 한계장르에서는-그리고 어떤 종류의 비평은 바로 그러한 것이 되어 버렸다-애매모호한 점들이 열병을 앓은 듯한 강도 높은 새로운 국면에 이른다. 왜냐하면 게리 솔 모손이 지적하듯이 논의할 여지가 없게 되는 것은 "의미가 아니라 의미를 발견하는 적절한 과정 때문이다."-다시 말해서 "어떤 특별한 독서거리가 문제가 아니라 어떻게 읽는가 하는 것"이 문제이다.[29] 장르는 그 정의를 찾기 때문에 혹시 형식상의 특징에서 뿐만 아니라 불안정한 해석 전통들 속에서 정의를 하나라도 발견하게 된다 해도 장르들은 안정된 인식론적인 규범을 제공하지 못한다. 그리하여 광기조차도 그 정의를 내리지 못하긴 하지만 이러한 점은 데리다의 "미친 법칙"인 "장르 법칙"속에 어떤 파라독스들을 조장한다. 우리가 해체박사에게 기대하는 대로 데리다는 장르의 매듭풀기, 장르의 성별, 성질, 가능성을 풀어내기를 고집하고, 장르의 "전형성"의 비밀을 폭로하고자 한다. 그 미친 "장르법칙"은 단지 "장르의 법칙의 법칙"-즉 "오염의 원칙,

28) Paul Hernadi, *Beyond Genres : New Directions in Literary Classification* (Ithaca, N. Y., 1972), 184. 이 외에도 전통 장르에 관해 특집으로 다룬 New *Literary History* 13 (Autumn 1981)과 14 (Winter 1983) 두 권을 참고할 것.
29) Morson, *The Boundaries of Genre*, 49.

불순의 법칙, 기생적 경제"—에만 굴복한다.[30]

나의 파라비평과 같은 종류의 반창조 행위와 같은 글쓰기 작업이 없더라도 우리가 문학, 문학이론, 비평이라고 부르는 형태들은 이제 (포스트모더니즘 자체와 아주 유사하게) 논쟁적인 담론의 수평선이라고 할 수 있는 "근본적으로 이의가 제기된 개념들"이 되었다고 우리는 쉽게 믿게 되었다.[31] 그리하여 가장 최근에 비평이론을 반확증시킨 예를 들면 이론에 반대하는 글을 쓴 스티븐 냅과 월터 벤 마이클즈의 "수정적 정신착란 행위"가 있다.[32] 이 두 사람은 리차드 로티의 실용주의와 스탠리 피쉬의 문체론에 의존한 채 찬연하고 맹렬하게 "진정한 신념"과 "지식"은 인식론상에서는 동일하고 비평이론은 어쨌든 어떠한 방법론적인 결론을 가지지 못한다고 주장한다. "만일 우리의 주장이 옳다면, 그 결과는 하나뿐이다. … 즉 이론은 이제 중단되어야 한다."라고 그들은 결론내린다.[33] 사실 냅과 마이클즈 자신들도 인정하듯이 그들 자신의 결론은 별 영향이 없을 것이다. 이제 자기소모적인 이론가에 대한 이야기는 그만 두어야 겠다.

내가 이론과 실제비평에 대해 내리고 싶은 결론은 안전할 정도로 비독창적이다. 즉 다른 모든 담론처럼 비평은 인간의 명령에 굴복하며 그 명령은 끊임없이 비평개념의 정의를 바꾸어 준다. 비평은 언어, 권력 그리고 욕망의 기능이고 역사와 사건의 기능이며 목적과

---

30) Jacques Derrida, "La Loi du Genre," *Glyph* 7 (1980) : 206. 이 논문집은 장르 특집이다.

31) "근본적으로 이의가 제기된 개념"이라는 용어는 W. B. Gallie가 그의 *Philosophy and the Historical Understanding*(New York, 1968)에서 개진한 것이다. Booth는 *Critical Understanding*, 211-15 and 366에서 이 용어에 대한 설명을 명쾌하게 하고 있다.

32) Steven Knapp과 Walter Benn Michaels의 논문 "Against Theory", *Critical Inquiry* 8 (Summer 1982) 723-42를 참고할 것. *Critical Inquiry* 9 (June 1983)에는 그에 대한 반응을 보인 논문들이 실려 있다. Daniel T. O'Hara의 반응 논문 제목은 "Revisionary Madness : The Prospects of American Literary Theory at the Present Time"이다 (pp. 726-42).

33) Steven Knapp와 Walter Benn Michaels, "A Replay to Our Critics," *Critical Inquiry* 9 (June 1983) : 800.

관심, 그리고 가치의 기능이다. 그리고 그것은 무엇보다도 신념의 기능인데, 그 신념은 이성이 분명히 밝혀주고 있고 합치나 권위는 그 신념을 가능하게도 하는 동시에 억제하기도 한다.[34] (이러한 발언 자체가 이성에 의거한 신념을 보여주고 있다.) 만일 쿤의 발언처럼 "서로 끊임없이 다른 학파의 바로 그 모형의 토대에 의문을 제기하는 경쟁적인 학파들이" 인문과학에도 지배적이라면, 그리고 만일 빅토르 터너의 생각처럼 "어느 시기의 어느 사회의 문화는 그것 자체가 하나의 조리있는 통일체가 아니고 오히려 과거의 이념체계의 부스러기이거나 '방사성 낙진'과 같은 것이라면", 그리고 만일 죠나산 컬러가 주장한 것처럼 "'해석전통들이' … 헤아릴 수 없이 수많은 맥락의 일부로 보여져야 한다면", 그리고 또 다시 제프리 스타우트의 단언처럼, "이론상의 용어들이 흥미와 목적에 도움이 되어야지 그 반대이어서는 안된다면," 그리고 내가 제안하는 것처럼 문학비평의 원칙들이 역사적이라면 (다시 말해서 자의적이고, 실용적이고, 전통적이고, 맥락적이면서 동시에 어느 경우에도 공리적이거나, 필연적이거나, 경구적이지 않다), 어떻게 비평의 포괄적인 개념이 비평의 다원주의에 한계를 긋거나 특히 요즈음과 같은 불확정 보편내재적인 포스트모던 시기에 끝도 없는 언어의 지연형태를 지배할 수 있겠는가?[35]

34) 신념이 일반적으로 지식과 관련을 맺는다는 것, 그리고 특히 전통과 관련을 맺는다는 사실은 여러 유파의 사상가들이 두루 인정하는 바이다. 물론 그들이 생각하는 진리, 사실주의, 장르개념에 대한 의견이 다를 때도 그러하다. 예를 들면 Nelson Goodman과 Menachem Brinker는 신념이 이 세상에 대한 "인정된 설명"이라는 점에 동의한다. E. D. Hirsch도 이 두 사람과 의견을 같이한다. Goodman의 "Realism, Relativism, and Reality," Brinker의 "On Realism's Relativism : A Reply to Nelson Goodman," 그리고 Hirsch의 "Beyond Convention?"을 참고할 것. 이 논문들은 모두 *New Literary History* 14 (Winter 1983)에 실려 있다.

35) Thomas S. Kuhn, *The Structure of Scientific Revolution*, 2d ed. (Chicago, 1970), 163. 방점은 Hassan의 것임. *Victor Turner, Dramas, Fields, and Metaphors : Symbolic Action in Human Society* (Ithaca, N. Y., 1874), 14. Jonathan Culler, "Convention and Meaning : Derrida and Austin," *New Literary History* 13 (Autumn. 1981) : 30. Jeffery Stout, "What Is the Meaning of a Text?" *New Literary History* 14 (Autumn 1982) ; 5. 내가 알기로는 이외의 다른 사상가들도

Ⅳ

우리 분야에서 전반적으로 인식되는 관점을 정치학, 욕망, 신념을 좀 더 너그럽게 수용하는 다른 관점으로 교체하는 행위가 반드시 황천에 빠지거나 바벨탑에 오르는 행위와 같다고 할 수 없다. 나의 생각으로는 그러한 행위는 부분적으로는 명석한 행위로 우리의 이념적 인간적 욕구에 대응하는 것이다. 나의 강조점은 궁극적으로 분명하게 밝혀지겠지만 그러한 행위는 부분적이라는 점이다. 그러나 우선 나는 포스트모던 상대주의에 대한 억제요소로 그리고 비평상의 다원주의의 한계를 그어주는 요소로 권력에 접근해야 한다.

의심의 여지도 없이 권력이 지식을 상당히 요구한다는 인식은 『역경』이나 이집트의 『사자死者들의 책』까지는 아니더라도 플라톤이나 아리스토텔레스까지 거슬러 올라간다. 19세기에 마르크스는 문화와 계급과의 관계를 이론으로 정립했는데 그가 사용한 용어들이 토템 마르크스주의로부터 해체주의자의 마스크나 수용주의적인 얼굴을 가진 마르크스주의에 이르는 다양한 운동들에서 끊임없이 등장한다. 그러나 그 문제에 대해서 가장 명민한 이론을 부여한 사람은 역시 푸꼬이다.[36] 『우행과 발광』(1961)이래로 그의 작품이 지고 있는 모든

급진적인 투시주의에 한계를 두고자 이해력의 "주관성"과 "다양성"을 구별한다. 그 예로 Stephen C. Pepper, World Hypothesse : A Study in Evidence (Berkeley and Los Angeles, 1942), Stephen Toulmin, *Human Understanding : The Collective Use and Evolution of Concepts* (Princeton, N. J., 1972), 그리고 George Bealer의 *Quality and Concept* (Oxford, 1982)를 참고할 것. 그러나 내가 궁금하게 여기는 점은 어째서 그들의 주장이 상대주의자들과의 이견을 없애거나 아니면 적어도 축소시키지 못했는가 하는 것과 1984년 4월에 University of Virginia에서 벌어진 학술모임의 주제로 채택된 "객관성 문제"에 대하여 Richard Rorty와 Hirsch가 어떻게 의견을 달리할 수 있었는지에 대한 것이다.

36) Jeremy J. Shapiro가 번역한 Jürgen Habermas의 *Knowledge and Human Interests* (Boston, 1971)와 *Technik und Wissenschaft als "Ideologie"*(Frankfurt am Martin, 1968)도 지식과 사회에 대한 신마르크스주의자적인 비판을 박력있게 한다. 이 웅대한 정치적, 언어논리적 사업에서 푸꼬나 하버마스보다 앞선 사람은 Kenneth Burke의 *A Grammar of Motives*(New York, 1945)이다.

짐은 지식의 정치학을 발견하기 위해 담론의 권력을 그리고 권력의 담론을 폭로하는 것이었다. 그러나 좀 더 최근에는 그의 정통적인 비평가들에게는 유감스럽긴 해도 그의 이념은 익살맞은 것이 되어 버렸다.

푸꼬는 아직도 담론의 책략이 "기술상의 과정, 기구, 일반행동을 위한 양상, 전달과 확산의 형태 속에 포함되어 있다."라고 주장한다.[37] 그러나 그는 이기적인 관심사가 모든 권력과 지식에 선행되며, 그 이기적인 관심사가 지닌 의지, 환희, 무절제에 맞추어 권력과 지식의 형태를 만든다는 니체식의 가정 또한 수용하였다. 푸꼬는 점차로 권력 자체를 회피적인 관계, 보편내재적인 담화, 수수께끼같은 욕망으로 보게 된다. "마르크스와 프로이트는 우리가 권력이라고 이름지은 이 수수께끼 같은 것을 이해하고자 하는 우리의 욕망을 만족시켜줄 수 없을 것 같다. 왜냐하면 이 물체는 보이는 동시에 보이지 않고, 출석한 동시에 숨어 있고, 도처에 편재해 있기 때문이다." 라고 푸꼬는 말한다.[38] 그러한 이유로 푸꼬는 최근 논문인 "주체와 권력"에서 전통적 착취양상에 혹평을 퍼붓기 보다는 "새로운 종류의 주체성"(자기 시민들에게 국가가 강요하는 개별적 주체의식의 거부에 기초를 둔다) 장려에 관심을 더 보이는 듯하다.[39]

그렇다면 푸꼬식의 관점에서는 비평은 권력의 담론일 뿐 아니라 욕망의 담론으로 등장하는 데 그때의 그 개별적인 원천을 보건대 의욕감이 포함된 동시에 독자에게 영향을 미치는 담화가 된다. 그러나 제임슨과 같은 신마르크스주의자는 비평의 기반을 집합적인 현실에 둘 것이다. 그는 "마르크스 전통 속에서 사회 계층에 기초한 '긍정적인 해석'을 개별적 주체와 개별적 경험이라는 무정부주의적

---

37) Michel Foucault, *Language, Counter-Memory, Practice : Selected Essays and Interviews*. Donald F. Bouchard 편. Bouchard와 Sherry Simon역. (Ithaca, N. Y., 1977), 200.

38) 앞의 책, 213.

39) Michel Foucault : *Beyond Structuralism*, 216-20을 참조할 것.

인 범주에 의해서 한계되어지는 것 [부정적인 해석]"과 구분하고 "전자에다 우선권을 둔다는 것을 분명히 밝힐"것이다.[40] 그리고 에드워드 사이드와 같은 좌파 비평가는 "권력과 권위의 실재는 … 텍스트를 가능하게 하고 텍스트를 독자에게 전달해 주고 비평가의 관심을 유혹하는 실재이다."라고 주장할 것이다.[41]

그들보다 덜 파당적이고 덜 정치적인 다른 비평가들도 그들의 의견에 동의할 것이다. 정말로 요즈음에는 문학과 비평 모두의 "제도화된 관점"이 블라이히, 부스, 도날드 데이비, 피쉬, E. D. 허쉬, 프랭크 커모우드 그리고 리차드 오만과 같이 서로 다른 이념을 가진 비평가들에게 널리 보급되어 있다. 용감한 블라이히의 말을 들어보자.

> 문학이론은 공개 강연, 학회에서의 발표, 교실, 교수의 임용과 승진과정 등과 같은 사회적 전문적 제도변화에 기여할 수 있어야 한다. 이론서는 어느 특정 학파나(이론을 포함한) 어느 특정 주제가 어떻게 그리고 어찌하여 자기합리화 하지 못하고, 자기 설명적이 되지 못하며, 자활성이 없는 가를 설명할 수 있어야 한다.[42]

이념적인 관심을 사방에서 표출한다. 의욕에 넘쳐서 발행된 『크리티칼 인콰이어리』의 한 호에서는 "해석의 정치학"을 추적하는데 이념과 상관관계를 안이하게 다룬 결과 제랄드 그라프와도 같이 논쟁적인 비평가는 그 다음 호에서 "해석의 사이비정치학"에 대하여 이의를 제기한다.[43] 동시에 아주 과묵한 제프리 하트만과 같은 비평가는 최근 논문에서 정치학의 침투를 인정한다.[44] GRIP(문학연구의 제

---

40) Fredric Jameson, *The Political Unconscious : Narrative as a Socially Symbolic Act* (Ithaca, N. Y. 1981), 286.

41) Edward Said, *The World, the Text, and the Critic* (Cambridge, Mass., 1983), 5.

42) David Bleich, "Literary Theory in the University : A Survey," *New Literary History* 14 (Winter 1983) : 411. Hernadi가 편집한 *What Is Literature?* (Bloomington, Ind, 1978), 49-112도 참고할 것.

43) *Critical Inquiry* 9 (September 1982), 와 Gerald Graff의 "The Pseude-politics of Interpretation," *Critical Inquiry* 9 (Mach 1983) : 597-610를 참고할 것.

도화와 전문화 연구회)의 활동은 훨씬 선의적인 활동이지만 KGB나 CIA의 활동만큼이나 도처에 편재해 있는 듯하다. 그리고 "마르크스주의와 비평", "여성중심비평과 비평", "민족성과 비평", "기술과 비평", "대중문화와 비평"을 주제로 하는 수많은 발표회는 미국의 공항을 혼잡하게 하며 항공회사의 흑자운영을 돕는다.

물론 이 모든 것은 50년대 이래의 "관심의 신화"(노드롭 프라이의 용어)속에서의 변이를 굴절시킨다. 그러나 그것은 또한 우리의 비평 자체에 대한 개념이해의 변화, 즉 칸트식의 인식에서 니체식, 프로이트식, 또는 마르크스주의적 인식(셋만 예로 들자)으로의 변화, 그리고 본체론적인 이해에서 역사적인 이해로의 변화, 그리고 동시적이거나 일반적인 담화에서 통시론적이거나 의욕에서 우러나는 행위로의 변화를 반영한다. 에른스트 카시러, 수잔 랑거 그리고 이미 낡은 신비평가들을 통하여 모호하나마 머리 크리거로 이어지는 신칸트식의 개념의 후퇴는 또 다른 상실을 의미하는데 그것은 토착적이고, 자기 목적적이고 아마도 구속적인 정신의 힘으로서의 상상력을 상실하는 것이다. 그것은 또한 시간과 무정한 운명을 초월하여 승리하는 앙드레 말로의 상상의 박물관과 유사한 총체적인 예술의 질서인 "상상의 도서관"의 상실 내지는 최소한도 황폐이다.[45] 그러나 이상은 이제 사라졌고 도서관 자체는 폐허 속에서 종말을 맞을 것이다. 그러나 우리는 우리의 상황에 예술을 유용하게 하고 텍스트에 우리의 의지를 반영시키고 싶은 욕망에서 우리의 역사적인 실존을 풍족하게 충족시켜준 그러한 가능성들을－문학적인 면에만 한정하지는 않는다－감히 부정하게 된다.

---

44) Geoffrey Hartman의 "The New Wilderness : Critics as Connoisseurs of Chaos," in *Innovation/Renovation,* 87-110을 참조할 것.

45) "만일 사회적 상황이 … 문학에 대한 〔낭만주의자들이〕 세계관과 지나칠 정도로 상치되면, 상상의 도서관은 우선 권능 부여적인 신념이 그리고 궁극적으로는 그 제도적인 증거물이 더 이상 존재할 수 없게 된다."라고 Alvin B. Kernan은 *The Imaginary Library : An Essay on Literature and Society* (Princeton, N. J., 1982), 166에서 말한다.

솔직히 말해 나는 이념적인 분노(최악의 경우 강렬함만 가득하고 신념은 하나도 없다)나 종교적인 독단론자들, 그리고 세속적인 독단론자들 모두의 허세를 별로 좋아하지 않는다.[46] 또한 예술과 생활 양자에 대한 우리의 반응을 지나치게 혼잡하게 할 수 있는 정치에 대해서는 어느 정도 이중적인 감정을 지니는 것도 사실이다. 정치란 무엇인가? 간단히 말해 시기가 무르익어 신호가 울리면 올바른 행위를 하는 것이다. 그렇다면 다시 묻자. 정치란 무엇인가? 공공연히 협박하거나 고함칠 수 있는 구실, 정의라고 변명하는 복수, 정당함을 가장한 힘, 자기회피에 대한 열망, 내재적인 허위, 규칙적 습관, 역사가 그 악몽을 되풀이하게 하는 장소, 유지하고자 하는 지칠 줄 모르는 욕망, 끔찍하게 진부한 것, 그러나 정치는 우리의 이론상의 일치, 문학상의 회피, 비평상의 권위에 대한 기피 등의 구조를 형성하기에－다시 말해서 지금 내가 이 글을 쓰는 이 시점에서도 다원주의에 대한 우리의 개념의 틀을 형성하기에 우리는 모두 정치에 대한 관심을 기울여야 한다.

---

46) 요즈음 우리가 말하기 좋아하듯이 모든 것이 이념적이지만 그래도 관념론자들 사이에－파시즘, 페미니즘, 통화주의, 채식주의 등－그들의 공공연한 주장과 은근한 요구 사이에 구분을 할 필요가 있다. 예를 들어 료따르는 "포스트모던 상황은 탈합법화의 맹목적인 확신을 보면 각상하고는 거리가 멀다."라고 믿는다. (La Condition postmoderne, 8 : 핫산 번역), 한편 포스터는 "저항의 포스트모더니즘", "모더니즘이라는 공식적인 문화 뿐만 아니라 반동적인 포스트모더니즘의 '그릇된 규범성'에 대한 역행적 관행"을 주장한다(*The Anti-Aesthetic*, xii). 흥미롭게도 프랑스의 좌파 사상가들－푸꼬, 료따르, 보드리야르, 질 들뢰즈－은 미국의 좌파 사상가들 보다 "항거"의 개념에 대해 좀 더 민감한 것 같다. 그런데 "대중", "소비자" 또는 "후기산업"사회의 진행은 프랑스보다 미국이 훨씬 앞선 것이기에 이점은 묘하기도 하고 역설적이기도 하다. 그 반대진술로 Said의 푸꼬 비판문인 "Travelling Theory," *Raritan* 1 (Winter 1982) : 41-67도 참고할 것.

V

우리도 알고 있듯이 정치는 전제적이 된다. 그것은 다른 담론의 양상을 지배하고 인간 세계의 모든 사실들—실수, 현현, 우연, 권태, 고통, 꿈—을 자신의 용어로 축소시킨다. 그리하여 크리스테바가 말하듯이 "자유롭게 우리의 현대 종교—즉 궁극적인 설명—가 되는 정치적 담화의 평형추, 해독제, … 정신분석학적인 간섭"의 필요성이 생기게 된다.[47] 그러나 정신분석학적인 설명 역시 욕망자체가 그것의 지식, 그것의 어휘에 자격을 부여하지 않으면 다른 어느 것과 마찬가지로 축소적인 것이 될 것이다.

나의 욕망이라는 어휘는 넓은 의미에서 사용된다. 즉 개인적이면서도 집합적이고, 생물학적이면서 본체론적이고, 해시오드와 호머로부터 니체, 윌리암 제임스, 프로이트에 이르는 작가들이 생각하던 힘을 의미한다. 그 말은 알프레드 노스 화이트헤드가 "모든 이상의 제한된 실현을 거두기 위하여 각각 제 시기에 알맞게 이 모든 이상들을 적극적으로 즐기는 오락행위"[48]라고 인식한 우주의 에로스도 포용한다. 그러나 나는 욕망이라는 단어에 대해 좀 더 특별한 의미를 부여하는데 그것은 폴 발레리가 심술궂게 모든 이론은 자서전의

47) Kristeva, "Psychoanalysis and the Polis," 78. 우리의 치료적 문화에서는 정치학의 언어와 욕망의 담화는 끊임없이 서로서로를 추구하는데 그것은 마치 마르크스와 프로이트의 유토피아적인 결합이 드디어 우리의 어휘 속에서 극치에 이른 것과 마찬가지이다. 그리하여 다음과 같이 성욕적인 해부적인 개념들이 정치적으로 이용됨을 볼 수 있다. 즉 "리비도 경제" (쟝 프랑소와 료따르, *Economic libidinale*[Paris, 1974]"유혹" (쟝 보드리야르, De la Seduction[Paris, 1979]), "무아경" 또는 "비굴" (쥬리아 크리스테바, Powers of Horror) "반외디푸스" (질 들뢰즈와 휄릭스 가타리, *Anti-Oedipus*: *Capitalism and Schizophrenia*, Robert Hurley, Mark Seem, Helem R. Lane 공역 [New York, 1977], "환희"(Roland Barthes, *The Pleasure of* the *Text*, Richard Miller역 [New York, 1975] 그리고 "정치적 무의식" (Jameson, *The Political Unconscious*)을 예로 들 수 있다. Ihab Hassan의 "Desire and Dissent in the Postmodern Age," *Kenyon Review*, n. s. 5(Winter 1983) : 1-18도 참고할 것.

48) Alferd North Whitehead, *Adventures of Ideas* (New York, 1955), 276.

파편이다라고 말할 때 그가 이해했던 바로 그런 것이다(최근에는 그 파편들이 상당히 커졌다고 비평가들의 외디푸스적인 정신감응증을 신봉하는 사람은 누구나 동의한다). 나는 또한 욕망에 쾌락 원칙의 양상도 부가한다. 그 원칙은 아주 자유롭게 소환되면서도 비평에서는 별로 뚜렷하게 부각되지는 않는다.

이 시점에서 자연스럽게 바르트가 내 마음 속에 침투한다. 바르트에게 있어서 텍스트의 즐거움은 마음보다도 육체의 단속성에 의해 창조되는 것으로 고집스럽고 다형적이다. 파열, 균열, 봉합, 분열은 그러한 즐거움을 앙양시키는데 관능적인 감정전이도 또한 그러하다. 그는 은밀하게 고백한다. "텍스트는 페티시즘fetishism의 대상물이다. 그리고 이러한 대상물들은 나를 원하고 있다."[49] 그러한 텍스트는 이전의 또한 외부의 규범에 의한 판단을 회피한다. 텍스트를 마주하고 우리는 단지 외칠 뿐이다. "그래 바로 이것은 나를 위해 있는거야!"라고. 이것은 뛰어난 디오니서스적인 부르짖음이다. 즉 특별나게 프랑스적인 음색을 띤 디오니서스 말이다. 그리하여 바르트에게 있어서 텍스트의 즐거움은 "그 자신의 생각을 추구할 수 있다"는 육체의 자유와 함께 "시니피앙의 높은 지위에 전이된 가치"에서 연유한다.[50]

우리는 여기에서 바르트가 부적과도 같이 불가사이한 그 텍스트 내에서 보여주는 의심스러우면서도 잘 알려진 구별에 대하여는 토의할 필요가 없다. 우리는 단지 즐거움이 그의 후기 작품에서 본질적인 비평이론이 된다는 점에 유의하면 된다. 그리하여 그가 프랑스 대학에서 처음 한 강의기록문인 「수업」에서 바르트는 담론의 다양성, 즉 "욕망 만큼이나 많은 언어"속에서 저절로 발견되는 "욕망의 진리"를 강조한다.[51] 최고의 대학교수 역할은 자신을 환상의 인물로

49) Barthes, *The Pleasure of the Text*, 27.
50) 앞의 책, 17, 65.
51) Roland Barthes, "Leçon incaugurale faite" le vendredi 7 janvier 1977 (Paris, 1978), 25.

보이게 하는 것이고 학생들과 동시대인이 되기 위해 자신의 육체를 새롭게 만드는 것이며 배운 것을 잊어버리는 것이다. 아마도 그렇게 되면 그는 진정한 지혜를 갖게 될 것이다. "권력은 하나도 없고, 약간의 학식을 지니고, 예지도 조금 있으면, 최상의 풍미를 누릴 수 있게 된다."[52] 그리고 『연인의 담론』은 그 욕망의 어두운 면을 보여주는데 이 책에서 바르트는 해석학의 가능성, 설명의 가능성을 배제한다. 그는 오히려 성의 전희행위에서와 같이 언어를 다독거린다. "나는 다른 언어에다 나의 언어를 문지른다. 이것은 마치 손가락대신 단어를 가진 것과 마찬가지이다."[53]

이러한 비평적 설득을 지닌 다른 책들도 나의 마음에 쉽게 떠오른다.[54] 그러나 내가 단순히 그러한 비평이론이 우리의 욕망의 기능이며 비평이 종종 즐거움이나 욕망을 주관심사로 즉 주제로 삼는다고 말하려는 것은 아니다. 내 요점은 오히려 더 근본적인 것이다. 많은 현대 비평은 언어나 문학 그 자체를 욕망의 기관들로 간주하고 비평이 그러한 기관에 스타일 상으로, 성적으로, 인식론적으로 집착하려고(바르트는 "꼭 달라붙는다."라고 표현한다) 애쓴다는 점이다. "욕망과 알고자 하는 욕구는 서로서로 낯선 존재들이 아니다." 또한 "의미가 욕망에 의해 무한한 것이 되기 때문에 해석은 무한하다."라고 크리스테바는 말한다.[55] 방금 인용한 크리스테바의 발언은 나를

---

52) 앞의 책, 46.

53) Roland Barthes, *Fragments d'un discours amoureux.* (Paris, 1977), 87. 이 문장이 맨 마지막 문장이 되는 구절에 나오는 몇 문장은 이미 이전에 내가 쓴 논문 "Parabiography : The Varieties of Critical Experience," *Georgia Review* 34 (Fall 1980) : 600에 인용되었다.

54) 미국에서는 Leo Bersani의 글이 다음과 같은 질문을 제기한다. "단편적이고 단속적인 욕망의 심리학이 본래의 지위로 회복될 수 있을까? 자아가 다시 한 번 극화시킬 수 있는 전략은 어떤 것일까? 욕망이 어떻게 비조직화할 수 있는 장면들을 투사할 수 있는 본래의 능력을 회복할 수 있을까?" 그 대답으로는 "욕구하는 자아는 우리가 우리의 단속적이면서 파편적인 욕구하는 자아를" 언어 속에서 "배가하는 법을 배울 때 아주 사라질 지도 모른다."라고 암시할 뿐이다. *A Future for Astyanax : Character and Desire in Literature* (Boston, 1976), 6-7를 참고할 것.

55) Kristeva, "Psychoanalysis and Polis," 82, 86.

즐겁게 무결론으로 인도한다.

그래도 내 주장의 뚜렷한 윤곽을 살펴보자. 비평의 다원주의는 우리의 포스트모던 상황 속에, 그 상대주의와 불확정 보편내재성 속에 연루되어 있다. 그러나 다원주의는 그러한 성질들을 억제하고자 한다. 그러나 인지적, 정치적, 감정적 억제는 불완전할 뿐이다. 그들은 모두 궁극적으로 비평의 다원주의와의 한계를 긋지 못하고 합의에 의한 이론 내지 실행을 창조하지 못한다. 이 회의장에서 우리가 지금 벌이고 있는 논쟁이 그 증거이다. 우리 시대에 폭넓은 담화의 총의를 수립할 수 있을 그 어떤 것이 있는가?

Ⅵ

포스트모던 비평의 상상력은 분명 폐지된 상상력이다. 그러나 또 분명한 사실은 그 상상력이 상당한 공명을 일으키고 폭넓게 수용되는 지적 상상력이라는 점이다. 나는 격앙된 상상력 속에 불안감이 흥분감과 뒤섞여 있음을 안다. 그 불안감은 우리의 비평이론 이상의 것에 작용하고 또 이 세상의 권위와 신념의 본성을 이용한다. 그것은 구태의연한 니체식의 허무주의적인 울부짖음이 된다. "사막은 증가하노라!" 하나님, 왕, 아버지, 이성, 역사, 인본주의, 이 모든 것이 그것들을 신봉하는 소수의 집단에게는 아직도 그 영향력을 발휘하겠지만 모두 나타났다가 자기 갈 길로 갔다. 우리는 우리의 신들을 모두 죽였다.—심술이 나서 일까 아니면 제정신에서 일까? 그러나 우리는 아직도 의지, 욕망, 희망, 신념의 피조물로 남는다. 그리고 이제 우리에게는 담화의 기초가 될 것이—편파적이지도 않고, 잠정적이지도 않고, 자기 창조적이지도 않은 것으로—하나도 없다.

종종 나는 새로운 칸트가 쾨니히스베르크에서 철의 장막을 통해 활기차게 걸어 나오는 상상을 해본다. 그는 손에 『실천 판단 비판』이라는 "네 번째 비판"을 들고 있다. 그 저서는 이론과 실천, 윤리학과 미학, 형이상학적 이성과 역사적 삶 사이에 있는 모든 모순점을 해결해 줄 최고의 걸작품이다. 나는 그 숭엄한 저서에 손을 뻗는다. 그러자 그 빛나는 유령은 사라진다. 슬픔에 차서 나는 나의 서가로 가서 윌리암 제임스의 『신념에의 의지』를 골라낸다.

이 책은 다정한 명료함과 이성을 긴장시키는 상상력이 있는 듯하다. 제임스는 "다원적 세계"에 처해 있는 우리 상황에 대해 결정적인 말을 한다. 그의 말을 들어보자.

> 다원주의가 이 세상의 영원한 형태라는 개념을 전제 조건으로 삼는 사람은 소위 말해 급진적인 경험론자이다. 그러한 사람은 조잡한 경험도 영원한 요소로 삼는다. 이 세상이 절대적으로 유일한 사실로 보이게 할 관점은 전혀 없다.56)

다음의 발언은 "자발적인 본성"의 장을 열어준다.

> 나의 "자발적 본성"이라는 말은 우리가 이제는 도망칠 수 없는 신념 구조를 세우게 될 그러한 신중한 의지력만을 의미하는 것은 아니다. 그 말에는 두려움과 희망, 편견과 정열, 모방과 당파심, 우리의 계층과 우리 사회를 싸고도는 주위 압력과 같은 모든 신념의 요소들이 포함된다. 사실상 우리는 어떻게 내지 어째서는 잘 모르면서 우리가 믿고 있음을 깨닫게 된다. [W, 9]

위의 글은 약 한 세기 전에 쓰여졌는데도 지금도 공격의 여지나 나무랄 데가 없는 것 같다. 이 글은 다원주의적인 신념을 허용하면서도 다른 종류의 "권위"(낮은 급의) 즉, 실용적이고 경험주의적인 권위를 제안한다. 이러한 신념들 간에는 이성과 이해관계의 끊임없는 타협, 욕망의 중개, 권력과 희망의 거래 만이 있을 수 있다. 그러나 이 모든 것은 그래도 제임스가 인간에게서 가장 흥미롭고 가장 가치있는 부분으로 생각했던 신념 위에, 신념 속에 위치한다. "성질상 지적 근거로 결정내릴 수 없을 어떤 순수한 선택의 여지가 있을

---

56) William James, *"The Will to Believe" and Other Essays in Popular Philosophy* (New York, 1956), ix. 이후 이 책에서의 인용은 W로 줄여서 사용하겠다.

때마다" 우리의 "격정적인 본성"은 궁극적으로 "전제조건들 사이에서 선택물을" 결정한다. [W, 11]라고 제임스는 말한다. 제임스는 "우리의 마음은" 생물학적으로 보아 "거짓을 진실로 만들어낼 준비가 되어 있고 '거짓을 믿느니 차라리 영원히 신념없이 살겠다.'라고 말하는 사람은 바보가 될지도 모른다는 공포심을 은밀하게 나타내고 있을 뿐이다." [W, 18]라고 말하기도 한다.

로티, 피쉬, 마이클즈와 같은 현대의 실용주의자들은 제임스의 의견에 그 정도까지 따르지 않을 것이다. 분명히 그들은 우리 대부분이 그러하듯이 제임스의 언어가 영적인 것으로 바뀔 때 망설일 것이다.

> 우리의 내부 관심사가 숨겨진 세계 속에 들어있을지 모르는 세력들과 진정한 관련이 없다고 말하는 것은 순전히 독단적인 어리석음은 아닌가? … 그것은 만일 우리의 필요성이 눈에 보이는 우주세계를 상회한다면 그것은 보이지 않는 우주세계가 그곳에 있다는 증거가 어찌 아니겠는가? … 간단히 말해서 하나님 스스로도 우리의 충성으로부터 생명력을 끌어내어 진정한 존재의 향상을 가져올 수도 있으리라. [W, 55, 56, 61]

지금 내가 이 구절을 인용한 것은 형이상학이나 종교의 주장을 강요하기 위한 것이 아니다. 나는 단지 이 포스트모던 시대에 비평의 다원주의라는 궁극적인 문제들이 그 방향을 지향하고 있음을 밝히고 싶을 뿐이다. 그리고 어째서 우리의 포스트모던 시대에 특히 그럴까? 그 이유는 분명히 상대작용을 하는 세력들 즉 불확정 보편내재성 때문이다. 혹성화와 재부족화, 전체주의와 테러, 광적신앙과 급진적 불신이라는 이중과정이 동시에 이루어지고 있어서 이 사회가 갈기갈기 찢겨지고 있음을 우리는 지금 어디에서나 목격한다. 돌연변이적인 형태내지는 전이된 형태로 포스트모던 담론에 영향을 끼치는 그 결합적인 / 분리적인 기술상의 분노를 우리는 어디에서나 만난다.

아마도 어떤 거칠은 짐승이 베들레헴을 향하여 또 다시 꾸부정하게 몸을 수그리고 엉덩이 부분에 피칠을 한 채 돌아다니며, 그의 이름은 역사의 소음과 함께 우리의 귀를 때릴지도 모른다. 자연의 어떤 대변동, 세계의 재난, 또는 지구 밖의 정보들이 지구에 충격을 주어 지구는 자신의 운명에 대하여 합리적인 행성작용에 의한 인식을 하게 될 수도 있다. 우리는 이미 지난 수십년 아니 수세기 동안 그랬던 것처럼 한 오아시스에서 또 다른 오아시스로 옮기기 위해 "사막" 속을 헤매고 돌아다니면서 그럭저럭 간신히 위기를 넘기며 서툴게 살아갈 수도 있다. 나에게는 어떤 예언 능력은 없다. 그러나 어떤 미약한 전조는 느낀다. 그리고 나는 우리의 지식과 행동의 모든 회피행위가 만민이 의견 일치하는 신념의 결핍－그러한 신념의 결핍은 우리의 의지와 우리의 성질의 활력소가 되기도 한다－을 바탕으로 번성하고 있음을 나 자신에게 주지시키고자 이렇게 지금 말하고 있다. 이것이 우리의 포스트모던 상황이다.

내가 공공연히 인정하는 당면문제는 이것이다. 즉 가치, 전통, 기대치, 목표를 공유하게 될 지식의 실질적 지지자들을 요청하는 일을 제외하고, 어떻게 비평상의 다원주의가 일원주의나 상대주의로 빠져들어가는 것을 막을 수 있을 것인가? 시민으로의 의무감, 관용적인 신념, 비판적인 공명심의 회복을 주된 임무로 여기는, 다정다감한 권위로 다스려지는 지역을 추구하는 일을 제외하고, 어떻게 우리의 "사막"을 좀 더 푸르게 만들 수 있을까?[57] 상상력을 최소한 지역적으로라도 재신비화하고 우리의 삶을 다시 경이감이 지배하게 하는 일을 제외하고, 어떻게 문학이나 이론이나 비평이 이 세상에 영

57) 제임스는 또 다음과 같이 말한다. 우리 중 어느 누구도 다른 사람의 말에 거부를 해서는 안된다. 또한 우리는 독설을 교환해서도 안된다. 그와 반대로 우리는 정중하고 신중하게 서로서로의 정신활동의 자유를 존경해야 한다. 그러면 우리는 지적 공화국을 이룰 수 있을 것이고 내적 관용의 정신을 가질 수 있다. 그 정신이 없으면 우리의 모든 외적 관용은 활기를 잃게 된다. 그리고 그 정신은 경험주의의 전성기이다. 또한 타인의 자유를 존중할 때 우리는 공생공존하게 될 것이고 실용적인 것에서 뿐만 아니라 이론적인 것에서도 그러하다(W, 30). 이 이상 포스트모던 다원주의자가 어떻게 더 갈 수 있을까?

향력을 새롭게 발휘할 수 있을까? 이 문제에 대해 나는 에머슨에게서 마음에 드는 구절을 배워올 수밖에 없다. "오르페우스는 우화가 아니다 : 당신은 단지 노래만 부르면 된다. 그러면 바위들이 형성되고 노래부르고 식물들이 자라나고 노래부르며 동물이 태어날 것이다.[58]

그러나 오늘날에 누가 그러한 말을 믿겠는가? (이소영 역)

58) *Journals of Ralph Waldo Emerson*, 1820-1872. Edward Waldo Emerson and Waldo Emerson Forbes편, 10 Vols. (Boston, 1909-14), 8 : 79.

제5장 포스트모더니즘의 개념 정립

문학에서의 침묵의 가락은 사드에서 베켓에 이르기까지 언어, 문화, 의식이 서로 어우러져 논쟁을 벌이면서 그것들의 복잡성을 전달해 주고 있다. 그러한 섬뜩섬뜩한 음악은 포스트모더니즘의 경험이나 직관은 가지게 하지만 그것의 개념이나 정의를 주지 않는다. 나는 이 글에서 몇몇 문제점을 제기함으로써 포스트모더니즘의 개념을 향해 나아갈 수 있을 것이다. 우선 가장 분명한 것으로부터 시작하자. 서구 사회 전반에 걸쳐, 특히 서구 사회의 문학 부문에서, 모더니즘과 구별되어 다른 명칭을 필요로 하는 어떤 현상을 정말로 우리가 감지하는가 하는 문제이다. 만일 그러하다면 그것의 잠정적인 명칭으로 포스트모더니즘이란 말이 적당할 것인가? 그렇다면 이러한 현상의 다양한 경향과 그것의 역경향, 그것의 예술적, 인식론적, 그리고 사회적 특징을 설명하여 줄 수 있는 연대기적이면서 유형학적인 어떤 시험적인 도표를 이러한 경향으로부터 이끌어 낼 수가 있을까－아니면 심지어는 이 시점에서 우리는 그래야만 한단 말인가? 그리고 이러한 현상은－가령 그것을 포스트모더니즘이라고 부른다면－20세기로 넘어올 때 생겨난 전위파나 1920년대에 최고조에 달했던 포스트모더니즘을 정의 내리는 작업 속에는, 그리고 그러한 잠정적이면 스스로를 발견케 하려는 계획에는 어떠한 어려움 내재하고 있을까?

나는 좀 더 비중이 큰 문제점에 초점을 맞추는 데 도움이 될 몇몇 답변을 시도해 볼 수는 있어도 내가 내 자신이 내놓은 질문에 전적으로 만족스럽게 답을 할 수 있으리라고는 확신하지 못한다. 내 생각에는 역사는 연속적이면서도 불연속적인 방향으로 움직여 나간다. 이리하여 오늘날 포스트모더니즘이 우세하다는 것이－만일에 정말로 포스트모더니즘 현상이 두드러진 현상이라고 해도－과거의 이념이나 제도가 현재에 영향을 주기를 그만두었다는 것을 의미하지는 않는다. 오히려 전통은 발전하며 유형들조차도 심한 변화를 겪는다. 분명히, 예를 들어, 다윈, 마르크스, 보들레르, 니체, 세잔느, 드뷔시, 프로이트, 그리고 아인쉬타인이 만들어 놓은 강력한 문화의 가설들이 아직도 서구인의 정신을 지배한다. 분명히 그러한 가설들은 한번이 아니라 여러 번 되풀이해서 논의되었다.－그렇지 않으면 역사는 영원히 똑같이 되풀이될 것이다. 이러한 조망 속에서 포스트모더니즘은 20세기 서구 사회의 독창적인 인식소는 아니라 하더라도 중요한 수정으로 나타날 것이다.

이곳에 순서 없이 모아 놓은 여러 이름들은 아마도 포스트모더니즘에 대해 어렴풋이나마 윤곽을 드러낼 것이고 아니면 적어도 포스트모더니즘의 가정의 범위라도 제시해 줄 것이다 : 쟈크 데리다, 쟝-프랑소와 료따르(철학), 미셀 푸꼬, 헤이든 화이트(역사), 쟈크 라깡, 질 들뢰즈, R. D. 랭, 노만 브라운(정신분석), 허버트 마르쿠제, 쟝 보드리야르, 위르겐 하버마스(정치철학), 토마스 쿤, 폴 화이라벤드(과학 철학), 롤랑 바르트, 쥬리아 크리스테바, 볼프강 이저, '예일대학 비평가들'(문학 이론), 머르스 커닝햄, 알윈 니코라이스, 메레디드 몽크(무용), 죤 게이지, 칼 하인츠 스톡하우젠, 피에르 부레즈(음악), 로버트 라우센베르크, 쟝 팅겔리, 죠지프 보이즈(미술), 로버트 벤투리, 챨스 젠크스, 브렌트 볼린(건축), 그리고 사뮤엘 베켓, 으제느 이오네스코, 호르헤 루이스 보르헤스, 막스 벤스, 그리고 브라디미르 나보코프로부터 해롤드 핀터, B. S. 죤슨, 라이너 헤펜스털,

크리스틴 브룩-로즈, 헬무트 하이센뷔틀, 위르겐 베커, 피터 한트케, 토머스 번하르트, 에른스트 얀들, 가브리엘 가르시아 마르께즈, 쥬리오 코르타자르, 알랭 로브-그리예, 미셸 뷔또, 모리스 로쉬, 필립 솔러즈와 미국의 죤 바스, 윌리엄 버로오즈, 토마스 핀천, 도널드 바셀미, 월터 애비쉬, 죤 애쉬베리, 데이비드 안틴, 샘 셰퍼드 그리고 로버트 윌슨에 이르기까지 다양한 작가들을 들 수 있다. 말할 것도 없이 이러한 이름들은 너무 이질적이어서 어떠한 운동이나 모형, 유파를 구성할 수가 없다. 그럼에도 그들은 수많은 상호 관련된 문화 현상과 가치들의 성운, 과정들과 태도들의 목록을 환기시킬 수 있을 것이다. 이러한 것들을 우리는 포스트모더니즘이라고 부른다.

이러한 용어는 어디에서 온 것인가? 비록 우리는 페데리코 드 오니스Federico de Onís가 1934년 마드리드에서 출판된 그의 저서 『스페인과 남아메리카 시선집』 *Antología de la poesía española e hispanoamericana* (1882-1932)에서 포스트모데르니스모가 postmodernismo라는 말을 사용했다는 사실은 알고 있지만 그 어원은 분명치가 않다. 그 후 더드리 피츠Dudley Fitts가 1942년 그의 『현대라틴아메리카 시선집』 *Anthology of Contemporary Latin-America Poetry*에서 다시 그 말을 사용하였다.[1] 위 두사람은 모두 20세기 초로 눈을 돌려서 모더니즘 그 자체 내에 이미 내재하고 있는 하나의 작은 반동을 나타내는 의미로 사용하였다. 이 용어는 또한 소머벨D. C. Somervell이 1947년에 축소해서 출판한 아놀드 토인비의 「역사의 연구」 제1권에서도 나타났다. 토인비에게는 포스트모더니즘이란 우리가 지금도 거의 알아채지 못하고 있는 1875년경부터 시작된 서구 문명의 한 새로운 역사의 주기를 의미했다. 얼마 후 1950년대에 찰스 올슨은 포스트모더니즘이란 말을 자주

---

1) '포스트모더니즘'이란 용어의 역사에 관한 최상의 참고 논문으로는 「포스트모더니즘' : 하나의 용어 역사에 대한 연구」『미국학 연구』 *Amerikastudien* 22권 1호(1977)이다. 같은 호에 이 용어에 대한 다른 뛰어난 논의와 서지가 실려 있다. 특히 게르하트 호프만, 알프레도 호르눙과 뤼디거 쿠노우의 "20세기 문학 분석을 위한 평가기준으로서 '모던', '포스트모던' 그리고 '동시대'"를 참고하시오.

언급했는데 그 이름에 합당한 정의를 내려 주었다기보다는 그 범위를 보여 주었다고 할 수 있다.

그러나 예언자들이나 시인들은 문학 연구가들이 거의 지니지 못한 듯한 풍부한 시대감각을 향유하고 있다. 1959년과 1960년에 어빙 하우와 해리 레빈은 포스트모더니즘을 거대한 모더니스트 운동에서 떨어져 나간 하나의 가지의 의미로서 다소 쓸쓸하게 사용하였다.[2] 동의를 받기에는 아직 시기상조였을 1960년대에 심지어는 일종의 허세의 기분으로 그 용어를 사용한 사람은 특히 레스리 피들러와 나 자신이었다.[3] 피들러는 대중 예술의 이름으로 고급 모더니즘 전통이 지닌 엘리트부의에 도전하고자 하였고 나는 침묵의 문학 전통의 일부인 자기 파괴의 충동을 탐구하고자 하였다. 대중 예술과 침묵, 또는 대중문화와 해체, 또는 초인과 고도Godot－또는 후에 논하겠지만 보편내재성과 불확정성－이 모든 것이 포스트모던한 세계의 양상들이 될 수 있을 것이다. 그러나 이러한 모든 것들이 좀 더 끈질긴 분석과 더 긴 역사를 수반해야만 할 것이다.

그러나 문학 용어들의 역사는 단지 언어의 불합리한 특질만을 재확인해 줄 뿐이다. 우리는 학문생활의 정신 병리학은 아니더라도 그것의 심리적 동기를 인정함으로써 포스트모더니즘 문제 자체에 더 가까이 접근할 수 있다. 우선 사람들과 텍스트들뿐만 아니라 명명법에도 하나의 권력 의지가 있다는 것을 인정하자. 하나의 새로운 용어는 그 용어의 제안자들을 위해서 언어 속에 한 공간을 마련하여

---

2) 어빙 하우, 「대중사회와 포스트모던 소설」. 『파티잔 리뷰』 26권 3호. (1959년 여름), 『새로운 것의 쇠퇴』*Decline of the New* (뉴욕, 1970), 192~207쪽에 재수록됨. 해리 레빈의 「모더니즘은 무엇이던가?」 『마사츄세츠 리뷰』 *Massachusetts Review* 1권 4호(1960년 8월), 『굴절』(뉴욕, 1966) 271~295쪽에 재수록.

3) 레스리 피들러, 「새로운 변종들」 『파티잔 리뷰』 32권 4호(1965, 가을), 『에세이선집』*Collected Essays*. 2권(뉴욕, 1971), 379~400쪽에 재수록. 그리고 이합 핫산 "비평의 경계들 : 침묵의 은유들" 『버지니아 쿼터리』*Virginia Quarterly* 46권 1호(1970, 겨울). 그 이전 논문에서 나는 "반문학"과 "침묵의 문학"이란 용어를 거의 유사한 의미로 사용한 바 있다. 예를 들어 이합 핫산의 "침묵의 문학" 『인카운터』 *Encounter* 28권 1호(1967년 1월) 참조할 것.

준다. 비평개념 내지 비평체계는 지적 상상력이 만들어낸 '어설픈' 한편의 시이다. 책들의 싸움은 또한 죽음에 대항하는 본체론적인 싸움이다. 그래서 아마 막스 플랑크는 우리는 결코 우리의 적들을 설득시키지 못하고—심지어는 이론 물리학에서도 못한다!—단지 적들보다 오래 살아남기를 노력할 뿐이라고 믿었을 것이다. 윌리엄 제임스는 좀 더 건전하게 그 과정을 다음과 같이 설명한다 : 신기한 것들은 처음에는 말도 안 되는 무의미한 것이라고 비난을 받는다. 그런 다음에는 명백한 현상이라는 판정을 받게 되고 그런 후에는 과거의 대적자들에 의해서도 마치 그들이 발견해 낸 것 인양 전적으로 환영받고 사용되게 된다.

나는 포스트모더니스트들을 지난날의 모더니스트들과 대적시키는 입장을 취할 의도는 없다. 열광적으로 지성이 유행하는 시대에는 가치들은 너무 무모하게 무효화될 수가 있고 미래가 재빨리 현재나 과거를 누르고 앞서갈 수 있기 때문이다. 포스트모더니즘의 문제는 단순한 유행의 문제는 아니다. 왜냐하면 연쇄적 누증 감각은 희망보다는 두려움을 나타내는 어떤 문화적인 절박감을 나타낼 수 있기 때문이다. 우리는 다음과 같은 정도는 상기해 낼 수 있다 : 라이오닐 트릴링은 그의 가장 사려 깊은 저서 중의 하나를 『문화를 넘어서』(1965)라고 명명했고 케네스 보울딩은 『20세기의 의미』(1964)에서 '후기문명postcivilization'이 필수적인 요소라고 논했다. 또한 죠지 스타이너는 그의 「푸른 수염의 사나이의 성에서」(1971)의 부제를 '후기문화의 정의를 위한 노트'라고 달 수도 있었다. 그들보다 앞서서 로데릭 세이덴버그는 정확히 1950년도에 그의 『후기 역사적인 인간』이라는 저작물을 출판했다. 그리고 나는 아주 최근 『올바른 프로메테우스의 불』(1980)에서 포스트휴머니스트 시대의 출현에 관해서 여러 가지를 고찰해 보았다. 다니엘 벨이 표현한 것처럼 "위대한 문학적 수식어는 넘어서라는 말이었다. … 그러나 우리는 그 말을 이미 다 써버린 것 같고 오늘날의 사회학적 수식어는 후기의라는 말이다 … ."[4]

이곳에서 내가 지적하고자 하는 바는 두 가지이다. 즉, 포스트모더니즘의 문제 속에는 우리 정신의 당당한 욕망이라고 할 수 있는 지적인 힘에 대한 의지와 반대의지가 있다. 그러나 이러한 의지와 욕망은 정확하게 소멸은 아니더라도 그 자체가 연쇄적 누증이라는 역사적인 시기에 잡혀 있다는 점이다. 이리하여 포스트모더니즘을 수용하거나 거부하는 것은 전반적인 문화의 불가피한 요소들 못지 않게 학문생활의 심리적 동기-우리 대학 내에 있는 사람들과 힘의 다양한 성향들, 비평의 파벌이나 개인적인 갈등의 경향, 그리고 자의적으로 포함시키거나 제외시키는 경계선의 여러 가지 경향이 포함된다-에 의해 결정된다. 처음에는 이 정도의 성찰이 필요한 것 같다.

그러나 좀 더 숙고해 보면 우리는 또한 포스트모더니즘 자체를 감추고 있으면서도 동시에 그것을 구성하는 수많은 개념적인 문제들을 언급해야 할 것 같다. 나는 그 중에서 열 가지만 골라내어 가장 단순한 것으로부터 시작해서 가장 추적하기 어려운 것을 향해 가면서 살펴보고자 한다.

1. 포스트모더니즘이란 용어는 어색하고 세련되지 못한 말로 들릴 뿐만 아니라 모더니즘 자체를 능가하거나 억제하고자 바라는 듯한 기분을 자아낸다. 그래서 그 용어는 낭만주의나 고전주의, 바로크와 로코코 같은 용어들과는 달리 내부에 적을 포함한다. 더욱이 이 용어는 시간적인 선형감을 분명히 의미하며 어떠한 포스트모더니스트도 인정하려 들지 않겠지만 뒤늦게 온 것이라는 의미는 물론 심지어는 데카당스의 의미까지도 함축한다. 그러나 이 기묘한 시대에다 어떤 더 나은 이름을 붙여 주어야만 할까? 원자 시대, 우주 시대, 아니면 텔레비전 시대? 이러한 기술적학적인 용어들은 이론적

---

4) 다니엘 벨, 『후기 산업사회의 도래』(뉴욕, 1973), 53쪽.

인 정의를 결여한다. 아니면 내가 좀 색다르게 제안한 바 있는 불확정 보편 내재성(불확정indeterminacy+보편 내재성immanence→불확정 보편 내재성indetermanence의 시대라고 부르는 것이 어떨까? 아니면 우리는 단지 살아가고 후세 사람들이 그들 좋을대로 부르게 내버려두는 것이 더 나을 것인가?

2. 다른 절대적인 용어들과 마찬가지로－말하자면 그 문제에 대해서는 포스트구조주의, 모더니즘, 낭만주의 같은 예가 있다－포스트모더니즘은 다소 의미론적인 불안정의 고통을 겪고 있다. 즉 학자들간에 그 용어의 의미에 대해서 분명히 일치된 의견이 없다는 것이다. 이 경우에는 일반적으로 다음의 두 요소에 의해 어려움이 가중되는데, 첫째, 포스트모더니즘이란 용어가 상대적으로 연륜이 짧고, 정말로 경솔한 미성년의 처지에 있다는 것이고, 둘째, 그 용어는 현재 통용되는, 마찬가지로 안정되지 못한 용어들과 의미론적인 유대관계를 지니고 있다는 점이다. 이리하여 몇몇 비평가는 다른 사람들이 전위주의 또는 심지어는 신전위주의라고 부르는 것을 포스트모더니즘이라고 부르기도 할 것이다. 이 문제는 열띤 논쟁을 불러일으킬 소지가 있다.[5)]

---

5) 예를 들어 *Faces of Modernity : Avant-Garde, Decadence, Kitch* (블루밍튼, 1977)에서 마테이 칼리네스쿠는 "포스트모던"을 "네오아방가르드" 그리고 간혹 "아방가르드"와 동일시하려는 경향을 보인다. 후에 그는 미발표원고 "Avant-Garde, Neo-Avant-Garde, and Postmodernism"에서 이용어들 사이의 차이점을 자세히 논한다. Miklos Szabolcsi는 그의 논문 "Avant-Garde, Neo-Avant-Garde, Modernism : Questions and Suggestions", *New Literary History* 3권 1호(1971년 가을)에서 "modern"과 "avant-garde"를 "postmodern"과 "neo-avant garde"를 같은 것으로 보고자 했다. 반면 Paul de Man은 *Blindness and Insight* (뉴욕, 1971)의 8장, "Literary History and Literary Modernity"에서 "modern"을 모든 시기의 문학에 나타나는 혁신적인 요소, 영속적인 "위기의 순간"이라고 이름지었다. 같은 맥락에서 William V Spanos는 그의 논문 "De-Struction and the Question of Postmodern Literature : Towards a Definition" *Par Rapport,* 2권 2호(1979년 여름), 107쪽에서 "근본적으로 연대기적인 사건이 아니라 오히려 인간 오성의 영속적인 양식"을 나타내고자 "포스트모더니즘"이란 용어를 사용한다. 그리고 포스트모더니즘과는 다른 어느 작가보다도 관련된 존 바스도 포스트모더니즘은 앞

3. 또 다른 어려움은 많은 문학 개념들이 지니는 역사적 불안정, 즉 변화에 노출되어 있다는 점이다. 요즈음 같은 직무태만의 시대에 누가 감히 코울리지, 페이터, 러브죠이, 에이브람즈, 페캄 그리고 브룸이 낭만주의를 아주 똑같은 식으로 이해한다고 주장할 수 있겠는가? 포스트모더니즘과 모더니즘은 시간이 흐름에 따라 그들 사이의 어떠한 차이점을 구별하기가 더욱 더 어렵게 되기 시작하는 증거가 이미 있다.[6] 그러나 천문학에서의 "허블 법칙(성운의 스펙트럼의 붉은색 쪽 편이red shift에서 그 후퇴 속도가 거리에 비례한다는 법칙 : 역주)과 유사한 현상이 아마도 언젠가는 문학개념들의 역사적인 속도를 측정하는 데에 사용될 것이다.

4. 모더니즘과 포스트모더니즘의 사이에는 철의 장막이나 중국의 만리장성과 같은 것이 있어서 서로를 분리하는 것은 아니다. 왜냐하면 역사란 하나의 본래의 글자를 지우고 그 위에 새로 글자를 쓰는 양피지와 같고 문화란 과거, 현재, 미래에 서로 침식될 수 있기 때문이다. 나는 우리 모두가 어느 정도는 빅토리안적이고 모던하며 그리고 동시에 포스트모던하다고 생각한다. 그리고 한 작가는 그의 생애를 통해 모더니스트적인 작품과 포스트모더니스트적인 작품을 쉽게 써낼 수도 있다(조이스의「젊은 예술가의 초상」과「피네간이 경야」를 대조해 보라.) 좀 더 일반화시켜 얘기하자면 어떤 설화적인 추상화의 단계에서 모더니즘 자체는 낭만주의와 적절히 동화될 수 있을 것이고, 낭만주의는 계몽주의와 관련되고 또 계몽주의는 르네상스와 관련된다. 그래서 이런 식으로 올라가면 올두바이 골짜기까지는

으로 다가올 통합이며 우리가 지금껏 포스트모더니즘이라고 추정했던 것은 후기모더니즘에 불과한 것이라고 "The Literature of Replenishment : Postmodernist Fiction" *Atlantic Monthly* 245, 1호(1980년 1월)에서 주장한다.

6) 이 주제에 대한 내 자신의 초기와 후기 논문에서 약간의 그러한 차이가 구별된다. 본서에 실린 "POSTmodernISM"과 "Joyce, Beckett, and the Postmodern Imagination", *TriQuarterly* 34(1975년 가을), 그리고 본서 제3장 참조할 것.

못 가더라도 분명히 고대 희랍 시대까지는 거슬러 올라갈 수 있을 것이다.

5. 내가 이미 언급했듯이 한'시대'는 반드시 연속성과 불연속성 양쪽 견지에서 파악되어야만 한다. 왜냐하면 이 두 가지 조망은 상호 보완적이며 편향적이기 때문이다. 포괄적이며 추상적인 아폴로적인 견해는 역사적인 연결성만을 구별해 내는 반면 거의 반소경에 가까우면서도 육감적인 디오니서스적인 감수성은 분리되는 순간만을 감지한다. 이리하여 포스트모더니즘은 동시에 위의 두 신의 능력을 촉발시킴으로써 이원적인 견해를 사용한다. 동일성과 차이점, 통합과 분열, 친자관계와 반역, 이 모든 것들은 만일 우리가 역사에 관심을 기울이고 변화를 공간적이고 정신적인 구조로서, 그리고 시간적이고 육체적인 과정으로서, 또한 하나의 모형이면서도 독특한 사건으로 파악하려(인식하려, 이해하려)한다면 반드시 중요시되어야만 하는 요소들이다.

6. 그리하여 한 '시대'는 일반적으로 결코 한 시대가 아니라 오히려 통시적이면서 공시적인 구조물이다. 모더니즘이나 낭만주의와 마찬가지로 포스트모더니즘도 예외는 아니다. 왜냐하면 포스트모더니즘은 역사적인 동시에 이론적인 정의가 요구되기 때문이다. 우리는 버지니아 울프가 조리 정연하게 모더니즘이 시작한 시기를 "1910년 12월경"이라고 말했던 것처럼 포스트모더니즘이 시작되는 '날짜'를 진지하게 주장하지는 않을 것이다. 단지 우리는 가끔 무지스럽게 포스트모더니즘이 "1939년 9월경"에 시작했다고 생각해 볼 수는 있을 것이다. 그리하여 우리는 끊임없이—스턴, 사드, 블레이크, 로트레아몽, 랭보, 재리, 짜라, 호프만시탈, 거트루드 스타인, 후기의 조이스, 후기의 파운드, 뒤샹, 아르또, 루셀, 바따유, 브록, 뀌노, 그리고 카프카에게서—포스트모더니즘의 '선조들'을 찾고 있다. 이것이

진실로 지적하는 것은 우리는 우리의 마음속에서 포스트모더니즘의 한 모델, 즉 문화와 상상력의 한 특수한 유형학을 창조하였고 그 모델을 가지고 여러 작가들에게서 그리고 서로 다른 시점에서 유사성을 '재발견하고자'하는 방향으로 추진해 왔다는 점이다. 다시 말해서 우리는 우리의 선조들을 재발명해 왔고 앞으로도 항상 그러할 것이다. 그 결과 '젊은 층'의 작가들－스타이런, 업다이크, 카포티, 어빙, 독토로우, 가드너－이 반드시 포스트모던한 것은 아니며 반면 '노년층'의 작가들－카프카, 베켓, 보르헤스, 나보코프, 곰브로비치－이 포스트모던할 수 있다.

7. 우리가 지금까지 살펴보았듯이 포스트모더니즘에 대한 어떠한 정의도 연속성과 비연속성, 통시성과 공시성을 포용하는 네 겹의 상호 보완적인 비전을 요구한다. 그러나 포스트모더니즘에 대한 정의는 변증법적인 비전 또한 요구한다. 왜냐하면 정의를 내리는 특성들은 종종 대조적이며 이러한 역사적 현실의 경향을 무시하면 단일한 비전과 뉴턴의 잠속으로 빠져들게 되기 때문이다. 정의를 내리는 특성들은 변증법적이면서도 또한 다원적이다. 포스트모던한 태도의 절대적인 평가 기준으로 하나의 유일한 특성만을 선택하면 다른 모든 작가들을 과거형으로 만드는 오류를 범하게 된다.[7] 그러므로 나는 가끔 그러긴 했지만 우리들은 포스트모더니즘이 반형식주의적이고, 무정부적이고 또는 파괴적이다라는 가설에만 단순히 의존할 수는 없다. 그 이유는 포스트모더니즘은 정말로 이 모든 것을 포함하고 또한 비록 그것이 지닌 파괴적인 의지를 인정한다 해도, 그것은

7) 몇몇 비평가들은 포스트모더니즘이 일차적으로 "시간적"인 개념이라고 주장하며 또 다른 비평가들은 주로 "공간적"이라고 주장하지만 포스트모더니즘이 아마도 그 자체를 드러내는 것은 이러한 단일한 범주들 간의 특별한 관계속에서이다. 서로 상반되는 것처럼 보이는 다음의 두 견해를 참조 : William V. Spanos, "The Detective at the Boundary," *Existentialism* 2, ed. William V. Spanos(뉴욕, 1976) 163~89쪽과 Jürgen Peper, "Postmodernismus : Unitary Sensibility" *Amerikastudien* 22권 1호(1977).

또한 "단일한 감수성"(손탁)을 발견하고, "변경을 넘고 간격을 메우며"(피들러) 내가 제시했듯이 담화의 보편 내재성, 확장된 순수 이성적인 간섭, "신영지주의적인 정신의 즉각성"을 획득할 필요성도 포함하기 때문이다.[8)]

8. 이 모든 것은 시대구분 자체라는 선행문제로 이끄는데 그것은 또한 어떤 특별한 변화의 감지로 간주되는 문학사의 문제이기도 하다. 정말로 포스트모더니즘이라는 개념은 어떤 혁신, 개혁, 경개更改, 또는 단순히 변화의 이론을 암시한다. 그러나 어느 것을 말하는가? 헤라크리투스적인 것? 비코적인 것? 다윈적인 것? 마르크스적인 것? 프로이트적인 것? 쿤적인 것? 데리다적인 것? 절충적인 것?[9)] 아니면 '변화이론'자체는 시대의 모호성을 허용하지 않는 이론가들에게 가장 잘 어울리는 모순 어법인가? 그렇다면 포스트모더니즘은 — 적어도 당분간은 — 뚜렷한 개념으로 정립되지 못하고 일종의 문학적·역사적인 '차이' 또는 '흔적'으로 남아야만 한단 말인가?[10)]

---

8) Susan Santag, "One Culture and the New Sensibility" *Against Interpretation*(뉴욕, 1967) 293~304쪽. Leslie Fiedler, "Cross the Border-Close the Gap," *Collected Essays,* 2권(뉴욕, 1971) 461~85쪽. 이합 핫산, 「새로운 영지주의」 참조

9) 이러한 관점에 대해서는 Ihab Hassan and Sally Hassan, eds. *Innovation / Renovation : New Perspectives on the Humanities*(매디슨, 위스콘신 : 1983)참조.

10) 여기서는 현재의 프랑스 사상에 의해 도전을 받고 있는 문학의 시대에 관한 생각이 문제점으로 대두된다. 시간의 "위계질서적 구성"을 포함한 문학적, 역사적 변화에 대한 다른 견해들을 알기 위해서는 Leonard Meyer, *Music, the Arts, and Ideas* (시카고, 1967) 93, 102쪽, Calinescu, *Faces of Modernity* 147쪽이하, Ralph Cohen과 Murray Krieger, *Literature and History*(Los Angeles, 1974)에 실린 "Innovation and Variation : Literary Change and Georgic Poetry," 그리고 졸저 *Paracriticisms* 7장을 참조할 것. 제프리 하트만은 이보다 더 어려운 문제를 묻는다 : "그렇게 많은 역사지식을 갖고 있는 우리가 어떻게 역사주의를 피할 수 있고 또 현현적인 황홀이 인식적인 단절로 대치되는 드라마로서의 역사의 연출을 어떻게 피할 수 있겠는가?" 또한 우리는 "역사주의적이라기 보다는 역사적인 독서이론을 어떻게 만들어 낼"수 있겠는가? *Saving the Text : Literature / Derrida / Philosophy*(볼티모, 1981), XX.

9. 포스트모더니즘은 한층 더 큰 문제로 확대될 수 있다. 포스트모더니즘은 단지 예술의 한 경향인가? 아니면 서구의 인본주의에서 아마도 돌연변이라고까지 할 수 있는 하나의 사회적인 현상이기도 한가? 만일 그렇다면 현상의 다양한 양상들―심리적, 철학적, 경제적, 정치적 양상들―이 어떻게 결합되고 분기되는가? 간단히 말해서 내가 지금껏 논의해 온 문학적인 경향은 단지 단일한 엘리트주의적인 성향을 띠고 있는데 그러한 포스트모던 사회의 특징들, 토인비적인 포스트모더너티, 또는 푸꼬적인 미래의 인식소들을 감지하려는 어떠한 시도도 해보지 않고서 우리가 문학에서의 포스트모더니즘을 이해할 수 있겠는가 말이다.[11]

10. 마지막이지만 더욱 당혹스러운 문제가 남아 있다. 즉, 포스트모더니즘이란 용어는 아무리 우리와 근본적으로 다르긴 해도 우리가 존경의 뜻을 표하는 작가들의 가치를 확고하게 하고, 또 우리와 아무리 조화를 이루지 못한다 해도 하여튼 우리가 인정하고 있는 경향에 대해 환영을 나타내기 위해 교묘하게 사용되는 경어적인 용어인가 하는 문제이다. 아니면 그 반대로 그것은 비난과 책망의 용어인가? 다시 말해서 포스트모더니즘이란 용어는 문학사상에 대한 가치 평가적이거나 규범적인 범주일 뿐만 아니라 기술적인 범주이기도 한가? 아니면 찰스 알티에리가 말했듯이 포스트모더니즘은 철학에서 사용되는 구성적인 혼란을 결코 완전히 소진시키지 못하는 '본질적으로 대립되는 개념들'의 범주에 속하는가?[12]

---

11) 마샬 맥루한 레스리 피들러와 같은 다른 유형의 저술가들이 지금은 비록 비평의 일각에서는 유행에 벗어난 노력을 기울이고 있기는 해도 그들은 20년간을 매체와 포스트모더니즘과 하나의 문화현상, 심지어는 역사의 한 시기로서의 포스트모더니티 사이의 차이는 Richard E. Palmer가 "Postmodernity and Hermeneutics," *Boundary* 2, 5권 2호 (1977년 겨울)에서 논의하고 있다.

12) 찰스 알티에리, "Postmodernism : A Question of Definition," *Par Rapport* 2권 2호(1979년 여름) 90쪽. 여기서 알티에리는 다음과 같이 결론짓는다. "자신이 포스트모던하다고 믿는 사람이 최선으로 할 수 있는 일은 … 혼란이 야기하는 우리 상황

의심할 바 없이, 다른 개념적인 문제들이 포스트모더니즘의 문제 속에 숨어 있다. 그러나 그러한 문제들은 우리의 존재를 우리 자신에게 드러내 보여주는 순수 이성적인 구조물 속에서 우리의 역사적인 존재성을 감지하고자 하는 욕망인 지적 상상력을 궁극적으로 막지는 못한다. 그러므로 나는 사드에서 베켓에 이르기까지의 침묵의 문학이 보여 주는 듯한 잠정적인 계획을 제안하고, 지난 100년간에 있었던 세 가지 예술상의 변화 양상들을 구분하고자 한다. 나는 이것들을 전위파, 모더니즘 그리고 포스트모던이라고 부른다. 물론 나는 이 세 가지 양상이 함께 공모하여 '새로운 것의 전통'을 창조해 왔음을 알고 있다. 보들레르 이후 그 전통은 "예술가들의 신조에 관계없이 한 선봉부대에서 다른 선봉부대로의 도약으로 구성된 역사를 지니고 있는 예술을 낳았고 사회 체제뿐 아니라 인간 자신을 완전히 혁신해 보겠다는 목적을 지닌 정치적 대중 운동을 불러일으켰다.[13)]

여기서 전위파라는 용어가 의미하는 바는 파타피직스, 입체파, 미래파, 다다이즘, 초현실주의, 예술 지상주의(러시아의 예술가 카지미르 말레비치가 일으킨 예술운동으로 추상적 형태의 배합과 상호관계를 다룬다 : 역주), 구성주의, 메르즈주의(독일 예술가 쿠르트 슈비터즈가 1920년 하노바에서 발명해 낸 다다의 한 형태임 : 역주), 드 스타일(1917년 몽드리앙과 합작하여 되스버그가 발간한 네덜란드의 예술 혁신 잡지 : 역주)—이 중 어떤 것은 이미 이 저서에서 논의된 바 있다—을 포함해서 우리 20세기의 초반부를 동요시켰던 운동들이다. 무정부적인 생각을 띤 이것들은 그들의 예술, 그들의 선언문, 그들의 기괴한 짓을 가지고 부르주아지 계급을 괴롭혔다. 그러나 그들의 행동주의는 내부로도 향할 수 있었으므로 후에 루돌프

의 에너지와 희미한 빛을 그들은 즐기기 때문에 그 혼란들이 마비시킬 수 없는 마음의 공간들을 잘 접합시키는 것이다" (99쪽).

13) 해롤드 로젠버그. *The Tradition of the New* (뉴욕, 1961) 9쪽.

슈바르츠코글러와 같은 몇몇 포스트모더니스트들에게 일어났듯이 자살행위가 되기도 했다. 한때 생기와 위세로 가득했던 이 운동들은 덧없으면서도 동시에 전형이 되고 있는 그들의 이야기만을 남긴 채 이제는 거의 완전히 사라져 버렸다. 그러나 모더니즘은 그것이 유래하게 된 프랑스의 상징주의와도 같이 안정되고 초연하며 성스럽다. 심지어는 모더니즘을 실험해 보는 것이 지금은 위엄 있는 것처럼 보인다. 발레리, 프루스트, 지드, 초기의 조이스, 예이츠, 그리고 로렌스, 릴케, 만, 뮤질, 초기의 파운드, 엘리어트, 그리고 포크너와 같이 '개인적으로 특출한 재능을 가진' 작가들에 의해 실행이 된 모더니즘은 상당한 권위의식을 요구하였기 때문에 델모어 슈바르츠는 『쉐난도』 *Shenandoah*에서 다음과 같이 노래한다 : "우리 한번 위대한 사람들이 있는 곳을 생각해 보지요 / 어린이가 글을 읽을 수 있을 때 그를 사로잡게 될 사람들을 ⋯." 그러나 대부분의 모더니즘이 성스럽고, 종속관계적이며, 형식주의적인 것처럼 보인다면 포스트모더니즘은 그와 대조적으로 장난스럽고, 병렬관계적이며, 해체주의적인 인상을 줌으로써 우리를 사로잡는다. 그러면서도 그것은 전위파의 불손한 정신도 상기시켜 주어서 가끔 신전위파라는 딱지가 붙기도 한다. 그러나 포스트모더니즘은 맥루한의 용어를 빌린다면 과거의 전위 부대들보다 '더 차분하며', 덜 도당적이고, 그것이 일부를 이루고 있는 대중 사회와 전자 사회에 더 친근하고, 저속한 작품에 대하여 호의적이다.

우리는 포스트모더니즘을 더 구별해 볼 수 있을까? 아마도 모더니즘과의 차이점을 나타내는 다음의 도표는 하나의 출발점을 제시할 것이다.

모더니즘	포스트모더니즘
낭만주의 / 상징주의	파타피직스 / 다다이즘
형식(연결적, 폐쇄적)	반형식(분열적, 개방적)
목적	유희
의도	우연
위계질서	무질서
통달 / 말(로고스)	소모 / 침묵
객체로서의 예술 / 완결된 작품	과정 / 수행 / 해프닝
거리 유지	참여
창조 / 총합화	파괴 / 해체
종합	대조
존재	부재
집중화	분산화
장르 / 경계	텍스트 / 텍스트간의 상호 관련
의미론	수사학
계열관계	결합 관계
종속적 구문	병렬적 구문
은유	환유
선별	조합
뿌리 / 깊이	뿌리 줄기 / 표면
해석 / 독서	반해석 / 오독
시니피에(기의)	시니피앙(기표)
읽을 수 있는(독자적)	쓸 수 있는(작가적)
설화 / 장대한 역사	반설화 / 사소한 역사
전체 통제 부호	개인 방언
증상	욕망
유형	돌연변이
생식기의 / 남근의	다형태의 / 양성의

편집증	정신분열증
기원 / 원인	차이-차연 / 흔적
하나님 아버지 (유일신)	성령
형이상학	아이러니
확정	불확정
초월	보편 내재

위의 도표는 여러 분야들－수사학, 언어학, 문학이론, 철학, 인류학, 정신 분석학, 정치학, 심지어는 신학도 포함된다－에서 아이디어를 가져온 것이고 여러 가지 다양한 운동들, 유파들, 그리고 견해들과 관련을 맺고 있는 수많은 작가들－유럽 작가와 미국 작가들－에게서 가져왔다. 그러나 이 도표가 나타내는 이분법은 완전하지 못하고 모호하기도 하다. 왜냐하면 차이점들은 변하고, 연기되기도 하며 심지어는 없어지기도 한다. 그리고 모더니즘이면 모더니즘, 포스트모더니즘이면 포스트모더니즘을 표현하는 개념들은 모두 가치가 대등한 것이 아니며 모더니즘과 포스트모더니즘 모두에 예외적인 것도 많이 바뀌어질 수 있을 것도 많기 때문이다. 그럼에도 불구하고 나는 포스트모더니즘 항목에 적혀 있는 성질들이 포스트모던 경향, 불확정 보편 내재성의 경향을 나타내 주고 있기 때문에 포스트모더니즘의 역사적, 이론적 정의로 우리를 가깝게 근접시켜줄 것이다 라고 말하고 싶다.

그러나 이제는 그 '불확정 보편 내재성'이라는 새로운 용어를 조금 더 설명해야 할 것 같다. 나는 그 용어를 통해 포스트모더니즘에서의 두 가지 중심적이고 구성적인 경향을 표시하고자 했다. 즉 하나는 불확정성이고 또 하나는 보편 내재성이다. 이 두 경향은 변증법적인 것은 아니다. 왜냐하면 그 둘이 정확하게 대립적이지는 않기 때문이며 또 그들은 어떤 종합으로 유도되지도 않는다. 각자 나름대로의 모순을 지니고 있고 서로 다른 것이 지니고 있는 요소를 간접적으로 암시한다. 그들의 상호작용은 양쪽에서 고루 해석될 수 있는 널리 퍼져 있는 포스트모더니즘의 행위를 제시한다. 이 문제에 관해서는 다른 글에서 충분히 논의했으므로 이곳에서는 간단히 언급하고자 한다.[14]

불확정성, 아니 불확정성들이 더 낫겠다. 그것으로 내가 의미하고자 하는 바는 하나의 복합적인 지시대상물이다. 애매 모호성, 불연속, 이단, 다원론, 임의성, 반역, 곡해, 변형 등의 다양한 개념들은 이 불확정성을 설명하는데 도움이 된다. 맨 마지막 용어 하나만도 파괴행위를 나타내는 현재 유행되는 다음과 같은 용어를 또한 포함한다 : 파괴, 분해, 해체, 분산, 환치, 차이, 불연속, 분열, 소실, 환원, 정의의 거부, 탈신화, 비총체화, 비정통화 등. 그 외에도 아이러니, 파열, 침묵의 수사법을 지시하는 좀 더 기술적인 용어는 제쳐 놓았다. 이러한 모든 증후들을 통해 파괴행위에 대한 거대한 의지가 작용하고 있어서 국가, 인식체, 성적인 육체, 개인의 정신－즉 서구에서의 모든 담화의 영역－에 영향을 미친다. 문학에서만도 작가, 청중, 읽기, 쓰기, 책, 장르, 비평 이론, 그리고 문학 자체에 대한 우리의 생각들이 갑자기 모두 문제거리가 되었다. 그리고 비평에서는 어떠한가? 롤랑 바르트는 문학을 "상실", "곡해", "분해"라고 말한다. 볼프강 이저는 텍스트의 "공백들"에 기초한 읽기의 이론을 조직적으로 표현한다. 폴 드 만은 수사학－즉 문학을 말함－을 "근본적으로 논리를 일시 중지시키고 지시적인 탈선의 변덕스러운 가능성들을 열어 주는" 하나의 힘이라고 생각하고 있으며 제프리 하트만은 "우리 시대의 비평은 불확실성의 해석학을 목표로 삼고 있다"고 단언한다.[15]

---

14) 본서 138~147쪽 참조. 그 외에 *Innovation/Renovation*의 1장. "Ideas of Cultural Change"를 참조.

15) 예를 들어 롤랑 바르트와 모리스 나도의 *Sur la litterature*(파리, 1980) 7, 16, 19 이하, 41쪽. 볼프강 이저, *The Act of Reading*(볼티모, 1978). 여기저기, 폴 드 만, *Allegories of Reading*(뉴 헤이븐, 1979) 10쪽. 그리고 제프리 하트만, *Criticism*

그러나 불확실한 분해는 거대한 확산을 만들어 낸다. 그래서 나는 포스트모더니즘의 두 번째로 중요한 경향을 보편 내재성이라고 부르는 것이다. 나는 이 용어를 사용함에 있어서 인간 정신 자체를 상징들 속에서 일반화하고, 인간 정신이 자연 속에 점점 더 간섭하고, 정신 자체의 추상화를 통해 정신자체에 영향을 미치고, 더 나아가 점점 더 즉각적으로 정신 자체의 환경으로 변해 버리는 정신 능력을 나타내고 싶었는데 그렇다고 종교적인 의미를 부여하지는 않는다. 이러한 순수 이성적인 경향은 산포, 유포, 율동, 상호작용, 의사소통, 상호 의존 등의 잡다한 개념들에 의해 더욱 드러날 것이다. 이 모든 개념들은 인간이 그리는 동물 또는 의미를 부여하는 동물과 같은 언어동물로 출현하면서부터 생겨난 것이다. 인간은 자신이 만들어 낸 상징들에 의해서 자신들 뿐만 아니라 결연히 자신의 우주까지도 구성하는 영지적 언어동물들이다. "이것은 이러한 통합의 전체 구조가 지금 막 붕괴되려고 하고 언어라는 존재가 계속해서 우리의 수평선 위에서 더 밝게 비추는데 인간은 소멸의 과정에 처해 있음을 나타내는 징후는 아닌가?"라고 푸꼬는 훌륭하게 의문 제기를 하였다.[16] 반면 사실과 허구가 혼합됨에 따라, 역사가 전달 매체에 의해 하나의 해프닝으로 되어 비현실화 됨에 따라, 과학이 그 자체의 모형을 접근할 수 있는 유일한 실재계로 선택함에 따라, 인공두뇌학이 인위적인 지성의 수수께끼를 우리에게 들이대며 보여 줌에 따라, 기술학이 희미해지는 우주의 가장자리 또는 물질의 희미하게 갈라져 있는 틈 사이로 우리의 인식을 투과시킴에 따라 공공의 세계는 분해되고 있다.[17] 어느 곳에서나－우주의 블랙홀보다 더 농

---

in the Wilderness(뉴헤이븐, 1980), 41쪽을 참조.

16) 미셸 푸꼬, The Order of Things(뉴욕, 1970), 386쪽.

17) "파스칼이 신과 주사위 놀이를 하고자 했듯이 … 판정 이론가들과 새로운 지적 기수학은 그 자신의 전경 全景－합리성 그 자체의 범위－을 찾아내려고 한다"라고 다니엘 벨은 "Technology, Nature and Society," *Technology and the Frontiers of Knowledge*(가든 시티, 1975), 53쪽에서 말한다. 그 밖에 "정보"에 대한 더욱 명민한 분석으로는 장－프랑스와 료따르의 *La condition postmoderne*(파리, 1979)를 참조.

도가 짙은 라깡의 '글자가 새겨진 무의식'의 길고 긴 잠속에서도- 우리의 문학의 모든 애매 모호성, 인식론적인 수수께끼들, 그리고 정치적인 혼란들을 지니고 있는 언어라고 불리는 이 보편 내재성을 만나게 된다.18)

이러한 경향들은, 포스트구조주의적인 흐름의 최근 방향을 역전시키고 있는 포스트모더니즘이란 용어가 이미 사용되고 있는 미국이나 프랑스보다도 말하자면 영국 같은 나라에서는 찾아보기 힘들 것이라는 점은 의심의 여지가 없다.19) 그러나 대부분의 선진국에서 적용되는 사실은 하나의 예술적, 철학적, 사회학적 현상으로서 포스트모더니즘은 아이러니와 파편들의 담화, 부재와 분열의 '백색 이데올로기', 분산에 대한 욕망, 복잡하고 분절적인 침묵의 환기 등 개방적이고, 장난기 있고, 기원적이며, 잠정적이고(구조나 공간에서 뿐만 아니라 시간에 있어서도 열려 있는), 분열적이거나 불확정적인 형태들의 방향으로 바뀌고 있다. 포스트모더니즘은 이러한 모든 것들의 방향으로 움직이고 있으나, 널리 퍼지는 과정들과 도처에 있는

---

18) 이러한 경향은 또한 상당히 포스트모던 예술의 추상적이고 개념적이며, 비사실주의적인 성격에 기여한다. Suzi Gablik의 *Progress in Art*(뉴욕, 1977)에서의 주장은 Ortega y Gasset의 *The Dehumanization of Art*(Princeton, 1968)에 이미 예견되었다. 내가 이곳에서 언급하는 영지주의적 내지 순수사유적 경향에 대하여 Ortega는 1925년에 다음과 같이 말하였다. "인간은 이 세상을 인간화하고, 자신의 이상적인 취지를 주입시켜서 궁극적으로는 어느 날 깊은 시간의 심연 속에서 이 무서운 외부세계는 지나치게 인간화되어 우리 후손들이 오늘날 우리가 우리 자신의 가장 깊숙한 내부에 있는 자아를 통해 정신적으로 여행하듯이 이 세상을 여행할 수 있게 될 것이다.-다시 말해서, 인간은 궁극적으로 이 세상은 이 세상과 같이 되기를 멈추지 않고서도 언젠가 물질화된 영혼과 같은 그 어떤 것으로 변화될 것이고 셰익스피어의 『템페스트』에서와 같이 바람들은 생각들의 정령인 에어리언의 명령에 따라 불게 될 것임을 상상해 본다" 184쪽.

19) 포스트모더니즘과 포스트구조주의가 동일하다고 간주할 수는 없지만 그들은 분명 많은 공통점을 지닌다. 따라서 쥬리아 크리스테바는 한 짧은 에세이에서 그녀 자신의 용어로 보편내재와 불확정성에 대해 다음과 같이 평한다. "포스트모더니즘은 의미를 부여할 수 있는, 따라서 인간적인 영역을 확장하려는 다소 의식적인 의도로 문학자체를 쓰는 문학이다." 계속해서 "이처럼 특이할 정도로 우리는 통제할 수 없을 만큼 확산되어가는 개인방언의 문제에 당면하고 있다"고 말한다. 쥬리아 크리스테바, 「포스트모더니즘?」 *Romanticism, Modernism, Postmodernism.* ed. Harry R. Garvin(Lewisburg, Pa, 1980), 137쪽 141쪽.

상호 작용들, 보편적으로 내재해 있는 부호들, 매체들, 언어들을 향하여 반대는 아니더라도 어떤 다른 움직임을 보여 주고 있다. 이리하여 우리 지구는 온갖 종류의 종파들과 부족들, 파당들로 쪼개져 있는 동안에도 지구 일체화와 상호 의존적 인간화의 과정 속에 휘말려 있는 것처럼 보인다. 그러므로 또한 폭력주의와 전체주의의, 종파 분리주의와 초교파주의가 서로를 소환하고 있고 사회가 권위의 새로운 토대들을 추구할 때도 권위들은 자신들을 해체시킨다. 우리가 다음의 의문점을 가지는 것은 당연하다. 즉 어떤 결정적인 역사적 변이－예술과 과학, 고급문화와 저급문화, 남성원리와 여성원리, 소크라테스 이전 철학자들이 흔히 불러왔던 하나와 여럿의 문제를 포함하는 부분들과 전체들을 포함한다－가 우리 가운데서 활발하게 작용하고 있는가? 또는 오르페우스의 사지를 잘라내는 행위는 다만 정신이 삶의 변덕스러움과 인간의 죽음의 필연성을 한 번 더 만들어 내야 하는 필요성을 증명하는 것에 불과한가?

그리고 어떤 구성물이 그러한 건조물 너머에, 뒤에, 내부에 놓여 있단 말인가?

제 II 부

포스트모던 문학

제6장 침묵의 문학

오! 아직 동트지 않은 날,
그 새로운 날의 아름다운 녹색 용이여, 오너라, 와서
악의 냄새를 피우고 있는 늙은 로고스의 끔찍스러운 속박으로부터
우리를 해방시켜다오! 침묵 속에 와서는 아무 말도 하지 말아 다오.

D. H. 로렌스, 『계시』 *Apocalypse*

I

오늘날 문학에 나타나는 아방가르드의 개념은 부당할 정도로 단순해 보인다. 위기에 단련이 된 우리는 또한 확실한 방향 감각도 잃게 되었다. 어느 쪽이 앞으로 나아가는 길인가? 문학은, 문학 그 자체를 거역하면서, 우리에게는 분노와 계시와 같은 불안한 암시를 보여 주며, 침묵을 열망하고 있다. 만일에 우리 시대에 어떤 전위파가 있다면 그것은 아마도 자살을 통해서 무엇인가 발견하고자 열중할 것이다. 그러므로 반反문학이라는 용어는 반反물질이라는 용어와 마찬가지로 단순히 형태의 전도轉倒 만을 상징하는 것이 아니라 내부에 있는 것이 밖으로 드러나게 된 의지와 정력도 의미한다. 그렇다면 미래에는 말씀Word을 확신하는 사람들 모두에게는 모든 것이 변덕스럽기만 하고 또 재앙만이 가득 차 있단 말인가?

나 자신은 비록 그 말씀이 정신의 가능성을 모두 고갈시켰다고

믿을 수는 없지만 재난이 교묘한 리듬을 타고 닥쳐오고 또 사라져 가고 있다는 사실은 인정해야만 할 것이다. 신비주의자들은 항상, 내리막길은 또한 출구를 의미하고 모든 일의 끝은 새로운 시작을 예고하고 있다고 주장하여 왔다. 우리가 요즈음 부정적인 초월이라고 부르는 것도 역시 초월의 한 형태이다. 따라서 문학에서의 침묵이 반드시 영혼의 죽음을 예고하는 것만은 아니다.

새로운 문학에 관해서 언급되어야 할 요점은 다른 데에 있다. 즉 새로운 문학에서 정말로 새로운 것은 그것이 무엇이든지 간에, 다른 시기에 있었던 전위적인 요소에 동일성을 확인해 주던 사회적, 역사적, 심미적인 기준에서 벗어나고 있다. 이 새로운 문학에서 일어나고 있는 회피 또는 부재不在의 힘은 정말로 과격하고 근본적이다. 그 힘은 뿌리를 내려쳐서 은유적으로 크나큰 침묵을 유도해 낸다. 그러나 바로 그 같은 힘이 줄기와 잎을 향해 움직여 올라갈 때 소음의 거대한 마천루가 터져 나오게 된다. 이 중에서 가장 크게 잘 들리는 소리가 분노의 울부짖음이고 계시의 소리이다. 헨리 밀러Henry Miller와 사뮤엘 베켓Samuel Beckett은 둘 다 모두 침묵과 아주 다정한 친구로서 강박 관념에 사로잡혀 있는 수다꾼들이다. 즉, 그들 사이에는 새롭고 공허한 이야기의 모든 곡조가 울려 나오고 있다. 그러므로 그들을 함께 관련시켜 말하는 것이 단순히 기발한 발상이라고만은 볼 수 없다. 그들은 현 세대의 상상력을 반사해 주는 거울의 영상으로 서 있다가 그 상상력에서 나온 특이한 가정들을 반사해 줌으로써 끝을 내고 있다. 구태의연하게 말해서 그들은 오늘날 전위파의 두 거장이다.

Ⅱ

그러나 내가 밀러와 베켓에 대한 이야기를 해나가기 위해 침묵을 구성하는 몇 가지 요소를 분명히 해두어야 할 필요를 느낀다. 우선 분노를 먼저 다루어 보도록 하자. "예술이란 항상 분노란 말인가?—예술이란 본질적으로 분노이어야만 하는가?"라고 밀러를 염두에 두고 로렌스 더렐Lawrence Durrell은 한때 의문을 제기한 바 있다.[1] 우리는 모든 예술이 분노이다라는 사실은 인정하지 않는다 해도 예술이 위험과 심지어는 전복의 요소를 포함하고 있다는 사실은 인정할 수 있다. 그러나 현대 문학의 한 특수한 장르는 더렐의 견해를 뒷받침해 주는 듯하다. 즉, 그 장르는 끊임없이 그에게 두려운 마음을 일게 하는 경험을 다루고 있다. 그러한 경험은 형이상학적인 반동의 경험이다. 에이합Ahab은 태양이 그에게 모욕을 주었을 때 태양에 맞서 일어났고 이반 카라마조프는 하나님에게 그의 인생 항로표를 반납했기 때문이다. 그것은 형이상학적인 반동이며 동시에 형이상학적인 굴복이다. 그리고 그 굴복은 무無를 향한 욕망이다. 즉 알베르 까뮈가 말했듯이 "스스로 반항하다 지쳐 버린 정신에서 우러나오는 울부짖음"이기 때문이다.[2] 그렇다면 인간의 바로 그 존재 자체가 분노 속에서 시련에 부딪치게 된다. 그리고 그 결과로 악마적인 행동과 악마적인 반동이 결국은 무로 되어 버리는 끔찍한 통일성으로 압축되어 폭력의 변증법이 생기는 것이다.

내가 새로운 문학과 관련짓고 있는 폭력은 분명히 특별한 종류의 것이다. 그것은 다하우(독일의 한 도시 : 역주)와 히로시마를 전제로 하고 있으나 반드시 그것들로 인해 제한을 받지만은 않는다.[3] 폭력은 어떠한 의미나 가치가 폭력에 할당될 수 없다는 의미로 볼 때는 어리석은 짓이다. 폭력의 기능은 인간을 사물로 바꾸어 놓는다. 즉,

1) 로렌스 더렐과 알프레드 페르레Alfred Perles, 『예술과 분노 : 헨리 밀러에 대한 의견교환』(뉴욕 : 더튼, 1961), p.9.

2) 『반항적 인간』(뉴욕 : 빈티지 북스, 1956), p.91.

3) 전적인 폭력의 문학은 이미 풍부해졌다. 분노의 가능성에 대해서는 브루노 베틀하임Bruno Bettleheim의 『박식한 사람』(뉴욕 : 글렌코 자유 출판사, 1960), 에리히 프롬의 『자유로부터의 도피』(뉴욕 : 홀트, 1941), 프레데릭 J. 호프만의 『인간의 부정』(프린스톤, N. J. : 프린스톤 대학 출판부, 1964)과 유겐 코곤Eugen Kogon의 『지옥의 이론과 실제』(뉴욕 : 버클리 출판사, 1946)를 보면 소개되어 있다.

폭력의 압력 하에서 인간 형태의 변형은 하향적이어서 베켓에서는 벌레들로, 버로오즈Burroughs에서는 벌레 인간 또는 감각을 지닌 분비물로 나타난다. 폭력은 시간적인 것이 아니라 공간적인 것이며, 역사적인 것이 아니라 존재론적인 것이어서 삶의 풍경화에서 빠져나갈 수 없는 부분이다. 프레데릭 호프만이 「인간의 부정」에서 주장하듯이, 이 폭력의 풍경화는 정말로 "공격자나 피해자 모두로부터 인간적 견지에서 익숙하던 모든 것들을 완전히 철수시키는 것을" 암시한다. "더군다나 공격자나 피해자 모두가 풍경화의 일부이다."[4] 이렇게 폭력을 풍경 내지 풍경의 구성요소로 은유하는 것은 내가 앞으로 이야기를 전개하면서 가지게 될 분노에 대한 극단적인 정의이다. 우리는 그러한 풍경이 밀러의 「회귀선의 연작 소설」(『북회귀선』 *Tropic of Cancer*[1934]과 『남회귀선』 *Tropic of Capricorn*[1939]을 의미함 : 역주)에서 나오는 초현실적인 브로드웨이의 장면들에서 형태를 갖추는 것을 볼 수 있다. 우리는 베켓의 『승부의 종말』 *Endgame*이나 『어떤 식으로 그것이』 *How It Is* 의 텅 빈 공간에서 폭력이 죽음으로 전락될 때 폭력의 결과로 남게 되는 것을 볼 수 있다. 이러한 장면 저편에는 항상 끔찍스러울 정도의 무서운 정적감이 감돌고 있다.

정확히 바로 이 시점에서 동기의 전도가 침묵의 문학에서 생겨나게 될 것이다. 즉, 다시 말해서 새로운 용어가 활동하기 시작할 수가 있다. 왜냐하면 만일에 분노가 공허에 대한 반응이라면 그것은 또한 존재에 대한 호소라고 볼 수 있지 않겠는가? 그리고 나서 그것은 계시를 불러내는 것, 즉 공허의 정반대되는 것을 잉태한다고 볼 수 있지 않겠는가? 그러한 변형은 흑인 문학에서 쉽게 발견이 되는데 그곳에서는 과거에 유행하던 항거는 현대적인 분노에 굴복하고 있고 또 분노는 계시를 필요로 하고 있다. 그래서 제임스 볼드윈James Baldwin은 그의 위협적인 책의 제목을 성경구절에서 따오고 있다.

4) p.181.

"신은 노아에게 무지개의 표시를 주셨다 : 물의 심판은 이제는 없다. 다음에는 불의 심판이 있을 것이다". D. H. 로렌스도 감지했듯이 계시적인 폭력은 억압당한 자들에게는 적에게 주어지는 보복이라고 생각되어질 수 있으며, 천년 왕국조차도 그들에게는 사랑의 개념으로보다는 권력의 개념으로 이해되어질 수 있다.[5] 그러나 최근 다른 문학의 유형들에서 나타나는 계시적인 은유 뒤에 숨겨져 있는 감정들은 더 복잡하다. 그들 속에서 서구 역사나 문명을 완전히 거부하는 어떤 것이 암시되어 있다. 그것들은 또한 인간의 주체성과 만물의 척도로서의 인간의 이미지도 거부하는 것을 암시한다. 앤디 와홀Andy Warhol은 "나는 기계이고 싶다"고 말한다. 그러한 말을 진지하게 했건 아니면 농담으로 했건 간에 그는 베켓의 신체장애자들, 밀러의 반인 반수들, 버로오즈의 마약 중독자들을 대변한다. 정말로 이 서구적인 자아에 대한 급격한 반동은 역사나 문명을 거부하는 것 이상의 타격이다. 그러한 혐오감이 주신제와 같은 파괴 행위에서 극치감을 얻지 못할 때 그것은 선불교Zen Buddhism, 파타피직스(Pataphysics ; 프랑스의 시인, 극작가인 재리Jarry가 만들어 낸 용어이다. 우주의 전환 가능성의 원리에 기초한 것으로 반과학운동, 무의미의 과학을 말함 : 역주), 또는 심지어는 캠프(Camp)에서 완전히 소모되게 된다.

자아에 대한 반동은 현대의 계시의 파괴적인 충동과 환상적인 충동들 사이에서 고리 역할을 하고 있다. 그 반동은 재생을 준비하기 때문이다. 그리하여 D. H. 로렌스는 다음과 같이 확신한다. "태양과 함께 시작을 하라. 그러면 나머지 일들은 천천히 아주 천천히 일어나게 될 것이다."[6] 태양은 아무리 멀리 있다 하더라도 사람의 시야 속에 있다. 휘트만Whitman은 어떤 면에서는 우리의 무드에 대해 훨씬 더 예언적이었는데 그는 영원한 현재 속에서 천년 왕국의 완성을 찾고 있다.

---

5) 『계시』(플로렌스 : G. 올리오리, 1931), pp.37f. 93.
6) 앞의 책, p.308.

> 지금 이 순간보다 더 나은 시작은 지금껏 없었다.
> 지금 이 순간보다 더 나은 젊음도 또 만년도 없었다. 그리고 지금 이 순간보다 더 나은 완전은 앞으로도 결코 찾을 수 없으리라.[7)]

계시는 바로 지금이다! 이 용어는 글자 그대로의 뜻인 현시revelation의 본래의 의미를 되찾고 있다. 즉, 비전은 순간의 난국을 뚫고 들어가 빛의 심장부에 호소한다. 요즈음의 말투로 하면 이러한 도덕율 폐기론적인 신념은 가끔 의식의 변화라고 불리어지며 그것의 흔적을 우리는 알퍼트Alpert와 리어리Leary의 사이키 풍의 실험에서, 긴즈버그Ginsberg의 시에서, 메일러Mailer에 의해 널리 알려진 라이히Reich식의 오르가즘에 대한 관점에서, 그리고 노만 브라운Norman O. Brown의 심령 신비주의적인 계시에서 알아차릴 수 있을 것이다. 이러한 의식의 변화는 또한 밀러의 계시적인 장광설을 통해서 처음부터 끝까지 끊임없이 나타나는 그의 희망이며, 베켓의 데카르트적인 독백에서는 희화의 대상이다. 두 경우 모두 말로 표현할 수 없는 완성의 정반대적인 상태를 반영한다. 그러나 현시는 샤만적인 광란 상태나 이 세상 것이라고 생각되지 않는 황홀경에만 국한되지는 않는다. 레스리 피들러Leslie Fiedler가 『종말을 기다리며』에서 말했듯이 "우리는 탄환을 쏘거나 정교한 이론을 꾸며내지 않더라도, 단순히 우리의 의식을 변화시킴으로써 다른 세계를 볼 수가 있다. 그리고 그 의식을 변화시키는 방법들은 아주 가까이데 있다 …"[8)] 이것은 모든 혁명의 종말을 가져다주는 한 혁명에 대한 꿈이고-아마도 그것은 모든 꿈들의 종말을 가져올지도 모르겠다.

그러므로 분노와 계시는 우리 시대의 상상력을 보여 주는 거울의 심상을 제공하며 이러한 심상들은 우리의 경험 속에 존재하는 생생하고도 위험한 어떤 것을 포함한다. 그것들은 밀러나 베켓이 반대의

---

7) 마크 반 도렌Mark Van Doren편, 『포타블 월트 휘트만』*Portable Walt Whitman* (뉴욕 : 바이킹, 1945), p.63
8) 뉴욕 : 스타인과 데이, 1964, p.167

세계를 반영하고 있다는 의미에서도 또한 거울의 심상들이다. 왜냐하면 베켓은 하나의 커다란 격변 없이는 삶을 새로이 할 수 없다는 그런 고갈된 삶의 세계에다 우리를 버려두고 그래서 우리는 분노조차도 느끼지 못하는 상태에 가깝게 놓여 지기 때문이다. 그리고 밀러는 우리에게 항상 탈바꿈할 찰나에 있는 혼란한 상태의 세계를 보여 주고 있어서 우리는 계시의 격심한 분노를 목격한다. 두 세계가 공유하고 있는 것은 침묵의 포고이다. 왜냐하면 인간의 혀란 황홀경에 빠지거나 극도의 공포를 느낄 때는 말을 잃기 때문이다.

Ⅲ

하지만 새로운 문학이 극단적인 반응인 분노와 계시에 의해 한계가 정해질 수 있다면 다른 개념들은 새로운 문학의 중심부에 침묵이 위치하도록 도와준다. 이 중에서 가장 중요한 것이 아마도 작가로 하여금 그의 활동을 무시하거나 심지어는 일축하도록 하는 '부조리한 창조'의 개념일 것이다. "창작이건 아니건 간에 아무것도 변화시키지 않는다"라고 까뮈는 말했다. "부조리한 창조자는 그의 작품을 높이 평가하지 않는다. 그는 그 작품과의 관계를 끊을 수 있을 것이다.[9] 이리하여 상상력은 과거의 권위를 거부하고는, 저주받은 시인의 낭만적인 생각에서가 아니라 한 묶음의 공백으로 남아 있는 페이지들을 책으로 묶고 있는 말없는 작가의 풍자적인 태도에서, 숭배할 만한 이상적인 것을 찾고 있다.

작자가 말을 종이에 옮겨 적을 때 그는 반反문학을 순수한 행동이나 무익한 장난으로 생각하기 쉽다. 예술은 행동이다라는 관점이 쟝-폴 사르트르의 『문학이란 무엇인가?』에서 인정되고 있음을 우리는 안다. 말하는 것은 행동하는 것이다. 그리고 우리가 이름 짓는 모

9) 『시지프스의 신화』(뉴욕 : 빈티지 북스, 1959), p.72.

든 것이 순수성을 잃고 우리가 살고 있는 세계의 일부가 되고 있다고 샤르트르는 주장한다. 만일에 예술이 가치를 지닌다면 그것은 예술이 대중의 호소를 대신한다고 소신을 밝히기 때문이다. 게다가 「시지프스의 신화」에서 까뮈도 처세술savoir-faire 보다는 예절의 바름savoir-vivre을 격찬한다.[10] 이러한 관점은 예술을 대중의 호소로서가 아니라 예술 창조의 과정으로 보았던 폴록Pollock의 행동 미술에서 기이하면서도 대담한 결론을 찾고 있다. 이러한 과정은 완전히 사적인 것은 아니라 하더라도 개별적인 것이고 그 가치는 독자들에게 보다는 저자에게 도움이 된다. 밀러의 관점도 의외로 이와 비슷하다. 그에게는 쓰는 행위는 자서전을 쓰는 것이고 그 자서전은 치료이며 그 치유는 자아를 향한 한 행동 형태이다. "우리는 어떤 사실에 대한 진리를 찾기 위해서가 아니라 진리에 대한 강박관념에서 벗어나고자 하는 투쟁의 표현을 … 일기에서 기대해야 한다."고 밀러는 말한다. 그러한 투쟁은 주로 일기 작가에게 해당된다. 또는 그러한 행동이 외부로 향할 때에는 시인에게도 해당된다. 왜냐하면 밀러는 "나는 각운이 맞추어진 시건 맞추어지지 않은 시건 시를 짓는 사람들을 시인이라고 부르지 않는다. 나는 이 세상을 심오하게 변화시킬 수 있는 사람을 시인이라고 부른다."[11] 라고 다시 말하기 때문이다.

그러나 베켓에게는 쓰는 행위란 부조리한 장난이다. 어떤 의미에서 그의 모든 작품은 루드비히 비트겐쉬타인이 말하는 언어란 한 세트의 놀이여서 원시 종족의 산술과 비슷하다.[12]는 개념에 대한 희화로서 생각되어질 수 있다. 베켓의 희화는 자신에 대한 원한으로 가득 차 있으며 반反문학에서 보이는 하나의 일반적인 경향을 보여

10) 쟝-폴 사르트르, 『문학이란 무엇인가?』(뉴욕 : 하퍼와 로우, 1965), 2장과 3장 ; 까뮈, 앞의 책, p.73.
11) 『우주 철학적인 견해』(뉴욕 : 뉴디렉션즈, 1939), p.271과 『암살단의 시대』(뉴욕 : 뉴디렉션즈, 1956), pp.38f.
12) 『파란색과 갈색의 책들』(옥스퍼드 : 바질 블랙웰과 모트, 1958), pp.81f.

준다. 휴 케너Hugh Kenner는 재치있게 그것을 다음과 같이 설명한다. "현세대의 지배적인 지성적 유추는 생물학에서도 심리학에서도 유도되는 것이 아니고(비록 이것들이 우리가 알고 있는 과학이기는 하지만) 일반적인 수數이론에서 유도되고 있다."[13] 이리하여 폐쇄된 장에서의 예술은 해변가에서 돌멩이를 빨아먹고 있는 물로이Molloy와도 같이 부조리한 순열 게임이 되는 것이다. 그리고 "언어로부터 후퇴"는 - 이 구절은 죠지 스타이너의 문구이다. - 언어를 순수한 비율로 분해시킨다.

흥미롭게도 게임으로서의 문학 개념과 행동으로서의 문학 개념은 또 다른 은유적인 침묵의 형태(즉, 문학의 외설 행위)속에서 만나게 된다. 그 용어는 법률 행위로서가 아니고서는 정의를 내리기가 아주 힘들다. 내가 그 용어를 이곳에서 사용하는 것은 주로 외설 행위와 항거를 연결시키고 있는 작품들을 언급하기 위해서이다. 성적인 억압을 받고 있는 문화에서는 항거가 외설의 형태를 취하고 외설적인 가락을 메아리쳐 주리라는 사실은 쉽게 이해될 수 있다. 이러한 동기를 폭로하는 문학은 저항 문학이다. 그러나 외설 행위는 잔인할 정도로 환언적이다. 왜냐하면 그것의 용어, 그것의 역작용들, 그리고 그것의 상투적인 문구들이 상당히 제한되기 때문이다. 그 뒤에 숨은 분노의 열기가 냉랭하게 식으면 외설 행위는 더 조금 말을 하고 더 조금 행동하면서 벌이는 한 순열 놀이같이 나타난다. 정말로 이러한 것이 우리가 사드Sade의 작품으로부터 받는 이중적인 인상이다. 즉, 그의 항거는 가공할 정도이고 그의 놀이는 궁극적으로는 감각을 없애기 때문이다. 오늘날 많은 사람들이 전위파의 최초 작가로 여기는 사드는 기묘한 정적감을 투사한다. 즉, 그의 음란스럽고도 반복적인 폭력은 언어를 감싸 버린다. 그는 문학에 포르노적인 미학을 남겨 줌으로 해서 메일러나 버로오즈로 하여금 성적 폭력의

---

13) 로버트 스콜즈Robert Scholes편, 『학습자와 분별자들』 *Learners and Discerners* (샬로츠빌, 버지니아 : 버지니아 대학 출판부, 1964)에 실린 「폐쇄된 장에서의 예술」, p.122.

풍자를 발전시키게끔 하였다. 밀러의 성에 대한 과대한 표현들은 아직도 너무나 천진난만한 편이어서 그들의 자기 희화에 대한 충분한 가능성을 생생하게 깨닫지 못한다. 한편 베켓의 배설물에 대한 강박관념은 그 자체를 희화하고 있고 또 모든 사랑을 부정하고 있다. 외설 행위에서처럼 풍자놀이에서도 반反언어가 지배한다. 밀러와 베켓은 다시 한번 각각 생식기와 항문의 호색 문학의 방식을 암시하며 대조를 이룬다.

그러나 침묵의 문학은 또 다른 방식으로 문학의 전통적인 기능들을 부정하고자 한다. 즉 그것은 불가능한 구체성을 열망한다. 그 새로운 사실주의Literalism는 스톡하우젠Stockhausen의 구체 음악에서, 뒤샹Duchamp에서 라우셴베르크Rauschenberg에 이르는 발견된 조각 재료들을 가지고 만드는 꼴라쥬에서, 슈비터즈Schwitter의 환경 조각에서, 그리고 슈비터즈와 아폴리네르Apollimaire의 결합된 영향하에서 언어 효과와 시각 효과를 혼성시킨 형태, 즉 그림을 만들기 위해 알파벳 글자에 의존하는 구체시詩의 형태에서 나타나고 있다. 덜 분명하긴 하지만 구체성을 열망하는 모습을 우리는 트루만 카포티Truman Capote의 소설인 『냉혈』*In Cold Blood*에서도 감지할 수 있을 것이다. 환상의 호소를 사절하면서 카포티는 세심하게 사실에 매달리는 척하며 그의 주장대로 최초의 '비허구 소설'을 쓰고 있다. 그러나 유럽 문학에서는 신사실주의는 보고 문학과 연결되는 것이 아니라 때때로 에드먼드 훗설Edmund Husserl의 현상학과 관련된다. 사르트르와 하이데거와 같이 성향이 아주 다른 사상가들에게 상당히 많은 영향력을 끼친 아주 난해한 사상가였던 훗설은 상당한 왜곡없이는 요약될 수가 없는 인물이다. 그러나 우리가 말할 수 있는 것은 훗설의 철학은 어떤 구성 요소가 없고 또 결코 경험의 대상이 될 수 없는 순수한 주관적인 의식의 형태를 규정하고 있다는 점이다. 이러한 의식의 형태는 일련의 '환언 작용'으로 고립되어 있어서 공통의 대상, 감정 또는 감각을 지닌 세계의 일부가 아니다. 우리가 보통 자신의 가장 내부에 있다고 여기는 자아는 순수한 의식을 자아내는 최종적인 '초절적 환언'을 받기 쉬운 경험의 통합체로서 '괄호로 묶여지거나' 아니면 옆에 제쳐 두어져야만 한다.[14] 그러니까 좀 더 거칠게 말한다면 진정한 자아는 알 수 없는 것이고 아마도 베켓의 반反영웅과도 같이 이름을 붙일 수도 없는 것이리라.

이러한 결론은 어떻게 소설에 영향을 미치는가? 과거의 인과율 법칙, 심리분석 그리고 상징적인 관계들은 한때 부르주아 소설들이 편안히 안주했던 원칙들이었으나 이제는 무너지기 시작한다. 베켓의 「물로이」가 아마도 이러한 새로운 방식으로 쓰여진 최초의 소설일 것이다. 물론 사르트르의 소설 『구토』가 상당한 관심을 끌기는 했어도 말이다. 로캥탱Roquentin에게서 우리는 우주의 무관계성을 확신하고 있는 인물을 볼 수 있다. 즉, 물체는 언어와의 관계에서 벗어나게 되고 주체와 객체 사이의 관련성은 만들어질 수가 없다. 후에 알랭 로브-그리예Alain Robbe-Grillet는 사르트르의 범인간 중심사상을 거부함으로써 그의 인본주의를 거부한다. 만일 인간이 우주와의 친교를 거부하면서 홀로 있기를 갈망한다면, 요컨대 만일 인간이 스핑크스의 영원한 수수께끼의 해답이 아니라는 사실을 결국에 가서 증명하기만 하면 인간의 운명은 비극적일 수도 없고 부조리적일 수도 없다. "사물은 사물이고 인간은 단지 인간일 뿐이다."라고 로브-그리예는 단호히 주장한다. "이제부터는 우리는 객체와의 모든 연루 관계를 거부한다 …. 즉, 우리는 이전에 확립된 질서에 대한 어떠한 개념도 거부해야만 한다."[15] 따라서 소설가는 이름을 지어주거나 순수한 심상들을 생각하는 단순한 직역주의자가 될 수밖에 없다. 인물, 플롯, 은유 또는 의미도 없이, 또 '내밀한 것'을 가장하지도 않으며, 프랑스의 샤로뜨Sarraute, 뷔또Butor, 그리고 로브-그리예

14) 『사상록』*Ideas*(런던 : 죠지 알렌과 언윈, 1931)을 두루 참조.
15) 「과거의 가치들과 새로운 소설」, 『에버그린 리뷰』, III(1959년 여름호), pp.100, 116.

의 반소설들은 새로운 영화처럼 한 편의 무성 영화가 주는 효과를 노린다. 해롤드 로젠버그Harold Rosenberg가 말하는 것은 시각 예술뿐 아니라 문학에도 적절한 것 같다. 즉, "프랑스의 모든 연금술사들은 같은 것, 즉 항상 새로운 현실성-그리고 현존하는 수사학을 모두 침묵시킨 후에만이 나올 현실성-을 추구한다."16)

새로운 문학 속에서의 침묵은 또한 급진적인 아이러니를 통해서 얻게 된다. 이 급진적인 아이러니라는 용어를 나는, 자체를 아이러닉하게 부정하는 것이 포함된 모든 진술에 적용한다. 크레타 섬 사람은 모두 거짓말쟁이다라고 주장하는 크레타 섬 사람이 한 예가 될 수 있고, 팅겔리Tinguely(스위스 조각가 : 역주)의 기계는 자신을 파괴시키는 기능 밖에 못하는데 그것도 또 한 예가 되겠다. 다시 말해서 급진적인 아이러니는 발견된 조각 재료의 꼴라쥬가 아니라 텅 빈 켄버스를 요구한다. 그것의 현대적 기원은 아마도 우리가 살고 있는 이 세기의 몇몇 주요 인물들에게서 흔적을 찾을 수가 있는데 특히 카프카와 만Mann에게서 이다. 카프카는 텅비고 얼어붙어 버린 공간의 경험을 거의 보여 줄 뻔했다. 그리고 만은 자기 희화 속에서 단지 자기를 취소시키기 위해서 극치에 달하는 아이러니의 목소리를 높이 평가하였으며 그것만이 예술의 유일한 희망이라고 믿게 되었다. 그러므로 에리히 헬러Erich Heller가 다음과 같이 말하는 것은 옳다. "예술은 『파우스트 박사』에서 자신의 신비를 상실했음을 비극적으로 한탄하고, 『사기꾼 펠릭스 크롤의 고백』에서 그러한 사실을 우주 경찰관에게 즐겁게 보고하고 있다.17) 독일의 낭만주의자들이나 프랑스의 상징주의자들 가운데에서 아직도 이러한 경향의 초기의 선례들을 찾을 수 있다. 그러나 최근에는 급진적인 아이러니가 점차로 복잡 미묘해졌다. '망각의 신비'라는 하이데거의 개념과 문학을 '망각'의 한 형태로 보는 블랑쇼Blanchot의 견해는 아이러니의 이론

16) 『새로운 것의 전통』(뉴욕 : 호라이즌 출판사, 1961), p.90.
17) 『아이러닉한 독일인』(런던 : 섹커와 와부르그, 1958), p.185.

적인 발전을 암시한다.[18] 좀 더 구체적으로 말하면 메일러의 「한 미국인의 꿈」은 소설형태를 대중 예술로 변형시킴으로써 솔직하게 소설의 형태를 해학화하고 사실상 그 소설 형태를 부정하고 있다. 그리고 나타리 샤로뜨의 『황금 과일들』은 글을 읽는 행위 중에 망각으로 빠져 들어감으로써 자신을 취소시켜 버리는 '황금 과일들'이라고 불리어지는 소설에 대한 소설이다. 아마도 이러한 반영 기법은 베켓에 의해 발전되어졌을 것이고 확실히 베켓에 의해 극치에 달하였다. 그의 최근 소설인 「어떤 식으로 그것이」의 결론은 그 작품은 정말로 '어떤 식으로 그것이 그렇지 않았는가*How It Wasn't*'에 관한 것이라는 점이다. 그러한 궤변은 경솔한 것이 아니다. 왜냐하면 자신을 부정하기 위해 예술을 사용하는 역설은 자신을 주체 뿐 아니라 객체로 간주하는 인간 의식의 힘 속에 뿌리를 두기 때문이다. 인간의 마음속에는 연금술사적인 순간이 있다. 이 세상이 견디기 어렵게 될 때 인간의 마음은 초탈의 상태로 올라가거나 광기의 상태로 떨어진다. 그렇지 않으면 인간의 마음은 궁지에 몰려 있는 예술을 나타내기 위해서 급진적인 아이러니에 의존하게 될 것이다. 이리하여 베켓에서의 문학은 집요하게 자신을 파괴하며, 밀러에서의 문학은 기이하게도 삶 자체인 척 가장한다. 급진적인 아이러니에서 더욱 더 구별하기 힘들 것은 그것이 예술을 향한 순순한 공격을 숨긴다는 점이다. 그것을 통해서 예술가는 그의 최후의 헌신을 뮤즈의 여신에게 바치고 있으며, 그것을 통해서 예술가는 또한 뮤즈의 여신을 모독한다. 이러한 양면성은 밀러, 베켓 모두에게서 분명히 드러나고 있다.

마지막으로 문학은 우연성과 즉흥성을 받아들임으로써 침묵을 얻고자 노력한다. 그것의 원리는 불확정성이 된다. 질서를—부과된 것이건, 발견된 것이건—거부함으로써 이러한 종류의 문학은 목적성

18) 존 크뤼크샹크John Cruickshank편, 『철학가로서의 소설가』(뉴욕 : 옥스퍼드 대학 출판부, 1962)에 실린 제프리 하트만Geoffrey Hartman의 「모리스 블랑쇼」, p.151.

을 거부한다. 그러므로 그러한 문학 형태는 반목적론적이고 그 세계는 영원한 현재이다.[19] 우리는 우리가 본래 지니고 있던 순진성을 되찾도록 초대받는다. 왜냐하면 과오나 수정은 지금은 관련성이 없기에 영원히 추방되어 있기 때문이다. 선禪의 동산에 놓여 있는 디딤돌처럼 임의의 문학은 사물을 있는 그대로 찬양하는 듯이 보인ㄷ. 이러한 인상은 죤 케이지John Cage의 작품에 의해서 증명되었는데 그는 시인인 동시에 작곡가이며 사티Satie보다도 더 임의의 작곡에 대해 신성한 인식을 가지게끔 청중들에게 충격을 주었다. 다음은 케이지가 「침묵」에서 한 말이다. "우리의 의도는 이 삶을 긍정하는 것이다. 즉, 혼돈 속에서 질서를 찾거나 창조 속에서 발전을 제시하기 위한 것이 아니라, 단순히 우리가 살아가고 있는 이 삶을 깨닫기 위한 것이며 그러한 삶은 누구라도 일단 본래의 궤도에서 정신과 욕망이 벗어나게 하고 임의로 행동하게 내버려 두면 아주 특출난 것이 된다."[20] 이러한 태도의 흔적들이 헨리 밀러의 전작품을 통해서, 긴즈버그의 시에서, 케루악Kerouac의 소설에서, 그리고 샐린저J. D. Salinger의 후기 작품들에서 발견될 수 있다. 그러나 이러한 작가들은 케이지와는 달리 그들의 정신세계를 실제 문학창작에 적응시키는데 피상적인 것처럼 보인다. 예를 들어 밀러는 그렇게 도道와 밀라레파(훌륭한 티벳의 성자 : 역주)를 좋아했으면서도 수다스러운 이야기꾼으로 자처하기를 좋아한다. 그의 작품에서 무작위로 나타나는 것은 모두 다 의도적이라고 보기보다는 어쩌다가 된 것으로 돌려질 수 있다. 오래 전에 다다이스트들과 초현실주의자들은 정신적인 멋이 덜한 문학 형태로 해체시키는 데까지 이르렀었다. 아마도 이것은 우리 시대의 레이몽 꿔노Raymond Queneau, 마크 사포그따Marc Saporta, 윌리엄 버로오즈와 같은 무작위 작가들에게도 해당이 될 것이다. 꿔노

19) 특히 미술과 음악에 관련된 불확정성에 대한 것은 『허드슨 리뷰』, XVI(1963년 여름호)에 실린 레나드 메이어Leonard Meyer의 「르네상스의 목적」에서 논의되고 있다.
20) 미들타운, 코네티컷 : 웨즐리안 대학 출판부, 1961, p.95.

는 『무한개의 시들』*Cent Mille milliards de Poems*에서 한 '시가 기계poetry machine'를 만들어 내어 14행 소네트 시로 중복되는 10페이지를 가득 채웠고 소네트의 각 행은 모든 다른 행들과 모든 가능한 방법으로 조화되어 읽혀질 수 있게 만들었다. 그 결과 '읽기'만 하는데 2억 년이 걸린다. 사포르따는 『구성 1호』*Composition No.1*에서 독자를 끌어들여 독자가 한 세트의 글자가 새겨진 카드를 가지고 새로이 시작할 때마다 스스로 자기 작품을 만들어 내도록 유도한다. 그의 '카드놀이 소설'은 우연성을 문학 경험의 한 합법적인 부분으로 제안하는 전략이다. 그리고 버로오즈는 말하는 것은 거짓말하는 것이라고 믿고는 '브라이온 기신의 재단 방법'을 통해서 거짓말을 회피하고자 시도한다. 트리스탄 짜라Tristan Tzara의 다다이스트적인 기괴한 짓에 다시 귀를 기울이면서 버로오즈는 다음과 같이 설명하고 있다.

> 방법은 간단하다. 즉, 당신 자신의 작품이나 아니면 살아 있는 사람이건 죽은 사람이건 아무 작가나 택해서 그의 작품 중 한두 페이지 정도를 택하라. 쓰여진 자료이건 말해진 자료이건 아무것이나 좋다. 가능하면 가위나 칼날로 여러 부분으로 잘라서 그 부분을 재정리해 보아라. 먼 곳으로 눈길을 돌렸다가 자 이제 그 결과를 적어 보도록 하라….
>
> 재단 방법의 적용 방식들은 시간의 한계를 벗어나서 문자 그대로 무한하다. 본래의 말의 행들이 당신을 본래의 단어가 위치했던 곳에 다 넣도록 할 것이다. 당신의 방법을 중지해라. 종이로 자르고 필름을 자르고 테이프를 잘라라. 가능하면 칼날이나 가위가 좋겠다. 도시를 자르고 있다고 생각하라.[21)]

다다이스트들의 꼴라쥬, 선불교, 또는 뉴만Neumann의 게임 이론조차도 사람들의 언어의 습관에서 해방시키는데 모두 다 똑같이 한몫 하는 것 같다. 베켓과 공통되는 면을 지닌 버로오즈는 베켓처럼 공제하는 기계의 변덕스러운 리듬을 사용함으로써 끝을 낸다. 그 기계의 목적은 하나뿐이다. 즉, 언어에 작용을 하여 그것에서 모든 의미를 공제해 버리는 것이다.

---

21) 토마스 파킨스Thomas Parkinson편, 『비트 문학에 관한 케이스북』(뉴욕 : 크로웰, 1961)에 실린 '브라이온 기신의 재단 방법', pp.105f.

반문학의 중심부를 차지하고 있는 침묵은 큰 목소리이며 또한 다양하게 나타나는 것은 분명한 사실이다. 침묵이 분노나 계시의 충격으로 생겨났는가 아닌가의 문제와, 침묵이 순수한 행위 또는 순수한 놀이로서의 문학의 개념에 의해 고양되었고, 또한 구체적인 대상물, 텅빈 페이지 또는 무작위적인 배열로서의 문학 작품 개념에 의해 고양되었는지 아닌지 하는 문제는 아마도 결국에는 아무 상호 관련이 없을 것이다. 요점은 다음과 같다. 침묵은 문학이 그 자체에 대해 채택하기로 선택한 하나의 새로운 태도에 대한 은유로 발전된다는 것이다. 이러한 태도는 문학의 담화가 지닌 고래로부터 내려온 특별한 힘인 탁월성에 문제점을 제기한다. 그리고는 우리 문명의 여러 가설들에 도전한다.

Ⅳ

이러한 태도가 전체적으로 영국이나 미국의 비평가들에게 감동을 주지 못한다는 사실은 다소 놀라운 일이다. 미국인들의 분별 있고 실질적인 사고방식과 영국인들이 아직도 흥미를 가지고 있는 정교한 형식주의가 아마도 부분적으로나마 새로운 경향에 대한 그들의 반감을 설명해 줄 것이다. 게다가 반문학은 확고한 인문주의적인 성향을 지닌 비평가들의 마음을 동요시키며 사실주의라는 확고한 이념에 전념하고 있는 다른 어떤 비평가들－마르크스주의자들이건 사회주의자들이건 간에－에게서 반발을 일으키기 쉽다.

프랑스 비평가들은 다른 어느 나라 비평가들 못지않게 교조주의적이고 지방적일 수 있는 데도 그것에서 예외로 남고자 애쓴다. 사르트르는 『문학이란 무엇인가』에서 20세기 초 다다이스트들과 초현실주의자들의 언어의 위기에 관해 자세하게 논의하고 있다. 그리고 10년이 지난 후 그는 나타리 샤로뜨의 『미지자의 초상화』 *Portrait d'un Inconnu*의 서문을 쓰면서 '우리가 반소설이라고 이름 지을 수 있는 생동감 있고 아주 부정적인 작품들'에 관해 말하였다.[22] 이리하여 20세기 중간에 새로운 용어가 생겨나게 되었다. 모리스 블랑쇼는 『미래의 책』에서 루소를 '쓰기에 반대하여 쓰고자 열망하는' 침묵의 전통의 최초 죄인으로 판정을 내렸고 문학이 베켓이나 밀러의 몇몇 작품처럼 끊임없는 소리로서만 이해되어질 수 있는 '말없는 시대'로 접근하는 것을 보았다.[23] 그러므로 블랑쇼에 의하면 문학은 그 본질인 소멸disappearance을 향하여 움직여 간다는 것이다. 이와 마찬가지로 롤랑 바르트Roland Barthes의 『영도의 서체』*Le Degré Zéro de l'écriture* 의 주제도 부재absence이다. 바르트는 "현대성은 불가능한 문학의 추구와 더불어 시작되고 있다"라고 제안하며 이러한 탐색의 결론은 '문학 없는 작가'라는 오르페우스의 꿈이다.[24] 그리고 끌로드 모리악Claude Mauriac은 아마도 밀러와 베켓을 한 비평 연구서에 포함시킨 최초의 인물로서 『새로운 문학』에서 다음과 같이 적고 있다. "랭보Rimbaud의 침묵, 말라르메Mallarme의 텅빈 페이지, 아르또Artaud의 분명치 않은 절규가 지나간 후에 무문학aliterature 상태는 마침내 조이스의 두운과 더불어 결말이 난다 … 베켓에게는 … 단어들은 모두 같은 것을 말하는 것이다."[25] 프랑스 인들의 명석한 정신은 문학에서의 침묵에 비난할 마음을 가지지 못하는 것이 분명하다.

그러나 내 생각으로는 그러한 명석함은 비평의 야망에는 전반적으로 더 이상 적절하지 않은 것 같다. 우리는 점차로 비평은 분명히 하는 것 이상의 일을 해야 함을 느낀다. 왜냐하면 비평은 감각과 정신의 지혜를 또한 지녀야만 하기 때문이다. 우리는 비평이 문학이 그러하듯이 자신의 존재를 위험에 빠뜨려서 우리의 상황을 증명해 주기를 원한다. 우리는 비평이 계시의 짐을 참고 견디어 줄 것까지

22) 파리 : 갈리마르, 1956, p.7.
23) 파리 : 갈리마르, 1959, pp.55, 265.
24) 파리 : 세이유사 간행, 1953, pp.58, 12.
25) 뉴욕 : 브라질러, 1959, p.12.

바란다. 이러한 희망으로 인해 나는 비평이 우리의 관련 감각을 강요하기 전에 계시적이 되어야만 할지도 모른다고 제시했던 것이다. 적어도 비평은 반문학의 직관들을 시험하기 위해 계시의 은유들에 관한 어떤 공감을 품어야만 할 것이다. 정확히 이러한 작업을 시도하는 한편의 흔치 않은 미국 비평문에서 이러한 연구가 분명히 나타나고 있다. '새로운 변종들'이란 글은 레스리 피들러가 문학 상상력이 침묵, 외설, 광란, 그리고 심지어는 신비적인 황홀경과 비슷한 성교 후의 상태와 맺고 있는 복잡 미묘한 동맹 관계를 이해하고 있음을 보여준다. 그리고 또한 "문학이 처음으로 미래의 가능성을 생각해 냈고 … 그리고 나서 즐거운 기대 아니면 공포 분위기로 미리 미래를 설비시켜서 우리 모두로 하여금 그러한 미래에 살게끔 준비시켰다는 의식"이 우리 시대에 가장 절실한 것임을 피들러는 알고 있다.[26)]

V

반문학은 아마도 미래를 향해 나아가고자 고전 분투하겠지만 비평의 정신은 아직도 역사의 재확인을 바라고 있다. 침묵의 문학은 노래하는 시인들 가운데서 우선 오르페우스의 해체를 상기해 내고 있고 또한 말씀이 육체로 변화됨을 목격했던 성경의 최초의 기적을 번복시키고 있는가? 그리고 인류는 선사 시대의 통로를 통해 기나긴 길을 거쳐 온 후에 이제 와서 말없는 꿈에 굴복해야만 하는가? 아니다. 그 정반대이다. 새로운 문학은 극단적일지도 모른다. 그리고 그 꿈은 계시적이고 비합리적일지도 모른다. 그러나 그것은 삶을 위해여 잉태된 것이다. 그리고 우리가 알다시피 삶이란 때때로 폭력과 모순을 통해서 발전한다.

---

26) 『파티잔 리뷰』(1965, 가을호), pp.506f. 피들러에 대한 통찰력 있는 반박은 프랭크 커모우드의 「또 한번의 모더니즘」, 『엔카운터』(1966년 4월호)에서 시도되었다.

신화의 한 해석에 의하면 오르페우스는 디오니서스의 명령으로 그의 시녀들에 의해 사지가 찢겼다는 것이다. 또 다른 해석에 의하면 오르페우스는 아내인 유리디케가 죽은 후 여자들보다는 남자들과 있기를 좋아했기 때문에 억제할 수 없는 질투의 발작으로 인해 그 시녀들에 의해 죽임을 당했다는 것이다. 분명한 한 가지 사실은 최상의 창조자인 오르페우스는 시녀들로 대표되는 디오니서스적인 원칙과 시인으로서 오르페우스가 존경하는 아폴로적인 이상 사이에서 생겨난 냉혹한 충돌의 희생물이라는 것이다. 오르페우스는 사지가 찢겼다. 그러나 그의 머리는 계속해서 노래를 부르고 있고 뮤즈 여신들에 의해 그의 사지가 묻혀진 곳에서 나일팅게일 새들이 이 세상 어디에서보다 더 달콤한 소리로 지저귀고 있다. 오르페우스 신화는 어떤 시대에 있었던 예술가의 비유인지도 모른다. 문명이 억압해야만 하는 디오니서스의 힘은 이러한 때에 하나의 복수심으로 폭발할 것을 협박한다. 그러한 과정에서 에너지는 질서를 압도할 것이고 언어는 신음소리로, 부질없는 수다로, 그리고는 끔찍한 침묵으로 변화해 갈 것이고 형식은 오르페우스의 가련한 육체와도 같이 잔인하게 갈갈이 찢겨질 것이다. 그러나 지금도 트라키아 언덕에 그 끔찍한 날에도 그러했듯이 의문이 집요하게 남아 있다. 시인이 계속해서 노래를 부르게 할 수 있기 위해 그의 머리는 자르지 말아야 할 것인가? 그 질문을 좀 더 솔직하게 표현해 보자 : 인간의 건강, 즉 힘을 안전하게 지키기 위해 정기적으로 삶의 예술을 압도해서는 아니되는가? 말이 정적을 열망해서는 아니되는가?

문학사에서, 침묵과 해체의 초기 징후에서, 이러한 징후가 몇 가지 있다. 예를 들어 로버트 마틴 애담즈Robert Martin Adams는 『불화의 긴장』*Strains of Discord* 에서 교묘하게 현대의 반형식의 선조가 될지도 모르는 하나의 구조를 정의 내린다. 그의 말에 의하면 "개방 형식"이란 한 의미 구조로서 그 의미에는 "단호하지 못한 성질을 나타내고자 하는 의도와 충돌하는 해결되지 않은 주요한 갈등이 내포되어 있다 … 왼쪽 측면에서는 그것은 분명치 않고 양적인 선에 의해서 완고하거나 일반적인 무정형과 불확정성으로부터 구분되고 오른쪽 측면에서는 똑같이 분명치 않고 양적인 선에 의해서 개방적인 요소를 지니고는 있되 현저하게 폐쇄된 인상을 주는 형태와 구분된다."[27] 열성적인 유형학자는 노드롭 프라이Northrop Frye를 본받아서 문학이 신화적인 것에서 풍자적인 형태로 발전해 온 것처럼 문학 형식도 폐쇄적인 형식으로부터 개방적인 형식으로 그리고 반형식으로 발전해 온 것 같다고 주장하고 싶을 것이다. 폐쇄 형식과 개방 형식의 차이는 우리가 소포클레스의 『외디푸스 왕』과 유리피데스의 『박카스 주신』을 비교 대조하여 볼 때 분명하게 드러난다. 『외디푸스 왕』이 그 갈등을 해결하고 청중 속에 부분적이나마 평정상태를 유발시키려고 애쓰는 반면, 『박카스 주신』은 청중을 방출되지 않은 고통의 상태에 버려둔다고 애덤즈는 아주 적절하게 파악하였다. 『외디푸스 왕』은 폐쇄 형식으로서 세상의 보수적이고 종교적인 견해와 집합적인 경험감각을 표현하고 『박카스 주신』은 개방 형태로서 세상의 급진적이며 회의적인 견해와 개별적인 경험 감각을 전달한다. 이러한 곡선에다 대담하게 외삽外揷 함으로써 베켓의 『고도를 기다리며』가 반형식으로서 이 세계에 대한 아이러닉하고도 아마도 허무주의적인 견해와 완전히 사적인 경험 감각을 암시한다고 말할 수 있을 것이다.

그러나 『박카스 주신』과 『고도를 기다리며』 사이에 나온 수많은 서구문학 작품들이 점증해 가는 혼란 감각과 왜곡의 가능성을 나타내 주고 있음을 인식하기 위해서 엄격한 유형학에 매달릴 필요는 없다. 극에서만도 다음의 작품들이 암시하는 연속성을 우리 생각해 보자. 세익스피어의 『햄릿』, 괴테의 『파우스트』, 뷔흐너Büchner의 『보이첵』 *Woyzeck*, 메테를링크의 『파랑새』, 스트린드버그의 『꿈놀이』, 재

27) 이타카, 뉴욕 : 코넬 대학교 출판부, 1958, pp.13, 16.

리의 『유부 왕』*Ubu Roi*, 필란델로Pirandello의 『한 작가를 추구하는 여섯 명의 등장 인물들』, 즈네Genet의 『흑인들』, 그리고 이오네스코의 『살인자』. 극의 형태는 해결되지 않은 긴장으로부터 상징적인 난해성으로 움직이는 듯하며 거기서 다시 초현실적이고 표현주의적인 왜곡으로, 그리고 마침내는 부조리 속에서 안주하게 된다. 반형식을 향한 형식의 움직임은 역사를 통해서 볼 때 크고도 반박할 수 없는 예외가 있기는 하지만 극에만 적용되는 것이 아니라 서구 예술 전반에서 관찰될 수가 있다.

그러한 발전의 주요한 세 개의 국면이 매너리즘, 낭만주의 그리고 모더니즘의 출현으로 특징지어졌다고 말하는 것은 아마도 공정할 것이다. 매너리즘은 르네상스 스타일의 공식적인 해체였다. 와일리 사이퍼Wylie Sypher가 『르네상스 스타일의 네 단계』에서 암시하듯이 매너리즘은 긴장과 우유부단의 표시였다. 매너리즘 예술에서 "심리적인 영향은 구조 논리학과 갈라진다." 다음은 우리가 개방 형식이라고 부르는 것을 사이퍼가 정의 내린 것이다.

> 매너리즘적인 스타일의 기술적인 교묘성 뒤에는 대체로 개인적인 불안이 있는데 그것은 형식과 표현을 동요시키는 복잡한 심리이다. 우리가 회화나 건축, 그리고 시에서 매너리즘적인 구조 내의 가락들을 검토할 때 우리는 매너리즘에 빠진 사람들의 기질 속에서 원한-아니면 방심할 수 없는 위험한 사태-을 반드시 알아차리게 된다. 매너리즘은 불균형과 교란된 균형을 다루는 기술에 관한 실험이다. 그것은 갈지자나 나선형으로 움직이는 동작에 관한 실험이고, 소용돌이나 오솔길과 같은 공간의 실험이며, 확실성이라기보다는 근사치를 얻어내는 간접적이거나 유동적인 관점들, 그리고 이상하고 심지어는 비정상적인 조망들에 대한 실험이다.[28)]

이것이 바로 우리가 티티안Titian, 틴토레토Tintoretto, 그리고 엘 그레코El Greco의 그림에서 뿐만 아니라 셰익스피어의 후기극들, 제임스1세 시대(1603-25)의 극, 그리고 형이상학파 시에서 느끼는 감정이

---

28) 가든시티, 뉴욕 : 더블데이 앵커 북스, 1955, p.116.

아닐까?

낭만주의 작가들은 무한한 것에 대한 열망인 모호한 분위기에 마치 유령에게나 사로잡힌 것처럼 붙잡혀 한층 더 불안정한 문학 형식을 향하여 추구해 갔다. 『파우스트』는 그러한 시기의 바로 문턱에서 쓰여져 이단과 기독교의 영향이 합쳐져서 구조나 주제 모두에 있어서 삶의 터무니없는 모순에 대한 탄원으로 변형되었다. 단지 괴테의 놀라운 천재성으로 인해 그러한 극을 예술적으로 통제할 수 있었을 뿐이다. 낭만주의의 영웅들의 암흑 집단－파우스트, 앤디미온Endymion, 알라스터Alastor, 돈 주앙Don Juan, 쥬리앙 소렐Julien Sorel, 만프레드Manfred, 액슬Axel－은 그들을 만들어 낸 작가들에 대항하는 자랑스러운 반란 속에서 그들을 잡아두고 있는 형태를 부수고 나오고자 끊임없이 위협한다. 자아는 문학 속에서 폭발하였고 마찬가지로 꿈과 무의식의 세계도 분출하였다. 노발리스와 네르발, 호프만과 포우, 클라이스트Kleist와 뷔흐너, 코울리지와 키츠는 언어를 영혼의 한밤의 지역으로 운반하였거나 그렇지 않으면 그들은 한 마디 한 마디 할 때마다 자신에 대한 부정을 통합하는 역할을 하는 그 악명 높은 낭만주의 아이러니를 개발하였다. 다른 때에는 낭만주의는 자신의 기질의 외고집으로 인해 조화나 해결의 가능성을 부정하였다. 낭만주의는 어떠한 인간의 정의도 얻을 수 없는 데에서 인간에 대한 정의를 얻고자 사디즘, 귀신 숭배, 신비 철학, 시체 애호증, 흡혈귀에 대한 신앙, 이리로 변하는 마술 등을 탐구하였다. 괴테가 낭만주의를 질병의 형태로 생각하고 위고가 낭만주의를 기괴한 것과 동일시한 것은 놀라운 일이 아니다. 나는 물론 내가 그 운동의 어두운 충동을 강조하고 있음을 잘 알고 있다. 그러나 바로 그러한 충동에서 현대 문학의 상당 부분이 그 에너지를 유도해 냈던 것이다. 문학의 전형적인 형태를 파괴하는데 도움을 주었던 것도 여러분이 원한다면 고뇌라고 불러도 별 상관없을 바로 그러한 충동이었다. 「낭만주의의 고뇌」에서 마리오 프라즈Mario Praz는 말한다. "낭만주의의 본질은 설명될 수 없는 것 속에 존재한다 … 낭만주의자들은 자기의 꿈에다 구체적인 형태를 주지 않는 예술가를 찬양한다 – 시인은 영원히 텅빈 페이지 앞에서 무아경에 빠지고 음악가는 그의 영혼의 놀라운 협주곡을 들으면서 그것을 악보에 옮겨놓고자 시도하지 않는다. 구체적인 표현을 퇴폐 또는 오염이라고 생각하는 것이 낭만주의적이다."[29] 그렇다면 여기에 침묵의 시작, 즉 말이 없는 문학, 또는 좀 더 정확히 표현하면 언어의 가장 원초적이며 마술사적인 사용을 제외하고는 모든 것을 멸시하는 문학의 시작이 있는 것이다. 프랑스의 상징주의자들은 현대 문학 운동의 직접적인 선조들로서 이러한 경향을 분명하게 예증하고 있다. 말라르메의 소네트들은 자신을 파괴시키는 구조를 발명해 내었고 랭보의 「일루미네이션들」*Illuminations*은 의미를 교란시키고자 언어의 원래 뜻을 변경했다. 로트레아몽Lautréamont의 『말도로르』*Maldoror*는 초현실주의를 위한 길을 펼쳐 놓았다. 노만 브라운이 주장하듯이 후기 낭만주의에서 디오니서스가 문학의 의식 속으로 다시 들어왔는지도 모른다.[30] 낭만주의에서는 언어로부터 이중적으로 후퇴한 것이 분명하다는 것만이 좀 더 확실하다. 첫째는 말라르메의 아이러닉하고도 자기를 소멸시키고자 하는 태도에서 그러했고, 둘째는 랭보의 무차별적이고 초현실적인 태도에서 그렇다. 말라르메에서의 언어는 **무**無를 향해 열망하고 랭보에서의 언어는 **모든** 것을 열망한다. 말라르메의 상관 어구는 **숫자**이고 랭보의 상관 어구는 **행동**이다. 전자에서, 블랑쇼가 말한 것을 우리가 이미 보았듯이 문학은 자체의 소멸을 향해서 움직여 나간다. 이것은 아마도 말라르메, 카프카 그리고 베켓의 경향일 것이다. 후자의 경우에는 가스똥 바슐라르가 믿고 있듯이 문학은 '열렬한 삶'속에서 터무니없이 자아의 재통합을 위해 분투한다.[31] 이것

29) 뉴욕 : 눈데이 출판사, 1956, pp.14f.
30) 『죽음에 대항하는 삶』(미들타운, 코네티컷 : 웨즐리안 대학 출판부, 1959), p.172.
31) 『로트레아몽』(파리 : 죠세 코르티, 1963), p.154.

은 랭보와 르트레아몽의 경향이고 때때로 로렌스의 경향이기도 하며 또 간혹 밀러의 경향이기도 하다. 양쪽 모두 그 자료를 공포 속에서 찾고 있다(그러므로 이 양쪽 경향이 모두 초기의 전위파인 사드에 포함되어 있다). 그는 분노와 기도가 모두 문학 중심부에 놓여 있다는 것을 알고 있었다.[32] 이러한 두 성향들은 궁극적으로 언어와 현실 사이에 놓여 있는 모든 관련성이 분열된 침묵 상태로 이끈다.

모더니즘에서는 조직화된 혼란 상태가 지배한다. 아니면 예이츠가 언젠가 계시적인 분위기로 표현하고 있듯이,

> 중심부는 지탱할 수가 없다 ;
> 단지 무정부 상태만이 이 세상 위에 흩어져 놓여졌고
> 피로 물들은 조수가 제멋대로 들락날락하고 있다 ….[33]

단 몇 문단으로 우리 세기의 주요 작품에 나타난 분해와 재통합의 폭을 보여 주기란 불가능하다. 조이스는 아직도 언어에 신념을 지닌 그나마 몇 안되는 작가에 속하는데 그는 말들이 세상을 대체할 수 있다고 믿었고 『피네간의 경야』*Finnegans Wake*를 사이클로프스 Cyclops의 말장난으로 끝을 맺고 있다. 카프카는 문학에서 가능한 가공할 만한 불확정성을 조용히 확립시켰고 사랑이나 공포가 궁극적으로는 언어로 하여금 그 영향력을 행사하지 못하게 금지시킬 가능성이 있음을 보여 주었다. 마리네티Marinetti와 더불어 미래주의가 또 다른 극단을 향하여 움직여 나갔다. 즉, 곡괭이와 도끼를 지니고서 문학은 도시를 상징적으로 약탈하는 자가 되었다. 마리네티는 수백년에 걸쳐 만들어진 갑岬 위에 올라선 듯 가장하고는 하늘을 향해서 연설하였다. 다다이즘과 초현실주의는 아직 충분히 평가되지 않고 있다. 인생과 예술의 모든 경건함을 밖으로 드러내었던 이 두 운동은 아직도 우리 시대의 모든 작가들이 부딪쳐야만 하는 도전을 증

32) 사드, 「로마인에 대한 이념」, 『애정의 죄악』(파리 : 쟝-쟈크 포베르, 1961), pp.15, 28.
33) 윌리엄 버틀러 예이츠, 『시선집』(뉴욕 : 맥밀런, 1957), p.184.

명할 수 있을 것이다. 왜냐하면 비록 그들은 우리를 일상적으로 말하는 언어가 아닌 언어로 이상스럽게 말은 하였지만 그들은 삶과 성장을 대변해 주었던 것이다. 두 세계 대전 사이에 발표를 시작했던 작가들은 전체적으로 야망이 적었던 것 같다. 그러나 루이스R. W. B. Lewis는 말로Malraux, 시론Silone, 까뮈, 그리고 그레이엄 그린Graham Greene의 세대를 심미적 경험을 최상의 것으로 여기던 이전 세대들과 구별할 수 있었고 『악당 성인』*The Picaresque Saint* 에서 젊은 세대의 작가들에게 "주된 경험은 작가가 되는 것, 그리고 살아 있다는 것이 무엇을 의미하는가 하는 것을 발견하는 것이다"라고 말할 수 있었다. 루이스는 다음과 같이 결론 짓는다. "비평은 이 세상을 조사하면서 삶과 죽음 그리고 인간이 갈망하는 죄 많은 본성을 좀 더 철저하게 인간적으로 고찰하도록 유도되고 있다.[34] 프랭크 커모우드Frank Kermode가 이전의 모더니스트 문학 형태보다도 더 '종파 분리적인' 성질을 띠고 있다고 옳게 규정짓고 있는 우리 시대의 문학 속에서 오르페우스의 사지 절단이 열렬하게 계속되고 있다.[35] 문학은 반문학을 향해 움직여 나가고 있고 그렇게 함으로써 점차적으로 광란적이고 분열하는 형태들인 새로운 악한 소설, 음울한 소극, 기이하고 야만적이며 악몽 같은 공상 과학 소설을 다시 만들어 낸다. 결국에 가서는 분노와 계시의 반反 형태가 침묵 속에서 섞여지리라.

Ⅵ

역사도 결국 재확신을 시켜 주지 않는다. 1938년에 앙토냉 아르또는 후에 『극장과 그 대역』*The Theatre and Its Double*으로 번역된 한 권의 책을 출판했다. 그곳에서 그는 "그리고 만일에 우리 시대에 아직도

34) 뉴욕 : 리핀코트, 1959, p.9.
35) 이러한 주장은 작가와의 대화에서 그리고 프랭크 커모우드가 러트저스 대학에서 1965년 여름에 '모더니스트 문학에서의 급진적인 요소들'의 제목으로(출판은 되지 않음)한 강연에서 상세히 설명되었다.

한 가지 지옥 같고 정말로 저주받은 것이 있다면, 그것은 불길 사이로 신호하는 화형에 처해진 희생자라기 보다는 우리가 형식을 가지고 예술적으로 희롱하는 것이다."[36] 라고 했다. 오르페우스는 사지가 절단되었을 뿐만 아니라 그의 사지는 백열등과 같이 빛을 내게 되었다. 역사는 우리를 우리의 순간의 문턱에 데려다 주고는 신랄한 질문들을 우리에게 남겨 놓고 떠났다. 어찌하여 우리 문명에 대한 불만은 문학에다 불같은 침묵을 강요하면서 문학을 몰아붙여 그렇게 극단적인 조처를 취하도록 만드는가?

그 문제는 우리의 질병에 대한 암울한 공관 복음서가 편찬될 때까지는 단지 간접적으로만 답변되어질 수 있다. 아마도 그 실마리는 오르페우스의 신화에 아직도 남아 있을 것이고, 아폴로와 디오니서스의 끊임없는 갈등 속에서 찾을 수 있을 것이다. 프로이트는 그 문제에 관해서 강력한 통찰력을 보여 주고 있다. 「문명과 불만」에서 그는 사회가 본능 억제상태에 놓여 있다고 말한다. 이 정도는 우리는 항상 알고 있었다. 우리가 항상 깨닫지 못하는 것은 우리가 살아가면서 행하는 모든 포기 행위는 계속적인 포기를 위한 길을 준비한다는 점이다. 그러나 그 문제는 그곳에서 끝나는 것이 아니다. 프로이트는 계속해서 주장하기를 문명은 자체의 가장 내적 원동력에서는 점점 더 많은 억제를 요구한다는 것이다.[37] 이러한 과정의 심적인 대가는 복합적이다. 이것이 문학에 주는 암시는 상당히 중요하다. 노만 브라운은 「죽음에 대항하는 삶」이라는 충격적이며 중요한 책에서 프로이트가 끝난 부분에서부터 시작하고 있다. 브라운은 모든 승화는 어느 정도 삶의 본능을 부정하는 것이라고 주장하면서 다음과 같이 결론짓고 있다. "승화의 부정적인 순간은 상징주의(언어, 과학, 종교, 예술에서의)와 추상화 사이의 끊을 수 없는 관련 속에서 명백하다. 추상작용은 화이트헤드가 우리에게 가르친 바와 같

36) 뉴욕 : 그로브 출판사, 1958, p.13.
37) 런던 : 호가쓰 출판사, 1955, p.114 이후 계속.

이 경험의 살아 있는 조직인 하나의 총체적인 생명체에 대한 부정이다 … ."[38] 그러므로-그리고 나로서는 브라운과 프로이트가 모두 입증했듯이 그렇게 냉혹한지는 모르겠지만-억제는 문명을 잉태하고 추상화는 죽음을 잉태한다는 논리가 된다. 우리는 순수한 지성의 길을 따라 움직여 가고 있고 그것은 훼렌치Ferenczi가 생각한 바와 같이 광기의 원칙이다. 인류를 위한 어떤 구원이 가능한가? 브라운은 다음과 같이 제안한다.

> 인간의 자아는 디어니서스적인 현실을 직면해야 한다. 그래서 자기 변형이라는 큰 작업이 앞에 놓이게 된다. 왜냐하면 아폴로적인 것은 자의식을 보존하고 디오니서스적인 것은 그것을 파괴시킨다고 니체가 말한 것은 옳기 때문이다. 자아의 구조가 아폴로적인 한 디오니서스적인 경험은 자아 해체라는 대가를 치루어야만 얻어질 수 있다. 그 문제는 아폴로적인 자아와 디오니서스적인 자아가 '통합'해도 해결되어질 수 없다. 그러므로 고인이 된 니체는 디오니서스의 필요성을 설명한다 … 디오니서스적인 자아를 만드는 작업은 엄청난 것이다. 그러나 그것이 이미 작업 중이라는 징후들이 있다. 만일에 우리가 현대사의 격변 속에서-사드의 성 과학이나 히틀러의 정치학 속에서-디오니서스의 마녀들이 술을 만들고 있는 것을 알아차린다면 우리는 낭만적인 반동 속에서 디오니서스가 의식 속으로 들어오는 것도 알아차릴 수 있을 것이다.[39]

그러므로 신프로이트 학파들에게 문제는 억제와 추상화이고 해결은 디오니서스적인 자아를 건설하는 것이다. 그들의 관점에서 보면 언어란 궁극적으로 릴케의 한 구절인 "육체의 자연스러운 말"이 된다.

그러나 브라운이 니체의 말을 인용한 사실 또한 적절하다. 왜냐하면 니체는 우리 시대의 지성사에서 정말로 중요한 인물이기 때문이다. 니체는 프로이트파와 실존주의자들이 선조이며 두 파 사이에서 살아 있는 중재자 역할을 하고 있다. 그러므로 서구 문명에 대한 그의 분석이 프로이트의 것과 나란히 논쟁거리가 되고 있고 아마도

---

38) 『죽음에 대항하는 삶』, p.172.
39) 앞의 책. pp.175f.

니체의 것이 훨씬 더 강렬한 흥미를 돋우고 있다. 그러므로 서구 문명에 대한 그의 분석이 프로이트의 것과 나란히 논쟁거리가 되고 있고 아마도 니체의 것이 훨씬 더 강렬한 흥미를 돋우고 있다. 니체에게는 현세계의 악의 뿌리는 단순히 전적으로 본능적인 억제뿐만이 아니라 의미로 향한 의식적인 인간의 충돌을 인정하는 허무주의이기도 하다. 19세기가 한창 무르익었을 때 그는 신은 죽었다고 선포하였고 현대 인간의 위기는 가치의 위기라는 것을 알아차렸다. "어찌하여 허무주의의 출현이 필요하게 되었는가?"라고 니체는 「권력에의 의지」에서 묻고 있다. 그리고는 답변한다. "그것은 허무주의가 우리의 위대한 가치와 이상에 대한 궁극적인 논리적 결론을 나타내기 때문이다. 왜냐하면 우리는 이러한 '가치들'이 정말로 어떤 가치를 지녔는가를 찾을 수 있기 전에 허무주의를 경험해야만 하기 때문이다. 우리는 가끔은 새로운 가치를 요구한다."[40] 동시대의 실존주의자들에게처럼 그에게 있어서 근본적인 문제는 의미의 문제인 것은 명백하다(그러나 대부분의 실존주의자들과는 달리 니체는 몽상가였고 그의 해결은 초인이 가지고 있는 삶의 풍요로움에 근거를 두고 있었다.) 그러한 니체적 관점에서 보면 언어의 이상은 행동이 되고 몸짓이 된다. 왜냐하면 의미창조는 언어적이라기보다는 생명과정이기 때문이다. 니콜라이 베르쟈예프 같은 기독교도는 그 문제를 다르게 설명할 것이다. "역사의 내면적인 계시는 역사 내에서 신의 왕국, 즉 의미를 깨닫지 못해서 나타나게 되는 결과를 현시하는 것이다."[41] 그러나 우리가 알게 된 바 문제점은 아직도 의미의 문제이다.

세속주의, 무감각, 죄의식, 그리고 허무주의는 아마도 단순히 한 층 더 깊은 의미의 부재를 나타내는 증상들일지도 모른다. 허버트

40) 월터 카우프만Walter Kaufmann편, 『도스토예프스키로부터 사르트르까지 이르는 실존주의』(뉴욕 : 메리디안 북스, 1956), p.110에서 재인용.
41) 『현대 세계에서의 인간의 운명』(앤 아버, 미시간 : 미시간 대학출판부, 1961), p.24.

마르쿠제가 『일차원적 인간』에서 말하듯이 인간은 그의 내면적인 공간을 잃었고 그의 독특한 세계는 무너졌다. 전통적으로 인간의 공공적인 의미뿐만 아니라 개인적인 의미의 가장 큰 저장소인 언어가 경시되어져야만 한다는 것은 놀라운 일이 아니다. 우리 시대의 예언자들도 몽상가들도 말을 다시 찾고자 하지 않는다. 그들은 미래에 있을 승화의 역할을 극소화함으로써 언어의 역할 또한 경시한다. 인간 디오니서스나 앞으로 생겨날 초인은 수다스럽지 않다. 언어적인 담화에 대한 현대의 반동은 본질적으로는 권력이나 추상화에 대한 반동으로 볼 수 있을 것이다. 왜냐하면 아폴로가 후원했던 문명은 전체주의적이 되었고 그가 인간에게 사용해서 살아가라고 준 도구는 추상화에서 연료 공급을 받는 기계가 되었다. 모든 의미는 궁극적으로는 육체에 뿌리를 두고 있기 때문에－그러한 주장들은 아마 육체에 대한 긍정으로 간주될 수 있을 것이다－무의미성은 추상화의 상관물이다. 아이러니컬하게도 문학에서의 언어에 대한 반동은 기술자 통치 시대에 말로부터의 후퇴를 반영하며 또한 희화한다. 이 점을 죠지 스타이너는 '언어로부터의 후퇴'라는 논문에서 놓치고 있는데 그렇지 않았더라면 이 논문은 아주 중요한 것이었을 것이다. 그는 그 논문에서 다음과 같이 말하고 있다.

> … 17세기까지 언어의 범주는 거의 모든 경험과 실재계를 포함시켰으나 오늘날에는 더 좁은 영역을 구성하고 있다. 언어는 모든 주요한 행동 양식, 사고, 감각을 더 이상 분명하게 말하지 못하거나 아니면 그것들과 관련이 없다. 의미와 관례의 큰 영역들은 이제 수학, 상징 논리학, 화학적 관계나 전자관계의 공식과 같이 비언어적인 언어에 속한다. 다른 영역은 비구상 미술이나 구체음악의 아언어亞言語나 반언어에 속한다. 언어의 세계는 움츠러 들었다.[42]

하지만 우리의 모든 재난에 대한 비난을 신의 죽음이나 기술학에만 돌릴 수는 없다. 알티저Altizer, 해밀턴Hamilton, 그리고 반 뷰렌

---

42) 『케년 리뷰』, XXIII(1961년 봄호), p.203.

Van Buren을 포함하는 좀 더 젊은 세대의 신학자들은 신의 죽음을 문화적으로 정신적으로 긍정할 수 있는 도전적인 기회로 삼았다. 그리고 마샬 맥루한Marshall McLuhan과 벅민스터 훌러Buckminster Fuller와 같은 기술 혁신의 예언가들은 우리가 살고 있는 지구가 새로운 과학과 전자 공학의 영향 하에서 변화하게 될 '한마을과 같은 지구' 속에서 일어날 경이로운 가능성을 보여 주었다. 그럼에도 불구하고 우리는 인쇄된 단어로 이루어진 시각적인 문화로부터 전기 기술의 '총체적인' 문화의 세계로 옮겨가는 과정에서 끔찍한 위험들을 직면해야 한다는 사실을 맥루한 자신도 인식하고 있다. 우리는 구전되는 종족문화로 복귀할지도 모르기 때문이다. 맥루한은 『구텐베르크 은하계』 *The Gutenberg Galaxy* 에서 다음과 같이 말한다. "공포는 모든 구전 사회의 정상적인 상황이다. 왜냐하면 그 사회에서는 모든 것이 항상 모든 것에 영향을 주기 때문이다." 반면 "대부분의 평범하고 전통적이던 우리의 태도가 갑자기 괴물로 그리고 기이한 것으로 뒤틀려진 듯 보인다. 익숙하던 제도와 사회 단체들이 때때로 위협적이고 사악한 것 같아 보인다."[43] 그 원인이 무엇으로 판명되던지 간에, 그것이 어떤 형태를 취하든지 간에, 침묵은 문학상의 하나의 태도로 부상하게 되고 그리하여 우리 시대의 하나의 사실이 되어 버렸다.

Ⅶ

내가 지금까지 견지해 온 변화하는 조망들 속에서 반문학은 여러 가지 양상으로 모습을 희미하게나마 보여 주었다. 이제는 마지막으로 특수한 실례를 들어 깊이 있게 보여져야만 할 것이다. 이러한 새로운 문학의 발전과정에 가장 적절한 것으로 보이는 두 가지 실례는 다시 말하건대 헨리 밀러와 사뮤엘 베켓이다. 그들이 보이는 대

43) 토론토 : 토론토 대학 출판부, 1965, pp.32, 279.

조는 분명하다. 침묵의 문학에서 그들의 결정적인 역할은 다음에 계속되는 장(이 논문은 밀러와 베켓 연구서의 서론 부분이다 : 역주)에서 분명해지리라고 기대해 본다. 그러나 내가 이 두 작가를 왜 택하게 되었는가 하는 점을 기이하게 생각하지 않도록 하기 위해 위 두 인물에 대해 간단하게 언급해야 될 것 같다.

에즈라 파운드 다음으로 헨리 밀러는 아직 살아 있는 주요 미국작가 중에서 나이가 가장 많다(이 작품은 1967년에 출판되었다 : 역주). 그러나 파운드와는 달리 밀러는 자신을 문단의 악당인 파타고니아 사람Patagonian으로 보고 있다. 그리고 엘리어트, 조이스, 프루스트가 대표하고 있는 위대한 모더니즘 운동이 그에게는 아주 낯선 것으로 남아 있다. '삶을 대치하는 예술'에 대해 그는 코방귀를 뀐다. "탈출의 문학, 도피의 문학, 노이로제의 문학은 너무 훌륭하여 사람들로 하여금 건강의 유효성에 의문을 던지게끔 한다"고도 빈정거린다. 그 대신 밀러는 우리 시대의 무법자들에게 눈길을 돌린다. "나는 다다이스트들과 초현실주의자들의 덕을 많이 보고 있다. 나는 블란서인 같지 않은 프랑스 작가들을 좋아한다."[44] 밀러가 다다이스트들에게 어떤 빚을 지고 있나 하는 것은 분명하지 않다 해도, 밀러가 모더니스트 전통과의 관계를 끊고 그와 동시대에 살고 있는 다른 어떤 문학 대가들이 채택한 것보다 더 '분파 분리적인' 견해를 확립한 최초의 작가－로렌스도 또 다른 그런 류의 작가일 것이다－였다는 사실은 분명하다. 밀러가 취급하는 주제는－그것이 예술이건, 역사이건, 문명이건, 종교이건 간에－분노감으로 자극되어지고 계시의 희망으로 모양이 바뀌어진다. 『에어컨이 설비된 악몽』에서 밀러는 "죄는 신과 함께 시작된다. 그리고 그 죄는 인간과 함께 끝이 나며 그 순간에 그는 다시 신을 발견하게 된다."[45]고 말한다. 그리고 그는 「마음의 지혜」에서 다음과 같이 명기하고 있다. "내가 확고히

---

44) 『우주 철학적인 견해』(뉴욕 : 뉴디렉션즈, 1939), pp.110, 370.
45) 뉴욕 : 뉴디렉션즈, 1945, p.77.

믿는 모든 예술은 언젠가는 사라진다는 것이다…. 철저하게 자각하고 있는 예술가는 결국에 가서는 예술가로서의 생명이 끝이 난다. 그리고 그 경향은 자각을 향해 나아가고 있는데 그것은 어떠한 현존하는 삶의 형태가 번성할 수 없고 심지어는 예술까지도 번성할 수 없는 맹목적인 의식을 향해 나아가는 것이다."[46] 이국적인 도시의 거리를 걸어다니는 미국의 초절주의자인 밀러는 역사에 종말을 요구하고 의식의 변화를 환호한다. 그의 작품은 프랑스 상징주의자들의 전통의 종말을 보여 준다. 그런데 그 전통이란 예술을 종교로 삼았고 그렇기 때문에－랭보를 보더라도－그 자체에 예술의 죽음을 내포하고 있었다. 밀러는 문학을 특별한 종류의 자서전으로 바꾸어 놓았다. 왜냐하면 그의 작품은 그의 삶을 기록하고 이해하고자 하는 노력이라기 보다는 삶을 거듭해서 다시 살아 보고자 하는 시도이기 때문이다. 그가 자신을 맡기고자 하는 산만한 회상의 양식들은 인간 경험의 흐름을 따라가서 임의적으로 나오는 충동들에 반응한다. 삶을 예술 속에서 회복할 수 없기 때문에 그는 예술과 삶의 초월을 요구한다. 그는 문학이라는 질병을 영원히 치유받을 수 있기 위해 끊임없이 운명적으로 글을 쓰게 된 듯하다. 이러한 의미에서 헨리 밀러는 반문학의 최초 작가로 간주되어질 수 있을 것이다.

한편 사뮤엘 베켓은 과감하게 반문학의 최후 작가가 되고자 애를 쓴다. 오늘날 예술은 불가능에서 얻어내지 못하면 예술일 수 없다는 사실을 알고 있던 그는 문학을 수학적인 말의 중복으로 변형시켜 끝을 맺는다. 베켓의 논리에 따르면 역사는 힘이 다 빠져 버렸고 우리는 단순히 종말의 놀이를 하고 있는 것이다. 그러한 논리는 잔인할 수가 있다. 언어는 텅 비게 되어서 말들은 그 말들의 공허감만을 드러낼 수가 있을 뿐이다. 지식에 있어서 확실성이란 더 이상 가능하지 못하다. 그러므로 인식론은 패로디parody가 되어야만 한다. 종

---

46) 뉴욕 : 뉴디렉션즈, 1941, pp.24f.

교와 형이상학은 권위를 상실했으므로 우리는 고도를 헛되이 기다리게 될 것이다. 인간관계는 본질적으로는 잔인하다. 그러므로 사랑은 힘의 거짓된 가장이며 힘은 고독의 가장이다. 부패하는 물질은 영원히 정신에 이질적으로 남아 있으므로 정신과 불구의 육체는 결합할 수가 없다. 이러한 데카르트적인 악몽 속에서 베켓은 한 가지만은, 즉 자신을 살펴보고 자신의 목적을 즐겁게 해줄 수 있는 인간의식의 능력만은 본래의 모습대로 그대로 남겨 둔다. 이리하여 문학은 유아론자의 들을 수 없는 놀이가 되었다. 베켓이 예술은 고독을 신격화한 것이라고 믿고 있는 것은 놀라운 일이 아니다. 이렇게 실패에 대한 엄격한 충성심 속에서 그는 또한 문학이 침묵과 계약을 맺고자 하는 은밀한 경향을 드러내어 보여 준다. 사뮤엘 베켓은 그의 주인공들이 보여 주는 거대한 참을성과 말에 대한 끔찍한 재주가 있으면서도 뮤즈 여신의 입술을 봉하기를 원하는 작가로 간주될 수 있다. 그러나 그의 침묵은 음울하고 풍자적인 가락은 있어도 고통과 분노를 알고 난 후에 인간적인 이해를 넘어서 존재하는 평화에 도달하는 성자들의 침묵과 공통되는 무엇인가를 지니고 있다. 레나드 카벨 프롱코Leonard Cabell Pronko의 다음과 같은 주장은 아마도 옳은 듯하다. "베켓의 인생관은 기본적으로 종교적이다. 그것은 일상생활에서 일어나고 있는 자질구레한 일 너머에서 어떤 의미를 찾고자하고, 어떤 특정한 시공 속에서의 육체적인 욕구 너머에 있는 어떤 목적을 추구하는 사람이 지닌 관점이다."47)

밀러와 베켓은 모두 우리의 가장 어두운 희망을 소유하고 있는 코메디언들이다. 그들의 희극 정신은 문학을 서로 다른 방향으로 곡해한다. 밀러가 문학을 평상적인 한계 밖으로 뻗어나가게 한 반면 베켓은 그것을 무로 움츠러 들게 하고 있다. 그러나 확장과 수축은 끝에 가서는 똑같은 목적, 즉 어떠한 주어진 문학 형태에서 철저하

---

47) 『전위파 : 프랑스에서의 실험 극장』(버클리, 캘리포니아 : 캘리포니아 대학 출판부, 1962), p.54.

게 말의 기능을 변화시키는 그 목적을 만족시킨다. 이러한 변화는 내가 은유적으로 침묵이라고 이름 지었던 엔트로피의 상태를 향하여 나아간다. 다시 말해 침묵은 문학이 자체를 향하여 채택하고자 선택한 새로운 태도이다. 이러한 태도는 정말로 새로운 것인가? 엘리자베스 시월Elizabeth Sewell은 내가 밀러와 베켓에 관해서 이야기해 온 것과 아주 유사한 것을 랭보와 말라르메에 대해서 언급한다. 랭보의 언어는 꿈의 무질서를 향해 움직여 나가고 말라르메에 대해서 언급한다. 랭보의 언어는 꿈의 무질서를 향해 움직여 나가고 말라르네는 수의 완성을 향해서 움직여 나간다.[48] 오늘날 우리는 무엇이 새로운 것인가에 대한 확신을 가지지 못한다. 그러나 우리가 좀 더 확신할 수 있는 것은 다음과 같다. 침묵의 문학이 지나가는 유행으로 판명되건 문학사의 한 국면으로 판명되어지건 간에 그것은 서구의 양심과 그리고 서구 양심의 무의식이 우리 자신들에 대해 내린 판결이다. 라이오넬 트릴링Lionel Trilling은 "쾌락을 추구하는 본능과 자아본능 사이에서 이미 과거에 정립된 배분이 지금은 후자에 유리하게 변화되어지고 있는 문화의 변화를 직면하고 있다－그것이 좋은 것이건 나쁜 것이건 간에－고 말할 수 있을 것이다."[49] 라고 언급하였는데 그때 그는 희미하게나마 이러한 판결을 감지하였던 것이다. 트릴링의 요점은 현대 문학이 점차적으로 쾌락 원칙보다는 죽음과 더 가까운 동맹 관계를 맺고 있다는 것이다. 그러한 동맹관계는 트릴링은 깨닫지 못했지만, 아마도 새로운 삶을 위해서 있을 것이다. 『발타짜르』*Balthazar*에서 더렐은 "작품 활동의 목적은 결국에 가서는 인간이 예술을 초월할 수 있게 할 수 있는 개인성을 함양시키는 것이다."[50]라고 말하고 있는데 그의 말은 백번 옳은 것 같다. 아마도 이것이 침묵의 기능일 것이다.

---

48) 『시의 구조』(런던 : 루트리지와 케간 폴, 1951).
49) '쾌락의 운명', 『파티잔 리뷰』(1963년 여름호), p.190.
50) 런던 : 더튼, 1958, p.141.

제7장 (　　　　): 『피네간의 경야』와 포스트모던 상상력

전 문

나는 확실한 제목도 정하지 않았다. 다만 야심적으로 연결시킨 하나의 문구만이 있을 뿐이다. 이 문구는 엄청날 정도로 지독한 이 작품, 모든 신화들을 희화하는 이 신화, 끝이 없는 언어의 소리와 그 반향언어의 소리로 가득 찬 이 작품－즉 『피네간의 경야』말이다－을 우리의 의식의 장속에 위치시켜줄 초대장이다.

그 초대장은 집합적이다. 그래서 나의 시간범위 내에서 그리고 다른 모든 사람들의 인내심의 범위 내에서 내가 이리저리 방황하도록 허용하며 또 옆길로 벗어날 자유를 준다. 나는 제기하고 싶은 문제점들이 몇 개 있는데 그것들은 의심할 여지없이 골치 아프고 또 요구되지 않아도 저절로 제기되는 것들이다. 그러나 나의 모든 의문점은 궁극적으로 다음과 같은 것이 될 것이다.

> 어떻게 해서 『피네간의 경야』가 포스트모던
> 상상력과 조화를 이루고, 어떻게 해서 그것은
> 그 상상력에 도움을 줄 수가 있는가?

분명히 말하건대 이 문제를 논하는 것은 영향관계를 증명해 보이는 것이 아니라 오히려 일치점에 대해 사색해 보는 것이다.

처음부터 고백하건대 나는 이 작품을 철저하게 깊이 파고들며 읽지는 않았다. 나는 "그것을 여는 열쇠. 주어졌도다"(628, 15)의 구절에서 즐거워하는 암호적 문법의 감수성을 갖추지 못하였다. 나는 그 작품 속에 들어 있는 재담과 모형들, 그 속삭임과 출전들을 밝힐 수 있을 말도 별로 할 게 없다. 그러나 분명한 점은 그 작품은 우리가 밝히기 시작했으나(철저한 많은 독자들 덕분이다) 아직 어떻게 마음에 새겨야 할지 결정하지 못한 하나의 엄청난 예언으로 변하고 있다는 점이다.

자인했듯이 조이스는 많은 미신을 믿었던 사람이다. 그는 스튜어트 길버트Stuart Gilbert에게 『경야』에는 "후에 발생할 사건들에 대한 경고들로 가득하다"고 되풀이해서 말했다. 그러나 조이스는 미신에 사로잡혀 있었을 뿐만 아니라 점차 예언적이 되었다. 그는 스티븐이고 또 그는 대달루스였다. 그는 동시에 블룸이자 율리시즈가 되었다. 그리고 그의 페넬로페는 플로베르일 뿐만 아니라 노라로 남았다. 그러자 조이스는 『피네간의 경야』에서 궁극적으로 헤르클레스 기둥너머에 있는 그 큰 신비를 엿보게 되었다. 다시 한 번 의문점이 되살아난다. 즉 바다 건너에 있는 조이스의 비전속에서 우리는 무엇을 찾아야 할 것인가?

그럼 여기서 나는 방법론에 관해 짤막하게 언급하면서 이 전문을 끝내도록 하겠다. 나는 이 중심적인 의문점에 대하여 일곱 가지 관점을 제시하고자 한다. 이 주제적인 관점들에 대비해서 나는 나의 마음이 정지되게도 하고 또 달리게도 할 수 있을 머리에 임의로 떠오르는 생각들과 포스트모던 풍문들로 구성될 반대주장을 적도록 하겠다. 이 글의 마지막 부분은 개인적인 후문으로 마감하는 것이 적절할 것 같다.

반대주장

나의 노트에서 나는 나를 향해 적어놓은 다음과 같은 충고의 글을 발견하였다. "말장난과 혼성어들은 피하시오 : 조이스는 그의 모방적인 형식에 맡겨두시오. 당신의 1969년 더블린 시나리오에서 인용하고자 하는 유혹은 떨쳐 버리시오 : '미시스리피강'은 달빛에 의해서만 역으로 흐릅니다. 그러나 1973년 심포지엄에 참석한 모든 조이스학자들을 인용하시오. 가능하면 말입니다." 형식 속에 들어 있는 진정한 유쾌함은 불시에 나타나는 법이니까.

관점 I : 죽음의 책과 생명의 책

이 작품은 비코Vico보다도 그리고 잊지 않고 이 대지 위에 찾아오는 계절보다도 더 확고하게 순환적이다. "당신에게도 똑같은 것을 새로이 비나이다."(215, 22) 이러한 사실은 때때로 그것이 가진 죽음의 색깔의 깊이를 우리에게서 가려준다. 『경야』는 "이상적인 불면증으로 신음하는 이상적인 독자를 위해" 고안된 조이스의 "장례식(모든 이에게 재미를)"일 뿐만 아니라 그 자체가 종말에 대한 예감이다. 조이스는 "『피네간의 경야』는 나의 최후의 작품일 것이다"라고 말했다. "이제 나에게 남은 일은 죽는 일 뿐이다." 이 밤의 책은 공교롭게도 1939년 밤이 전 세상에 덮쳐 내려온 해에 모습을 드러냈다.

인본주의 독자들에게, 이성과 역사 그리고 부르주아 사회체제의 자손들에게, 즉 대부분의 우리들에게 이 소설이 말없이 암시하는 바는 자아의 죽음, 즉 구태의연한 독자 자신의 죽음임에 틀림없다. 나는 이 주제에 대해서 나중에 다시 이야기해야 하겠다. 여기서는 단지 『경야』의 비밀스러운 위협에 대한 경보를 보내고 싶다. 오해하지 마시오 : 이 만인 공통의 책은 우리의 유한성을 증언한다. 올리버 고가티 Oliver Gogarty는−다소 고집스럽게 올바르기 때문에−조이스에 대해서는 자주 그리고 재미있게도 틀린 의견을 내놓는데 그는 『경야』에 대해서 다음과 같이 말한다. "나에게는 이 작품은 산산히 부서진

성당과 같다. 그 성당의 폐허에서 파편들 밑에 깊이 파묻혀 침묵하게 된 올갠은 그 음전音栓들이 모두 한꺼번에 잡아당겨지면서 여전히 그 소리를 내고 있다." 내 생각에는 유부왕Pere Ubu만이 그 이상의 얘기를 했다. 즉 인간은 그 폐허조차도 파괴시켜야 한다고 그는 울부짖었다.

작가이기도 한 독자에게는『피네간의 경야』는 모든 종말이 죽음인 것처럼 보이는 미로의 양상을 제공한다. 우리는 그 작품이 당면하는 저항을 안다. 그 작품에 대해 알프레드 노이에즈Alfred Noyes, 아놀드 베넷트, H. G. 웰즈, G. B. 쇼, 데즈몬드 맥카시, 숀 오팔에인Sean O'Faolain, 그리고 올리버 고가티만이 상당한 불쾌감을 표시한 것은 아니었다. 거트루드 스타인과 윈담 루이스같은 모더니스트들은 더욱 심술궂게 적대감을 나타냈다. 심지어는 지지자들조차도 주저의 모습을 보였다. 메리 콜름Mary Colum은『피네간의 경야』는 "문학범주 밖에" 남으리라고 생각했고 해리엇 위버Harriet Weaver는 "안전 재담 도매 공장"에 대해 불만을 터뜨렸고 훌륭한 영국인 가정교사처럼 조이스를 꾸짖었다. "내 생각에는 당신이 천재성을 낭비하고 계신듯해요."

『피네간의 경야』는 문학의 범주 밖에 위치하는가? 아니면 문학이 문학을 넘어서서 지향해야 할 방향을 보여주는가? 아니면 우리가 이제 알게 되었듯이 문학의 종말에 대한 예언인가? 이 세 가지 의문점은 앞에서 제기된 의문점과 실상 같은 것이다. 그리고 이 세 질문에 대답을 한다면 '옳습니다'라고 하겠다. 그래서 나는『피네간의 경야』를 죽음의 책인 동시에 생명의 책이고, 단순한 종말이 아니라 전진이기도 하다고 말하는 것이다.

반대주장

무엇을 향한 전진인가? 새로운 전우주적 의식의 비전을 향해?

이 작품으로 야기된 나의 이 모든 혐오감, 절망감, 이상스러운 연대감을 어떻게 표현할까? 과거에는 저명한 학자들과 문하생들－예를 들면 에른스트 로버트 커티우스Ernst Robert Curtius와 칼 구스타브 융과 같은 분들－은 조이스를 별로 이해하지 못했고 더군다나 그를 좋아하지 않는다. 그런데 요즈음에는 『피네간의 경야』를 훨씬 더 이해도 못하면서 마치 해바라기가 신비의 태양을 향하듯이 사람들은 그 작품을 향해 얼굴을 돌린다.

노만 브라운, 마샬 맥루한, 아니면 미셸 뷔또를 생각하라.－아니면 좀 더 유행에 민감한 디어도어 로스작Theodore Roszak과 윌리엄 어윈 톰슨을 생각하라.－이 모든 이들이 『경야』에 대해 할 말들이 있었다. 브라운에게 귀를 기울이자. "정오의 어둠. 상식적인 일상생활에 점차 어둠의 그림자가 드리운다. 『피네간의 경야』. 제2의 광경은 어두운 밤."[1]맥루한의 말을 들어보자. "『피네간의 경야』는 … 출판물, 영화, 라디오, TV가 변형된 모습들이 아니면 피니히츠Feenichts(무료)놀이집을 형성하기 위해 이 세상 언어들과 융합한 언어세계이다." 그리고 뷔또는 뭐라 하는가? 그는 『경야』가 언어를 언어로 초월하고자 하는 사상 최대의 유일한 노력이라고 말한다.

우리가 비록 모더니스트인 노드롭 프라이어처럼 그 작품을 "우리 시대의 가장 중요한 풍자 서사시"라고 생각하건 여러 포스트모더니스트들－뷔또, 맥루한, 브라운－처럼 생각하건 하여튼 그 작품은 마치 피라밋형의 사원이라는 단어와 같이 버티고 서서 우리가 갖고 있는 인간의 가능성에 대한 의식을 희롱한다. 그렇다. 『잃어버린 시간을 찾아서』, 『음향과 분노』, 『마의 산』, 『연애하는 여인들』, 그리고 심지어는 『성城』보다 더하다.

그러나 지금까지 『피네간의 경야』를 읽은 사람이 얼마나 될까? 아, 와일더씨, 당신은 비록 어떤 작품들은 읽히지 않는다 해도 문화 속으로 침투한다고 말씀하시지만, 이 의문점은 아직도 내 머릿속을 끊임없이 괴롭히고 또 괴롭힌답니다.

관점Ⅱ : 고급 예술, 대중문화 그리고 그 너머

『젊은 예술가의 초상』은 예술가만을 묘사하고, 『율리시즈』는 모든 사람이 속죄받을 길을 추구하는 예술가의 모습을 보여주고, 『피네간의 경야』는 "모든 인간Allmen"을 제공한다. 이것은 적어도 제임

1) 브라운의 『최종시간』(1973)은 이 논문 이후에 출판됨.

스 어거스틴 조이스의 작품들에 대한 그럴듯한 견해이다. 그리고 이러한 견해를 뒷받침하는 역설이 있다면 조이스는 예술가 중에서 가장 자서전적이면서 동시에 가장 비개성적인 작가이고, 가장 자아강박관념에 시달린 작가인 동시에 또한 가장 극적으로 보편적인 작가였다는 점이다. 이 말은 사실 역설이 아닐 수도 있다. 왜냐하면 그는 단순히 그의 주관적 의지를 고집한 나머지 주체와 객체, 자아와 세계를 구별할 필요가 없게 되었을 수도 있기 때문이다. 버클리(George Berkeley는 18세기 아일랜드 철학자 : 역주)의 신과도 같이 조이스는 그의 의식-언어 속에서 우주를 창조하기를 희망했고 하마터면 하나님의 원작품을 폐지시킬 뻔 했다. 폴 레온Paul Leon은 그것을 다음과 같이 표현했다. "조이스에게는 끊임없는 자기고백이란 끊임없는 창조를 의미했다." 조이스의 예술과 삶에는 의도된 통일성이 있다. 그리고 바로 이 의지할 곳 없는 정신의 소유자의 의도된 통일성이야 말로 우리로 하여금 자아와 세계의 범주뿐만 아니라 고급예술과 대중문화의 범주도 조이스에 해당되는 만큼 재검토하도록 만든다.

우리 모두는 "써니 트윈짐"(211. 07)보다 더 빼어난 지식을 가진 사람이 없음을 잘 안다. "내가 독자에게 요구하는 것은 독자는 그의 전 생애를 내 작품들을 읽는데 바치라는 점이다"라고 그는 말했다. 그는 비록 웃으면서 그 말을 했지만 그 몹쓸 농담이 아주 진지하게 느껴지게끔 되풀이해서 말했다. 그래서 고급예술은 고행이다. "리피강에서 빨래하는 두 여자의 이야기"를 쓰느라 소모한 1200시간은 독자의 고행을 어느 정도 정당화시킨다. 허버트 리드는 쉽게 결론짓는다. "문학은 수도사의 일이고 티베트의 사원들보다도 더 들어가기 힘든 성역을 지니기 때문에 조이스씨는 현대문학의 고매한 사제이다." 그러나 이러한 모습에는 또 다른 측면이 있다. 즉 「타임」지의 겉표지에 실린 조이스의 얼굴을 생각하자. 조이스는 망명생활에서 침묵보다 무한히 교활한 방법으로 『피네간의 경야』를 읽히지 않는 최고로 유명한 책으로 만드는데 성공했다.

우리에게 상당히 불합리하게 느껴질 수도 있지만 조이스는 『경야』가 여러 층의 독자에게 광범위하게 호소력을 가질 것으로 믿었고 그의 "큰 언어"가 특이한 독자뿐만 아니라 평범한 독자들의 환심을 사리라고 믿었다. 그렇지 않을 이유가 무엇인가? 그 책에는 위트와 감정적인 면이 풍부하고 민담, 상스러운 말, 노래도 가득하다. 페이지마다 음악 감상실 소리, 술집소리, 거리의 소음이 흘러넘친다. 기괴한 일, 저급한 일, 감상적인 일, 사실적인 일, 상스러운 일, 이 모든 것이 그의 후기 작품 속에서 뒤범벅이 되어 얼렁뚱땅, 엉망진창, 야단법석을 떨며 가득하고 순수한 시가와 뒤섞여 있다. 결국에는 고상한 것과 우스꽝스러운 것이 하나의 재담으로 응축되고 끝도 없는 회화로 확장된다. 레스리 피들러가 포스트모던과 동일시하는 팝은 결코 『피네간의 경야』의 모퉁이에서 그리 멀지 않다.

그러나 이 작품과 대중문화의 유사성은 훨씬 더 복잡하다. 조이스가 졸라스Jolas에게 "이 책은 내가 만났거나 알고 있는 사람들이 쓰는 중이다"라고 말했을 때 그가 갑자기 겸손해진 것은 아니다. "모든 인간"의 책은 적어도 이론상으로는 집합적인 작가를 요구한다. 그것은 또한 공동체적 독자를 필요로 한다. "조이스 산업"은 그러한 독자 말고 또 무엇을 만들어낼 수 있을까? J. 미첼 모스Mitchell Morse는 좀 더 상쾌하게 그러한 사실을 표현한다. "『피네간의 경야』를 읽는다는 것은 대단한 수준의 집합적 사업이다. 그 과정에서 벌어지는 일은 단순한 양적집합이나 부품을 기계적으로 큰 단위체로 조립시키는 일이 아니다. 그것은 한 개인의 정보가 다른 사람의 잠재의식 속에서 추론을 끌어내고 그것은 또 제3자의 추측을 유효하게 하는 객관적 요소와 주관적 요소들이－일종의 영적 교섭을 통해－조화되는 일이다. 조이스는 과거의 음유시인들과 샤만들의 마술적 기능을 재생시켰다. 통상 우리가 그런 일이 가장 벌어지지 않으리라는 여기는 세미나실에서 말이다."

아마도 세미나실은 대중문화에 우리 대부분이 다가가는 만큼 가까울 것이다. 아니면 아마도 벽없는 세미나실은 그 자체가 "학교교육 없는 사회"의 문화가 될 것이다. 내가 말하려고 하는 바는 다음과 같다. 『피네간의 경야』는 고급예술과 대중문화의 경향들을 그 외곽 경계 지역까지 이끌고 간다. 그리고 그곳에서 모든 정신의 경향들은 만나고, 그곳에서 에피퍼니와 더러운 농담이 하나가 되기도 한다. 만일 이것이 아직도 엘리트주의라면, 그것은 특별한 종류의 엘리트주의이다.

반대주장

시옹의 고급포도주가 조이스 애호가들을 위한 연회에 제공될까 궁금하다. 저녁만찬에 "대공비大公妃"가 참석할까?

나는 또한 "잡동사니"에 대해서도 생각한다. 『백설공주』에서 도날드 바셀미는 말한다. 우리는 책 속에 잡동사니가 가득 들은 그런 책을 좋아한다. 그 잡동사니는 자신을 전적으로 관련이(진정으로 전혀 관련이)없는 것으로 드러내고 주의 깊게 살펴보면 지금 무슨 일이 일어나고 있는가에 대한 일종의 "기분"을 보여줄 수 있다. 『피네간의 경야』는 마술적 잡동사니로 가득한가? 하나의 오래된 의식을 거부하는 것은 그 자신을 새로운 것을 위한 벽돌로 다시 만드는 것일까?

또 다른 문제들도 있다. 잠시 동안 『경야』가 고급예술에 대한 모더니즘적인 관념에 도전하고 몇 가지 점에서 대중문화에 대한 포스트모더니즘적인 관념을 예견한다고 가정해 보라. 그것은 그 소설이 지닌 혼합된 음조(결국, 이전에 "릴의 남편은 제대했어요") 때문만이 아니라, 익살맞은 활극과 외설 때문만이 아니라, 특권을 부여받은 사람으로서의 작가 자신이 사라져야만 하는 집단정신의 신화 때문이기도 하다.

아니다. 나는 지금 흄, 엘리어트, 또는 파운드가 말하던 "몰개성"을 말하고 있는 것이 아니다. 나는 롤랑 바르트가 생각하던 "저자의 죽음"을 생각하고 있다. 냉정하고 빈틈없는 기호학자인 바르트는 팝의 기이한 동반자처럼 보인다. 그러나 하여튼 그의 말에 귀기울여 보자. "일단 저자가 사라지면 한 텍스트의 '암호를 푼다'라는 주장은 아무런 쓸모가 없게 된다. 한 텍스트에 작가를 배당함은 텍스트에 정지조항을 부과하는 것이고 텍스트에 최종적인 의미부여를 하는 것이며 쓰기 작업 [독자의 의미창조가 가능한 : 역주] 을 폐쇄시키는 것이다" 그러므로 바르트에게는 – 그리고 이 부분에서 모스도 자신도 모르게 바르트에 동조한다. – 쓰기작업의 진정한 장소는 읽기 작업이다. 따라서 "하나의 텍스트는 복합적인 쓰기 작업들로 구성되어 있다. 그것들은 여러 문화에서 나오게 되고 서로서로의 대화, 회화, 논쟁의 상태로 들어가게 된다. 그러나 이러한 복합성이 수집되고 통합되는 한 장소가 있는데 이곳은 우리가 여지껏 그러하다고 말했던 작가가 아니라 바로 독자이다. …"

어떤 텍스트가 『피네간의 경야』보다 저자의 "죽음"과 새로운 독자의 "탄생"을 축하할 수 있을까? 궁극적으로 아마도 다른 종류의 문학 속에서 저자와 독자가 진정한 동기간이 될 수는 없을까? 그러나 당분간은 젊은 독자 – 이는 팝이 아니고 그것에 대한 희화이며, 「아다」(나보코프작품 : 역주)에서처럼 관능적이며, 『염소소년 자일즈』에서처럼 민첩하고 『중력의 무지개』에서처럼 무중력상태에서 뛰노는 언어의 놀이꾼 – 의 출현을 우리는 목격하지 않았는가?

관점 Ⅲ : 꿈과 유희(그리고 후에는 구조)

꿈들의 무질서, 유희의 무목적성, 구조의 교묘함은 상호 모순된 것처럼 보인다. 그러나 『피네간의 경야』가 균형을 유지하는 것은 바로 이 모순성 위에서이다.

사실상 이 균형은 기적적이라기보다는 교묘히 처리된 탁월한 모순행위이다. 왜냐하면 「경야」는 하나의 꿈의 책으로서 거대한 깨어있음을 보여주는 책이기도 하다. 알란드 어셔 Arland Ussher로 하여금 "마르크스 형제들의 영화의 달콤한 부조리"를 상기시켜 주는 이 작품의 희극과 기지는 강렬하게 자기 자신들을 의식하고 있다. 조이스가 일찍이 꿈을 꾸었던지 아니면 꿈을 꾸지 않았던지 간에 우리는 그의 말들이 하나의 꿈이 아니라 메타언어를 구성함을 인식해야 한다. 이 작품은 분명 그를 사로잡았다. 그는 "1922년 이래로 나의 책은 나에게는 현실보다 더 큰 현실이었다. 모든 것은 그것을 위해 희생되었다."라고 말한다. 강박관념은 초월의식을 낳는다. "의식의 신비는 어떠한가?" 하고 조이스는 버전Budgen에게 묻는다. "그들은 그것에 대해 무엇을 알고 있지?" 그러므로 『피네간의 경야』에서 꿈이라는 요소는 그 작가의 관점에서 보면 단순히 그의 자유에 지나지 않는다. 즉 언어와 현실을 변형시키는 자유이다. 꿈은 문학적인 환상이다. 우리는 "공간이라는 이름으로 시간성속에 있는 것인가?"(558.33)

반대주장

미셸 뷔또는 『피네간의 경야』는 꿈의 묘사가 아니라 "독자 자신이 꿈을 꾸도록 자극하고 도와주는 기계"라고 소개한다. 아니면 독자가 놀이를 하도록 도와주는 것이다. 유희란 포스트모더니즘의 악덕이면서 즐거움이다. 유희는 실제가 없는 것이며 동시에 환상이다.

우리의 모든 환상가들과 흙점장이들, 베켓, 바스, 번하르트, 버제스, 베커, 바셀미, 뷔또, 블량쇼, 버로오즈, 브라우티건, 보르헤스, 비셀, 나보코프를 생각해보라. 자신도 위의 부류에 속하는 로널드 수케닉은 훨씬 뒤에 나온 작가들을 보사노바의 춤꾼들이라고 말한다. "말할 필요도 없이 보사노바는 아무런 플롯도, 아무런 이야기도, 아무런 인물도, 아무런 연대기적 순서도, 아무런 핍진성도, 아무런 모방도, 아무런 우화도, 아무런 사징도, 아무런 제재로, 아무런 '의미'도 가지고 있지 않다."

그러나 우리 모두 『피네간의 경야』는 그렇지 않다고 외치고 싶어 한다. 그러나 그것은 「경야」가 녹아 없어지는 현상이며 편집광적인 의도성이 제거된 『경야』이다. 그것은 작품 없는 「경야」이며, 꾸민 표정의 표면이며, 부조리하고 명확한 유희로서의 희극이다. 하나님이 몽상가가 되었을 때 – 조이스가 『경야』를 그렇게 의도했건 안했건 간에 – 모든 것은 가능하게 되었다.

관점Ⅲ : 계속

꿈은 환상과 노래 속에서의 운동인 놀이로 변한다. 무엇보다도 꿈과 유희는 희극의 보이지 않는 격자무늬를 제공한다. 어느 날 누군가가 전적으로 『피네간의 경야』에 토대를 둔 희곡이론을 만들어 내리라. 그녀(또는 그)는 이 어리석은 주제에 대한 휴 케너와 비비안 머시어Vivian Mercier의 작업을 언급하리라. 육감적이고 뒤범벅이고, 희화적이며, 풍적이며, 그리고 다른 모든 희극적인 전통들을 생각하리라. 모든 종류의 철학자들과 상담을 벌이리라. 반복되는 역사에 관한 칼 마르크스의 진술을 음미하리라. 처음에는 비극, 두 번째로는 소극, 그리고 마지막에는 기도문 : "우리에게 비참함을 무더기로 크게 쌓아주소서. 그러나 우리의 예술을 저급한 웃음으로 뒤엉키게 하소서!"(259.07) 나로서는 『경야』에서 희극이 꿈, 유희 그리고 구조를 연결시키고 또한 희극은 꿈을 객관화하며, 놀이를 평범성의 논리로부터 구해내는 한편 구조를 민주화한다고 지적하고 싶을 뿐이다. 가장 작은 말장난으로부터 가장 큰 희화적인 양식에 이르기까지 희극은 그 힘을 발휘하여 우리를 즐겁게 하거나 심지어 놀라게 할 뿐만 아니라 더 나아가 의미를 다양하게 만들고 복합성을 배가시키기도 한다. 이 책에서는 희극은 진공 속에서 영원히 진동하는 언어의 소리굽쇠이다.

짧은 반대주장

진공, 정확한 말이다!

어떤 이들은 희극의 무한한 진동을 허무주의라고 부른다. 희화의 희화의 희화는 한때 희극이었다. 영원성은 부조리한 순환이다. 가치평가도 없고 가치도 없다. 그것은 "메뚜기(우아한 희망가)가 … 경쾌하게 뛰어다니며 항상 여유있게 장난치며 노래하는" 그가 이 소설에서 이루어낸 성과인가?

그러나 희극적인 양식이외의 그 어떤 양식으로 주요한 포스트모던 소설이 잉태될까? 그리고 조이스와 카프카를 제외하고 누가 포스트모던 소설의 선조인가? 만일 이름이 잘 알려지지 않은 레이몽 루셀Raymond Roussel이 아니라면 말이다.

관점Ⅳ : 구조

내가 이 주제에 대해 무슨 말을 덧붙일 수 있을까? 모든 훌륭한 구조주의자들이 천국으로 가는 길에 『피네간의 경야』에 들렀다 가고 그래서 그들이 목적지에 도달하는데 그렇게 시간이 오래 걸린다는 말을 빼놓고 말이다.

이 소설은 구조상 지나치게 확정적이고 의미상 지나치게 불안정하다는 사실을 우리는 알고 있다. 그 구조원리에는 수, 상징, 중심사상, 꼴라쥬, 몽타쥬, 신화적 양식, 꾸며진 꿈, 신비로운 조응, 음악률, 다원적이며 후진하는 조망, 게임이론, 희화, 말장난, 두운, 그리고 고전수사학의 어휘에서의 인용들이 포함된다. 그러나 『피네간의 경야』는 그 자체를 구조로 훌륭하게 파악하고 있을 뿐만 아니라 그 자체를 탈구조화할 필요성을 좀 더 애매하게 인식하고 있다. "사뮤엘 베켓은 조이스에게 실재란 아마도 진술이 가능하지 않은 법칙을 예시하는 하나의 패러다임이라고 언명한 적이 있다. 그러나 아마도 그 법칙은 추정될 수 있을 것이다"라고 엘만은 말한다. "그것은 질서나 사랑에 대한 지각작용이 아니라 이 둘 어떤 것보다도 더 소박한 우연성에 대한 지각이다."

하나의 구조 원리로서의 우연성은 정체성이며 우발적 사건이고, 순화이자 이탈을 의미한다. 우연성은 모든 광적 질서 자체가 암시하는 무서운 무질서를 뜻한다. 말의 4개의 대리, 4계절, 4명의 복음주의자, 이러한 것이 실재 속의 비밀스러운 의도 내지 치매의 우연성인가? 거의 끝까지 조이스는 그의 불가피한 아이러니에 의해 출현하는 조응의 비전에 한계를 그었던 것 같다. 그가 더욱 더 신비스러워질수록—아니면 그것은 단지 미신적인 것일까?—그의 자기희화는 더욱 더 무자비해진다. 그의 크나큰 대달루스적인 노력에는 해체에 대한 깊은 본능이 포함되어 있다.

그러므로 한편 『피네간의 경야』는 조이스의 기술과 노력의 총체성을 인정한다. 예를 들어 제4권의 끝부분은 그의 다른 모든 작품의 결론들을 포용하는 것으로 읽힐 수 있다. 그리고 『경야』의 다양한 구절들은 전 작품의 의도를 요약한다. 그러나 그 소설의 구조는 또한 그 자체를 반성하고 그러한 과정에서 그 소설의 허구성을 높여준다. 능필가인 셈의 불확실한 성격과 침투하는 글자의 동기, 조이스에 대한 반성적인 언급, 소설의 원고 자체에 대한 심술궂은 논평, 소설의 진행과 수용—"비꼬는 과정의 무능한 고찰을 그가 사실화하는데 대한 당신의 과장된 심사"[496.36]—이 모든 것들은 그 자신의 자의성을 인정하는 기술의 예들이다. 다른 한편으로 『피네간의 경야』는 모든 창조행위의 우연성을 인정한다. 앞으로 보겠지만 조이스는 창조를 모든 행위 중에서 가장 필연적이며 우연적인 원리와 동일시하였다.

반대주장

능필가인 셈, "썩은 고기를 냄새맡는 자, 조숙한 무덤파는 자, 선의 단어의 가슴속에서 악의 보금자리를 찾는 자,"(189.28). 셈, 카인, 사탄, 닉과 글루그, 이슈마엘, 셋, 타프와 머트, 이아고, 로미오, 바텀과 퍽, 스티븐 대달루스, 제임스 조이스는 "오늘날까지도 편지날치기를 하는 자를 불충분하게 나쁘게 평가했다."(125.21) "아니, 저주받은 바보, 모반의 주모자, 이기주의자, 이단주의자, 너는 너의 가장 강렬하게 의심이 많은 영혼의 진공 위에서 분열된 왕국을 키워왔다."(188.15)

아, 여기 더러운 인간으로서의 예술가의 초상이 있다. 그러나 이 예술가 셈 조이스는 특이한 포스트모던 형식을 창조하고 있고 여기에 그 이유가 있다.

a. 희화적 반사성. 자체의 구조를 희화하고 반성하는 소설은 새로운 것이 아니다. 예를 들어 지드의 『화폐 위조자들』(1925)과 곰브로비치의 『페르디두르크』(1973)는 『트리스트램 섄디』(1760~1767)와 마찬가지로 『경야』의 선조이다. 그러나 복합적이며 단절되고 애매모호한 조망을 지니는 이 장르는 나보코프의 『창백한 불』, 코르타자르Cortazar의 『오락말놀이』, 보르헤스의 『픽션』, 즈네Genet의 『매의 일기』, 베켓의 『어떤 식으로 그것이』, 바스의 『놀이집에서 길을 잃고』와 같은 다양한 작품과 함께 2차대전 후에 이르러서야 유행되게 된다.

b. 실재의 재창조, 시간, 장소, 등장인물, 플롯에 대한 전통적 관념은 깨어졌다. 실재는 재창조된다. 모더니즘 문학에서 이것은 거트루드 스타인이나 알프레드 되브린의 작품에서와 같이 표면의 의사입체파적인 붕괴로 간혹 이루어진다. 또 다른 때에는 프루스트나 포크너의 작품에서처럼 표면들을 분열시키고 표면들을 내면적 언어로 흡수함으로써 이루어진다. 첫째 방법은 의사 객관주의적으로, 둘째 방법은 의사주관주의적으로 여겨진다. 그러나 양쪽 방법 모두 실재를 어휘로 재생해낸다. 조이스는 이 두 방법 모두를 통달하였다. 그러한 의미에서 『피네간의 경야』는 "신리얼리스트"소설, "초현실주의적"소설 – 한편으로는 로브 – 그리예의 『질투』, 뷔또의 『자동차』, 또 다른 한편으로는 호크스Hawkes의 『식인종』과 뷔르리체Wurlizer의 『나무못』 – 모두의 길을 열어준다. 그 어느 경우이던 실재의 재창조는 작품에 깔려 있는 환상내에서 객관적, 주관적 범주 사이에 있는 구별을 표기하도록 요구한다. 사실과 허구는 같은 양상을 띄게 된다. 이것 역시 포스트모던하다. 카포티의 "넌픽션 소설", 『냉철』, 스타이런의 "역사에 관한 사색", 『냇 터너의 고백』, 메일러의 "소설로서의 역사, 역사로서의 소설"인 『밤의 군대들』, 미국에서의 뉴저널리즘까지 – 이 모든 것들은 부분적이기는 하지만 어떤 점에서 사실과 허구의 경계가 무너져야 함을 인식한다. 이 세계의 그 거대한 작품은 실재가 말씀의 선언이 될 때까지 훨씬 더 커다란 언어의 확장을 대적한다.

c. 비선형적 형태. 『피네간의 경야』 또한 순환적이고 동시적이며 우연적이다. 주제들의 그물, 또는 모자이크 또는 몽타즈, 또는 뫼비우스의 띠이다. 우리는 전통적인 시간과 공간 밖에 존재하는 지각을 만들어 내며, 책의 비선형적인 구조의 원형으로서 신화, 음악, 카발라kabala, 그리고 전기체제를 생각한다. 그것은 조지프 프랑크가 현대소설에 관해 주장했듯이 시간이 공간화되는 현상만은 아니다. 이 작품에서는 시간과 공간이 환상화되고 있다. 선형적이거나 추론적인 논리를 거부하고, 거짓으로 꿈을 만들어 냄으로써 『경야』는 "절실한" 시간과 마음의 경계없는 공간 속에서 자신을 유지한다. 마크 사포르따Marc Saporta의 "뒤섞기 소설"인 『구성 1호』를 논하면서 샤론 스펜서는 다음과 같이 적절한 요점을 지적한다. "사포르따의 이야기과정은 기억(과거), 욕망(미래를 암시함), 그리고 환상(현재 존재를 암시함)사이의 전통적 구별을 와해시키고 구성의 무시간적이며 두드러진 시각적 양태를 대치할 대의 명분을 꿈에서 가져온다." 사포르따의 작품은 독특한 개성이 있는 것처럼 보이지만, 항상 시각적이며 또 불가피하게 청각적인 비선형적 형태를 가정한다는 의미에서 포스트모던 소설과 가장 동일한 궤도를 달린다. 그러나 무엇보다도 마음을 직접 참여시키고자 추구한다.

d. 책의 문제학. 기술은 책의 본질을 바꾸어 놓았다. 마샬 맥루한에서 미셸 뷔또에 이르는 작가들은 이 문제에 대해 사색하였다. 그리고 『견인주의적인 희극배우들』에서 케너는 조이스가 활자모양을 이용한 것에 특히 주목하였다. 모든 사람에게 다음과 같은 사실은 분명하다. 『피네간의 경야』는 각주, 여백, 명단, 소묘, 다양한 활자체를 사용하고 있고 앞 페이지부터 뒷 페이지로 순서대로 읽는 것을 거부한다는 사실 말이다. 다른 작품들보다 『경야』는 혼합된 매체 – 단절적이며 총체적이고, 시각적이며 청각적이고, 시적이며 이야기체이다 – 로 되어 있다. 그 형식의 몇 가지 특성들은 되브린의 『베를린 알렉산더 광장』에 나오는 숫자, 도스 패소스의 『미합중국』의 설명문, 말라르메의 『부정의 영향력』의 여백들을 연상시키고 – 『가르강튀아와 팡타그리엘』이나 『켈의 책』까지도 연상시킨다. 똑같은 인쇄상의 특징들은 미국의 몇몇 포스트모더니스트들을 언급해 보면 존 케이지, 로날드 수케닉, 도널드 바셀미, 레이몬드 훼더만, 그리고 유진 와일드만의 실험들을 예견시켜 준다. 그러나 인쇄자체가 중요한 문제는 아니다. 책에 대한 낡은 개념이 문제이다. 맥루한은 "『피네간의 경야』를 통해 조이스는 그의 알파벳 중심의 사고에 대한 주요한 몇몇 변조를 보여 준다…. '한밤의 뉴스영화'에 대한 그의 '말-음성-시각'적 재현은 인간 문화의 흐름의 전달체이자 형식으로서의 의사소통의 매체 자체를 최초로 극화한 것이다"라고 말한다. 우리는 의아해 하지 않을 수 없다. 우리 문화에서 다음에 나타날 의사소통의 말 – 감각적 과정의 모습은 어떤 것일까?

관점Ⅴ : 에로티시즘

『피네간의 경야』의 에로티시즘은 그 언어만큼이나 다양하고 그 생애만큼이나 포괄적이다. 그러나 그것은 특이하게 조이스적이다. 마가렛 솔로몬은 섹스를 "조이스의 우주적인 농담"으로 파악한다. "섹스에 몰두하고 있는 신의 역할을 그 자신이 떠맡는 것-그리고 그이— 농담을 영속화시키고자 창조에 대한 모든 종교적 신화와 상징을 사용하는 것-은 저항의 행위 속에서 자신의 교활한 훈련을 이용하는 한 방법이다." 그러나 『경야』는 또한 저항을 초월하며, 소설 속에서의 섹스의 순열은 베켓과는 달리 성스러우면서도 풍자적이다.

그 소설은 솔로몬 여사가 보여주듯이, 섹스의 비유크리드적 기하학을 제공한다. 사람들은 생식기를 상징하고 도표들은 사람들을 상징한다. 창조력은 소진과 생성 모두와 연관된다. 자연에는 많은 입구와 출구가 있고 모든 질문에 대해 많은 육감적인 면들이 있다. 위에서와 같이 아래에서도 그렇고 시작에서 그렇듯이 끝에도 그러하다. 그러나 프리츠 센Fritz Senn이 지적하듯이, 조이스의 밤의 책에는 "위와 아래, 안과 밖이 정치적인 만큼이나 에로틱하다." 이 책에는 에로스 여신과 엘리스와 크라프트-에빙이 일찍이 꿈꾸었던 모든 것이 포함되어 있다. 즉 낭만적인 사랑, 나르시시즘, 불결물 기호벽, 근친상간, 수간, 수음, 동성연애, 관음증, 노출증, 가학피학성, 변태성욕, 성적무력감, 그리고 소위 말하는 모든 변태성욕들-검은 미사[악마를 찬송하는 미사 : 역주]의 입과 항문의 악마주의는 말할 것도 없다.-말이다. 물론 HCE와 ALP의 결실 있는 사랑도 있다. "유쾌한, 씩씩한, 정중한 신사는 날뛰는 갈색밤의 암말(악몽)을 탄다. 그의 백합과도 같이 순결한 그녀의 핵에서 알멩이를 훔치고자 파내고 괴롭히네. 하나에 하나가 더해지니 하나가 잉태되도다!"(538.08)

이러한 것이 이 소설이 지닌 사랑의 신비이다. 즉 하나가 여럿에서 나오고 또 그 여럿은 다시 하나가 된다. 최종의 지점은 도착증이 아니라 하나가 되는 순간(속죄)이다. 따라서 여러 등장인물들의 복합적인 성욕, 남여 "이분주의"는 심지어 모하매트, 셰익스피어, 나폴레옹 들이 그들의 성을 전환시키는 것을 허용한다. 따라서 이어위커가의 복합적 통일은 아버지와 아들을 동일시하고 어머니와 딸을 동일시하여 모두를 근친상간적 상대자로 만들고 있다. 험티덤티의 성적 타락은 온전함을 추구하는 말과 육체의 영원한 변형을 표시한다. 그러나 다르시 오브리안은 애정과 성욕은 조이스의 삶이나 작품에서 화합되는 적이 드물다고 말한다. 궁극적인 통일은 항상 그리고 전적으로 비개성적이기 때문에 그럴까?

반대주장

포스트모던시대의 에로티시즘은 – 오늘날에는 수많은 추잡한 책, 추잡한 영화, 추잡한 그림들이 있다. – "내부 고발자"의 시사회에 앉아있는 울지판사를 상상하게 한다.

그러나 우리 시대를 정당하게 평가내려 보자.

노만 브라운과 노만 메일러를 생각하라. – 에살렌 연구소와 킨제이 연구소 – 그로브출판사와 올림피아 출판사 – 여성해방과 동성연애 해방 – 피임약, 『플레이보이』지, 『펜트하우스』지, 포트노이, 포르노이상국, 그리고 포르노정치학 – 이 모든 것이 연결시키려는 막연한 욕망을 표현한다. – 욕망과 그 좌절을 표현한다 – 프로그램으로서의 올가즘을, 그리고 유아론 또는 이데올로기로서의 섹스를 – 그러나 새로운 에로틱은 더 큰 형태를 추구하기를 고집한다. – 가족의 소멸(데이비드 쿠퍼)과 양성의 추구(케로린 하일브런) – 새로운 종족중심주의, 새로운 다형태성과 도착성 – 『피네간의 경야』가 관련이 있지 않을까?

분명히, 그러나 약간의 차이를 지니고서 – 『경야』는 또한 사랑의 더 커다란 형태들을 확인한다. – 그러나 사랑은 의지와 이데올로기보다 신화와 무상에 더 가깝다. – 언어에 더욱 더 가까운 사랑 – 환상의 언어로서의 섹스 – "셰익스피어의 시편을 오줌싸듯 노래불러라. 운문시의 외경을"(242.30) – 포스트모던 소설의 성언어인가?

관점Ⅵ : 바벨의 언어

스트러더 퍼디Strother Purdy는 『피네간의 경야』에 대해 말한다. “이 소설에서는 다른 언어들의 구문들이 이용되고 있지만, 결코 그 작품은 어떤 그룹의 언어로든가 … 쓰여질 수 있다고 생각될 수 없다” 누군가가 의문을 품어본다. 조이스는 하나님께서 바벨탑을 내려다보며 “당장 땅에 내려가 사람들이 쓰는 말을 뒤섞어 놓아 서로 알아듣지 못하게 해야겠다”라고 말씀하시기 이전에 있던 인간언어의 통일성을 회복하고자 했던가? 프랑크 버전은 조이스가 한때 바벨의 비밀을 발견했다고 주장한 적이 있음을 기억한다. 그러나 버전은 그것을 결코 캐묻지 않았고 우리는 영원히 알 수 없을 것이다.

우리는 짐작해 볼 수 있다. 조이스는 만일 실재가 언어와 동일시될 수 있다면 언어도 언어 자체와 동일시될 수 있음을 감지한다. 이것은 『경야』에서 보인 그의 반창조적인 분노, 본래의 언어를 침묵시키고 모국어를 갈기갈기 찢고자 하는 그의 의지를 거부하려는 것은 아니다. 그러나 조이스의 분노는 즉각적으로 순수한 의미로 바뀔 수 있는 “말들”을 추구한다. 조이스는 세계의 29개(?) 언어를 약탈하면서 동시에 비코식의 상형문자, 은유, 추상작용을 융합하면서 이 세상의 언어의 음소들이 뒤엉켜 있는 혼란상태로부터 하나의 메타언어를 창출해낸다.

우리가 알기로 조이는 아마도 불연속에 마음을 붙잡아두기 위해 말장난, 말더듬기, 수수께끼를 또한 이용한다. 그러나 그의 말장난은 환유가 되고 말더듬기는 반복을 강조하며 수수께끼조차도 우주의 근친상간적 마음에서 통합을 회피한다. 조이스가 루이스 캐롤의 무의미한 말사용으로부터 아무리 많은 영향을 받았다 해도 조이스 자신의 언어는 종종 분석적이라기보다는 종합적이다. 그의 “문장”은 구문론이 음운론적 연속 자음에 자리를 양보하는 단어이다. 초기

원고의 선명한 문장으로부터 최종원고의 잘 짜여지고 휘문이법으로 층을 이룬 끼워넣기 문장에 이르기까지 조이스의 문장작법의 과정은『피네간의 경야』에 있는 모든 요소들이 참여하는 거대한 제설혼합주의의 노력임을 보여준다. 암탉 비디가 시간의 쓰레기 더미 한가운데에서 글자를 쪼아먹고 있을 때 그녀는 더럽혀진 양피지 위에 쓰는 바벨의 원초언어를 발견해 내었을지도 모른다. "나아가라, 상냥한 새여!"(112.09)

반대주장

다른 방식으로 말해보자.『피네간의 경야』는 "아인쉬타인적인 우주의 비전의 로고스"라고 윌리암 트로이는 조이스가 가장 좋아했던 서평에서 말했다. 그러나 이 소설은 또한 "경전들과 성스러운 책들과 연관되어 있고 인간정신의 타락과 각성의 견지에서 또한 자연의 창조와 계시의 견지에서 삶을 다룬다"고 노드롭 프라이는 말한 바 있다. 그러므로 우리는 이 작품의 언어 속에서 오래된 영지주의와 새로운 기술의 꿈–정신과 자연, 과학과 신화를 하나의 단일한 진리로 통합하고자 하는 꿈–이 물질을 초월하여 만난다고 결론을 내릴 수 있을까?

나는 이 질문에 대답할 수가 없다. 그러나 나는 문학에서의 포스트모던한 노력이 단어들이 그 자체를 사물과 분리시켰고 언어가 이제는 언어를 지시할 수 있을 뿐이라고 인정한다는 사실을 잘 알고 있다. 그리고 어떤 책이–또는 오히려 어떤 언어가–「피네간의 경야」보다 그 자체를 언어로서–필연적으로 언어적이고 궁극적으로 그럴 수 밖에 없는 것으로–주의를 기울이고 있는가? 존 플레처는 가장 내밀스러운 문장가에게도 조이스가 끼친 영향을 잘 이해한다. "베켓이 조이스에게 진정으로 배운 것은 단어들의 중요성이고 그 어휘들의 표면적인 의미와는 관련이 없어도 그 본질에는 충실한 의식들 속에서 그 단어들이 작동하도록 만드는 방법이었다."

단어는 정말로 본질이 되었다. 본질 내지 에너지로, 지속적 변화에 영향을 받으나 그 무한히 얇은 페이지 속에서 과거, 현재, 미래의 모든 책들을 포용하는 보르헤스의 "바벨의 도서관"에 있는 그 한권의 책처럼 파손될 수 없는 옹골찬 것이다.

관점Ⅶ : 보편적 의식을 향하여

이제 나는 글이 종장에 이르게 되니 주제가 좀 더 분명해진다. 즉『피네간의 경야』는 보편적 의식상황을 열망한다. 그 작품의 테마를 심사숙고해 보자.

항목 : 비코는 말한다. "개별성은 보편성이 구상화 된 것이다. 그리고 모든 개인의 행동은 동시에 초개인적이다." 이 말은 실로 조이스에 해당되는 말이다. 그에게는 시간이나 장소에 의해 어느 등장인물도 구속받지 않기 때문이다.

항목 : 등장인물들은 재현, 윤회, 그리고 첨가의 과정을 끊임없이 경험한다. 그리고 아주 반대되는 인물들－셈과 샤운, HCE과 ALP－이 자신이 아닌 그 상대방이 되어버린다.

항목 : 실제적인 것과 가능한 것, 역사적인 것과 믿기 어려운 것, 모두가 영원속에서 똑같이 타당성을 지닌다. 이러한 영지주의적인 관점에서 조이스는 브루너를 신봉한다. 사실과 허구는 결합한다.

항목 : 동시성의 세계에서 원인과 결과는 동시에 발생한다. 영원과 순간은 신비한 원리에서와 같이 영원한 현재 속에서 통합하고 인과적 관련성을 동시에 발생된다.

항목 : 조이스는 밤의 세계를 선택했다. 죽음이 모든 것을 평등하게 해주듯이 그 누이인 잠도 그러하다. 그래서 우리는 꿈속에서 탐욕스러움이나 수치스러움이 없이 종족을 나타내는 모든 상징물을 교환한다.

항목 : 꿈꾸는 자나 서술자가 그 누구든지 간에 그는 모든 인간의 대표이다. 그러나 버나드 벤스톡Bernard Benstock의 말도 역시 옳다. "창조력 수준에서는 조이스 자신이 그가 경험하고

학습하고 이해한 것에 형태를 부여한다(그러나 그것은 영지주의파에서 일컫는 악의 창시자가 천지를 창조하면서 그 발전의 주기를 꿈같이 흘려보내는 바로 그런 식으로 한다)."

항목 : 성령과 같은 창조과정이 모든 매체를 침범하고 통합한다. 즉 텔레비전과 텔레파시, 그 유명한 편지와 영혼의 글쓰기 작업, 플라톤의 동굴에서의 영화와 그림자들, 성행위와 언어, 이 모든 것은 하나의 된다.

항목 : 이 작품은 모든 것을 포용하고자 한다. 그것은 백과사전은 아니면서 진정한 하나의 우주이다. 그리고 소우주와 대우주를 일치시킴으로써 이 작품도 전 우주가 되고자 한다.

이 소설작품에서 보인 통합의 전략은 이 세상에 알려진 것은 모두 나타난다. 그러나 내 생각으로는 많은 사람들이 소위 "희화"라고 말하는 조이스의 악마가 하나의 가능성, 즉 『피네간의 경야』의 언어가 영지주의적인 진리를 찾으려고 노력하는 그 가능성을 덮어버리려는 시도를 하게 허용한 것 같다. 이 작품의 총체성, 보편적 의식을 향한 노력이 자기 자신을 희화하거나 전복시키지 못하고 또 자신을 빈정거림의 대상으로 삼게 하지 못하는 데도 일리는 있다.

제임스 S. 아더튼 : "조이스는 상당한 물질 대상이 존재함을 부정하지 않는다…. 그러나 「시리즈」에서 그가 묘사하는 자연법칙-'소우주 속에서 제한된 권력과 기술로 인간정신에 의해 적용되고 결정되듯이 우주전체에서 무한한 권력으로 무한한 정신을 소유한 자에 의해 명백히 진술된 법칙에 따라 적용되고 결정되는' 자연법칙-에 대한 버클리의 견해는 「경야」의 전 구조를 이해하는데 도움이 될 잠정적인 자료인 것 같다."

윌리암 트로이 : "인도적 행위가 감동을 주는 것은 그것의 실재성 때문이 아니라 그것의 보편내재성 때문이다. 그리고 이것은 중세신학자들의 신성한 이데아라는 개념 – 즉 물질이라는 형태를 취할 수도 있으나 그 자체는 시간과 공간속에서 무한한 것 – 과 비견될 수 있는 것이 된다."

반대주장

"그것이 자기 페이지의 한 인치 속에서 번쩍이며 무섭게 미끄러져 내려가며 내는 그 코의 번쩍거림이 주는 가벼운 가공스러운 기괴함을 빼놓고는 그대로 내버려 두어라 … ."(182.04). 포스트모던 작가는 결국 그의 선배작가들과 같을 런지도 모르겠다.

새로운 영지주의의 병원균은 문학이라는 단어 – 육체 속으로 침투해 들어온다. 말을 우리의 상처받은 "중추신경조직"을 공격하고 우리가 "비육체적인 경험"을 즐기지 못하게 방해하는 "바이러스균"으로 본 사람은 윌리엄 버로오즈만이 아니다. 아마도 좀 덜 극단적인 발언을 하는 다른 포스트모던 작가들은 – 공상과학 소설 작가나 비과학소설 작가 모두 – 주어진 세계를 해체해서, 다루기 힘들고 조건지워진 요소들을 흡수하여, 언어조차도 군더더기로 만들 수 있는 하나의 비전, 꿈, 또는 영감으로 만들고자 한다. 그들이 베켓이나 보르헤스처럼 미니멀리스트이건, 나보코프나 핀천처럼 맥시멀리스트이건간에 우리는 그들이 분명한 침묵의 지역, 환상으로 가득찬, 알아들을 수 있는 소음으로 가득한 지역으로 필사적으로 나아가고 있음을 느낀다. 내가 자주자주 탐색하고자 시도했던 이 지역에는 수잔 손탁이 말하듯이 "하나의 정열적인 '신'에 대한 세속적인 불경함, 족쇄가 풀린 선택적이 아닌 총체적인 '신'의 의식에 도달하고자 하는 염원"의 소리가 울려 퍼지고 있다.

그것이 『피네간의 경야』가 외치고 있는 청원이 아닐까?

후 문

"징글거리는 징글언어로 욕을 먹고 되고 축소된"(275.76) 『피네간의 경야』는 다시 반복하건대우리의 포스트모더니티의 끔찍한 예언으로 버티고 있다. 그렇게 많은 여러 가지 특별한 방식으로 봐도 그렇게 생각된다. 그러나 그 예언은 궁극적으로 공허하지 않은가?

그러한 의문은 다른 의문으로 이끌고 아마 그것이 이 글을 끝내는 방법이리라.

조이스에 대한 나의 모든 의문점들, 정말로 나의 마음에 생겨난 의구심들은 그의 특이한 창조의식－다시 말해 생명의, 사람, 별, 꽃의 창조를 의미한다.－으로 되돌아가는 듯하다. 하나님은 이 세상을 창조하셨는데 조이스는 그것이 원죄라고 믿는다. 왜냐하면 창조행위는 항상 사기행위이기 때문이다. 이러한 결점은 모든 생성행위에서, 교묘한 교만행위는 물론 성행위에도 존재한다. 그리하여 조이스는 성행위를 볼 때 숨겨진 오점과 실수의 유도를 함께 본다. 그리고 갑자기 나는 다음과 같은 생각을 한다. 이 관능주의자의 일탈하기 쉬운 아이러니가 때때로 결정적인 절망으로 바뀌고 또 다시 장난기 섞인 악의로 변한 것은 아닐까? 하는 생각을. 사실상 얼마만큼의 악의가 『피네간의 경야』의 조롱기 섞인 다원성 속에 있으며 얼마만큼의 기쁨이 존재의 충만감 속에 놓여 있을까? 아달린 글래쉰 Adaline Glasheen은 그 소설의 "적당히 조절된 허무주의"에 대해 언급한다. 그 말은 "때때로 벌렁 드러누워 나는 내 머리가 하얗게 세어가는 소리에 귀를 기울인다…."라고 쓰고 있는 조이스에게도 또한 적용될까?

무엇보다도 조이스는 어째서 더블린을 뒤로 하고 떠날 수 없었을까? 결코, 결코, 결코, 결코, 결코, 없었다. 어째서 이러한 반복의 상상력에 사로잡히는가? "나를 나를 기억 기억해주시오", "나를 나를 기억 기억해주오"가 "핀, 다시!"로 끝나는 마지막 페이지에서 울려 나오는 울부짖음이다. 조이스는 정말로 탄생과 재생, 발생과 재발생의 차이점을 생각해 본 적이 있을까? 기억력이 우리의 성교행위 시에 위에서 떠나시고 이름으로 숨어서 어린아이를 기다리는 한, 창조행위는 분명히 결함이 있는 것이 아닐까?

이러한 의문점들은 아마도 지나치게 사적이고 아마도 너무 조야하게 튀어 나온 것처럼 느껴진다. 나는 비평이 그 나름대로의 악의가 있다는 오명을 갖고 있음을 잘 알고 있고 그래서 나는 그러한 악의를 결코 내보이고 싶지 않다. 게다가 나는 조이스를 비방하고 싶은 생각은 추호도 없다. 그는 위대한 소설가로 더 이상의 칭찬이 필요 없을 정도로 지금까지 최고작가로 꼽히고 있다. 이러한 토론회－조이스학자들의, 비밀스런 조이스 학자들의, 초조이스 학자들의 그리고 나와 같은 준조이스학자들의 토론회－에 우리 모두가 참여하는 순례행위는 종종 학식, 교제, 낭만을 추구하기 위해서이다. 아직도 그 순례행위들은 그의 이름으로 모두 시작되고 귀결지워지지 못한 것일까?

그러나 조이스가 제시한 최고 수수께끼의 예언적 의미를 강조하고 난 지금도 나의 일부분은 항의를 한다. (그렇다. 그것은 자존심과 유사한 어떤 터무니없는 희망의 울부짖음이다.) 인간의 운명은 아마도 이 거대하고 역행적이며 뒤집을 수 있는 수수께끼가 의미하는 것보다 더 큰 것일지도 모른다는 항의를.

엘렌 씨이주 Hélène Cixous는 다음과 같은 감동적인 말을 한다. “블룸이 없는 뒤에야, 홍수가 나던 말건. 그러나 조이스는 아마 「피네간의 경야」를 방주로 마련하여 모든 인간의 신화들과 유형들을 실을 준비를 이미 마쳤다. 이 세상은 자신의 파멸을 갈구하는 맹목적 열망 속에서 이 세상을 일소해 버릴 수도 있었다. 왜냐하면 「피네간의 경야」가 이 세상의 상징부호들, 그 기호들, 그리고 문화양상들을 이미 구조해 놓았기 때문이다.”

이것이 우리 시대에 상상력이 할 수 있는 최대의 노력으로 충분한가? 뻔뻔스럽게 나는 그 육중한 방주를 구하고, 또 하늘에서 무지개의 징후를 구하고 또 심지어는 모든 무지개를 구성하는 재료 자체가 되기를 요청하고 싶다.

아니면 좀 더 대담해 보자 : **새로운 빛을** … . (이소영 역)

제8장 문학의 재조명 : 수사학, 상상력, 비전

나의 '주제'는 확정되지 않았다 : 아마도 수사학, 상상력, 비전과 같은 말에 의해 가장 잘 야기되는 문학에서의 어떤 문제를 다룰 것이다. 이러한 불확정은 거의 변명될 수 있다. 하나의 문학 이론은 문학의 본체론을 의미한다. 그리고 지금 우리는 그 본체론에 의문을 제기한다. 단순한 문학사가 아닌 '문학'이란 바로 그 개념은 우리에게 과격한 질문을 던지기를 강요한다. 이리하여 문학의 재조명에 대한 나의 지나칠 정도의 관심이 생겨난다. 그러나 수정(재조명)에 대한 말장난은 오히려 진부하고 지루한 것이 되었다 : 왜냐하면 우리는 무엇이든지 수정하는데, 거의 어떤 것도 새롭게 보지 않기 때문이다. 이러한 실패는 우리의 비전의 틀들 때문이라고 할 수 있을까?

그래서 나는 이 텍스트의 '형식'의 문제로 이끌리게 된다. 이 형식은 완화된 파라비평적이다(그렇다고 놀랄 이유는 없다. 왜냐하면 나는 젊은이들을 타락시킬 만큼 학계에서 영향력이 있는 것이 아니니까 말이다). 어째서 파라비평적인가? 잠깐 동안 우리가 "강연을 듣는다"라던가 "논문을 읽는다"라고 부르는 이 기묘한 일을 생각하여 보자. 어떤 이는－우리 자신들을 포함해서－우리의 관심, 우리의 시대, 우리의 죽을 운명에 대해 어떤 주장을 한다. 이러한 주장의 틀은 같은 경우가 흔하다. 그러나 우리가 알기로는 틀들은 우리가 보고 듣는 것을 형성한다. 틀을 내던지거나 깨뜨려 보아라. 그러면 우리는 다른 것을 감지하게 될 것이다. 나는 여기서 나의 텍스트의 의미론적인 인쇄 체제를 약간 변형시키는 이상의 일은 하지 않을 것이다. 그렇게 함으로써 틀들의 문화적인 문제들뿐만 아니라 문학에서 현재 일어나고 있는 역행적 의지의 문제까지도 주의를 환기시키고 있다. 그래서 나의 서술은 다음의 순서로 진행될 것이다. 텍스트에는 몇 개의 인터텍스트(텍스트 사이에 들어감)들과 에피텍스트(텍스트 이전이나 이후에 들어감)들이 끼어 들어가고 다시 리트로텍스트(텍스트를 되돌아 봄)를 통해 뒤로 움직이다가 결국은 무결론에 이르게 될 것이다.

에피텍스트 I

> 우리는 짤즈부르크의 레오폴드스크론 성에 앉아 있다. 로코코 식 창문이 커다란 인공 연못을 향해 열려 있다. 갑자기 풍덩하는 소리가 났다. 초록빛 물 위에 동그런 모양의 고리가 생기기 시작한다. 물고기 한 마리이다. 에머슨을 읽고 있던 샐리(저자인 핫산 교수의 부인 : 역주)가 큰소리로 다음을 인용한다. : "눈이 최초의 원이다. 그 원이 만들어 내는 수평선은 두 번째 원이다. 그리고 자연을 통해 이 최초의 모양이 끊임없이 반복된다. 이것이 이 세상의 부호 중에서 가장 높이 위치하고 있는 전형이다." 원들과 틀들과 부호들. 나는 그 때의 그 통통히 살찐 물고기가 지금은 어디에서 살고 있는지 알고 싶다. 그 물고기가 한순간이나마 한 영역의 중심부에 위치하고 있었다. 그 원의 고리가 잔물결을 일으키다가 진지하게 사라져 버린다.

텍스트

나는 독자들이 더 이상의 심한 분열이 일어날 것을 예상하여 읽는 것을 그만둘지도 모르니 나의 정식 텍스트를 시작해야겠다. 우리는 예술에서 비전이 아주 중요한 위치를 차지한다는 것을 재인식할 필요가 있다. 그래서 반쯤 환상적인 비평가인 힐튼 크레이머Hilton Kramer조차도 다음과 같이 우리를 훈계한다. "예술은 결국 정신적인 사업이다라는 것을 상기하는 것은 항상 하나의 충격이다. 우리 문화가 발전되어 온 방식은 개인숭배나 획기적인 '발견'의 게임과 같이 예술에 관해 기술학이나 경제학의 견지에서 생각하게 만들었으므로 우리 문화의 정신적인 특질들은 전적으로 거부되지 않더라도 말로 표현될 수 없는 것으로 은근히 할당되는 경향이다 … 우리는 설득력 있는 용어의 기본적인 원리조차도 가지고 있지 못한 것 같다." 하나의 정신적인 힘으로서의 예술, 문학－갈갈이 찢겨진 그 아놀드의 교리－이 우리가 아직도 존중하는 것이다. 종교인들, 도덕가들, 유미주의자들, 그리고 엘리어트와 죠지 스타이너 같은 상이한 종류의 비평가들에 의해서 아주 여러 번 도전을 받아 온 예술 정신에 대한 이러한 편견은 사라지지 않을 것이다.

스타이너의 도전은 좀 더 최근의 것이고 또 좀 더 강력하다. 우리는 셰익스피어, 괴테, 릴케를 읽기를 애호한 집단 수용소의 사령관에 대한 그 소름 끼치는 비유담을 들었다. 그러나 '읽는다'라는 말로 우리는 무엇을 의미하는가? 스타이너는 우리가 말장난하거나 질문하는 것을 허락하지 않는다. 그는 『언어와 침묵』에서 큰 소리로 말한다 : "우리는 지금껏 이야기되어지고 생각되어진 것 중에서 가장 고귀한 것을 연구하는 인문학이 인간을 인간답게 만드는 데 많은 역할을 할 수 있는지에 대해 알지 못한다." 정말로 우리는 모른다. 그리고 우리의 무지는 문학이 우리의 자유의 한 양상으로 남아 있다는 것을 증명할 뿐이다. 위대한 문학의 고전들은 우리를 인간답게 만들지도 모르고 또 그렇지 않을지도 모른다. 왜냐하면 그 고전들은 분명히 조건반사를 일으킨다든지 세뇌시키는 데 도움을 주지 않기 때문이다. 그 고전들의 '좋은 점'이란 그 고전 자체를 하나의 선택의 기회로 제시한다는 점이다.

스타이너는 예술로부터 너무 많은 것을 기대하는(못할 이유도 없지 않은가?) 도덕주의자일지도 모른다. 그러나 기대가 너무 적은 회의론자와 탐미주의자들이 있다. 그들은 예술이 윤리학이나 종교의 대치물로 제공될 수 없다는 사실을 우리에게 상기시킨다. 예술은 대치물로 제공되지 않을지도 모른다. 그러나 많은 사람들에게 도덕적인 상상력은 예술의 집요한 힘에 의해 어려운 때에도 지극히 중요한 부분으로 보존되었다. 확실히 켄트 주립 대학 사건(월남전 당시의 사건 : 역주)이나, 워터게이트 사건 또는 마이 리 학살 사건(월남전 당시의 비극적 사건 : 역주)에 대하여 우리가 즉각적으로 보인 반응 그 자체가 문학 속에서 이루어진 우리의 경험에 의해 상당히 중재되어졌다. 확실히 그러한 중재들은 우리의 가치들을 소생시킨다. 스티븐 마커스Steven Marcus의 생각은 다른 것 같다. '탈도덕화한 인본주의자들'이란 제목하의 글에서 그는 "인문학은 사회를 위하여 새롭거나 아니면 오래된 가치를 창조해 내는 작업이다 내지는 그러한 작업에 인문학이 참가해야 한다는 기대가 저변에 흐르고 있다"고 말한다. 마커스 교수는 '비평의 자기 해명'작업에 더 큰 비중을 두고 있다. 그러나 '자기 해방'이란 그래도 역시 시험해 보려는 구호 아니면 이념적인 자세에 지나지 않는다. 우리는 한 종류의 해명을 선택하여 다른 것과 대립시키고 또 그러한 것은 어떤 가치를 가정하는 것이다. 더욱이 우리는 추정적인 목적을 위해 해명을 이용한다. 비록 이것이 우리 모두를 가치론자로 만들지는 않는다 하더라도 그것은 우리의 회의론적인 중립성의 한계를 노출시킬 수도 있다. 이 마지막 단계가 바로 탈도덕화에 대한 대의명분이다.

요약하면 죠지 스타이너가 제기한 충격적인 질문에 대해 우리는 해답이 없다. 그러나 그 수용소 사령관에 대한 해답은 죠지 스타이너 자신일 수도 있다. 즉 언어와 침묵을 통해 계속적으로 비인간적인 것들과 대항하여 싸우는 인간 말이다. 이러한 대립의 도덕성은 영속적인 것이고 또한 지나치게 단순하다. 도덕성은 우리로 하여금 비전을 알게 하는데 도움이 될까? 나는 아주 회의적이다. 비전적인 문제에 대한 우리의 길은 기묘할 것이다—그리고 그것은 아마 질문이 시작되기도 전에 갑자기 중단될지도 모른다.

인터텍스트 Ⅰ

> 프란츠 카프카가 루돌프 스타이너에게 : "나의 행복과 나의 능력, 그리고 어쨌든 쓸모가 있을 수 있다는 모든 가능성은 언제나 문학 분야에서 였습니다. 그리고 바로 이 부분에서 나는 확실히(많지는 않은) 여러 상황을 경험해 왔습니다. 내가 경험한 그 상황들은 내 의견으로는 박사이신 당신에 의해 기술된 통찰력을 지닌 상태와 아주 밀접하게 상응관계를 이루고 있고 그 상태 속에서 나는 모든 생각 속에 완전히 거주했으며 또한 그 상태를 모든 사상으로 채웠습니다. 그 상태 속에서 나는 나 자신이 나의 경계선에 서 있음을 느꼈을 뿐 아니라 나 자신이 일반적으로 인간이 지닌 경계선에서 서 있음을 느꼈던 것입니다." 막스 브로드Max Brod편, 『프란츠 카프카의 일기 : 1910~1913』*The Diaries of Franz Kafka : 1910~1913*」

비전이 인문주의적인 윤리 속에서 항상 발견되는 것이 아니라면 그것은 '문학적인 내용'속에서도 재발견되지 않는다. 내용은 판도라의 상자 자체에 숨겨져 있다. 그 상자를 열면 모든 무시무시한 이원론이 터져 나온다 – 포에시스와 / 또는 미메시스로서의 문학(알레데이아aletheia의 개념은 후에 나왔다), 일관성과 / 또는 개념으로서의 문학, 정신적 사건과 / 또는 물질적 대상물로서의 문학, 표상적 언어와 / 또는 논설적 진술로서의 문학, 그리고 마지막으로 기표(기호의 청각 영상 : 역주)와 / 또는 기의(기호가 내포하는 개념 : 역주)로서의 문학 등이 그것이다. 나는 이러한 이분법을 경멸하지 않는다. 왜냐하면 그것들은 문학 자체의 언어에서 보다는 비평의 메타언어에 의해 생성되는 사고하는 정신의 한 모습이기 때문이다. 말하자면 위와 같은 이분법은 다른 한 손이 조용히 쓰고 있는 동안 나머지 한손으로만 박수를 치는 소리이다.

형식주의 비평가들과 거리를 두고 있는 나는 아직도 적어도 세 가지 면에서 내용이 문제가 되고 있음을 발견한다. 첫째, 내용은 내가 다른 용어를 사용할 때 더 만족할 주제인 이데올로기로 너무 빨리 이끌려지고 또 굴복을 한다. 그 다음으로 내용은 문학과 리얼리티의 관계를 오래된 철학적인 모형들(사실주의, 이상주의, 유명주의)로 국한시키는 경향이 있거나 아니면 케이트 함부르거Kate Hamburger가 그녀의 『문학의 구조』*The Structure of Literature*에서 "문학은 리얼리티와는 본질적으로 다르다. 그 분명한 이유는 리얼리티가 문학의 자료이기 때문이다"라고 말할 때 볼 수 있듯이 문학 내용 자체의 문제를 재천명하는 경향이 있다. 마지막으로 내용의 가치 평가는 해석 이론을 포함하고 그 해석학적 범위는 E. D. 허쉬로부터 볼프강 이저로, 그리고 다시 롤랑 바르트에까지 이르게 된다. 이는 또한 의도적인 해석의 유효성으로부터 함축된 독자의 현상학으로 그리고 다시 텍스트의 떠들썩한 쾌락(무원칙)과 이중성에 까지 이르게 된다.

문학의 내용을 가치 평가하기는 힘든 문제일 수도 있다. 나는 그것을 진부하다고 하지 않겠다. 그것은 우리를 이데올로기, 본체론, 또는 해석학으로 유도하기는 하는데 이것들은 우리가 항상 거부만 해서는 아니 될 유혹들이다. 이러한 경우를 내가 회피하는 것은 단순히 하나의 선택일 뿐이다. 나는(파라) 비평가의 과업을 우선 문학을 재조명한 다음 상상력에 대한 새로운 이론을 예견하도록 이끄는 것이라고 해석했다. 왜냐하면 비평의 저택 속에서 많은 구분이 있기 때문이다.

에피텍스트 Ⅱ

나는 밀워키의 나의 서재에 앉아 있다. 벽에는 책들이 줄을 이루고 있다. 『중재되지 않은 비전』*The Unmediated Vision*, 『비전있는 일단의 사람들』*The Visionary Company*, 『비극적 비전』*The Tragic Vision*, 『비극적 비전을 넘어서』*Beyond the Tragic Vision*, 『고전적 비전』*The Classic Vision*, 『희미해진 비전』*The Vision Obscured*, 『현대소설에서의 비전과 반응』*Vision and Reponse in Modern Fiction*, 『비전의 서곡』*Prelude to Vision*, 『비전의 정치학』*The Politics of Vision*, 『무장된 비전』*The Armed Vision*, 『상품목록』*Inventory*(뷔또).

나는 나의 서재에 앉아 있다. 서재는 거의 정육면체이다. 아니면 벽 속에 그렇

> 게 많은 비전의 차원을 가진 나의 서재는 정말로 초超입방체일까? 초입방체에서와 같이 4차원, 5차원 또는 n차원에서는 누군가가 와서 다른 것은 하나도 건드리지 않고 한 방에 있는 모든 '내용'을 가져가 버릴지도 모른다. 우리 자신들은 다른 방들에서 살아 남은 사람들에 대한 기억들이란 말인가? (도리스 레싱Doris Lessing).

문학에 대한 현재의 재조명은 분명히 비평 자체의 문화들 속에서 진행되어야만 한다. 미국에서는 오래된 신비평의 고갈이 그 뒤에 어떤 확실한 비평의 고갈을 남겨 놓았다는 것이 얼마동안 분명했었다. 학문적인 호기심의 문제로 대중문화가 발흥하여 비평에 어떤 자극을 제공할 가능성도 분명히 있다. 그러나 그들의 담화에 새로운 이론적인 토대를 추구하는 그런 비평가들은 어디에서 그러한 것을 찾아야 할 것인가? 그들은 흄Hulme이나 리비이스의 시대에 그랬듯이 영국에 의존할 수 있을까? 영국에는 지금 이론적인 주의를 불러일으키는 것은 하나도 없는 듯하다. 어떤 사람들은 독일로 주의를 돌리고 있다. 그들은 루카치와 아도르노Adorno, 블로흐나 벤야민에게서 문학사상의 신마르크스주의적인 원천을 발견하거나 한스 게오르그 가다머Hans Georg Gadamer와 한스 로베르트 야우스Hans Robert Jauss에게서 새로운 해석학의 대가들을 찾거나 또는 수용미학에서 새로운 관심의 영역을 찾아낸다.

그러나 미국 비평가들이 언어학과 기호학, 구조주의와 포스트구조주의-정교한 새로운 수사학-에 대해 배우려고 몰려가는 곳은 프랑스 그리고 또 프랑스이다. 그들의 이동은 스타인, 헤밍웨이 일행이 파리로 이동해 온 이래로 메미르기는 하지만 가장 큰 이동 축제이다. 다음과 같이 말하고 있는 에드워드 와시오렉Edward Wasiolek이 옳을 수 있는지 의아스럽다. "우리는 정신은 주어진 실체를 분석하는 도구라는 믿음과 과학주의에 밀착되어 있는 나라 내지는 그러한 믿음과 과학주의에 빠지도록 저주를 받은 나라의 국민이다. 만일 충분한 텍스트가 적절히 번역되고 충분히 이해할만한 주석이 만들어진다면 러시아의 형식주의는 프랑스의 신비평보다 미국 비평에 더 커다란 영향력을 행사할 수 있을 것 같다." 내 생각으로는 만일 우리가 러시아 형식주의에 의존하게 된다면 그것은 우리가 프랑스를 약탈한 후에나 있을 것이다.

그 이유는 간단하다. 문학에 대한 재조명이 프랑스에서 보다 더 앞선 곳은 아무데도 없기 때문이다. 나는 약간 주저하면서 이렇게 말한다. 왜냐하면 나는 프랑스 비평을 아주 높이 평가하고는 있지만 나 자신은 그것의 과장된 점과 결점을 어느 정도 거리를 두고 잴 수 있을 위치에 놓이기를 원하기 때문이다. 그 과장은 이미 기다란 공염불로 변해 버렸다. 아주 야심적인 비평 계간지 중 어떤 것을 들쳐 보더라도 포스트구조주의적인 소리를 들을 수 있다. 결점에 대해서 말해 보면 그것들은 끊임없이 다른 부호들로 바뀌는 부호들로 되어 있고 부재의 형이상학이고 균열의 이데올로기이며 과학과 유아주의 사이를 가끔 배회하는 체계—즉, 간단히 말해 현대 정신의 눈부시고 수사적인 파괴행위이다.

그러면 잠시 동안 아래의 일곱 개의 문제점을 제기하는(또는 문제점을 제기할 만한?) 진술들 속에서 자신들의 입장을 선언하는, 이러한 파괴행위에 관한 몇 개의 귀에 익은 그들의 목소리를 들어보자.

인터텍스트 Ⅱ

A. 인간에 대한 파괴 행위

끌로드 레비-스트로스는 적고 있다 : "나는 인간학의 궁극적인 목표가 인간을 구성하는 것이 아니라 분해하는 것이라고 믿고 있다 … 나는 동사 '분해하다'가 또 다른 육체에 구속당하고 있는 육체의 구성요소를 파괴하는 것을 절대로 암시하는 것이 아니라는(오히려 배제하기 까지 한다) 사실을 모르는 바는 아니다."

『야만적인 정신』*The Savage Mind*

미셸 푸꼬는 적고 있다 : "어떤 경우에서든 한 가지는 확실하다 : 인간은 인간의 지식을 위해 제기된 가장 오래된 문제도 아니고 가장 항구적인 문제도 아니다 … 우리의 사상의 고고학이 쉽게 보여 주듯이 인간이란 역사상 최근에 이루어진 발명품이다. 그리고 아마도 그 종말이 다가오는 발명품이리라."

『사물의 질서』*The Order of Things*

B. 문학의 파괴행위

롤랑 바르트는 적고 있다 : "이 모든 노력들로 인해 아마도 언젠가 우리는 금세기를 … 「문학이란 무엇인가」(사르트르는 외부로부터 그 문제의 해답을 구했기 때문에 그의 문학적 위치가 애매하다)라는 질문의 세기로 정의 내리도록 허용될 것이다. 그리고 이 질문은 분명히 외부에서가 아니라 문학 자체 내에서 제기된 것이기 때문에 … 그 결과로 우리 문학은 지난 백년동안 그 자체의 죽음과 위험한 놀음을 벌였는데 다시 말해 문학은 그 죽음을 경험하고, 살아보는 하나의 방법이었다 … ."

「문학과 메타언어」, 『비평 에세이』*Critical Essays*

츠베탕 토도로프Tzvetan Todorov는 적고 있다 : "우리는 우선 첫 번째로 문학의 정통성에 대해 의문을 던져야 한다. 왜냐하면 문학이란 용어 자체가 단순히 존재하거나 전체적인 대학 제도가 문학에 토대를 두고 있다고 해도, 저절로 문학을 받아들이는 것이 정당화될 수는 없기 때문이다."

「문학의 개념」, 『신문학사』, V, No.1

C. 작가, 독자, 그리고 텍스트의 파괴행위

롤랑 바르트는 적고 있다 : "프랑스에서는 의심할 바 없이 말라르메가 처음으로 언어를 여태까지 소유하고 있다고 여겨졌던 인간 대신에 언어 자체로 대치해야 할 필요성을 완전히 파악하고 예견하였다. … 작가의 부재는 … 하나의 역사적인 사실이나 하나의 글쓰는 행위에 그치는 것이 아니다. 그것은 현대적인 텍스트(… 금후 쓰여지거나 읽혀지는 텍스트에는 모든 차원에서 작가는 존재하지 않는다)를 완전히 변형시킨다."

'작가의 죽음', 샐리 시어즈Sallie와 죠지아나 로드Georgoana W. Lord가 공동 편집한 『불연속적인 우주』*The Discontinuous Universe*에서

쟈크 에르만 Jacques Ehrmann은 말한다 : "독자의 존재가 그렇듯이 더 이상 드러나거나 암시되어 있지 않다. 이 존재는 이 '텍스트들'이 어떤 특정한 대중을 향해 쓰여진 것이 아니기 때문에 단지 불확정적이다 … '텍스트들'을 한데 모아놓은 사람은 그것들이 어떻게 읽혀지는가에 대한 최소한의 통제만을 가지기 때문에 온갖 일들이 다 행간이나, '텍스트들'을 나누고 있는 흰 공간에서 … 그리고 자신도 모르게 침묵을 지켜왔고 또 사용자에 의존하는 모든 것 속에서 일어난다 … 이런 식으로 '텍스트'는 우리가 문화 속에서 기쁘게 부여해 왔던 성스러운 자질을 상실한다.

「문학의 죽음」, 『신문학사』, III, No.1

D. 책의 파괴 행위

롤랑 바르트는 말한다 : " … 한 작가가 한 작품의 인쇄 기술상의 법칙에 부과하는 어떤 예기치 않은 결과도 본질적인 혼동을 야기시킨다. 즉, 한 페이지에 유리된 단어들을 배열하기, 이태리 체, 로마체, 그리고 대문자를 혼용하기 … 문장의 재료사를 서로 다른 문단으로 쪼개기, 한 단어에 한 문장과 동등한 중요성을 부여하기 – 이 모든 자유는 간단히 말해 책의 파괴 바로 그것을 도와준다 … ."

「문학과 불연속성」, 『비평 에세이』

필립 솔러즈는 적고 있다 : "우리 문명 속에서 책은 원래 쓰여진 언어였다. 그러다가 책은 인쇄되어졌다. 책은 아마도 쓰기의 진정하면서도 오해되고 있는 문제, 즉 쓰여진 책은 단지 한정된 특정한 경우일 것이라는 문제를 야기하는 한 아주 다른 중요성을 지니는 과정에 오랫동안 처해 있었고 또 현재도 처해 있는 것 같다."

「소설과 한계에 대한 경험」, 레이몬드 훼더만 편집,
『쉬르휙션』 *Surfiction*

E. (비평을 포함한) 장르의 파괴행위

필립 솔러즈는 적고 있다 : "이 단계에서는 '문학 장르들'간의 구별은 스스로 없어진다. 문학 장르란 일반적으로 잘못된 한계를 허용하는 관습에 의해서만 유지된다 … 그러나 우리는 우리 사회가 생산자와 소비자로서의 우리의 가상적인 역할을 강제로 규정하는 것을 허락하지 않아야 하듯 문학행위를 강제로 정의 내리도록 허용해서는 안된다."

『쉬르휙션』

쟈크 에르만은 말한다 : "사실상 만일 문학의 재료가 모든 언어적인 부호들로 확장된다면 문학언어, 일상언어, 비평 언어 사이에 두는 모든 구별 또한 없어지는 것이 옳다고 생각하는 것이 논리적이다. 그것은 본질적으로 그들을 구별하는 내면적 차이가 없기 때문이다. 언어와 메타 언어사이의 대립은 그러므로 처음부터 없었을 것이다. 그 대립은 어떤 특정한 것에 우선권을 부여하지 않으면서 모두 똑같은 장소에서 무한하게 그리고 막연하게 뻗어 나가는 부호들을 비판적으로 밝히는 결과를 가져 올 것이다 … ."

「문학의 죽음」

F. 기호학의 자기 파괴 행위

쥬리아 크리스테바는 적고 있다 : "기호학은 기호학에 대한 비평으로서 외에는 발전할 수 없다 … 기호학의 연구는 결론적으로 자신의 이념적인 움직임을 인식하고 부정하고 그리고 다시 시작하기 위해 그 움직임을 발견하는 것 외에는 아무 것도 찾아내지 못하는 과정이다."

『기호학』 *Semiotike*

G. 파괴 행위의 종장

쟝-프랑소와 료따르는 적고 있다 : "오, 그 정교한 다의성이여, 안전한 사상가들이 흘리는 작은 눈물이여, 사소한 일에 불평하는 작은 무질서여, 사탕발림한 해체여. 그러한 그물 속에 리비도적인 것을 모으기를 바라지 마라.

"천 번씩이나 이해되고 있는 마지막 요점 : 기호학은 허무주의이다."

『리비도의 경제학』*Economic libidinale*

베르너 하이젠버그는 전혀 다른 시각에서 말하고 있다 : "형태를 가지지 않으려는(핫산 방점) 경향은 모든 과거의 형식들을 신뢰할 수 없음을 깨닫는 듯할 뿐 아니라 또한 그 형식들 뒤에서 아마도 후에 다시 삶을 지탱시켜 줄 수도 있을 연결점들을 비방하고 있는 삶의 감각으로부터 생기는 것이 아마도 오늘날(1969년)의 상황인 것 같다. 이것이 아마도 현대 예술의 가장 중요한 내용이라고 해도 과언이 아니다.

『변경을 넘어서』*Across the Frontiers*

그러나 하이젠버그는 새로운 수사학자들과는 달리 또한 알고 있다 : "그러나 궁극적인 분석에서는 중심적인 질서, 즉 여태까지 흔히 그렇게 불려왔고 우리가 종교의 언어 속에서 공감하는 그 '하나'가 반드시 승리를 거두어야만 한다."

『물리학과 그 너머』*Physics and Beyond*

폭력주의, 말장난, 아니면 서투른 익살인가?

이러한 언명과 비난들은 하나의 일관성 있는 운동이나 체계를 나타내지 않는다. 그들은 때로는 상호 모순적이기도 하며 때로는 잠정적이기도 하다. 그리고 정말로 『텔겔』*Tel Quel* 지(프랑스의 대표적인 구조주의 및 포스트구조주의 비평가들의 문학 비평 잡지 : 역주)의 후기 대표자들은 그들이 전통적인 문학이념들에 대해 그랬던 것처럼 초기 구조주의자들의 이론에 대해 비판적이다. 바르트 자신이 말한 바대로 "구조주의 인간"은 시대의 최후의 어휘가 아니며 때가 되면 구조주의 인간을 말하게 될 새로운 언어가 생겨날 것이다. (이미 생겨난 것은 아닐까?) 그러나 우리는 적어도 어느 정도의 투쟁도 없이 그 인간을 무시해 버릴 수는 없다. 그의 의식이 '극복되기' 전에 우리의 의식 속에서 그는 권한을 부여받아야만 한다. 그의 야망은 그것이 지속되는 한 결국은 고상한 것이었다. 즉, '의미를 가진 인간' 호모 시그니피칸스Homo Significans, 그의 구조는 '대상에 첨가된 지성'의 환영들이었다.

그러나 포스트구조주의자적인 활동은 그 자체가 우리 시대의 더 커다란 조류의 일부가 될 수도 있다. 그러한 경향의 개요를 찾으면서 나는 "파괴 행위"라는 단순한 앵글로 색슨 계통의 어휘(그러니까 프랑스 사람들이 베오울프와 무하마드 알리, 대부와 나를 부를 때 고집스럽게 사용하는 식으로의 앵글로 색슨어)를 사용하였다. 그러나 나는 좀 더 유행하는 용어들을 사용할 수 있었을 것이다. 예를 들면 해체, 분산, 유포, 산포, 차이, 디페랑스, 불연속, 반신화화, 반창조, 소멸 등등의 용어를. 파괴 행위를 뜻하는 이 모든 용어들은 죠지 스타이너, 수잔 손탁과 나 자신에 의해 다양하게 언급된 바 있는 침묵의 개념을 공유한다. 또한 이러한 용어들은 해롤드 로젠버그의 예술에 대한 '탈정의'와도 맥이 통한다. 그러나 위의 용어들은 한 걸음 더 나아가서 우리가 우리 존재 자체를 이해하게 되는 담화 속에서, 그리고 우리의 지식 양상 속에서의 근본적인 재구성을 암시하는데, 그것은 또 미셸 푸꼬가 포스트모던한 인식소라고 부를 것을 암시한다.

우리가 알다시피 푸꼬는 고전주의 이전시대, 고전주의 시대 (대체로 17세기와 18세기), 그리고 현대 시대에서 문화와 의식을 구성하는 세 가지 인식소, 또는 세 가지 지배적인 규약들을 구별하고 있다. 근래에 와서 모든 언어를 궁극적인 말씀으로 변형시키려는 말라르메적인 영웅적 작업의 실패로 '담화의 소멸'이 확인되었다. 그러나 만일 언어가 포스트모던한 시대에 새로운 신들에 대한 전율과 함께 지금 돌아온다면, 만일 언어가 "우리가 생각해야 되나 아직은 그러지 못하고 있는 통일성을 더욱 더 고집하면서" 되돌아온다면, "이것은 이 (현대의) 통합 전체가 붕괴되기 직전에 놓여 있고, 언어의 존재가 우리의 수평선 위에서 더욱 더 밝게 계속해서 비치는 동안, 인간은 소멸의 과정 속에 처해 있다는 것을 표시하는 것은 아닌가?"라고 푸꼬는 『사물의 질서』에서 의문을 제기한다. 그는 계속해서 묻는다. "인간은 언어가 확산의 운명에 처해 있던 시대에 만들어졌으므로, 언어가 그 통일성을 되찾을 때 인간은 오히려 산재되는 것은 아닌가?" 물론 푸꼬는 인간의 '산포'를 특별한 개념으로, 즉 하나의 특별한 인식소 내에서의 이미지군의 의미로 사용하고 있다. 그러나 그 문제는 작은 것이 아니다. 인간이 보편적인 언어(떼이야르 드 샤르댕의 "정신권"과도 같이?)나 보편적인 욕망으로 '산개'되면 우리의 모든 범주들과 모든 '문학적인 비전'을 그대로 남겨놓지는 않을 것이다.

우리가 여태까지 보아 왔듯이 욕망이란 말은 질 들뢰즈와 펠릭스 가타리가 정신 분석학에 대한 격렬한 재조명을 할 때 사용한 용어이므로 나는 그 용어를 사용한다. 그러나 푸꼬와 들뢰즈만이 그런 것은 아니다. 쟈크 데리다도 '해체된' 실재에 아주 익숙한 것처럼 보인다. 데리다는 철학적의 신분으로 "나는 분명히 내가 어디로 가고 있는지 더 이상 알 수 없는 지점에까지 나 자신을 이끌어 가려고 하고 있다"고 서슴치 않고 말한다. 형이상학에 관한 니체의 비판에 의해 시작된 사상의 '분산'으로 무장하고는 철저히 추구하면서 데리다는 '전제화'를 거부하고, 또 어떤 주어진 체제 내에서의 초월적인 의미를 거부하고는, 그 대신에 '진리'가 없고 '기원'이 없는 세계, 즉 우리의 해석과 우리의 해체와 우리의 부재에 끊임없이 제시된 세계의 즐거운 유희를 승인한다. 쓰기에 대한 철학적인 서사시인 『서체학에 관하여』 *Of Grammatology* 에서 데리다는 미래의 "메타-합리성"과 "메타-과학성"이 "인간, 과학, 그리고 (그 책의) 행을 똑같이 단일한 몸짓으로" 초월할지도 모른다고 암시하기까지 한다.

우리의 지식 양식들과 우리가 우리의 존재를 이해하게 되는 담화 속에서 일어나는 근본적인 재구성은 정말로 프랑스 비평이 우리 속에 — 심지어는 문학 이상의 인류에 대한 재조명의 문제를 — 은근히 심어 주고 있다. 그러한 상황에 대한 미국 비평가들의 반응은 종종 확실하지 않고 때로는 지나치게 까다롭기도 하다. 결국 우리의 전통은 실용적이다. 그래서 우리는 프랑스의 지적인 삶이 가진 기이성과 타민족을 멸시하는 자기 민족 중심주의에 대해 회의적이다. 그럼에도 불구하고 우리는 그 어느 때보다 기술시대에 인간학에 대한 변호를 갈망하고, 특히 문학의 밝은 새로운 이론을 갈망한다. 그러나 프랑스 이론들은 기꺼이 대답하고자 하기 보다는 우리의 과업에 대해 더 많은 질문을 제기한다. 어떤 비평가들은 이러한 의문들을 무효화하거나 완화시키고자 한다. 그렇게 함으로써 그들은 평소와 마찬가지로 자신들의 과업을 추구할 수가 있다. (어떤 비평가들은 더 유연하게 "시니피앙[기표]-물론 '통시적'으로 뿐만 아니라 '공시적'으로 동시에 작용하는 것-을 해방시킴으로써" 그들이 '제안하는 이론'을 '성립시키기 위해' 그들의 '발언들'을 '배가'한다. 그리고 나서 여기서 한 '텍스트'를 '분산'시키고 저기서 한 '인식소'를 '해체'하고 또 다른 곳에서 이념이라는 '우상을 파괴한다.' 반면 그들은 텍스트의 '계열 관계적이고' 또한 '결합관계적인', '부호들'을 모두 주의 깊게 관찰함으로써 전체의 '텍스트성'을 '충족시킨다.'-간단히 말해 그들 비평가들은 아마 내 자신이 방금 해온 것처럼 시끄러운 '부재'의 인상을 '유포시킨다'). 또 다른 비평가들은 구조주의의 탐구적이고 엄격하고 동정적인 비평을 제시하고자 노력한다. 우리는 다른 누구보다도 이미 리차드 맥시Richard Macksey, 유제니오 도나토, 폴 드 만, 제프리 하트만, 레오 베르사니, 프레드릭 제임슨, 에드워드 사이드, 로버트 스콜즈, 그리고 죠나산 컬러Jonathan Culler 등의 작품들이 있다. 이러한 명단은 급속히 증가하고 있다. 나는 어떤가 하면 다른 방법을 추구해 보고 싶다.

에피텍스트 Ⅲ

이 글은 본래 강연용이었다. 그리고 그 안에다 나는 다음과 같은 쪽지를 붙여서 텅빈 페이지를 두 장 끼워 넣었다. "이 비평의 순간에 의심스럽거나 반대를 제거하고 싶은 것이 있으면 즉흥적으로 말해 보십시오. 두 장의 백지에도 가령 읽어서 4분정도 걸릴 초고를 만들어 보시오." 그러나 청중이 아니면 독자들을 위해 이러한 즉흥적인 작품은 단순히 나의 것일 수만은 없다. 그렇지만 만일 내가 지금 행하고 있는 작가로서의 역할보다는 독자로서의 역할을 하게 된다면 아래의 주제들이 내가 의문해 보고자 임의로 선택할 주제들 가운데에 포함될 것이다.

–비평적인 헌정사의 에로학. 어떤 비평가들은 자신의 작품을 실재의 부모나 아니면 상징적인 부모(과거)에게 헌정하고, 어떤 이들은 자식들(미래)에게 바치고 또 다른 이들은 형제 자매들(현재)에게 헌정한다. 어떤 이들은 남성에게, 또 다른 이들은 여성에게 바친다. 예를 들면 아버지와 형제들에게 작품을 헌정하는 경향이 있는 비평가도 있고, 어머니에게 그리고 또는 부인에게 바치는 이도 있다–어머니와 부인에게 동시에 바치는 경우는 극히 드물다. 그리고 한 가족 전체에게 바치는 이들도 있다. 소수의 비평가들은 아무에게도 바치지 않고 그보다 더 소수의 비평가들은 모두에게 바치기도 한다. 전체적으로 보아서 여성적인 요소에 헌정하는 것은 예술가에게 헌정하는 것과 같이 비평계에서는 불충분하게 표현되고 있는 듯하다. 비평적인 헌정사의 에로학이 있는 것인가? 없을 이유가 무엇인가? 비평가의 사랑의 상징이 그의 작품과 어찌 무관할 수 있을까?

–매체와 한 파라다임의 망상. 인문학은 과학이 갖고 있는 '파라다임들'이 없으므로 지식의 파라다임으로 즉시 추정되어지는 사상의 '학파들'을 만들어 내는 경향이 있다. 파리에서, 뉴 헤이븐(이른바 말하는 하트만, 드 만, 밀러, 브룸 등 포스트구조주의 학자들인 예일 크리틱스가 모여 있는 예일 대학의 소재지 : 역

주), 볼티모어(죤스 홉킨스 대학교의 소재지 : 역주)에서 비평가들과 철학자들은 한 곳에 모여들어 그들 작업에 지적인 농도를 더한다. 우애와 경쟁의식이 그 자신들의 힘을 합쳐서 담화의 인식론적인 조직을 짜낸다. 이것은 언제나 있었던 일들이다. 그러나 오늘날에는 학파들은 예술에서건 비평에서건 그것들이 이데올로기로 경직되기 전에 '매체'가 되어 버린다. 비평계의 현재 상황에서 공적이면서 동시에 내밀스러운 그러한 매체들의 역할은 무엇인가? 작가들, 비평가들, 독자들은 텍스트에 보다 그들이 서로서로에게 대해 지니고 있는 영상들에 대해 반응하는가? 그러한 영상들은 모두 진부한 표현들과도 같이 개인적인 필요로 너무 가득 차 있어서 궁극적으로는 표현적인 기능을 발휘하지 못하는 것은 아닐까?

－학계의 불황과 비평정신. 이 주제는 야비하다. 모든 사람들이 우리의 시련을 알고 있다. 연구 자금은 줄고 등록생 수는 감소하고, 가르치는 자리수도 적어지고, 교수들의 종신 재직권도 흔들리고 있다. 전반적으로 인문학계는 의기소침 상태에 있다. 이런 상황하에서 우리 분야는 혁신의 오류와 / 또는 공포를 얼마만큼이나 허용할 수 있는가? 위급한 순간에도 우리는 '우수성'을 부활－그러면서 보다 좋게 재발명－할 수 있는 의지를 가질 수 있는 것도 사실이다. 그리고 우리는 '허식'없이도 살아가는 법을 배울 수 있다. 그러나 아주 젊은 교수들 중에서 과연 어느 정도의 사람들이 지적인 위험부담을 받아들일까? 더 흥미있는 문제는 인색한 순간의 요구를 어느 다른 것보다 더 많이 만족시켜 줄 비평이론이 있는가 하는 점이다. 아니면 모든 문학이론은 깊은 밑바닥에서는 반영웅적인 것인가?

그러나 이런 별난 질문들은 이제 그만두자. 나로서는 다른 방법을 모색하고 싶으니까. 하지만 나는 그 길이 어디로 이끌지는 확신하지 못한다. 그 길은 상상력으로 통할 수도 있고 아마도 편치 못한 '재순환이라는 악습'으로 우리를 다시 한 번 비전과 얼굴을 맞닥뜨리게 할지도 모른다. 한편 (포스트) 구조주의적인 '탐험'이 우리를 유혹한다. 그 모험이 우리의 문학사상에 주요한 수정을 가했다는 것은 확실하다. 그 모험은 또한 우리를 의미없는 궤변과 기묘한 상실로 이끌었는지도 모른다. 이제는 일인칭으로 예를 들어보자.

1) (포스트) 구조주의적인 부재의 형이상학과 분열의 이데올로기는 거의 광신적으로 전체에 대한 비전holism을 거부한다. 그러나 나는 전체에 대한 나의 은유적 감각을 회복하고 싶다. 노만 브라운과(브라운을 인정하지 못한)질 들뢰즈 사이의 차이는 분명히 다음과 같다. 즉, 브라운은 열린 것은 깨진 것이고 분열된 것은 자유로운 것이라는 것을 알고 있으나 그는 또한 실재는 하나(「사랑의 육체)」라는 것도 알고 있다. 미묘한 수사학자들이며 유물론자들인 프랑스 인들은 단지 분할하기만 한다. 본체론적인 나쁜 신념에 반대해서 그들은 본체론적인 붕괴를 계발한다. 그들에게는 플라톤의 사과는 관능적으로 그리고 또 인식론적으로 분열된 상태로 남아 있어야만 한다.

2) 문학에 대한 (포스트) 구조주의적인 개념은 리차드 쉐크너Richard Schechner가 지적했듯이 전적으로 내파적內破的이다. 모든 것은 언어 자체에서, 구조내 / 외의 구조 위에서 내부로 붕괴한다. 그러나 나는 또한 외파적인 문학의 개념을 갈망한다. 제스처와 행위에 대해 외향적이고, 변화에 반응하고, 행동에 대해 외향적인 문학개념 말이다. 존재를 텍스화 함으로써 새로운 수사학자들은 안전하게 실재의 영웅들이 될 수 있다. 그러나 수사학은 진정으로 모든 현재의 관행들과 사상의 근본인가? (프레드릭 제임슨의 『언어의 감옥』 *The Prison House of Language*를 참조할 것.)

3) 구조에 대한 구조주의자들의 생각은 궁극적으로 인간 역사와 우주의 진화 모두에, 즉 진행 과정 속에 있는 실재에 대하여 부적절할 수도 있다. 물리학자, 생물학자, 정보이론가들은 요사이 구조보다는 체계라는 말을 하기를 좋아한다. 즉, 지속과 변화 모두를 보증해 주는 '자기 초월적인 세계'를 좋아한다(에리히 얀츠Erich Jantsch와 워딩튼C. H. Waddington편집, 『진화와 의식』*Evolution and Consciousness*. 그리고 몇몇 유전학자들은 '부호'라는 개념 대신에 좀 더 역동적인 '명령'이라는 개념으로 대치하려 한다. 여기에는 삶을 부정하는 형식주의는 없다.

4) (포스트)구조주의적인 기질은 쓰거나 / 말하는 주제에 대하여 지나칠 정도로 비개성화되기를 요구한다. 쓰기는 표절이 되고 말하기는 인용이 된다. 그러면서도 우리는 쓰고 말한다. 나는 '주체'의 문제성이 극도로 복잡하다는 것을 깨닫는다(1960년 사르트르의 『변증법적 이성의 비판』*Critique de la raison dialectique*과 1962년 레비-스트로스의 「야만적인 정신」으로부터 1974년 크리스테바의 『시적 언어의 혁명』*La Revolution du language poetique*에 이르기까지 이 문제에 대한 논쟁은 계속되고 있다). 그러나 나는 내 자신이 나의 역사적인 목소리를 침묵시켜야 할 뿐만 아니라 분명히 발언해야 하고, 나의 삶을 잃는 동시에 찾아야 한다는 것을 안다. 나는 나 자신의 곁에서 영원히 서 있을 수만은 없다. 그리고 나 자신들의 사이에서 내성적으로 서있을 수만도 없다.

5) 많은 (포스트)구조주의자들의 문체는 처음에는 아주 매력적이나, 후에가서는 혐오감을 불러일으키기 시작하는 것일까? 레비-스트로스, 바르트, 데리다, 푸꼬, 크리스테바, 들뢰즈, 스레스Serres의 간접적인, 난해한 문체를 생각해 보라. 그러나 여기서 '난해하다'라는 말은 무엇을 의미하는가? 헤겔, 하이데거, 훗설

은 간혹 읽기가 더 어려울 때도 있다. 그것은 (포스트)구조주의자들이 규율을 정당하게 어김으로써-그들은 단순히 철학자들이거나 인류학자들이거나 비평가들은 아니다-어떤 '명료성'이라는 기존의 범주들을 위반해야만 하기 때문일까? 그것은 부르주아지들이 '외고집'이라고 부르는 것에 대한 깊은 공감 때문인가? 아니면 그것은 그들의 인식론에서 '주체'를 추방해 버렸으므로 그 주체가 시니피에의 비속함을 피하는 척하는 복잡한 언어의식 속에서 특이한 개성이 드러나는 문체로 자신의 존재를 시위하기 위해 고집스럽게 되돌아가기 때문일까?

6) (포스트)구조주의자들의 행위는, 모든 것이 표현되어지고 행하여 질 때 특정한 문학텍스트들이 지닌 의미, 경험, 힘, 가치와 즐거움을 충분히 앙양시키지 않는다. 그리고 문학으로 나를 끌어들이거나 문학에 대해 나를 자극시켜 주지 않는다. 그리고 문학으로 나를 끌어들이거나 문학에 대해 나를 자극시켜 주지 않는다. 바르트에게는 비록 즐거움이 부호화하고 또 부호를 해독하고, 만들고 분해하고, 회복하고 상실하는-그러다가 궁극적으로는 '쇠잔'해버리는-과정을 암시하지만, 즐거움은 결정적으로 중요하다. 그러나 나 자신의 기질에는 그 과정이 중심적이지는 않다(『텍스트의 즐거움』*Le Plaisir du Texte*). 이것은 다루기 힘든 지루함, 권태와 같은 문제에 접근하게 된다.

인터텍스트 Ⅲ

죠나산 컬러는 말한다 : "기호학적인 비평은 즐거움의 관점만으로는 지루해질 작품 속에서 독자들로 하여금 도전과 특이성을 찾도록 가르침으로써 지루함의 가능성을 감소시키는데 성공해야만 한다."

『구조주의 시학』*Structuralist Poetics*

이 말은 예리하나 아직도 문제는 남는다. '지루함'의 문제는 아마도 가장 일반적인 현상이다. 죤 케이지의 작곡, 앤디 와홀이나 마이클 스노우Michael Snow의 영화, 필립 솔러즈의 책들, 로버트 윌슨Robert Wilson의 연극들, 그리고 다른 많은 현대 예술이 모두 이 문제와 관련되어 있다. 쟝-프랑소와 료따르가 이 주제와 '비인간적인 육체'를 관련지어서 권태라는 더 심층적인 문제에 대해 말하는 것을 듣고 나서 나는 그에게 간단한 편지를 썼다 : "우리에게는 권태이론이 필요하겠다는 생각이 듭니다. 어떻게 우리는 포스트모던 예술에서 '지루함'과 좀더 심층적인 '권태'를 구별할 수 있을까요? 후자의 경우 전통적인 기대의 양식들을 쓸모없게 만들면서 새로운 종류의 의식으로 이끄는 소외감각(보들레르)과 또 다른 소외감각(마르크스)을 어떻게 구별할 수 있을까요? 또 옴, 옴, 옴 [힌두교 등에서 의식 전후에 영창하는 신성한 소리 : 역주] 이 나오는군요 - 얼마나 성스러운 반복일까요!"

그 이후에 나는 라인하트 쿤의 권태에 대한 훌륭한 연구서인 『정오의 악마』 *The Demon At Noontide*를 마주하게 되었다. 심리 문학적인 상황에 대한 이론이라기보다는 현상학에 가까운 이 책의 결론은 다음과 같다 : "권태가 부정적인 힘으로써 만일 자신의 희생자들을 삼켜 버리지 않는다면 권태가 비어 놓은 공백을 채우려는 노력을 유도할 수 있고 또 간혹 유도한다. 권태는 만일 그것이 쓸모가 없는 것이 되지 않는다면 실제적이고 정신적이며 심미적인 것의 영역에서의 창조보다 선행하고 또 그러한 창조를 가능하게 하는 상태이다 … 인간이 자신을 정의하고 인간성을 주장하는 것은 무의 힘에 대한 거부에서 … 이다."

그렇다면 우리는 현재 많은 비평들의 관심의 대상이 되고 있는 권태라는 것(단순한 지루함만이 아닌)이 있고 그 권태가 그 많은 현재의 비평들에 대해 우리가 느끼는 지루함보다는 더 복잡한 문화적 상황이라고 추정할 수 있을까?

지금까지의 비난들은 - '포스트구조주의적'이라는 형용사를 분명치 않게 사용하면서 내가 너무 많은 사람을 한꺼번에 모아 놓지 않았나 하는 두려운 생각이 든다 - 궁극적으로 너무 개인적인 것이어서 진정한 비평으로 지탱되지는 못할 것처럼 보인다. 그러나 그것들은 나에게는 프랑스 비평을 뚫고 지나가서 밖으로 인도해 주는 실제적인 호의 흔적을 마련하여 준다. 필요로 해서 취향이 참여의 문학(사르트르 / 까뮈)에서 추상의 문학(로브-그리예 / 솔러즈)으로 바뀐 것은 다시 한 번 역전되어야 한다. 바르트가 「비평적 에세이」에서 그러한 변화에 대해 다음과 같이 말한다 : "나는 그러한 변이 속에서 유행－하나의 언어가 고갈되고 이율 배반적인 언어로 전이됨－을 분명히 정의내리는 그 가능성들의 순환인 그 완전히 형식적인 현상을 보고자 하는 유혹에 빠진다 ….” 그러나 ‘이율배반적’이라는 말이 항상 새로운 ‘가능성’을 의미하지는 않는다. 무엇으로의 변화인가?

수사학자들과 예언자들이 항상 말할 수 있거나 예언할 수 있는 것은 아니다. 예언자도 아니고 수사학자도 아닌 나는 아직도 역사의 의지보다 비평적인 욕망을 표현하면서 나 자신을 뒤범벅이 된 질문 속에서 던지고 있는지도 모르겠다. 반복하건대 이러한 전이는 상상력에 대한 새로워진 관심으로의 변화일지도 모르겠다. 상상력은 인간의 진화 속에서 변화를 예언하고 계도하고 성취하는 목적론적인 힘인가? 상상력은 사회에서 재생의 힘을 가질 수 있을까? 우리는 어떻게 상상력의 역할을 단순히 단일한 방법이나 기호학적인 이론의 후원 하에서가 아니라 상상력의 모든 상상적인 이중성이나 복합성 속에서, 문학적인 어휘의 모든 양상 하에서, 재조명할 수 있을까? 멕시코 산의 튀콩(등대풀과의 식물의 씨로 안에 든 벌레의 움직임으로 씨가 튀어 나온다 : 역주)을 놓고 앙드레 브레똥과 로저 케로와 사이에 벌였던 유명한 논쟁은 지금은 이상하게 보일지 모르나 수사학자들이 오늘날 허용하는 것보다 더 진지하게 상상력의 문제를 다루었다.

에피텍스트 Ⅳ

나는 케로와의 『낙지』 *La Pieuvre*를 읽으면서 까시(프랑스 지중해 연안의 도시 : 역주)에 앉아 있다. 비스듬히 내리쬐는 태양빛 속에서 지중해는 자체는 하나도 보여주지 않고 견고한 푸른 겨울이다. 나는 빛이 어떻게 낙지와 낙폭한 눈을 통해 흘러 들어가는지 의아스럽다.

상상력과 관찰, 환상과 사실이 어떤 동물－예를 들어 고래, 사마귀, 거미, 사자, 박쥐, 공작, 뱀, 말－그리고 낙지－에 대해 갖고 있는 우리의 비전 속에서 혼합된다고 케오와는 말한다. 역사를 통해 볼 때 낙지는 우리의 환상의 비늘 속에서 어떤 특징들을 얻었다. 낙지는 도둑질 잘하고, 적응 잘하고, 수줍어 하고, 자신을 먹기까지 하고, 익살스럽고, 저장해 두기 좋아하고, 흔히 호색적이라고 여겨졌다. 그러나 미셸레Michelet, 로트레아몽, 쥴 베르느Jules Verne, 그리고 특히 빅토르 위고와 더불어 낭만주의 시대에 이르러서야 낙지는 악하고 무서운 놈으로 여겨지게 되었다. 낭만주의 신화 속에서 낙지는 공허의 표상이 되었다. 수많은 촉각과 빨판들을 지니고 있는 낙지는 거대하고 매끄럽고 광택 있는 눈으로 모든 과정을 찬찬히 살펴서 고정시키고는 인간의 자아를 흡수하여 자신의 사악한 위장 속으로 빨아들였다.

케로와의 결론은 거의 놀라울 지경이다. 상상력은 자체의 필요 욕구만을 따르고 상상력의 독특한 구조에 따라서만 진보한다고 생각하면 우리는 우리 자신을 속이고 있다고 그는 주장한다. 이 주장은 어떤 수준에서는 사실일지도 모르나 다른 수준에서는 상상력은 자연과 '인접해' 있으며 자연의 하나의 확장이다. "물질과 꿈은 멀면서도 서로 유사한 여행 계획을 가지고 있다 – 나는 똑같은 '신경분포'가 그들의 단일한 들판을 횡단한다고 감히 말한다 … "라고 케로와는 적고 있다. 그러나 이러한 단일한 존재의 들판에서 상상력의 허구들은 유기체와 생물의 종種까지도 그러하듯이 서로 어깨를 겨루고 대적한다. 그들 자체를 '정당화'시키는 그러한 허구들만이 (케로와는 '정당한 상상력'에 대해 말하고 있다) 진화하는 우주 속에서 자신들을 정당화시키고 지탱한다 – 그 명백한 이유는 '복잡하고 혼란을 가져오는 상응들'이 그 우주를 정당하게 만드는 것처럼 보이기 때문이다.

까시에 앉아서 케로와를 읽으면서 나는 갑자기 공기 중에 떠도는 마늘 냄새와 샤프란 향료 냄새를 맡는다. 샐 리가 부야베이스(마르세이유 명물인 생선 스튜 : 역주)를 준비하고 있을까? 그렇다면 몇 마리의 작은 낙지와 나는 곧 만나게 되리라. 또 다른 '상응'일까? 또는 상응이란 단순히 하나의 은유일까? 단순히라고? 그리고 무엇의 은유일까? 그 자체의?

인터텍스트 Ⅳ

시인 엘리자베스 시웰은 말한다.

"인간의 사고는 단순히 활동 중에 있는 은유적인 기능을 가지는 것만은 아니다. 그 자체가 어떤 은유의 한 한계를 형성한다. 또 다른 하나의 한계는 광대무변한 우주로 구성될 것이다 … ."

『인간의 은유』 *The Human Metaphor*

과학자인 쟝 피아제Jean Piaget는 다르게 말한다 :

"언어들은 그 자체가 기술하는 사건을 예견하는 습관이 있는 것이 아니다. 그것은 오히려 육체와 정신으로서의 인간들 – 그리고 자연에 있는 셀 수 없이 많은 조작자들 – 즉, 여러 단계에서의 물리적인 대상들 … 사이에 일어나는 상

> 응… 그리고 그 후에 일어나는 조화이다. 여기서 우리는 라이프니츠Leibniz가 꿈꾸었던 창문 없는 단자單子들 사이에 미리 수립되어 있는 조화의 놀라운 증거를 가지게 된다. 『구조주의』 *Structuralism*

시월과 피아제를 이해하고자 노력하면서 나는 다시한번 나의 텍스트로 돌아간다. 위 두 사람은 정신과 물질 사이의 상응에 대한 훌륭한 교리를 비밀리에 환기시키는가? (우리는 애머슨이 "자연 전체는 인간의 마음에 대한 하나의 은유"라고 언급한 것을 기억한다). 물론 피아제는 주로 과학 언어에만 관심을 가지고 있다. 그래서 그를 이해하기는 훨씬 쉽다. 결국 과학 언어에만 관심을 가지고 있다. 그래서 그를 이해하기는 훨씬 쉽다. 결국 과학은 막스플랑크Max Planck가 그의 『과학적인 자서전』 *Scientific Autobiography* 에서 말하듯이 "인간 이성의 법칙들은 우리가 우리 주위에 있는 세계에서 받아들이는 연속적인 인상들을 지배하는 법칙들과 일치한다 … "는 것을 가정해야만 한다. 결국 알버트 아인쉬타인은 방 속에 홀로 앉아 $E=mc^2$이라는 공식을 만들어 냈다. 그리고 수십 년 뒤에 한Hahn, 페르미Fermi, 지라르Szilard, 오펜하이머Oppenheimer의 도움으로 원자탄이 히로시마를 완전히 파괴하였다. 폴 디랙Paul Dirac은 양전자의 존재가 우주광선 실험에 의해 확인되기 수년 전에 예견했었고 단자극의 정확한 무게를 그것이 (아마도) 아이오와주 수 시티Sioux City상공에서 '붙잡히기' 40여 년 전에 이미 계산해 냈다.

그러나 우리는 엘리자베스 시월의 신비적인 은유를 어떻게 이해할 것인가? 그러기 위해 우리는 죠지 스타이너가 「바벨탑 이후」에서 훌륭하게 설명한 언어와 영지주의 전통에 의지해야만 할까? 그 전통은 로고스나 세계어 또는 초언어 또는 신의 말씀의 전통에 피타고라스 학파, 유대교 신비 철학자들, 경건파들을 포함하고 마이스터 에크하르트Meister Eckhart, 파라셀서스Paracelsus, 케플러Kepler, 제이콥 뵘Jakob Bohme 그리고 안젤러스 실레시우스Angelus Silesius를 포함하고, 복잡한 수정을 가한다면 라이프니츠, 하만Hamann, 비코, 쾨테, 낭만주의자들, 그리고 카프카와 보르헤스까지도 포함하는 전통이다. 아니면 우리는 오히려 포스트모던의 맥락 속에서 시월의 "인간의 은유"를 이해하려고 노력해야 하는가? 상상력과 과학, 신화와 기술학, 지구와 하늘, 여럿과 하나가 '새로운 영지주의' 속에서 합쳐지기 시작한다. 이 영지주의라는 용어로 내가 의미하는 것은 실재계를 빗물질화하고 그 마음속에 더욱 더 많은 정신을 모으고 자연을 문화로, 문화를 언어로, 그리고 언어를 즉각적인 의식으로 바꾸고자 하는 마음의 경향이다. 이러한 경향은 궁극적으로 우리는 상상력에 대한 확장된 개념으로 이끌 수 있을까? 아니면 이러한 개념은 한때 원초적인 꿈들을 간직했던 동굴 속에서 아직도 완성되지 않은 욕망으로 어울거리는 조상 대대로의 불 앞에서 말없는 몽상 속에 "언제나 이미"(데리다) 잠재해 있었을까?

리트로텍스트

불, 은유, 욕망.

『용광로와 도가니』*The Forge and the Crucible*에서 머시아 엘리아드는 "어떤 원시인들의 신화에 따르면 그 부족의 성숙한 여인들은 태어날 때부터 그들의 생식기관 속에 불을 가지고 있어서 요리할 때는 사용하고 남자들이 보지 못하도록 숨겨 놓았는데 남자들은 속임수를 부려 불을 가질 수 있었다"고 적고 있다. 그러니까 어떤 고대 여가장제 사회에서 여성들은 성적으로 불과 관계가 있다. 그리고 불을 훔쳐 회향불 줄기 속에 감추어 두었던 프로메테우스의 경우처럼 '속임수'가 개재되었다. 남자 가장제가 시작되었던 것일까? 좀 더 요점을 말해 보면 참조의 무리들-불과 욕망, 빛과 언어, 은유와 정신, 다른 대장장이들과 무당들보다 앞서서 '불을 정복'한 영지주의적인 프로메테우스 류의 원형들-이 확장되기 시작한다.

다음을 고려해 보자 : 헤시오드는 욕망이 처음으로 공허를 어떻게 잉태했는가를 말한다. 구약성서는 천지 창조를 빛으로 시작한다. 신약성경은 말씀을 가지고 시작한다. 진정한 영지주의자들은 태양의 종자를 정액의 말씀과 동일시한다. 지암바티스타 비코는 이러한 원형들을 좀 더 정교하게 설명했다. 신들은 천둥(과 번개?)으로 지구의 말없고 원시적인 거인들에게 말했다. 비코는 『새 과학』*The New Science*에서 "그러나 천둥의 첫 번째 소리에 … 지구의 거인들은 하늘의 모습이 두렵게 느껴졌고 그것은 아마도 그들의 성교행위를 금하는 것일 거라고 느끼게 되어 그들은 육체의 욕망활동을 통제하는 법을 배운 것이 틀림없다"고 말한다. 동일한 상징들이 블레이크에 의해 더 정신적으로 드러나고 있다.

> 독자여! 책들을 애호하는 자여! 하늘의 애호자여,
> 그리고 만물이 비롯되고,
> 신비스러운 사나이의 무서운 동굴 속에서
> 인간에게 글쓰는 놀라운 기술을 가져다 준, 바로 그
> 하나님을 사랑하는 자여 :
> 하나님은 다시 천둥과 불로 말씀하신다!
> 사상의 천둥과, 격렬한 욕망의 불길로.
> (「예루살렘」)

글쓰는 것, 천둥, 사상, 불, 욕망. 노만 브라운이 그의 『끝나는 시간』*Closing Time*에서 앞의 시 구절을 인용하는 것은 너무나도 당연하다. 그 책은 브라운, 비코, 그리고 조이스-'순환 논법'과 '깨진 하늘의 이야기'를 지닌 「피네간의 경야」의 조이스-사이의 담화 내지 교제이며 그것은 또한 상상력, 언어, 그리고 실재에 대한 담화이다.

본점으로 되돌아간다 : 불과 욕망, 빛과 문자, 은유와 정신-'모든 사물의 특징'-은 처음부터 같이 왔거나 아니면 '이미 언제나'있었다. 이 점에 대해서는 몽상가들(비코, 블레이크, 브라운)과 포스트구조주의자들(데리다, 푸꼬, 바르트)이 동의할 것이다. 이러한 언어적인 신비적 직관 속에서는 분명히 오르페우스적인 반향이 있고 또한

약간의 프로메테우스적인 의미도 함축되어 있다. 후자에 관해 스타이너는 말한다 : "말과 불 사이에 그리고 화염의 살아 움직이는 소용돌이와 창과 같이 날아가는 혀 사이에 있는 상징적인 친근 관계는, 태고적 만큼이나 오래된 것이고 (성적인?) 무의식 속에 확고히 잠겨 있다. 그래서 프로메테우스 신화에는 언어의 요소가 있는지도 모른다 ⋯ ." 정말로 어떤 프로메테우스 신화 해석을 보면 프로메테우스가 인간의 불뿐 아니라 글자를 그리고 모든 과학과 예술을 가져다 준 것으로 되어 있다.

이러한 모든 (불의, 관능적인, 영지적인) 재능에 대한 좀 더 단순한 이름으로 상징주의가 가능할지 모르겠다. "모든 정신적인 과정들이 실재계 자체를 파악하지 못하기 때문에 실재계를 나타내고 또 계속 유지시키기 위해서 모든 정신 과정들은 상징을 사용하도록 강요된다"라고 에른스트 카시러는 『언어와 신화』*Language and Myth* 에서 말한다. 언어적인 상징들은 '분화되지 않은 전체'에서 의미를 '끌어내는' 신화의 상징들과 같은 계열이다. 그러한 상징들은 일단 한번 '주어지면' 몽상의 재료가 되는 것일까? 가스똥 바슐라르는 「불의 정신분석」에서 다음과 같이 적고 있다 : "심령적으로 우리는 우리의 몽상에 의해 창조된다－우리의 몽상에 의해 창조되고 제한을 받는다 ⋯ 상상력은 하나의 불길과 같이 정신의 꼭대기에서 작용하며 우리가 변전하는 힘의 비밀을 찾아내야만 하는 곳은 ⋯ 이 은유의 은유라는 영역쪽이다."

상상력은 살아 있는 불길이며, 은유의 은유이며, 역동적이며 변전하고 변형하는 힘이다. 반복하건대 위대한 에로스 신으로부터 변형적인 힘을 끌어내는 성적이기도 한 하나의 힘이 있다는 것이 헤시오드와 오비드－물론 프로이트를 포함해서－이래로 많은 작가들에 의해 다양하게 인식되어 왔다. 이리하여 예를 들면 바슐라르는 다음과 같이 적고 있다. "성욕화된 불길은 현저히 모든 상징들을 연결해 주는 고리이다" 또는 심지어 "프로메테우스는 지성적인 철학자라기

보다는 정열적인 연인이다. 그리고 신들의 복수는 질투하는 남편의 복수이다." 그러나 프로메테우스의 신화가 전이하거나 억압하고자 하는 경향이 있는 불의 성적인 힘은 또한 과학을 통해서도 작용을 하여 그 원초적인 형태로 되돌아간다. 엘리아드는 야금술의 초창기 시대의 심상들과 제식들 속에서 인간의 육체와 우주를 결합시키는 성스럽고도 관능적인 실재계에 대한 우주 진화론적인 이해를 발견한다 : "우리가 탐광과 야금술을 고려하게 될 때 우리 자신은 어머니 역할로서의 대지, 광물 세계 그리고 그 도구들의 성욕화, 그리고 야금학과 부인과 의학과 산파학의 상호관계와 관련된 특별한 개념을 만나게 된다." 후에 가서 야금술은 이러한 존재 질서를 받아들인다. 그러나 납이나 수은을 영원한 금으로 전이시키려는 시도 속에서 경외의 자연을 '재촉시키고 윽박지르고자 한다.' 연금술은 이렇게 해서 변화를 실현하고자 불의 은유들을 통해 작용하는 인간 욕망의 한 파라다임인 것처럼 보인다.

> 용광로는 지구의 모체를 대치한다. 미발달된 광석들이 그 성장을 완성하는 곳이 바로 그 곳이기 때문이다. 연금술사의 놀라운 용기인 용광로, 증류기는 한층 더 야심적인 역할을 수행한다. 이러한 도구들은 천지 창조의 연습을 하고 있는 원초적인 혼란으로 되돌아가는 상황 한 가운데에 존재한다. 물질은 그 도구들 속에서 죽어서 궁극적으로는 금으로 변이되어 되살아난다.
>
> 『용광로와 도가니』

은유, 불, 욕망, 이러한 것들은 인간 세계를 창조하고 신의 세계를 받아들이기 위해서 원형적인 '만드는 인간'속에서 작용한다. 그것들은 또한 '시간의 작업'을 신성화하는 동안에도 인간 세계를 정화시키기 위해 작용한다. 그러므로 프로메테우스는—그의 관성적인 본성이 깨어날 때—신화와 기술학을 넘어서 과학과 상상력을 넘어서 정신의 신비적 직관의 통일을 예언적으로 확인할 것이다. 그 통일성이 아직도 '언어 속에' 포용되어 있는가? 폴 리쾨르Paul Ricoeur는 그렇게 될 수밖에 없다고 믿는다.

…우주, 욕망, 그리고 상상적인 것이 담화를 이룩하는 곳은 언어 속에서 이다…이리하여 우주와 정신의 수수께끼 속에서 숨겨진 형태로 말이 탄생하는 것을 우리에게 보여주는 이는 시인이다. 시인의 힘은 바슐라르의 말을 다시 인용해 보면 "시가가 언어를 발생의 상태에 가져다 놓는" 순간에 상징들을 내보이는 것이다. 반면에 제식과 신화는 성직자의 안정 속에서 상징을 고정화시키고 꿈들은 꿈꾸는 사람이 금지되고 절단된 담화의 실을 잃어버린 욕망들의 미로 위에다 상징들을 붙잡아 놓는다. 『프로이트』

나는 나 자신은 의심이 든다.

텍스트

그러나 이 리트로텍스트는 회상에 대한 소문만을 보여 줄지도 모른다. 칸트, 피하테, 셸링 이후, 블레이크, 워즈워드, 코울리지 이래로 우리가 적절한 상상력 이론을 가지지 못했다는 사실은 그대로 남는다. 블레이크가 상상력에다 하나의 신성하고 예언적인 역할을 부여했다는 것을 우리는 알고 있다. "오늘 존재하는 모든 것은 오래 전에 상상되었다." 워즈워드는 상상력을 일부는 사랑이고 일부는 지성이라고 주장했다 : "절대적인 힘 / 그리고 가장 분명한 통찰력, 마음의 커다란 넓이 / 그리고 가장 앙양된 기분 속에서의 이성." 코울리지는 그의 『문학평전』*Biographia Literaria*에서 얼마나 길고, 훌륭하게, 그러면서도 분명히 감지할 수 없게 '하나로 통합되는 상상력'에 관해 여담을 하였는지 우리는 잘 알고 있다. 그 상상력은 여럿과 하나를 결합하므로 그의 연구자들에 의해 "상상력의 힘"이라고 불리기도 했는데 그는 제일 상상력과 제이 상상력을 구별하고 또 위의 두 상상력과 환상을 구별한다. 코울리지는 "나는 제일 상상력은 모든 인간 의식의 살아 있는 힘이며 최고의 요소라고 생각한다. 유한한 마음속에서 무한한 나의 현존재에서 일어나는 영원한 창조행위가 반복되고 있다"라고 훌륭하게 적고 있다. 이러한 영국 낭만파 시인들의 전통은 현대에 까지 이르게 되어 "신과 상상력은 하나다"라고 말한 윌러스 스티븐즈Wallace Stevens에게서 아마도 극치에 달하게 된다. 그러나 우리는 완전히 한 바퀴 돌아가 블레이크를 다시 만나게 된다. 그는 레이놀즈Reynolds 책의 가장자리에 써 넣은 방주에서 "인간의 영원한 육체는 상상력, 즉 하나님 자신이다 … "라고 말하였다.

나는 우리의 상상력에 관한 논의에서 신성, 환희, 천재, 예언 또는 정신적인 사랑과 같은 어떤 낭만주의적인 환기를 배제하고 싶지 않다. 그러나 상상력을 인간 능력의 총합체로 등식화하려는 낭만주의적인 경향은 잘해야 한 인식론 속에 있는 급진적인 요소만을 제공할 수 있다. 그러한 요소는 신화적이며 영지적임을 우리는 보았다 : 은유는 (어디에나 보편 내재하는?) 정신이다. 바로 그 요소가 또한 현대적일 수도 있다 : 모든 사고는 허구이다(니체). 마찬가지로 모든 언어는 허구이다 : 스타이너는 언어는 반사실적이며 "'현상'을 넘어서고 반대하려는 인간언어의 절대적으로 중요한 힘"을 보여 준다고 말하고 있다. 그럼에도 불구하고 이 (포스트모던한) 순간에 우리는 두뇌구조, 전기 화학적 충동, 꿈의 기능, 언어체계, 인식과 인지의 구조, 그리고 바이오피드백 (뇌파계에 의지하여 알파파를 조절, 안정된 정신상태를 얻는 방법 : 역주)에 관하여 약간 알게 되었다. 그렇다면 생리학, 신경학, 철학, 심리학 그리고 언어학이 상상력에 대하여 좀 더 완전한 설명을 해주기 위하여 공동 참여해야 한다고 기대하는 것은 비합리적일까?

문학 비평가들은 자신들이 상상력에 관심을 가질 때 몇몇의 현대 사상가에 의존하는 경향이 있다. 이들은 그 유능하면서도 아주 모호한 능력인 상상력에 대해 부분적이나마 강력한 통제력을 제시한다. 나는 여기서 아주 최소로 요약하여 4개의 다른 예를 인용해 보고자 한다.

A. 지그문트 프로이트

에로스와 아난케가 인간의 비극을 결정짓는다. 꿈과 환상, 망상이 인간 비극에 나오는 배우들이며 조정자들이다. 상상력도 마찬가지이다. 프로이트는 자신도 시인했듯이 아마도 장난기 있는 환상들에 의해 살찌워지고 원초적인 장면들과 태고적부터의 욕망들에 뿌리박고 있는 승화의 한 양상으로서의 상상력을 제외하고는 상상력에 대해 그렇게 잘 파악하지 못하였다. 우리는 역사적인 것을 기억하고 억압하고 반복하면서 기원들에 대해 어린아이 같이 향하고 있었다고 상상한다. 그러나 무의식 자체 속에서 모든 우리들의 상상들은, 또는 적어도 환상들은 사실과 구별할 수 없는 채로 남는다. 그러므로 모든 예술은 수락할 수 없는 욕구들을 감추고 동시에 드러내는 이중의 부담을 가지게 된다.

프로이트의 위대한 저작인 『꿈의 해석』*The Interpretations of Dreams*은 상상의 과정에 관해 언급하지만, 궁극적으로는 의미의 또 다른 (꿈의) 영역에 속하는 여러 가지 기교들에 (응축, 전이, 연상, 대치, 가치전환, 표현양식의 전환 등 한마디로 해서 상징주의의 모든 교묘한 수단들) 대해 이론적인 체계를 수립하고 있다. 그러나 후기의 에세이들에서 프로이트는 상상력을 좀 더 직접적으로 다루고자 시도한다.

> 우리의 절차는 다른 사람들의 비정상적인 정신 과정들에 대한 법칙들을 발견하고 표현할 수 있기 위해 그 과정들을 의식적으로 관찰하는데 있다. 우리의 작가(『그라디바』*Gradiva*의 저자인 빌헬름 옌센Wilhelm Jensen)는 다른 방법으로 과정을 진행시킨다 : 그는 자신의 마음속에 있는 무의식에 대해 주의를 기울이고 그것의 발전 가능성을 감지하고 의식적인 비평으로 그 가능성을 억누르는 대신 예술적인 표현을 허용한다. 「망상과 꿈」

> 이제 작가는 놀고 있는 어린애와 똑같이 행동한다. 그는 그가 아주 진지하게 받아들이는 환상의 세계를 창조해 낸다. 즉 그는 환상의 세계를 실재 세계와 예리하게 구별하면서 그 세계에다 많은 정서를 투자한다. 언어는 어린아이들의 놀이와 시적 창조 사이에 있는 이러한 관계를 보존해 왔다.

> … 시학의 본질은 우리의 혐오감이 극복되는 기술 속에 놓여 있다. 그리고 이것은 각 개개인과 모든 다른 사람들 사이에 개재되어 있는 장애물들과 분명히 관계가 있다. 작가는 변화와 변장으로 백일몽의 이기적인 성격을 약화시키고 우리에게 그의 환상들을 제시함으로써 주는 순수하게 형식적인 - 즉 심미적인 - 즐거움으로 우리를 유혹한다.
>
> 「시인과 백일몽과의 관계」

> 문학에서 묘사된 초인적인 것은 … 사실상 별도로 토론할 가치가 있다. 우선 그것은 현실 생활에서의 초인적인 것보다 훨씬 더 풍요로운 영역이다 … 왜냐하면 환상의 영역은 바로 그 존재 자체를 위해 그 내용이 현실을 측정하는 능력에 종속되지 않는다는 사실에 의존하기 때문이다.
>
> 「초인적인 것」

프로이트는 인간 존재의 기본적인 충동에다가, 성과 이기주의에다가, 그리고 후에 가서는 죽음의 본능 속에다가 상상력의 의미를 내포시켰다. 그러나 그의 상상력에 대한 이해는 분명치 않고 회의적인 상태로 남아 있다 : 그는 "'창조적인' 상상력은 어떤 것도 발명해 낼 능력이 없다 : 상상력은 단지 서로서로 낯설은 요소들을 결합시킬 수 있을 뿐이다"라고 그의 『정신분석에 관한 개론강의』*Introductory Lectures On Psychoanalysis*에서 지적한다. 이 말은 진리에 가까울지는 모르나 진리의 본질적인 부분이 될 수는 없다.

B. 앙리 베르그송

진화는 끊임없는 창조이다. '진화의 창조원리'인 것처럼 보이는 의식도 또한 그러하다라고 앙리 베르그송은 『창조적 진화』*Creative Evolution*에서 주장한다. 시간 자체는 "발명이거나 아니면 전혀 아무것도 아니다." 그러나 창조의 자유는, 진실로 조물주의 자유는 절대적인 것은 아니다. 왜냐하면 그것은 필요에 직면해야 하고 '자신의 반대가 되는 동작'인 물질을 획득해야 하고 '그래서 그것에다 가능한 최대량의 비확정과 자유를 도입하도록' 노력해야 하기 때문이다. 이 모든 것을 지력은 전체적으로 파악할 수가 없다. 본능도 또한 파악하지 못한다－단지 직관만이 그것의 '튀어오름'과 '분할 불가성' 그리고 '열렬성' 속에서 진정한 창조를 파악하는데 성공할 뿐이다.

이러한 우주적인 과정에서 특별히 인간의 상상력에 대한 것은 아무 것도 없다. 그러나 후기 저작에서 베르그송은 공격적인 지성의 침입으로부터 삶을 보호하고자 의도된, 그가 "실질적인 본능"이라고 또한 부르는 "신화를 만드는 기능"을 당연한 것으로 가정한다. 이리하여 그는 다음과 같이 적고 있다.

> 만일 지성이 지금 어떤 지점에서 사회적 결속을 붕괴시키려고 한다면 … 이 지점에서 지성에 대한 대위법이 틀림없이 있게 마련이다. 만일 이 평형추가 그의 자리를 지성에게 빼앗겨 왔다는 바로 그 이유 때문에 본능 자체일 수가 없다면, 본능의 실질성에 의해 똑같은 효과가 생겨날 것임에 틀림없다 … 본능은 직접적인 행동을 수행할 수는 없다. 그러나 지성이 표상에서 작용을 하기 때문에 그것은 '상상적인' 것들을 불러일으킬 것이다. 이 상상적인 것은 실재계의 표상에 대항하여 지지 않고 버틸 것이고 지성 자체의 작인을 통해 지성의 작업을 좌절시키는데 성공할 것이다.
>
> 『도덕과 종교의 두 기원』

기이하게도 이 견해와 프로이트의 견해 사이에는 어떤 유사성이 있다. 그러나 베르그송은 정신의 이러한 환영적인 경향에 대한 그의 논구에서 더 많이 전개시켜 나간다 : "이러한 경향이 이끌어 낸 오류들이, 인류에게 유리한 시대에, 어떤 개인들에게 후에 운명적으로 나타나기로 결정되어 있는 하나의 진리에 대한 왜곡이 아니라는 것을 정말로 누가 알겠는가?"

베르그송에게 있어서는 상상력은 우주 창조의 한 요소이며 인간 생활의 가능성을 높여 주고 아마도 그 진화를 예견하도록 의도된 요소이다.

C. 마르틴 하이데거

하이데거에 중요한 어휘는 상상력이 아니라 시詩이다. 시는 일군의 하이데거적인 상징들－환희, 근접, 고향, 지구, 기원 및 존재－가

운데서 중심이 된다. 예를 들면 :

> 시인의 사명은 귀향이다. 귀향으로 해서 고향은 기원을 향한 근접의 대지로 우선 준비를 갖추게 된다. 최상의 환희에 대한 예비적인 근접의 신비를 지키고 그 지키는 과정에서 그 신비를 벗기는 것 - 그것이 귀향의 관심사이다.
>
> 시는 역사를 지원하는 기초이다. 그러므로 시는 문화의 단순한 표상이 아니고 더군다나 하나의 '문화 - 정신'의 단순한 '표현'은 절대적으로 아니다.
>
> 시인은 신들과 사람들 사이에 서 있다. 시인은 추방된 사람이다 - 신들과 인간들 사이에 내던져진 존재이다. 그러나 이 사이에서 단 한번 그리고 최초로 인간은 누구이며 인간이 어디에서 인간의 존재를 정착시키는가가 결정되어진다. "시적으로 인간은 이 지상에 살고 있다."
>
> 『실존과 존재』*Existence and Being*

즉, 시는 본체론적인 근본적인 특질이다. 하이데거는 『언어로의 길』 *On the Way to Language*에서 언어('존재의 집')와 말하기를 참고하여, 그리고 『시, 언어 그리고 사고』 *Poetry, Language, and Thought* 에서 예술, 진리 그리고 기원을 참고하여 이러한 가정을 상술한다.

> 존재를 해명하는 동시에 은폐하는 진리는, 시인이 시를 지을 때처럼, 만들어지는 존재 속에서 우연히 생긴다. 모든 예술은 존재에 대한 진리의 출현이 우연히 생기듯이 그 자체로서 본질적으로 시이다.
>
> 예술작품의 기원 - 즉 한 민족의 역사적인 존재에 대해서 말하기로 되어 있는 창조자들과 보존자들 모두의 기원은 예술이다. 이것은 예술은 본질적으로 하나의 기원 - 즉, 진리가 존재하게 되는 다시 말해서 진리가 역사적으로 되는 특이한 방법 - 이기 때문에 그러하다.

그러나 시는 기원일 뿐만 아니라 그것은 또한 개방상태이기도 하다. 하이데거는 릴케에서 단서를 잡고서 시 속에 상상적인 능력이 존재하고 그럼으로 해서 시의 무방비 상태, 즉 시의 '전환'이 있게 된다고 확언한다.

> 전환은 내부에 가장 깊숙한 안쪽 지역을 향한다. 그러므로 의식의 전환은 재현의 대상물의 보편 내재성을 마음이라는 공간속에다가 가져다 놓으려는 내부에서 일어나는 소환이다.
>
> 『시, 언어, 그리고 사고』

이 '의식의 전환'은 하이데거가 상상의 능력에 대해 세속적으로 말할 때만큼이나 밀폐된 것일지도 모른다. 왜냐하면 시에 대한 본체론적인 이해는 베르그송의 것에 못지않게 전면적으로 형이상학적이기 때문이다.

D. 장-폴 샤르트르

사르트르의 상상적인 것에 대한 초기의 두 개의 탐구 작업은, 하이데거보다는 훗설에게서 더 많은 영향을 받고 있다. 첫 번째 노력의 소산인 『상상력 : 하나의 심리학적인 비평』*Imagination : A Psychological Critique*에서 사르트르는 이론보다는 철학적 오류들의 역사를 제시하고는 그의 전임자들에 대해 다음과 같이 결론 내린다.

> 그들은 심상들의 원자론적인 개념이 이미 그 문제를 공식화하는 바로 그 방식에 포함되어 있다는 사실을 인식하지 못하였다. 심상들이 활발하지 못한 정신적인 내용물들인 한, 종합의 필수요건에다 심상들을 화합시킬 수 있는 가능한 방법은 없다는 직선적인 해답을 피하기는 어렵다. 하나의 심상은 그것 자체가 하나의 요소가 아니라 하나의 종합일 때만이 의식 속으로 들어올 수 있다. 의식 안에서의 심상들은 없고 결코 있을 수도 없다. 오히려 하나의 심상은 의식의 한 유형이다. 하나의 심상은 어떤 것이 아니라 행위이다. 하나의 심상은 어떤 것에 대한 하나의 의식이다.

물론 마지막 문장은 의식에 대한 현상학적인 정의를 취하고 있고 그의 두 번째 저작인 『상상력의 심리학』*The Psychology of Imagination*에서 발전시키고자 시도한 이론으로 그를 이끈다. 훗설은 그의 『사상록』에서 "'허구'는 모든 주관적으로 직관하는 과학에서와 마찬가지로 현상학에서 필수적으로 중요한 요소이며 '영원한 진리의 지식들'이 그 자양분을 이끌어 내는 원천"이라고 주장하였다. 그러나 사르트르는 상상력에 더 애매한 기능을 부여하면서 끝을 맺는다. 그는 또한 상상력의 자발성과 자유를 인정하면서 심상의 '본질적인 빈곤'을 받아들인다. 왜냐하면 심상은 일단 형성되면 경험을 거부하며 경색되고 격리된 상태로 남기 때문이다. 그러한 어려움은 부분적으로는 상상력과 심상이 내재적으로 혼동되어 있는 데서 일어난다. 또한 그 어려움은 심상 자체와 일종의 '부정적인' 인식을 융합하는 데서 생기기도 한다. 그런데 사르트르는 상상력을 하나의 '의식의 본질구조'로 수립하기를 원하였으므로 그런 부정적인 인식을 많이 회피할 수 없다. 여기서 사르트르의 변명의 소리를 들어보자.

> …이미 알려지지 않은 심상으로 부터는 아무 것도 배울 수 없다.
>
> 상상적인 의식의 의도적인 대상이 지니는 특징은 그 대상은 존재하지 않고 그 자체로서 가정되거나 아니면 그것은 결코 가정되지 않는다는 사실이다.
>
> 그러므로 상상 행위는 동시에 구성하고 격리시키고 또 전멸시킨다.
>
> 그러므로 우리는 상상력은 의식의 경험적, 부가적 힘이 아니라 그것의 자유를 실현할 때의 의식 전체를 말하는 것이라고 결론 내릴 수 있다.
>
> 『상상력의 심리학』

마지막 인용문을 볼 때 사르트르는 불레이크와 스티븐즈와 재회하는 것처럼 보이는데 이것은 우리들에게는 부조화하게 보일 뿐이다.

위의 네 예들은 상상력이란 주제의 가능성이나 난점들을 모두 논하지는 못한다. 우리는 상상력이란 말을 제대로 사용하건 잘못 사용하건 간에 가능한 한 많은 방법으로 표현된다. 우리는 더욱 더 모순되는 형이상학적인 주장들로 그러한 개념들을 오용한다. 그러므로 다음과 같은 모든 혼동이 생겨나게 되고 또 다음과 같은 끊임없는 조망들이 있다.

(단독 참가) :

앙토냉 아르또, 『극장과 그 대역』

(다수 참가) :

가스똥 바슐라르, 『공간의 시학』*The Poetics of Space*
오웬 바필드, 『의미의 재발견』*The Rediscovery of Meaning*
프랑크 배론, 『창조성과 개인의 자유』*Creativity and Personal Freedom*

롤랑 바르트, 『신화학』*Mythologies*
죠르지 바따유, 『문학과 악』*La Litterature et la mal*
알베르 베겡, 『낭만주의 정신과 꿈』*L'Ame romantique et le reve*
알프레드 비이제Alfred Biese, 『은유의 철학』*Die Philosophie des Metaphorischen*
막스 블랙, 『모형들과 은유』*Models and Metaphors*
모리스 블랑쇼, 『로트레아몽과 사드』
에른스트 블로흐, 『희망의 철학』*Das Prinzip-Hoffnung*
헤롤드 브룸, 『영향에 대한 불안』*The Anxiety of Influence*
모드 보드킨Maud Bodkin, 『시에서의 원형적인 패턴』*Archetypal Patterns in Poetry*
호르헤 루이스 보르헤스, 『다른 탐구들』*Other Inquisitions*
앙드레 브레똥, 『쉬르리얼리즘의 선언』*Manifestoes of Surealism*
크리스틴 브룩-로즈, 『은유의 문법A』 *Grammar of Metaphor*
노만 브라운, 『사랑의 육체』
스코트 부캐넌, 『시와 수학』*Poetry and Mathematics*
케네스 버크Kenneth Burke, 『동기의 문법A』 *Grammar of Motives*, 『동기의 수사학A』 *Rhetoric of Motives*
스탠리 번쇼우Stanley Burnshaw, 『솔기 없는 거미집』*The Seamless Web*

(삼중 참가) :

로저 케로와, 『상상의 접근』*Approches de l'imaginaire*
에른스트 카시러, 『상징 형태의 철학』*The Philosophy of Symbolic Forms*
쟝 사또, 『상상의 원천』*Les Sources de l'imaginaire*

(중복 참가) :

쟈크 데리다, 『서체학에 관하여』와 '백색 신화 체계'
질베르 듀랑Gillbert Durand, 『상상의 인류학적 구조』*Les Structures anthropologiques de l'imaginaire*
안톤 에렌즈바이그Anton Ehrenzweig, 『예술의 숨겨진 질서』*The Hidden Order Of Art*
윌리엄 엠프슨, 『복잡한 단어들의 구조』*The Structure of Complex Words*
어네스트 페넬로사Ernst Fenellosa, 『중국문자에 관하여』 *On the Chinese Written Character*
노드롭 프라이, 『무서운 균형』*Fearful Symmetry*
곰브리치 E. H. Gombrich, 『환상과 실재』*Illusion and Reality*
넬슨 굿맨, 『사실, 허구 그리고 예상』Fact, *Fiction, and Forecast*
쟈크 하다마르. 『수학계에서의 발명의 심리학』*The PsychologyOf Invention in the Mathematical Field*
레이 하트Ray L. Hart 『미완성 인간과 상상력』*Unfinished Manand Imagination*
로만 인가르덴Roman Ingarden, 『문학 작품』*The Literary WorkOf Art*
볼프강 이저, 『암시된 독자』*The Implied Reader*

프레드릭 제임슨, 『마르크스주의와 형식』*Marxism and Form*
융C. G. Jung, 『원형과 집단 무의식』*The Archetypes and theCollective Unconscious*
L. C. 나이츠 편, 『은유와 상징』*Metapohor and Symbol*
아서 쾨슬러, 『창조 행위』*The Act of Creation*
쟈크 라깡Jacques Lacan, 『쓰기』*Ecrits*
수잔 랑거, 『느낌과 형태』*Feeling and Form*
쟈크 마리뗑Jacques Maritain, 『예술과 시에서의 창조적 직관』 *Creative Intuition in Art and Poetry*
위고 마이어, 『은유』*Die Metaphor*
나담 J. Needham, 『중국에서의 과학과 문명』*Science and Civilization in China*
프리드리히 니체, '도덕 외적 감각으로서의 진실과 거짓말에 대하여On Truth and Lying in an Extra-Moral Sense', 『비극의 탄생』*The Birth of Tragedy*, 『권력에의 의지』
챨즈 오그덴과 I. A. 리차즈, 『의미의 의미』*The Meaning of Meaning*
오르테가 y 가세트, '은유La metafora', '타부와 은유*El Tabu'yla Metafora*'
모르스 페캄, 『혼란에 대한 인간의 열망』
쟝 피아제, 『어린이의 놀이, 꿈, 그리고 모방』*Play, Dreams, andImitation in Children*
케르시P. Quercy, 『환영』*Les Hallucinations*
퀸틸리안, 『웅변술』
폴 리쾨르, 『은유의 법칙』
I. A. 리차드 『코올리지의 상상력 이론』*Coleridge onImagination*
페르디낭 드 소쉬르, 『일반 언어학』*Course in GeneralLinguistics*
월러스 스티븐즈, 『필요한 천사』*The Necessary Angel*
츠베탕 토도로프, 『환상 문학 서설』*Introductin a la litterature fantastique*
콜린 터베인, 『은유의 신화』*The Myth of Mataphor*
(불완전한 참가) : 윌버 어반Wilbur M. Urban, 『언어와 실제』*Language and Reality*
?
한스 바이힝거Hans Vaihinger, 『가정의 철학』*The Philosophy of As If*
폴 발레리, 『레오나르도, 포우, 말라르메』 *Leonardo, Poe, Mallarme*
하인츠 베르너Heinz Werner, 『은유의 원천』 *Die Ursprunge derMetapher*
필립 휠라이트, 『불타는 샘』The Burning Fountain」, 『은유와 실제』 *Metaphor and Reality*

(불참)

?

?

케네스 야수다Kenneth Yasuda, 『일본의 배구俳句』*The Japanese Haiku*
윌리엄 버틀러 예이츠, 『비전』*A Vision*
하인리히 짐머, 『인도의 철학』*Philosophies of India*
데오도어 지올코브스키Theodore Ziolkowski, 『예수의 허구적 변형』*Fictional Transfigurations of Jesus*

풍부함일까? 산만함일까? 혼란일까? 에드워드 케이시Edward S. Casey는 "그것은 마치 상상적인 경험의 그 유용성과 자기 확신적인 성공이 이론적인 주장 속에서 상상력의 이해를 돕기 보다는 오히려 방해하는 것과 같다"고 적고 있다. 그러나 케이시는 "상상력은 자치적인 정신 행위이다 : 지위도 독립적이며 행위도 자유롭다"고 또한 주장한다. 그러한 애매모호한 표현이 상상력이 생성해 내는 듯이 보이는 그 모든 조망들을 설명해 줄 수 있을 것이다. 그러나 바로 그 '애매모호한 표현'이 상상력 자체에 본질적인 요소를 또한 드러내 보여 줄지도 모르겠다.

> 상상하는 때에는 정신은 여러 갈래로 움직인다. 상상력은 정신작용을 다 변화하고 상상력은 가장 자유스러운 형태의 움직임이다. 상상력은 자체의 다형태의 풍부함 속에 있는 정신이다. 상상력은 또한 자기완성의 과정 속에 있는 정신이며 그 자체가 자기 매혹의 한 요소를 포함한다.
>
> 에드워드 케이시, 『상상하기 : 현상학적 연구』 *Imagining : A Phenomenological Study*

> 이것만이 홀로 그의 염원을 가라앉히지 않았다 : 후반기
> 소년시절에 외로이 여러 시간을 머나먼 동굴 속에서
> 그리고 벌거벗은 험한 바위의 길게 갈라진 틈 속에
> 그는 앉아 있었다. 그리고 심지어 그들의 고정된 생김새 속에서
> 또는 한 기이한 눈의 힘으로부터
> 또는 창조적인 느낌에 압도되어
> 또는 사상의 지배에 짓눌려서
> 심지어 그들의 고정되고 언제나 똑같은 생김새 속에서
> 그는 차고 기우는 마음을 추적하였다.
> 표현은 언제나 다양하게 변화하였다.
>
> 윌리엄 워즈워드, 「행상인」(1798)

> 그리고 나서 우리는 길고 우회된 길을 따라 워즈워드가 우리를 이끌었던 곳으로 오게 되었다. 상상력은 세계를 해석하는 우리의 수단이고 그것은 또한 마음 속에서 심상들을 형성시키는 우리의 수단이다 … 이 두 능력은 형태들이 어떤 의미를 가지고 형태는 항상 그 자체를 넘어 서서 다른 것들을 표시해 주고 있음을 이해할 수 있는 우리의 능력 속에서 합쳐져 있다.
>
> 메리 와녹Mary Warnock, 『상상력』 *Imagination*

> 상상력은 공평한 분석적인 눈이 빛을 던지는 그러한 주제들의 반역자이다 … 상상력은 인간 생활의 총체로부터 분리되었다기 보다는 인간 생활과 밀착된 지력, 통합된 지성이다. 이성 혼자서는 반역적인 상상력을 밝혀내는 데 무력하다. 그 분명한 이유는 이성은 그 자체가 하나의 부분에 불과하며 그 부분은 전체를 포착할 수 없다는 사실을 잊기 때문이다 ….
>
> 엘리너 월너, 『바람을 모으기 : 비전적인 상상력과 자아와 사회의 급진적인 변형』*Gathering the Wind : Visionary Imagination and Radical Transformation of Self and Society*

여기 엘리너 월너의 영감적인 작품 속에서 우리는 상상력 이론들이 실패한 또 다른 단서를 찾을 수 있다. 역행적이며 증명할 수 없는 그들의 주장들은 때때로 그들이 시작했던 곳에서 거의 끝나고 있다. 그렇다면 우리는 괴물 키메라와 같은 망상인 하나의 '상상력 이론'을 구축하고자 하는 헛된 노력들을 포기해야만 하는가?

나는 그것은 '이론'이 의미하는 바가 무엇인가에 달려 있을 것이라고 생각한다. 어떤 의미에서는 모든 예술은 이미 그러한 이론을 구축하고 있고 이것은 상상적 비평의 어떤 형태들을 포함할 수가 있다. 또 다른 의미에서는 역사 속에서 혁신하는 모든 행동들은 이미 그 이론의 부분이다. 월너가 인식한 대로 블레이크와 마르크스는 이 점에서 동의한다. 즉, 상상력은 역사가 처분하는 것을 계획한다. 그리고 역사는 다시 되돌아와 상상력에게 제안한다. 이렇게 해서 환경과 자아 속에 들어 있는 급격한 변화들은 만나게 된다. 에른스트 블로흐는 「미래의 철학」에서 "인간적인 것"에 대한 "외부적인 자기 조우"는 "미리 꿈꾸는 것"이 "앞에 놓여 있는 것"의 영상을 비쳐 줄지도 모른다고 암시한다고까지 주장한다. 아마도 이것이 또한 마르쿠제가 감지했던 것일 것이다. 그는 『해방에 관한 에세이』*An Essay on Liberation*에서 "사회의 생산능력은 예술의 창조능력과 유사할 수 있고 예술 세계의 구성은 실재 세계를 재구성하는 것, 즉 해방하는 힘을 가진 예술과 해방하는 힘을 가진 기술학의 결합과 유사할 수 있을 순간을 예견한다." 그러므로 상상력 이론은 만일 동시에 과학적이고 시적이지 않으면, 그리고 지식과 동시에 실행으로 이끌지 않는다면 아무것도 아니다. 아, 그러나 우리는 아직도 이런 이론을 가지고 있지 못하다.

그러나 어떤 대가의 구조물이 이론이라기보다는 오히려 신화나 이데올로기라고 증명되는 것은 아닐까? 그리고 비전조차도 때때로 우리의 눈 속에서 얼어 버리지나 않는지? 이데올로기의 위험에 대항하여 우리는 단지 우리의 죽음과 잘못만을 궁극적으로 인정할 수 있다. 그 죽음과 잘못은 더 큰 죽음인 동결된 잘못과 대항하여 우리를 보호해 줄지도 모르기 때문이다. 왜냐하면 빛은 죽음이 시연試演되는 곳에서 항상 나타나기 때문이다.

에피텍스트 V

나는 끔찍하게] 밀워키의 한 겨울날 우리의 벽난로 앞에 앉아 있다. 불길이 그곳에서 타오른다. 내가 바슐라르에게 배운대로 배열되어 있는 통나무들이 빨갛게 옆으로 옆으로 타오른다. 그렇게 해서 불길들이 방출되어 나오고 밝게 빛나는 열의 '연쇄적인 열기'로 서로서로에게로 솟아오른다. 노랗고 푸르고, 오렌지 빛이며 검고, 그러다가 장작이 무너지며 갑작스럽게 진홍빛이 되어 버린다. 어떤 내밀의 물질이나 갑작스런 외풍이 그 실체 없는 외양의 화학구조를 변화시킨다. 나는 생각에 빠지지도 않는다. 그러나 되돌아 회상해보면 내가 도대체 생각하고 있었다면, 나는 내가 생각하고 있었던 것은 지식이나 욕망보다는 죽음과 더 관련된 것이었다는 것을 알게 된다. 그것이 죽음이라면 그 죽음에는 우리가 종말이라고 부를 수 있는 종말은 없다. 그래서 우리는 영원에 관해 중얼거린다. 모든 엠페도클레스(그리스의 철학자 : 역주)는 무엇을 알고 있는가? 바슐라르는 다음과 같이 말한다 : "불길 속에서의 죽음은 죽음 중에서 가장 외롭지 않다. 그것은 진실로 하나의 우주적인 죽음이며 그 속에서 우주 전체가 사색가와 더불어 무가 되어 버린다"

나는 밀워키의 끔찍한 겨울날 불앞에 앉아 있다. 봄이 반드시 올 것이라는 분명한 확신과, 싱싱한 녹색을, 해빙의 어떤 부분을 나에게 나눠주지 않을 또 하나의 봄이 반드시 꽃필 것이라는 더 분명한 확신을 가지고 불앞에 앉아 있다. 이러한 느낌은 단지 무한대로 이끄는 상상력에 대한 또 다른 이름에 불과한 것일까? "하루살이는 불길 한가운데에서 자신을 희생함으로써 우리에게 영원에 대한 한 교훈을 준다"고 바슐라르는 다시 한번 말한다. 그 '교훈'은 하루살이에게가 아니라 우리에게 주어진 것임을 나는 주목한다.

나는 어떤 종말을 향해 움직인다.
죽음이나 영원과 같은.
그러나 전혀 다른 이유들로 해서
상상력은 우리가 '해체'할 수 없는 무엇이다.

상상력은 그것이 만들 수 있는 것을 우리가 파괴할 때도 자기 자신을 다시 만들고 있으므로 상상력의 "시학은 끊임없이 (스스로) 재구성하였다"(머리 크리거).

나는 종말을 향해 움직인다. 나는 상상력의 새 이론이 등장하여 우리의 지적인 에너지를 붙잡을 때, 그 새 이론이 강의실이나 연구실, 부엌이나 공장에서 이루어지는 우리와 친밀한 행위들을 무시할 정도로 동떨어진 것이 아니기를 바란다. 우리의 언어들과 순수이성적인 열정들을 잘 구성함으로써(알려줌으로써) 그 새 이론은 우리 시대를 재구성할 수 있을 것이다. 그러나 상상력이 어떤 것으로 증명된다 해도 그것은 저 멀리로부터 지구와 모든 별들의 역사이기도 한 우리의 생물학적인 역사 속에 들어온다. 상상력도 문학도 궁극적으로 우주적인 사실에 대한 이해 없이는 수정될 수 없다.

우리는 이 정도까지는 알게 되었다. 즉 상상력은 우리들을 이러한 사실과 그리고 실재계에서 우리의 벽이 없는 가정생활과 연결(그리고 분리)시킨다. 상상력은 부재를 허락하고 분열을 존중한다—그리고 언제나 새로운 입구들을 통해 지나가는 것처럼 보인다. 블레이크에서, 말하자면 『로스의 책』*The Book of Los*에서 이러한 입구들은 "영광스러운 / 그가 만들어낸 하나의 거대한 불의 구球"인 로스, 즉 상상력까지 자연적이던 예술적이던 사적이던 공적이던 모든 삶의 단계들 사이를 우리가 왔다 갔다 할 수 있도록 허락해준다. 오웬 바필드도 「의미의 재발견」에서 자아와 비자아(「바가바트-지타)」, 정신과 물질(데카르트), 알 수 있는 것과 알 수 없는 것(칸트), 의식적인 것과 무의식적인 것(프로이트)을 분리시키는 복합적이고 다원적인 입구들에 대해 말하고 있다.

그러나 상상력은 지나간다.
이것들과 다른 모든 것들을 통과해서,
그 어느 것도 폐기하지 않고,
그래서 구성한다. 인간적인 존재를,
아마도 그의 모든 것을.

"그러므로 이렇게 해서 입구는 알라딘의 반지가 되어 낡은 것에 새로운 의미들을 부여하며, 또한 과거에 외적으로 관찰된 형태들을 아무런 소용도 없이 다시 반복하는 것이 아니라 현재의 창조성에서 착상이 된 미래를 탄생시킨다"라고 바필드는 말한다.

알라딘의 반지뿐일까? 나는 바필드는 쓰고자 계획했던 것보다 훨씬 더 많이 알고 있었다고 생각한다. 왜냐하면 그 입구는 환상적인 영역으로 열리기 때문이다. 상상력이 영혼과 만나는 곳이 바로 그 영역이다. 엠마누엘 스웨덴보르그Emanuel Swedenborg는 영혼적인 것에 대해 다음과 같이 말하였다. "그것은 인간 속에 존재하기는 하지만 인간은 그것이 아무리 떨어진 곳이라도 다른 곳에 존재할 때 그곳에 가서 존재할 수 있다 … 인간은 모든 창조된 것 중에서 가장 내면적인 것이다." 이러한 말은 다시한번 큰소리로 거리낌없이 이야기하는 우리 종족에 대한 인간 중심론인 지루한 신인동형론인가? 아니면 인간은 상상력과 창조의 모든 이론들이 결국에는 지향해야만 하는 어떤 본래부터 있어 온 원리인가? 인문주의자들은 의문을 가질 필요가 있다. 그리고 후기 인문주의자들도 또한 마찬가지이다. 문학에 대한 재조명은 그러한 의문에 하나의 지적형태를 부여할 것이고 그러면서도 그 경이스러움을 보존한다. 분열의 수사학을 넘어서 – 어떤 다른 입구들이 있을까?

제9장 파라 전기(傳記) : 비평적 경험의 다양성

비평적 경험의 다양함은 끝이 없다. 나는 그 중에서 세 가지(욕망하기, 독서하기, 행동하기 : 여기서 행동하기에는 창조하기도 포함된다.)만을 말하고자 한다. 이것들은 그 자체가 이 우주에서 감각을 가지고 있는 하나의 갈대에 불과한 자서전의 조각들이다.

자서전은 높은 또는 낮은 평판을 받으면서 유행되고 있다 : 자서전은 문학이론의 상당한 관심을 끌기도 하고 또 문화적인 자기 도취와 관련지워져 저급하다고 여겨지기도 한다. 좀 더 요점을 말해보면 자서전은 솔 벨로우, 윌리암 스타이런, 죤 바스, 버나드 말라머드, 엘리자베스 하드윅, 그리고 마이클 헤르의 최근 작품들이 다양하게 암시하듯이 현재 우리 시대의 상상력이 재발견하려고 추구하는 형식이 되었다. 그러나 자서전은 하나의 불가능한－그리고 치명적인－형식으로 남아 있다.

불가능하다 : 하나의 삶이 그 자신의 해석학의 원의 무한한 층 속에서 뒤틀리거나 휘감기지 않고 그 자체로 어떻게 살아남을 수 있는가? 자아가 죽음으로부터 비상하고자 하는 바로 그 행위 속에서 어떻게 자기 자신을 이해할 수 있을까? 그러나 다음과 같은 의미에서 볼 때 자서전은 치명적이다 : 즉, 자서전은 미셸 레이리스Michel Leiris의 말을 빌려보면 만일 그것이 '확성기'에다 대고 자신을 폭로시키지 않는다면 비열한 것이다. 왜냐하면 우리 자신들에 관해서 쓰

면서 우리는 비겁하게 되고 거짓말을 하게 되는 위험에 빠지고 더욱이 우리는 자서전을 쓰는 동안 자서전 작가가 가장하고자 하는 것이 무엇이든지 간에 그 속으로 우리 자신들을 변화시키는 위험에 빠지기 때문이다.

레이리스는 우리는 확성기를 스쳐 지나가면서 우리 자신들과 우주에 대한 정접선이 되어버린다고 말한다. 나는 그러한 은총에 접근할 수 없다. 자서전의 위험에 대해 내가 할 수 있는 방어란 그러한 위험을 지적하는데 그칠 뿐이다. 나는 아마도 하나의 담화라기보다는 오히려 비평적 영역들에 대해 인간이 내는 불협화음을 보여 주게 될 여러 가지 목소리로 이러한 위험을 지적하고자 한다. 여러분에게 호감이 가는 소리가 어느 것인지 잘 들어보고 생각해 보라.

I

> 작은 소년은-눈은 아몬드 빛이고 머리는 가리마를 타서 양쪽으로 부드럽게 빗어 내렸다-벨벳 볼레로 상의와 검은 투우복 모양의 바지를 입고 서 있다. 소년의 아저씨는 사람 잡아먹는 동화속의 거인과도 같은 큰 키에 얼굴을 뭔가 언짢은 듯이 찡그리고 소년을 내려다본다.
>
> "넌 커서 뭐가 될 거니?"
>
> "전사요. 한니발이나 시저보다도 더 위대한 전사가 될 거예요."
>
> "장군말이냐?"
>
> "그리고 또 성인聖人도 될 거예요."
>
> 엷은 미소가 흐른다. 후에 수치도 자부심도 아닌 어떤 것이 그의 눈속에 고였다.

우리는 프로이트가 어른이 되어서도 한니발을 지나칠 정도로 존경했고 자신을 과학자로서 보다는 정복자로 자처했다는 것을 안다. 프로이트는 그렇게 생각함으로써 사고 자체가 가장 깊숙한 자성에 빠져 있을 때조차도 권력과 욕망에 토대를 두고 있다는 것을 암암리에 인정한다. 그러나 그것은 어떤 종류의 욕망이며 어떤 것을 욕망하는 자아인가? 나는 이 문제를 우리 앞에 접근시키기 위해 네 명의 사상가들－헤겔, 니체, 윌리암 제임스, 그리고 프로이트 자신－을 방문하고자 한다.

우선 헤겔부터 시작하자 : 『정신의 현상학』*The Phenomenology of Mind* 에서는 욕망이 근본적으로 의식을 구성한다. 자아라는 것은 타인의 인정에 대한 적극적인 욕망에 불과하다. 자아는 그 타인을 취소시키면서 동시에 보존하는데－즉, 부정하면서 동시에 지지한다－그럼으로 해서 자기 자신을 위해서 그 타인의 존재를 확언한다. 인정을 받기 위한 투쟁은 한 사람이 죽음을 무릅쓰고 주인이 되고 또 다른 한 사람은 그의 삶을 보존하며 노예가 될 때 끝이 난다. 이렇게 해서 역사는 변증법적인 존재가 된다. 우리는 헤겔의 변증법의 심오한 역설들을 더 이상 추구할 필요는 없다. 헤겔 변증법에서 주인은 공허한 승리를 얻는다. 왜냐하면 주인은 한 노예로 부터만 인정을 얻었기 때문이다. 그리고 그의 변증법에서는 주인의 노동이 아니라 노예들의 노동이 자연을 역사로 바꾼다. 자유는 자신의 욕망을 영속화시키는 주인보다는 오히려 자신의 속박을 '극복한' 노예에게 주어진다. 우리의 목적을 위해서 우리는 죽음과 욕망은 처음부터 언어의 정신의 구조 속에 얽혀 있다는 점을 상기할 필요가 있을 뿐이다. 왜냐하면 언어는 자아와 타인을 중재해 줄 뿐만 아니라 헤겔이 말하듯이 언어는 "영혼이 존재를 발견하는 형태", 즉 "그 자체대로 바로 즉석에 존재하고 그 개별성 속에서 보편성을 띠는 자의식"이 되기 때문이다.

니체도 수사학을－폴 드 만이 지적하듯이－"가장 먼 곳까지 미치는 변증법적인 사유를 위한 토대"로 삼으면서 언어를 가장 중요한 문제거리가 되는 사상으로 파악한다. '언어의 감옥' 밖에서 우리는 어떠한 '것'을 막연하게 상상할지는 모르나 결코 말로 표현하지는 않는다. 헤겔 못지않게 니체도 본체론적인 욕망을 가정하고 있고, 그러한 욕망을 "권력에의 의지"라고 부르며, 그것으로부터 그는 헤겔의 세계정신에 의존하지 않고 모든 인간적인 것들을 끌어낸다. 미덕들은 단지 '순화된 정열'에 불과하며 해석들은 단지 권력의 정서에 불과하다. 그리고 욕망과 세계 사이에 존재하는 불가항력적인 간극으로부터 생기는, 언어의 중심부에 존재하는 바로 그 '도덕적 의무'는 그러한 세계를 극복하고자 애쓴다. 이리하여 욕망은 그 자신의 부족함으로부터 좀 더 많은 권력을 이끌어 내고 욕망의 목적은 결코 단순히 존재하는 바로 그 '도덕적 의무'는 그러한 세계를 극복하고자 애쓴다. 이리하여 욕망은 그 자신의 부족함으로부터 좀 더 많은 권력을 이끌어 내고 욕망의 목적은 결코 단순히 존재하는 것이 아니라 언제나 좀 더 많아지고자 하는 것이다! 니체의 자아는 다양한 인물들이 서로 혼합되고 싸우고 헤어지게 되는 공허한 공간이 하나의 '허구'일 수도 있다. 그러나 니체의 자아는 어떠한 중성자 별보다도 그 욕망－자기 소멸을 포함한다－에 있어서 더 밀도 높은 '허구'로 남을 것이다. 이것이 니체가 죽은 후에 출판된 위대한 저작인 「권력에의 의지」가 지니는 점이다.

> 그는 아들에게 묻는다 : "너희들, '하늘의 신들'은 어째서 스카이다이빙 하기를 좋아하는 거냐?" 오랫동안 대답이 없다가 우물쭈물하며 대답한다 : "한 번 공중에서 뛰어내릴 때마다 자신들의 목숨을 구하는 것이랍니다."
> 아버지는 혼자 생각해 본다. 그러나 언젠가 다이버가 달리 마음을 먹게 되면 어떻게 될까? 누가 자아가 지닌 영역을 알고 있는가? 악마조차도－상상할 수 없을 정도의 강렬한 자만심으로 그는 울부짖었다. "나 자체가 지옥이다"라고－악마조차도 아주 드물게 빛을 발하고 있다.

자아가 무엇이든지 간에 그것의 세속적인 형태는 어떠한 인간의 노력도 회피할 수 없는 강력한 복잡한 주장을 드러낸다. 헤겔과 니체는 그 존재의 지평선을 정의 내리고 있고 『다양한 종교적 경험』 *The Varieties of Religious Experience*에서 윌리엄 제임즈는 또 다른 정의를 내리고 있다. 제임즈는 "문명은 아수라장의 토대 위에 서 있으며 모든 개인의 존재는 절망적인 고뇌의 외로운 발작 속에서 파괴된다"는 것을 알고 있다. 이러한 통찰력은 프로이트가 보여 주던 어느 것만큼이나 강렬한 것이다. 그러나 제임즈는 말로 표현할 수 없는 것의 가장자리에서 자아가 자기 자신에게 모험을 걸어 볼 필요성이 있다는 것도 알고 있다. 그가 말하는 '본체론적인 상상력'은 연인의 황홀경보다 더 육감적으로 강력하게 '그려낼 수 없는 존재'를 실감한다. 그러한 능력은 자아가 지닌 유한성을 뛰어 넘어 신비로운 경험의 도덕적이면서도 지적인 중심부분에 도달하게 된다. 그러므로 신비주의나 성자가 전사나 영웅보다 그들이 '생각해 낼 수 있는 최상의 사회'에 더 잘 적응한다는 바로 그 이유로 해서 전사나 영웅보다 더 높은 유형의 인물이 된다. 제임즈의 의견이 자기 헌신적인 현실주의자들에게는 지상의 것이 아닌 것으로 여겨지겠지만, 그의 주요 가설은 충분히 확고하다 : 즉, 신비주의자들은 더 저쪽 끝에는 어떤 것이 존재하더라도 이쪽 편에 우리의 의식적인 삶과 무의식적으로 연결되고 있는 어떤 것과 관계를 맺고 있다는 것이다. 이것은 프로이트의 생각과 그렇게 큰 차이가 있는 것은 아니다.

> 아직 청년이라고 여겨질 당시 그는 더러운 도시와 그가 살던 지방 특유의 10월의 적황색의 강과 가족들의 부드러운 방해를 벗어나 사막을 찾아 걷고 있었다. 그는 불을 열망했다 ; 그의 요소는 공기였던 것이다 ; 그리고 그 사막은 아무것도 잉태하지 못할 타협점을 제공해 주었다. 그는 한낮을 그리고 밤의 일부를 걸었다. 대상이 지나간 발자취를 지나와 그는 사막에서 야자수 잎사귀 하나를 불태웠다.

프로이트가 신비주의에 대해 의구심을 가졌다는 것을 우리는 안다. 그의 '열반의 원리'나 '바다와 같은 감성'의 기원은 어떤 빛나는 비전이라기보다는 확실치 않은 죽음의 본능에 힘입은 것이다. 그러나 다른 어떤 이론보다도 그의 이론은 현대의 욕망의 언어들을 형성한다. 그의 이론은 쟝 라플랑쉬Jean Laplanche가 그의 『정신 분석에서의 삶과 죽음』*Life and Death In Psychoanalysis*에서 보여 주듯이 전환되고 변화한다. 이원적인 용어들인 '에고'와 '성적 본능'은 '에고'와 '대상 본능'으로 바뀌고 궁극적으로 '삶'과 '죽음'이 된다. 그러나 삶의 구속력이라고 할 수 있는 위대한 사랑의 신 에로스는 죽음의 신인 타나토스를 지배하지 못한다. 그 두 신들의 투쟁들은 하늘을 향한 어린아이의 울부짖음을 가라앉히고 있다고 프로이트는 「문명과 그 불만들」에서 음울하게 결론 내린다. 왜냐하면 본능들은 그들의 쾌락만을 요구하고 결핍의 신인 아난케는 그것을 금지하고, 현실이 지배하는 곳에서 괴로움을 당하는 에고는 시들어 버리기 때문이다. 그렇다면 이러한 비극적인 갈등을 어떻게 해결할 것인가? 항상 그렇듯이 아마도 또 다른 비극을 통해야 할 것이다. 다시 말해서 삶의 절박성이라는 새로운 조건 하에서 감지된 삶을 통해서 말이다.

프로이트는 처음으로 죽음에 대한 열망의 문제를 다룬 그의 초기 작품 『쾌락의 원리를 넘어서』*Beyond the Pleasure Principle*에서 이러한 절박성을 인지한다. 대치나 승화의 어떤 책략도 진정으로 본능을 달래 줄 수는 없기 때문에 자아는 결코 평정을 유지하지 못한다. 그러나 유기적인 설계물을 종말인 죽음이 역시 첫 번째 본능인 '무생물 상태로의 복귀 본능'의 장본인이었음이 증명된다. 라플랑쉬는 프로이트를 대신해서 다음과 같이 결론 내리고 있다 : "모든 무의식의 상태에서 존재하지 않던 죽음은 아마도 가장 급진적인－그러면서도 가장 메마른－논리 원칙으로서 무의식속에서 재발견되었다. 그러나 첫 번째로 접하는 대상물에 대하여 사고조차 매달릴 수 있기 전에 욕망이 먼저 애착을 가지는 그 대상물을 구체화하고 있는 것은 삶이다."

물론 이 문제에 대해 많은 다른 견해들이 있다. 그 중 두드러진 것이 르네 지라르의 "주체는 대상을 원하는데 그 이유는 주체의 경쟁자도 그것을 원하기 때문이다."라는 '모방적 욕망'의 이론이다. 이 이론은 그의 『폭력과 신성』*Violence and the Sacred*에서 강력하게 강박관념에 사로잡힌 듯이 전개되었다. 그러나 모든 견해들은 한 존재가 가장 복잡하게 광폭한 행위를 하고 있을 때의 영상들을 우리에게 강요한다. 헤겔에서 프로이트에 이르기까지 그러한 광폭한 행위는 다양한 죽음과 폭력으로 가득한 듯하다. 그러나 본체론에서 위의 두 사상가들과 다른 견해를 보이는 지라르조차도 "폭력은 항상 욕망과 혼합되어 있다"고 주장한다. 요점은 형이상학적일 뿐만 아니라 인식론적이라는 것이다. 그래서 미셸 푸꼬는 그의 '무대철학'에서 다음과 같이 말하고 있다 : "우리는 우리가 알아낼 수 있는 대상의 한복판에 놓여 있는 인식의 핵에만 의미를 제한시켜서는 안된다. 오히려 우리는 제한된 어휘들과 사물 속에서 의미의 끊임없는 변화를 의미가 수용하여 재확립하도록 허용해야 한다 … 죽음이야 말로 가장 순수한 상태에 있는 사건 중의 사건인 동시에 의미이니까 최상의 예라고 할 수 있다."

그러므로 죽음은 우리의 궁극적인 재결합 이상의 것이다. 즉, 죽음은 우리의 지식이나 언어 속에만 있는 것이 아니라 우리 욕망 속에 보편적으로 내재해 있다. 그러나 이 모든 것이 비평가의 '작업'에 어떻게 영향을 미칠 수 있겠는가? 단지 그럼으로 해서 어떤 비평적인 행위도―읽기나 쓰기에서, 실행이나 시학에서―그 행위가 폭력과 욕망―사랑이나 죽음에 대한 욕망, 권력 또는 존재에 대한 욕망―의 복잡성에 의문을 품는 경우에도 고백하지 못하면 그 자체가 우리의 최고의 '순화된 정열'이 될지도 모를 지혜에 결코 가까이 이르지 못할 것이다.

그러나 원리는 기발난 것이 아니다. 그 원리는 과거의 대가들―프로이트, 융, 아들러―로부터 비전적인 후계자들―마르쿠제, 브라운, 랭―에 이르기까지의 정신분석학 운동에 생기를 불어 넣고 있다. 그러나 욕망에 대한 토의가 최근에 여러 측면에서 완전히 철학적인 다변의―그리고 불투명성에서도―극치를 이루고 있는 곳은 물론 프랑스이다. 나는 쟈크 라깡, 롤랑 바르트, 미셸 푸꼬, 질 들뢰즈, 쟝-프랑소와 료따르를 염두에 두고 있다. 이 중 라깡만이 전문적인 정신 분석가이다. 나는 그러한 움직임의 구름에 덮여 있는 재기와 고도의 궤변을 여기서 정당하게나 부당하게나 다룰 능력이 없다. 나는 또한 비평의 현장에 대한 여러 종류의 궤변가들과 대학 선생들의 비난과 핑계들에 안주해서도 안 된다. 나는 단지 현재의 논쟁으로부터 비평적 자아가 흥미를 가질 수 있는 몇몇 이념들을 얻어내기만을 바랄 뿐이다.

> 그는 언어 공포증으로 고생한다. 언젠가 한번은 타국에서 지낼 때 그는 단어들을 알면서도 두달동안 말하기를 거부했었다. 가끔 그는 아직도 그의 두뇌가 침묵의 바다 위에서 간신히 까닥까닥 움직이고 있음을 느낀다. 그는 언제나 단어 게임에서도 패자이다. 그는 선술집에서 '너무나 말이 많았기에' 수십 명을 총으로 쏘아 죽인 찰리 스타크웨더를 가끔 생각하곤 한다. 그는 두뇌가 언제나 이원적이었던 과거의 머나먼 선조들과는 달리 머리 속에는 아무런 목소리도 듣지 못한다. 그의 가장 즉각적인 직관력은 말이 없다. 그렇다면 정신이 나간 독일의 시인 휠더린은 침묵이 지속될 때 무슨 소리를 들었을까?

라깡은 그의 전임자들과 같이 욕망을 자아와 타자 사이에 일어나는 상호 작용 속에 위치시키고 있다. 유아의 '거울의 단계'와 더불어 시작되는 이 상호작용은 반사적이다. 왜냐하면 그 상호작용은 모든 후속적인 동일시가 파생되는 하나의 반사적인 소외를 형성하기 때문이다. 그러므로 라깡에게는 욕망은 아직도 타인의 욕망을 위한 것이다. "그 이유는 그 타인이 욕망의 대상의 열쇠를 쥐고 있기 때문이라기보다는 욕망의 제일의 대상이 타인에 의해 인정받게 되어 있기 때문이다" 이것은 헤겔의 '인정'과 프로이트의 '원초적인 인식'－우리가 처음으로 어떤 의미를 부여하기를 배우는 우리 어머니들의 육체에 대한 인식－을 인정하며 니체의 만족할 줄 모르는 '의지' 역시 인정한다. 여기서 니체의 '의지'는 자아와 타인 모두에게 결코 똑같을 수 없는 한 언어를 끊임없이 요구하는 것으로 파악된다. 라깡의 천재성은 그로 하여금 그 자신의 습지와도 같은 문체가 겉으로 드러내는가 하면 숨기기도 하는 언어의 문제에 주의를 기울이도록 한다. 왜냐하면 무의식 ('타인의 담화')이 한 언어로 구성될 뿐 아니라 이른바 자아라는 것은 그 자체가 '상징적인 질서'의 한 예이기 때문이다. 그러므로 데카르트에서 현대에 이르기까지 주체의 철학적 지위는 전적으로 담화의 이중성에 의존하는 상태로 남는다.

라깡은 그의 중심되는 에세이 '정신분석에서 언어의 기능'(본래는 '로마강연'의 일환으로 1953년에 강연된 것이었다)에서 "주체의 말씀을 해방시키기 위해 우리는 그 주제를 그의 욕망의 언어, 즉 일차적인 언어로 인도한다. 그때 그 주체는 자기 자신에 대해 우리에 말하는 것을 넘어서서 그는 이미 자신도 모르는 것을 그 언어로 우리에게 말하는데 우선 그 증상에 대한 상징들을 사용 한다"고 말한다. 그러나 우리가 알기로는 언어는 의미되는 것이 존재하지 않는 부정을 암시한다. 이러한 상징적인 '살해'나 죽음이 "주체 속에서 그의 욕망의 영속화를 만들어 낸다"고 라깡은 주장한다. 다음은 라깡의 공격적인 결론이다 : "그러므로 우리가 주체 속에서 말씀의 연속적인 음의 형성보다 앞서 존재했던 것과 상징들이 탄생하기 이전에 존재했던 것을 얻고자 희구할 때 우리는 죽음 속에서 그것을 발견하고 그 죽음으로부터 주체의 존재는 그것이 지닌 모든 의미를 취하게 된다. 그가 타인에게 자신을 확인시키는 것은 사실상 죽음에 대한 한 욕망으로서 이다. 만일 그가 자신을 타인과 동일시한다면 그것은 자신의 본질적인 변형 속에다 자신을 확고하게 고정시켜야만 가능하고 어떤 존재도 죽음의 그림자들 가운데를 제외하고는 그에 의해 결코 생명을 불러일으켜지지 않는다." 이리하여 우리는 또다시 죽음(또는 입을 크게 벌리고 있는 상태), 욕망이 자아 속에서 동일 연장 속에 있음을 알게 된다. 여기서 자아는 육체 자체로 대치된 언어인 시니피앙들(기표) - 가장 '특별난 존경을 받는 영광된' 것은 남근성이다 - 로 표현된다.

그는 여태까지 죽은 사람을 본 적이 없다. 그의 아버지와 어머니는 오랫동안 유배되어 있었으므로 그들이 아주 나이가 들어 죽게 되었을 때 그에게는 이미 죽어서 잊혀진 분들이었다. 죽음이 마침내 그에게 가깝게 느껴졌을 때는 그 자신이 반백년을 산 후였다. 그는 그녀의 죽어 가는 얼굴이 생각났다. 그의

> 존재를 알아 챈 그녀는 말하려고 애썼지만 결국은 하지 못하였다. 그녀는 다시는 말을 하지 못한 채 죽어갔다.-그는 그 곳에 없었다. 후에 그는 그녀가 하얀 옷을 입고 어린 소녀가 되어 무중력상태로 나타나는 것을 꿈꾸었다. 그는 어느 누구도 볼 수 없고 이름 지을 수 없는 어느 위험으로부터 벗어나도록 그녀를 데리고 멀리 가버렸다.

Ⅱ

인간이 살고 있는 우주는 결핍으로 이루어져 있다 : 그것이 라깡의 요점이며 그를 칭송하는 포스트구조주의자적인 박수꾼들의 요점이다. 그것은 그들이 보기에는 인간이 살고 있는 우주는 언어로 이루어졌기 때문이다. 이리하여 욕망의 언어는 부재의 미학으로 이끈다—말하자면 롤랑 바르트의 담화에 나오는 영도, 침묵, 교착, 대구법, 찢어진 곳, 균열, 갈라진 틈, 파열, 파편, 그리고 정도를 벗어남 등과 같은 용어들이 유행하는 것을 주목하라. 나는 인간이 살고 있는 우주가 결코 충만하다고도 또 텅 비어 있다고도 믿지 않고, 그것이 행위라고도 또는 언어라고도 믿지 않고, 오히려 우리는 끊임없이 그 우주를 어림하고자 하는 것이라고 믿지만 나의 세 개의 주제 중에서 처음 두 용어인 욕망하기와 독서하기의 문제들을 우리를 위해 연결하고 있는 바르트의 작품으로 이제 눈을 돌려 보고자 한다.

바르트의 후기 작품은 어떤 텍스트들 또는 아마도 텍스트성 자체에 대한 사랑의 제식 내지 언어적인 애무—의심할 바 없이 다형태적으로—일 뿐만 아니라 독서하는 자아에 대한 사색인 것처럼 보인다. 그러면서도 바르트는 그의 책 『텍스트의 즐거움』에서 논의의 여지가 있는 여러 가지 구별들을 제안하는 것을 서슴지 않고 있다. 가장 중요한 것은 독서에서 즐거움plaisir과 환희jouissance의 경험을 구별하는데 있다.—전자는 말로 표현할 수 있는 것이고 후자는 표현할 수 없는 것이다. 즐거움을 가진 텍스트는 그것이 문화나 역사의 시계로 들어올 때도 '행복감을 허락해 주며', 채워 준다. 그러나 이기적인 환희의 텍스트는 특히 환희 속에 있는 자아가 '회복'하는 것을 허용하지 않는다. 그러나 즐거움조차도 '대화의 주제가 없고' 그래서 이념적인 '혀짤배기소리'와 실행을 회피한다. 그래도 즐거움은 '독서 신경 증세를 텍스트의 환각된 형태'와 연결시키는데 도움을 주어 결과적으로 주체가 지닌 진정한 개별성을 드러내 보여 준다. 바르트는 개인적인 신경 증세와 상상된 텍스트 사이에 있는 그러한 연합에 토대를 두고서 한 걸음 더 나아가 독자들을 네 종류로 구별한다-즉 텍스트의 부분과 구분에 매달리는 '성욕 도착자', 문헌학자들, 기호학자들, 메타언어학자들을 포함하는 '강박관념을 가진 자들', 논쟁적이고, 이념적이고, 이기적인 '편집증 환자', 환희에 가까운 상태에서 텍스트에 굴복하여 텍스트에 몰두하는 '히스테리 환자'로 구별 한다(아마인 코틴Armine Kotin은 『응용 구조주의 저널』[1979년 7월호]의 창간호에서 이 네 종류의 독자들에 대해 탁월한 해석을 하고 있다). 그러나 바르트는 그러한 구분은 혼란을 주고-"나는 비틀거리며, 나는 실수를 한다"고 교활하게 외친다-그래서 그 구분은 독서학에 대한 확고한 토대를 마련하지 못한다고 재빨리 고백한다. 어떠한 경우에도 텍스트는 공중에 떠 있거나 풀에 걸려 있는 잔거미의 집이고 비평가가 할 일은 거미학(거미집인 hyphos에서 온 말이다)이며 독자는 환희에 가까운 상태에서 "거미줄을 만드는 분비액을 토해 내며 약해지는 한 마리의 거미와도 같이 자신을 파괴한다." 이론보다는 교묘한 전복으로 가득 차 있는 불가사의하고 간교한 저서는 아폴로적인 것과 디오니서스적인 것을 독서 양태로 한 니체적인 이원주의를 무한히 정교하게 부활시키면서 끝을 맺는다.

『한 연인의 담론에서 나온 파편들』*Fragments of a Lover's Discourse*은 우리에게 좀 더 열병적인 경험을 제공한다. 왜냐하면 이 책에는 질투와 원한이 그렇듯이 즐거움보다는 고통과 고독이 주체를 훨씬 더 따라 다니기 때문이다. 연인의 언어를 여기저기서 흉내내고, 또 현대 무용수가 공연이라도 하듯이 단편적인 '전개 동작'으로 표현하면서, 이 작품은 우리에게 욕망의 가나다라 원칙에 의해 배열을 한 '감정적인 문화와 백과 사전'을 제공한다. 그러나 에리누에스(그리스 신화에 나오는 복수의 여신들 : 역주)의 영혼이 행간에 가득 차 있다. 그 영혼이 떠나 버리지 않고 언제나 되돌아가는 텍스트는 유럽에서 그렇게 많은 사람들이 읽었고 또 읽으면서 탄식하고 죽는법을 배웠던 사랑과 죽음과 광기에 대한 절제 없는 작품인 「젊은 베르테르의 슬픔」이다. 이리하여 사랑과 자살은 모두 텍스트적인 모방이 된다. 그래도 문제는 아직도 독서에 관한 것이다. 바르트는 이 책이 하나로 결합된 연인들과 독자들에게 헌정되는 것이 이상적이라고 암시한다. 그러나 무엇에서 결합된단 말인가? 죽음에 대한 감각 속에서? 사랑은 부적절하다는 의미에서? 욕망 자체를 계속해서 창조하고 들어내고 말하고 침묵시키는 언어의 보편적 내재 속에서라는 것은 확실하다. 여기에 독자들과 작가들, 광인들과 연인들의 상호 모순성들이 언어가 평안하지 않은 상태(병마) 속에서 빽빽이 들어찬 것처럼 보인다.

이러한 모순성들은 우리가 읽고 있는 바로 그 관능적인 자아로 집중된다. 왜냐하면 만일 바르트가 한 연인의 비탄이나 병적인 담화(연인은 결코 '성스러운 인물'은 아니다)를 흉내내어 쓴다면 그는 우리에게 교활한 고백 형태로 교묘한 가면들을 쓴 가짜 자서전을 또한 제공하는 것이다. 이것은 단지 바르트가 교활하다거나 그의 연인들이 사랑으로 인해 비밀 속으로 빠지도록 운명지어져 있기 때문에서만이 아니라, 언어와 욕망이 사랑이라는 주제 속에서 그들 서로를 파괴하는 구역 내에서 만나기 때문이기도 한다. 이러한 절망적인 고백 속에는 설명과 해석학의 가능성은 정말로 없다. 바르트에게는 진실된 지식이란 진실로 '망은의 최고 기관인 나를 파괴'하는 데에 달려 있다. 이 '나를 파괴하는 것'은 독서하기와 쓰기, 자아와 사회에 영향을 주는 정치적이며 유토피아적인 계획이다. 바르트의 이 작품에서는 명백한 자아를 관능적으로 파멸시키게 되면 궁극적으로 다

음과 같이 된다 : "나는 체계를 변화시키고 싶다 : 더 이상 가면을 벗기고 싶지 않고 더 이상 해석하고 싶지 않고 다만 의식 자체를 하나의 마약으로 만들어 더 이상 간단하게 될 수 없는 현실 세계에 대한 비젼으로, 명료한 위대한 꿈으로, 예언적인 사랑으로 다가가고 싶다." 갑자기 바르트는 우리를 퀸틸리안Quintillian보다는 뵘에게로 이끌고 있다.

> 비너스가 황도대가 있는 그의 집에다 천체로 발하는 영기靈氣로 감화를 주었다. 그러나 살아오면서 여러 해를 그는 서로 줄다리기하는 두개의 강박관념, 즉 여자와 일로 인해 고통을 겪어야 했다(그는 승합마차에서 내리면서, 식당에서 서로 부딪치며 지나가면서, 도시의 거리에 스쳐 지나가면서 보았던 '완벽한 다리들'을 거의 모두 기억해 낼 수 있다. 그리고 욕망의 녹회색 거울 속에서 그는 맹렬하게 탐색하는 듯한 눈을 가진 북쪽지방에서 온 황금빛 넓적다리를 지닌 여인들을 본다). 여자들과 일 : 지성은 어떻게 완벽한 욕망 아니면 영혼 중에서 하나를 고를 수 있단 말인가? 힌두교의 탄드라교도가 아닌 그는 진부한 환상과 시간 속에서 어느 정도 갇힌 상태로 나이를 먹어가고 있다. 그러나 그의 출생에 영기를 주었던 비너스는 결국 그의 집에 사자使者를 보내 주었다.

텍스트에 관한 바르트의 자세는 급진적이고 무정부주의적이다—그 자신은 아마도 개인 방언적이라고 말하고 싶을 것이다. 그러나 정치적인 용어들이 아주 적당하다. 왜냐하면 하나의 텍스트 이론은 욕망의 이론뿐만이 아니라 사회이론이고 독서는 무언의 문화적인 압박들의 명목으로 우리가 수행하는 하나의 행위이기 때문이다. 바르트에게는 그러한 압박들이 혁신의 가능성을 미리 배제하지는 않았다. 정치적인 혁명과 욕망에서의 변이는 '전혀 새로운 것'이라는 똑같은 목표를 공유한다. 이와 마찬가지로 독서하기에서도 바르트는 해석자나 사제에 대항하여 연인을 선택함으로써 부호화되어 있지 않은 것, 마술에 걸려 있는 것, '다루기 힘든 것들'을 선택하여 새 것을 환기시키고 있다. 그러나 새로운 것은 슬프게도 우리 모두가 알고 있듯이 결코 기이한 것으로 남아 있지 않는다. 그래서 바르트는 영원히 혁명적인 성의 정치학과 텍스트의 정치학을 지지한다.

그러나 죠지 스타이너에게서 우리는 거의 반대되는 설득력을 지닌 비평가를 접하게 된다. 호색문학에 대한 그의 비난은 너무나 잘 알려져 있으니까 여기서 반복할 필요는 없지만 인간의 정체를 타락시키면서 동시에 억압하기도 하는 담화에 대한 그의 격렬한 불쾌감을 나타낸다. 최근 나온 에세이 선집인 『어려움에 대하여』*On Difficulty*에서 스타이너는 읽고 쓰는 능력의 문제를 폭넓게 다루고 있다. 역사를 통해 나타나는 문학과 성욕의 복잡 다양한 관련성을 잘 알고 있으면서도 그는 우리 세계에서 종교적인 언어는 물론 관능적인 언어가 평가 절하되고 있음을 여전히 개탄하고 있다. "이 두 평가 절하는 분명히 서로 관련되어 있다. 그 둘은 함께 내면적 매체가 거의 단계적으로 '희박해지고 약화되는' 상태에 이르고 있다"고 스타이너는 주장한다. 그는 그러한 '내면성'의 상실과 사랑이나 예배의 개인적인 자유가 침해당하는 것을 우리가 당면하고 있는 현대성의 비참한 양상의 하나로 본다. 이러한 과정에 대해 정신 분석조차도 그 권위를 대출해 주었다. 왜냐하면 정신분석의 변설 좋은 치유들은 '내면적인 어법의 자발적인 에너지와 풍부함'을 침식하는데 한 몫을 담당하기 때문이다. '내면적인 언어'의 균형이 '공적인 언어화'를 향해 그리고 가장 넓은 의미에서의 공공성 쪽으로 기움에 따라 자아는 그 자체의 '공허함'을 감행한다. '우리 자신 속에 덜 머물게된' 우리는 우리 자신이 만들어 내는 바로 그 압박들에 대해 더욱 더 능력이 없게 된다(스타이너는 과연 그답게 "미국의 집은 지금도 오는 사람 모두에게 개방되어 있다. 극히 최근까지는 그랬다"라고 덧붙여 말하기를 주저하지 않는다).

그러므로 죠지 스타이너의 주요 관심사는 말하고 읽고 쓰는 자아의 유기적 구조이다. 그리고 그의 이러한 관심은 니체, 데리다, 바르트의 '공허한 주체'에 대한 도전이다. 스타이너는 텍스트를 민주적으로 또는 색다르게 독서하는 것을 찬성하는 것이 아니다. 왜냐하면 그것은 견문이 넓은 권위를 약화시키는데 도움을 주기 때문이다. 대중 사회에서 자아를 외향화하고 기술학을 강력한 우위에 놓고 판단을 확신시킨 결과－여기서 어떤 것이 원인이고 어떤 것이 결과로 작용하는지 누가 알겠는가?－사상은 물론 독서에 대해서도 적대적인 새로운 종류의 문맹상태가 생겨났다. 왜냐하면 올바른 독서는 하나의 엄격하고 고독한 행위이며 훈련된 주의력과 기억력, 언어에 대해 갈고 닦은 기술 그리고 긴장된 의지를 요구하기 때문이다. 그것은 또한 밀집된 인유, 폭넓은 참고, 우리가 요즈음 "텍스트의 상호관련성"이라고 부르는 상호작용하는 공감의 힘을 확실히 해주는 문화적인 전통 내지는 중심적인 교과과목을 요구한다. "'텍스트'는 권위의 맥락 속에서 번성한다"고 스타이너는 강력하게 주장한다. 고전적 의미에서의 '인문학'은 '이미 준비된 대응물'을 필요로 하지 않으며 '대중적인 자유주의 또는 사회주의적인 가치 체계 안에서 인본주의와의 강요되지 않은 공존'을 부과하지 않는다. 서구 사회에서의 풍요가 기우는 듯하니까 문화와 민주주의가 잠재적으로 가지고 있는 부조화가 드러나는지도 모른다. 스타이너는 견인주의자처럼 음울한 전망을 보고 있고 '독서와 집들'을 요구한다. 그 집에서는 소수의 사람이 엄숙하고 즐겁게, '자랑스럽고, 사랑스럽게' 읽는 법을 다시 배워서 텍스트가 '우리 존재의 가장 필수적인 환경으로, 가르침으로 주는 맥락으로' 남게 될 수고 있으리라.

나는 스타이너가 의도하고자 한 것보다 그의 주장을 더 엄격하게 신랄한 것으로 만들었는지도 모르겠다. "텍스트들은 우리의 요구로 해서 다 엇어져 버리는 것은 아니다"라는 사실과 어느 정도의 '공평무사한 무책임'－사람들은 해체를 생각한다－이 문학에 대한 우리의 민첩한 반응을 앙양시킬 수도 있다는 것을 그는 확실히 인정한다. 더욱이 '비평가 / 독자'(『신문학사』 1979년 봄호)라는 제하의 최근 에세이에서 스타이너는 좀 더 기원을 하는 듯한 기분으로 문학적인 경험들 사이의 구별을 추구한다. 바르트와 스타이너의 거리가 유리된 것은 아니다. 그들 사이에는 많은 이론가들이－예를 들면 제프리 하트만, 볼프강 이저, 노만 홀란드, 데이비드 블라이히 - 독서 행위를 중재한다. 그럼에도 불구하고 우리가 이 비평가들 사이에 있는 대조적인 공간을 유지할 때 그 문제는 가장 극명하게 된다. 왜냐하면 그들의 주장은 대립 상태에 있고 스타이너가 페기Peguy와 벤다Benda에게로 복귀하면서 천주교의 성직자와도 같은 독서행위를 하는 것은 바르트의 불규칙으로 변화하는 욕망의 문화에서는 환영을 받지 못할 것이기 때문이다.

텍스트, 자아, 그리고 사회에 대한 그렇게 다양한 의견들은 우리들을 또다시 의문에 빠지게 한다. 독서행위는 도대체 합의를 이루는 정의를 가질 수 있을까? 지금까지의 나의 주장은 욕망의 본체론이 우리가 출발하는 데는 도움을 줄 수 있어도 문학의 어떠한 인식론도 위 문제에 유용한 대답을 해줄 수 없다는 것이었다. 원초적인 의지의 한 양상으로서 독서는 언어 속에서 우리 존재에 대한 복잡한 "으로 - 다시 말해 그것이 어머니가 되든, 경쟁자가 되든, 역사가 되든, 죽음이 되든, 무의식이 되든 간에 타인과의 관계속에서 말이다 - 이루어진다. 이리하여 '독서'는 언제나 끊임없이 깨어지는 그리고 영속적으로 수정되는 '사회계약'의 한 관계자가 된다. 누가 읽는가? 라는 질문을 우리는 묻지 않을 수 없게 된다. 그러나 어쩔 수 없이 그 독자가 어떤 목적으로 텍스트를 해석하고 또 어떤 역사적인 맥락 속에서 해석하는가 하는 것도 우리는 또한 알아야 한다.

마치 우연인 양 그는 이미 25여 년 전에 출판된 막연하게나마 자서전적인 한 텍스트를 읽으면서, 비록 죽은 자가 그 자신뿐이라는 것이 증명된다 해도, 또 다른 세상에서는 모든 독서가 죽은 자에게 생명을 불어 넣는다는 얄궂은 생각을 해본다. 그는 텍스트에서 이 텍스트의 맥락이라고 할 수 있을 다음의 구절들을 읽는다.

… 각 교실의 모든 학생들은 분위기가 가라앉은 공립학교 교실에서 그들의 편견들로 서로를 윽박지르고 특징적인 난폭성으로 그들의 적의를 나타낸다. 8시 5분이면 가차없이 닫히고 3시 5분전이 되어야만 열리는 그 검은 철제 석쇠로 만든 교문에서 부모들의 메르세데스, 롤스 또는 패카드 차들이 운좋게 태어

> 난 학생들을 기다리고 있었을지도 모르겠다. 그러나 일단 학교 내에서는 학생들은 모든 희망을 버렸고 최선을 다하여 자신들을 변화시키며 재기와 주먹에 의존하며 (어떤 학생들은 부서뜨릴 수 없는 두뇌로 싸우기도 하였다.) 비겁함, 유약함, 그리고 예의범절에서 벗어나고자 피투성이가 될 정도로 노력했다. 한 학생이 임시 변통으로 헌 양말을 모아 만든 공을 가지고 쉬는 시간마다 축구를 해도 - 나머지 학생들은 공부를 하였다 … 최종시험에 낙방한 학생들이 - 그 명단이 페인트가 벗겨지고 있는 벽에 압정으로 붙어져 있었다. - 자살을 기도하는 것은 특이한 현상은 아니었다.
>
> 그는 수십년 후에 있었던 또 다른 한 장면이 떠오른다. 한 대학원생이 사과와 허쉬 초콜렛으로 주린 배를 채우며 살아가면서 외국어로 박사학위를 얻고자 한다. 학과장은 - 그의 전공분야 학술 협회의 회장직도 역임한 바 있는 명성 있는 교수다 - 그를 어목 렌즈로 된 안경너머로 바라보며 부드럽게 말한다.
>
> "우리는 당신에게 장학금과 특별 연구비를 주었오. 그러나 우리는 당신에게 지금 조교직을 줄 수 없소. 당신이 말하는 가운데 표준어가 아닌 요소가 섞여 있기 때문이오."
>
> 정말 맞는 이야기라고 그는 생각한다. 그러나 그때에는 그가 '모국어'로 말할 때조차도 '비표준어적'인 요소가 섞여 있다.

Ⅲ

욕망하고, 독서하고, 창조하면서 비평가는 많은 자아로 구성된 그 자신의 자서전을 몸짓으로 나타낸다. 그러한 몸짓은 개인적이기는 하지만 우리로 하여금 역사를 창조하도록 한다. 그래서 한스-게오르그 가다머는 - 그는 판단력보다는 편견들이 우리 존재를 훨씬 더 많이 구성하고 있다는 것을 분명히 안다 - 그의 『철학적 해석학』 *Philosophical Hermeneutics*에서 "이해하는 것은 우리 자신들이 아니다. 왜냐하면 우리가 '나는 이해했다'라는 말할 수 있게 하는 것은 항상 과거이기 때문이다"라고 단언한다. 이렇게 능동적으로 자아를 과거화하고 이해에 중요한 역사성을 집어 넣는 것은 - 이것은 고상한 학자들의 수동적인 자세와는 아주 다르다 - 그 자체를 미래에 투사시키고 그럼으로 해서 비평가의 실행을 끌어들인다.

이것은 푸꼬의 '지식의 고고학'에서 명백하다. 그 지식의 고고학은 권력의 부호화된 양태들을 드러내어 보여 주며 욕망하기, 읽기와 함께 나의 마지막 용어인 창조하기로 나를 인도한다. 푸꼬의 많은 고고학들 중에서－말의 광기, 형벌 제도와 의료제도 중에서－성적 욕망에 대한 고고학이 나의 주제와 가장 비슷하다. 푸꼬는 초기 저작인 『사물들의 질서』에서 죽음, 언어(또는 법률), 그리고 욕망이 '비-사고'의 가장자리, 즉 인간 사회의 토대의 한계를 정한다고 지적하였다. 최근 저서인 『성적 욕망의 역사』(제1권)에서 그는 욕망의 다양한 언어들을 분석하는 데까지 이르고 있다. 그는 욕망의 언어들은 억압적이라기 보다는 주어진 권력들을 풍요롭고 분명하게 표현한다고 놀랍게 주장하고 있다. 그러나 푸꼬가 의미하는 권력이란 무엇인가? 그것은 효과적인 담화의 보편 내재성이며, 관계들의 상호작용이며, 확산된 힘들의 장이다. 간단히 말해 권력이란 "어느 특별한 사회 속에서 사람들이 복잡한 전략적인 상황에 부여하는 이름이다." 마르크스주의자들에게는 금제가 되고 있는 이 견해에 따르면 성적 욕망이란 인간의 육체와 정치적 통일체 사이의 접합선이고 개인의 자유와 사회의 통제사이의 봉합선이다. 성적 욕망을 성적 매력이 있는 것으로 만들고 욕망을 바람직한 것으로 만들므로써, 관능주의를 하나의 시니피앙으로서 특권을 부여하여 줌으로써, 권력의 담화는 더 나아가 우리 각자에게－동성적이든 이성적이든 간에－다루기 쉬운 정체를 만들어 주고 그럼으로 해서 그 권력 자체를 영속화시킨다. 과거의 독재자들이 가졌던 신하들을 죽일 수 있는 권리는 이제는 국가가 그 시민들에게 어떤 특별한 삶을 살도록 강요할 수 있는 권리로 바뀌고 있고 과거의 '피의 상징'은 새로운 '성적 욕망의 분석'에 자리를 양보한다. 그래서 푸꼬에게는 진정한 자유는 '성적 욕망'이라는 개념이 아니라, '쾌락 속에 있는 육체들'의 개념을 불러일으킨다.

우리는 쟝 보드리야르Jean Baudrillard가 『푸꼬를 잊어버리자』*Oublier Foucault*에서 했듯이 권력에 대한 이 특이한 개념에 도전할 수가 있다. (말하자면 보드리야르에게는 권력이란 보편 내재적인 장이나 쇠

창살이 아니라 하나의 유혹, 자극, 미끼이다). 그러나 우리는 모든 담화는 권력 구조 속에 암암리에 깊게 뿌리 박혀 있다는 푸꼬의 장대한 통찰력을 거부할 수는 없다. 그에게는 인식론적인 지속성이라는 바로 그 개념이 사회가 붕괴되고 위기에 빠지고 변화에 직면하는 위험으로부터 보호해준다-이리하여 가정들, 교회들, 국가들로 하여금 모든 종류의 불연속적인 것에 대해 반감을 가지도록 이끈다. 마찬가지로 인본주의의 신조는 권력의 형태뿐 아니라 의도에서의 변화를 금지함으로써 사회조직을 강화한다. 인본주의자인 신조의 중심부에는 서구적인 자아의 개념이 놓여 있다. 푸꼬는 "권력에의 의지를 '탈주관화'시키거나(즉 정치적인 투쟁을 통해서 …) 사이비 주권자로서의 주체를 파괴시킴으로써(즉 '문화'에 대한 공격을 통해서 …)" 서구적인 자아를 이중으로 공격하기를 원한다고 그는 『언어, 반反기억, 실행』*Language, Counter-Memory, Practice*에서 적고 있다. 간단히 말해서 비평가의 행위는 욕망의 언어들의 신비를 풀어 헤칠 뿐만 아니라 또한 사회의 인식론적이며 정치적인 구조들을 공격함으로써 가능하다. 또는 푸꼬의 말을 빌린다면 "의식과 제도들을 동시에 휘저어 댐으로써 … " 가능하다.

그러나 비평가의 실행은 이론과 완벽하게 조화를 이룰 수 없다-이 점에서 미셸 푸꼬와 질 들뢰즈는 동의한다. 왜냐하면 '전체화'에 의해 제거될 수도 없거니와 제거되어서도 안되는 방해와 분열들이 항상 존재하기 때문이다. 물론 이 '전체화'는 포스트구조주의자들에게는 궁극적인 증오의 대상으로 보인다. 이렇게 해서 프로이트나 마르크스에 대하여 그들이 애매모호하게 얼버무리는 것이 정당화된다. 프로이트적인 생물학적 본능은 그 자체와 반대되는 것을 욕구할 수 있을까? 들뢰즈의 대답은 이러할 것이다 : 이해관계는 권력이라는 수수께끼에 결정적인 해답을 주지 못한다. 왜냐하면 "우리의 이해관계가 지시하는 것보다 훨씬 더 심오하고 확산되어 작용하는 욕망의 껍질들이 있기" 때문이다. 여기에다 푸꼬는 다음과 같이 덧붙

이리라 : "욕망, 권력, 그리고 이해관계 사이의 관계들은 우리가 보통 생각하는 것보다 더 복잡하다. 그리고 권력 행사에 관심을 가진 사람들이 반드시 권력을 행사하는 것은 아니다. 또한 기득권을 가진 사람들이 권력을 행사하는 것이 항상 가능하지 만은 않다."

이러한 확산이나 전이의 정치학은 실행을 무정부적인 것은 아니더라도 애매모호한 것으로 만든다. 들뢰즈는－우리가 후에 살펴보겠지만 료따르 역시 그러하다－이러한 경향을 기쁘게 인정한다. 휄릭스 가타리와의 공저인 들뢰즈의 주요 저서 『반 외디프스』는 '자본주의와 정신 분열증'이란 부제를 효과적으로 달고 있다. 이 저서는 사회적 생산이라는 마르크스주의적인 명제와 외디프스적인 억압이라는 프로이트적인 원칙 모두를 거부하면서, 결합되서건 분리되어서건 간에 다양한 조직들이 조절하고 있는 보편 내재하는 욕망의 '분출'에 대하여 눈부시게 제안한다. 이렇게 해서 남성들과 여성들은 '욕망하는 기계들'로 나타나고 이 여성이라는 기계는 '분열-분석'이 해방하고자 갈망하는 모든 브레이크의 조직체(분열 작용들)를 나타내는 저자들이 만들어 낸 용어이다. 위의 요약은 조악스럽게 단순화되기는 했지만 그 작품의 끈질긴 경향, 즉 권력과 욕망의 구조를 분쇄하고 나아가서 그러한 구조들에 대한 우리의 이해까지도 분쇄시키고자 하는 경향을 추출할 수 있다.

이 분열적이고 확산적인 경향은 그 빈약한 반反소책자인 「뿌리줄기」에 까지 확장된다. 여기에서 들뢰즈와 가타리는 새로 생겨나는 것들, 즉 확산하는 자아. 도주하는 형태들, 그리고 위계적이거나 생성적인 조직의 모델들 대신에 결합관계와 병렬에 개방적인 문화에 대한 그들의 의견을 전달하기 위해 뿌리 줄기－즉 살아 있고 무정형의 식물 줄기를 말함－의 비유를 조심스럽게 선택한다. 그들의 견해에 따르면 뿌리줄기는 뿌리와는 달리 아무런 방향이나 중심도 보여주지 않고 다만 변이에 의해 자라면서 뒤범벅이 된 자기변형 체계의 주변만을 보여 준다. 저자들은 우리들에게 다음과 같이 요구하면서 쾌활하게 끝을 맺는다 : "뿌리가 아니라 뿌리 줄기를 만들라. 결코 심지를 말아라! 씨를 뿌리지 말고 망쳐 놓아라! 하나도 여럿도 되지 말고 복합적인 것이 되라! 선을 만들어라, 그리고 결코 기간은 만들지 말아라!"

들뢰즈는 클레르 파르네Clair Parnet와 함께 만든 짧은 저작물인 『대화들』*Dialogues*에서 이 뿌리 줄기 이론의 정치학을 분명하게 설명한다. 그는 역사란 동작이나 비상의 여러 가지 다양한 선들로 구성되어 있고 유대인들이나 반달족들이나 타르타르 족의 방황이나 모택동의 대행진과도 같이 유동적인 '비영토화의 흐름들'로 구성되어 있다고 믿는다. 사회 자체는 가장 깊숙한 곳에서 변화를 지시하고 있는 어떤 비상의 선들을 따르고 있다. 진정한 혁명가는 이러한 선들을 인식하며 실제적인 질문을 제기한다 : 즉, 국가를 거부하고 권력의 이원적인 모형들을 거부하면서 어떤 활력있는 은밀한 조직체가 아직도 새로운 한 국가를 불러일으킬 수 있겠는가? 들뢰즈는 그 자신의 질문을 던지며 결론을 내린다 : 혁명의 불가능성이나 세계 전체주의의 출현을 예견하는 대신에, 어째서 새로운 종류의 변화가 이미 진행중에 있고 그 살아 있고 다양히 변화하는 '기계들'은 지금 세계와 국가라는 잘 알려진 형태들을 전복시키고자 음모를 꾸미고 있을지 모른다고 인정하지 않는단 말인가? 이러한 의문은 유토피아적인 것도 아니고 즉흥적인 것도 아니라고 들뢰즈는 주장한다. 왜냐하면 그것은 단지 욕망, 지식, 그리고 권력에 대한 또 다른 조망을 가정하기 때문이다.

미국에 대한 어떤 생각에 사로잡혀서 그는 다음과 같은 말로 그의 첫 번째 저서의 끝을 맺었다.

선사가 없는 나라인 미국은 그 마음 속에서 시간을 강탈하고 되찾기 위한 의도로 갑자기 역사 속으로 들어왔다. 무한히 끝이 없는 나라인 미국은 인간들에게 영원하고 격세 유전적인 고독감을 불러 일으키면서 조야한 자연과 인간을 대립시켜 왔고 그래서 미국은 역사상 가장 본질적으로 철저하게 탈자연화된 모습으로 변하였다. 하나의 꿈으로 생각되어지던 미국은 꿈꾸는 사람들이 또한 악몽에 시달려 식은 땀을 흘리며 깨어날 수도 있고 다시 꿈꾸기 위해 잠을 청할 것이라는 것을 보여 주었다. … 콜럼버스의 저주는 아직도 우리와 함께 있다 : 누구든지 각자 미국을 재발견해야 한다 - 혼자서 말이다!

외국 태생인 그는 아직도 강제 본국 송환의 가능성 만큼이나 그를 공포에 몰아 넣었던 것은 없었다고 생각한다. 그는 이민 귀화국에서 온 편지들을 개봉할 때마다. 입술이 타들어 갔고 손은 활기가 없이 잿빛으로 변했다. 그러나 지금은 미국에 대해 점점 참을성이 없어진다. 왜냐하면 그의 뱃속에는 거리의 풍각쟁이인 예레미아가, 성미가 고약하고 비이성적이며 조야스러운 괴짜 하나가 자리하고 있기 때문이다 - 그는 꿈과 희망으로 뒤섞여진 인물이다. 다음은 풍각장이가 쉰 목소리로 애타게 말하는 것이다.

"지금 우리에게는 무엇이 잘못된 것일까? '신뢰의 위기'인가? 당신은 미국이 어떻게 롤러 스케이트를 타고 굴러가고 있는지 모를 것이다. 그러나 공원에서는 미래가 귀 대신에 트랜지스터를 꼽고 걸어가고 있다. 달러화의 가치는 올라가고 떨어지고, 달러 지폐 자체도 찢겨지고 더럽혀져 있다. 어디를 가나 휘발유를 마셔대는 자동차들이 있고 녹슬고 해충이 꾄 낡아빠진 폐선들이 있다. 거리는 금이 갔고 잔디밭은 쓰레기들이 널려 있다. 지하철, 아니 전 시가에서 밤에는 해로운 냄새를 풍긴다. 우리는 촌스러운 재즈 음악과 공포를 너무 좋아한다. 그래서 엄마와 아빠처럼 마피아와 텔레비전이 우리에게 필요한 것을 준다. 그 나머지는 무기력함이 무릎까지 대양에서 대양으로와 같이 넓게 카페트처럼 깔려 있다."

"우리는 세례명을 서로 부르는 국가가 되었다. 아첨하는 자아들이 웃음이나 얼룩 자국과 같이 가늘게 퍼진다. 막혀 있던 욕망은 폭력 속에서 해방을 추구하고자 한다. 아마도 아래의 시가 시인이 울부짖을 때 마음속에 품고 있던 생각이리라.

'각각의 여자와 남자의
뼈 속에서 자란 잘못된 생각이
그것이 가질 수 없는 것을 갈망한다.
만민의 사랑이 아니라
혼자만 사랑을 받겠다고.'

이 괴짜는 이쯤해서 숨을 돌린 후 손잡이를 돌려대는 오르간에 대고 정치의 음악을 치기 시작한다.

"어디를 가나 당파적인 도당들이 정의를 외친다. 그러나 정의는 - 깨지기 쉽고, 단단하지 못하고, 붙잡기 어렵다 - 곧 자기보다 사악한 누이인 복수에게 양보한다. 정당들에게는 아무런 희망을 걸 수 없다. 왜냐하면 두려움과 악의가 서로 자리를 바꿀 때를 제외하고는 우파는 두려움에서 행동하고 좌파는 악의

> 에서 행동하기 때문이다. 가랑이에 꺽쇠가 죄어져 있는 우파는 시간이라는 불완전한 골절에 의존한다. 유치무쌍한 좌파는 무익한 추상화 속에 고정되어 있다. 그리고 언제나와 같이 중도파는 부드럽게 속삭인다. : '죽음은 다른 사람들에게 닥치게 될거야. 우리는 그들의 행위에 대해 책임이 없거든.'"
>
> 그이 뱃속에 자리잡고 앉은 괴짜는 이제는 잡소리를 멈춘다. 이제 고발자가 고발을 당하고 있다. 그는 손실과 실수로 점철된 자신의 삶을 생각한다. 개인의 단상이 어떻게 진정한 정치학을 만들 수 있을까?

진실, 진실 자체의 개념은 의문 속에 놓여야만 한다고 쟝-프랑소와 료따르가 욕망의 정치학을 그 경계선까지 몰아부치면서 주장한다. 비타협이라는 니체적인 시학에 의해 힘이 부여된 작품인『리비도의 경계』에서 료따르는 인간의 현실 세계를 '덧없는 거대한 얇은 껍질'로 생각한다. 이 껍질은 리비도적인 얇은 막으로 들뢰즈의 작품 속에서 그랬었던 것만큼 그 위에다 역사는 그 자신을 새기고 있다. 그러나 뫼비우스와 같이 '깊이'도 없이 어디에나 편재하는 이 거대한 얇은 껍질은 하나의 기다린 띠로 보다는 맥박으로 행동한다. 욕망은 욕망의 '상징적인 공간' 속에서 텍스트의 구성과 시니피앙들의 습관적인 질서를 '어기고자' '공모한다', 이리하여 욕망과 친척이라고 할 수 있는 시는 정치학이라는 소외된 담화보다도 더 많은 변화를 부추긴다. 그리고 마르크스 자신은 답답한 이론의 저자로서 보다는 광기를 해방시키는 저자로서 '마르크스라고 이름지어진 욕망'으로 모습이 드러난다. 료따르는 익살과 재치를 부리며 우리로 하여금 경멸도 없고 존경도 없이 하나의 '복합적인 리비도적인 책' 그리고 단순히 하나의 감정적인 몸짓 내지 정열들의 융합으로 마르크스의 턱수염을 쓰다듬도록 유도하고 있다. 정말로 그 '노친네'에게는 료따르가 죠르지 바따유의 악명높은 창녀인 마담 에드와르다와 비유한 육감적이고 파괴적인 존재인 '작은 마르크스 양'이 포함되어 있다.

이 모든 것들이 불명예스러운 것처럼 보일 수 있지만, 추상화된 인간을 조직의 멍에로부터 해방시키고자 하는 노력 속에서 료따르는 냉소주의를 보이는 것은 아니다. 이러한 노력 속에서 마르크스주의자들이 담화는—끊임없는 말장난이며 한없는 수정이 가해진다—그에게 쓸모없는 것으로 보일 뿐이다. 강도 높은 맥박들, 그리고 권력의 상호 교환은 삶이야말로 성스러우며 세속적이고, 실제적이고 이론적인 모든 영역을 통해 흐르는 하나의 내밀스러운 흐름임을 증명한다. 하나의 리비도의 경제는 하나의 정치 경제학이다. 료따르는 다음과 같이 호소하면서 끝을 맺는다 : "공표도, 선언도, 조직도, 도발도 다 필요 없다. 모범적인 행위들조차도 필요 없다. 더 많은 강도를 얻기 위해 상이점을 작용시켜라. 반박할 수 없는 음모… 우리는 아무것도 발명하지 않는다. 그것은 언제나 이곳에 이미 있던 것이다. 그렇다, 그렇다, 그렇다, 그렇다."

료따르의 정치학은 마테이 카리네스쿠Matei Calinescu가 지적한 바와 같이 ('한 예술 작품으로서의 마르크스주의', 『스탠포드 프랑스 리뷰』1979년 봄호) 근본적으로 미학적으로 보이고 그 정신은 비유적이거나 형상적으로 보일 것이다. 그러나 그의 정치학은 또한 폭력주의자, 변두리 인간, 그리고 협잡꾼이 하나가 되어 연출해 낸 것이고 익살스러울 정도로 실용적이기도 하다. 두 편의 짧은 저서인 『경건한 가르침』*Instructions paiennes*과 『경건한 기초 원리』 *Rudiments paiens*는 장난기 있게 요점을 찌르고 있다. 전자에서 료따르는 사회의 위대한 시니피앙을 약화시키고자 의도하는—일화, 수수께끼, 대화, 단상으로 이루어진—'실용적인 이야기'를 창조하기 위해 정의와 불경건함 모두를, 아니 차라리 불경건함 속에 있는 정의를 환기시키고 있다. 이러한 전략을 위해서는 '반응'보다 오히려 '재치있게 받아 넘기는 대꾸'가 더 요구된다—즉 적에 대한 조망들이 끊임없이 의기양양하게 변화할 것을 요구한다. 두 번째 저서에서 료따르는 전이의 전략을 명시하기 위해서 영어 단어인 '주어모우기Patchwork'란 말에—레비-스트로스의 '파편bricolage'이란 말 대신 사용된다—의존한다. 그는 허무주의를 악화시키라고 울부짖는다. 또 가치의 위기를 촉진시키고 퇴폐 속에서 적극적일 것을 촉구한다! 동시에 어떤 계급도 모든 사회의 담화—특히 메타 언어—를 통제할 수 없게 해야 한다고 말한다. 그리고 미국의 예가 미친 듯이 보여주듯이 갈등과 폭력이 생겨나도 '이질적인 공간' 속에서 소수집단들의 대의명분을 장려할 것을 촉구한다. 이러한 '새로운 조망'은 '논리학의 대가들'이 아니라 '궤변론자들의 논리'를 따르고 '세계역사'가 아니라 '기회의 시간'을 따르면서 통일성, 궁극성, 진리(모두 대문자로 표시한다)를 거부한다고 료따르는 주장한다. 책략적이고 다방면적이고, 정직하지 않고 또 간혹 잔인하기도 한 이교신들과 같이 료따르는—그 이교신들 조차도 가지지 못한 조금은 격렬하고 조금은 즐거운 정의의 개념을 제외하고는—모든 인간의 경건함을 희생시키더라도 실행을 해방시키고자 할 것이다.

나름대로 어떤 범위 내에서는 잘 정돈된 료따르의 생각은 우리가 우리 자신의 생각을 정의하는데 도움을 주지 못한다 하더라도 그것을 세련화하는 데는 도움을 준다. 그의 사고가 폭력주의를 감상적으로 다루는 한 그것은 그것이 정의라고 부르는 오만함에는 맹목적인 것처럼 보인다. 그래서 우리에게는 어쩐지 마음에 썩 들지가 않는다. 그러나 그의 사상의 대담한 비전속에는 우리로 하여금 시대의 고르곤(머리는 뱀이며 보는 사람들 돌로 변화시켰다는 희랍 신화의 괴물 : 역주)적인 응시와 맞서게 하는 것이 있다. 한 비평가의 실행에 대한 도전은 궁극적으로 다음과 같다. *극단적인* 상황에 처했을 때 어떻게 행동하며 자신을 괴물로 만들지 않고도 어떠한 이름으로 자아를 돌로 변화시키는가 하는 것이다.

그는 피와 아드레날린의 순환을 자극시키면서 조깅을 한다. *그리고는* 다음과 같은 상상적인 대화를 이끌어 간다.

마르크스주의자인 동료는 그를 비난 한다 : "당신은 진리를 실행보다 앞에 놓고 있오. 그것은 부르주아지적이고 퇴폐적이오." 그는 발을 세게 구르며 대

답한다 : "진리를 행위와 구별해서 생각하시오. 그러면 당신은 폭력주의나 그의 대형大兄이라고 할 수 있는 전체주의로 귀결될 것이요. 난 둘 중 어느 것도 선택하지 않겠오. 그들은 모두 다른 것을 위해 봉사하고 있다고 주장하는 동안에도 자신들의 목적에만 급급하기 때문이오."

한 친구는 그에게 가끔 충고를 해온다 : "우리는 구별해야만 합니다. 우리는 날카롭게 구별해야만 합니다." 그는 헐떡이면서 대꾸한다 : "진정으로 우리는 진정으로 구별되는 것들의 구별을 해야만 합니다. 어떤 것은 활동력이 없고 습관적인 반면 다른 것들은 창조적이고 정신을 자극하는 것들이기 때문입니다."

한 동료가 그를 꾸짖는다 : "그것은 단지 쓸데없는 과시에 불과하요." 그는 생각한다. "남성적인 허풍은 미숙할 수도 잇고 치명적일 수도 있다. 그러나 그것의 추진력은 우리를 동굴 속 뒷부분에서 끌어내어 이 의심스러운 빛으로 이끌었다. 게다가 헤밍웨이나 미시마, 말로와 메일러들은 내가 만난 대부분의 남녀들보다 감정적으로 더 문학적 소양이 많았지."

또 다른 젊은 동료가 그에게 자랑삼아 말한다 : "나는 날이 갈수록 좀 더 보수적이 되고 있습니다." 또 한 사람의 죠깅하는 사람이 그를 막 따라 잡으려 할 때 그는 땀을 흘리며 다음과 같이 중얼거린다 : "만일 보수적이란 말이 엄하다는 것을 의미한다면 나도 마찬가지올시다. 그렇지 않으면 나는 결코 그렇지 않지요! 일천개의 모험이 꽃피우도록 합시다."

조그만 공격들로 매질을 당한 그의 침묵의 대화들은 상상적이라기 보다는 본체론적이고 그가 그의 죽음을 지연시키기 위해 달리는 동안 이 세상에서 존재에 대하여 보내는 비평이다.

무결론

결론적으로 말해 어떤 요행과 유전자들과 약간의 성과를 통해 우리는 자아에 대한 약간의 도움이 될만한 감각을 얻어 내기는 하지만 그 어느 누구도 자아가 무엇으로 만들어졌는지는 알지 못한다. 그 자아는 분명히 하나의 구성물이며, 하나의 해석이며, 때로 효과적이기도 하고 때로 무력하기도 하나－신경증 연구에 대한 대가들이 있음에도 불구하고－자아의 입장이 되어 초조해 하지 않고 태평하게 있을 때만큼의 능력은 결코 발휘하지 못한다. 그러나 그 구성물은 미완성인 채로 남는다. 이에 대해 오르테가는 "하나의 인물은 … 우리 각자가 마음 속 깊은 곳에 지키고 있는 하나의 자극적인 이상향, 하나의 비밀스런 전설로 한번도 완전히 실현되지 못했다"고 이미 오래전에 말한 바 있다. 바로 이 전설이야말로 내가 이 세 개의 연속적인 움직임인 욕망하기, 독서하기, 행동하기 속에서 활동하는 비평적 자아로부터 유도해 내고자 한 것이다. 내 주장의 문화적 맥락과 이론적 맥락을 동시에 제공하고자 몇몇 작가들을 선택하여 발언을 부탁하는 과정에서 전설을 유도하고자 했던 것이 간청으로 되어 버렸다. 여러 작가를 불러냈을 때 나는 내 자아를 배반할 것이었을까?

배반은 항상 이중적이다 : 그것은 속이고 있을 때조차도 폭로를 하기 때문이다. 내가 선택한 텍스트들은 우리 모두가 한 부분을 차지하고 있는 (우리 모두는 뿔뿔이 흩어져 있다) 문화는 물론 나 자신 속에 있는 한 경향을 말해 준다. 그 경향은 지식과 존재의 뿌리를 추구하면서 불연속의 격렬한 몸짓과 새로운 것에 대한 전투적인 환상 속에서 자체를 모험 속에 끌어넣고 있다는 점에서 급진적이다. 몸짓이나 환상은 현실 세계를 거의 변화시키지 않는다. 그러나 그것들은 현실 세계와 우리 자신들을 모두 자극시켜 사물에 대해 좀 더 거대하고 강렬하며 재빠른 이해력을 갖도록 만들지도 모른다. 우리 중 몇몇 사람이나 우리 자신의 불안에 가득한 숨결소리에 불과한 조상 대대로의 목소리에 귀를 기울이며 몽유병자들과도 같이 존재 사이를 통해 걸어가고 있겠는가?

내가 논의해 온 작가들 중 반이 프랑스 사람이다. 이것은 우연이 아니다. 영국은 현재 비평 부문에서 기운을 돋울 수 있는 것을 하나도 제공하지 못한다. 그리고 독일은 과거에 대한 반동으로 불과 몇 명을 제외하고는 학구적인 마르크스주의에다 마음을 얽어매고 있는 것 같다. 그리고 미국도 몇몇 비평가를 제외하고는 고리타분한 학식이나 프랑스 풍의 희화의 대가가 되어 버렸다. 프랑스 사상 자체도 결점이 없는 것은 아니다. 나는 이미 다른 글에서 프랑스의 광적인 파괴행위들과 공고라풍의 멋부린 문체에 대해 참을 수 없음을 표현한 적이 있다. 그러나 다른 어떤 사상도 우리에게 실행에서 뿐만 아니라 이론에 있어서도 그렇게 많은 조망들을 열어주지 못하고 언어적인 자아에 대한 우리의 감각을 예리하게 해주지 못하고 또 비평가의 삶을 풍요롭게 해주지 못한다고 생각한다. 더욱이 다른 어떤 유행했던 사상도 포스트모던 인식소를 구성하는 우리의 동시대성에 대한 적절한 파악을 하게끔 우리를 인도해 주지 못했다.

우리의 동시대성의 본질은 명료성을 허용하지는 않지만 어느 정도의 주의를 끌 수 있다. 야만주의와 퇴폐성이 모두 풍미하는 갈라진 틈 속에서, 그리고 지금은 러시아 제국까지 포함한 서구 사회가 폭력과 소심함으로 가득 찬 시대에 우리는 살고 있기 때문이다. 그렇다면 어떤 야수가 베들레헴을 향해 단정치 못하게 걸어가고 있는가? 나는 그것은 행성화, 인간의 초월화에 대한 꿈 또는 유령이라고 여긴다. 왜냐하면 '서구의 몰락'은 과거와는 달리 앞으로는 지구상에 또 다른 발흥하는 문명을 만들어 내지는 않을 것이기 때문이다. 그것은 오히려 남과 북의 측이 경련을 일으키며 붕괴되어 동과 서의 축으로 나누어져 아주 다양해진 세계의 평화스럽던가 아니면 야만적인 행성화로 지구를 인도할 것이다. 우리는 의문을 풀어 볼 것이다 : 역사가 흔들릴 때 비평가의 역할은 무엇일까? 아마도 소박하긴 해도 이중적인 역할만이 그들의 것일 것이다 : 즉, 하나는 전복의 역할이고 또 다른 역할은 창조하기이다.

우리는 우파와 좌파 모두가 부과하고 있는 바로 우리를 죽이고 있는 그리고 아주 치명적인 담화로부터 우리의 정신을 해방시키기 위해 다방면의 전복이 필요하다(하나의 반反이데올로기는 아마 한 종류의 이데올로기를 구성할지도 모르나 그것은 아주 다른 종류의 이데올로기이다). 라깡이 언젠가 한번 명쾌하게 말한다 : "혁명이 아이러니라고 할 수 있는 것은 사람들이 말하듯이 전복이 잘 알려지지 않아서라기 보다는 전복은 그것을 나타내는 어휘들로 좀 더 변형되기 때문에 전복 활동이 이루어지는 가운데 혁명은 더욱 더 절대적인 권력을 야기시킨다는 점이다." 우리는 '미묘한 전복'이 필요하다. 바르트는 그 말로 다음을 의미한다. 즉 "해체와 직접적으로 관련이 없는 것은 파라다임을 회피하고 어떤 다른 용어, 즉 제3의 용어-그러나 그것은 통합적인 용어가 아니라 기이하고 특별한 용어이다-를 추구한다." 그것은 바로 내가 옆으로 비켜서기, 단상, 전이의 정치학, 자기 경악의 실행이라고 불러온 것들이다.

비평가의 창조하기에 대해서-나는 이미 다른 곳에서 천명한 바 있다-나는 여기에서 그것을 위해, 완전한 지성의 어떤 행위를 위해 우리가 요구할 것만을 청구할 필요가 있다. 즉 그것은 상상력이 풍부한 자유와 도덕의 힘이다. 나는 비평가의 생활에서 상상력이 풍부한 이야기를 고집한다. 왜냐하면 나는 그것이 없이는, 즉 포에시스가 없이는, 비평의 이야기는 니체적인 원한의 형태, 아이러닉한 자아의 달성, 정신의 앙갚음이 됨을 느끼기 때문이다. 왜냐하면 아이러니가 전복 또는 해체를 넘어서면-이 지점이 내가 데리다와 결정적으로 갈라지는 지점이다-마치 우주라는 베틀의 날시와 씨줄과 같이 우리의 현존과 부재가 우리로 하여금 비평가들 중 대부분이 여지껏 꺼려했던 어떤 확언을 하게끔 만든다. 내가 앞서 언급했던 것보다 아마도 더 격렬할 이 확언은 어떠한 창백한 서체학이나 백색 기호학에서가 아니라 괴테, 블레이크, 에머슨-해롤드 브룸이 알고 있듯이 변증법적인 인식도 날카로운, 정치적 통찰력도 결여되지 않은 '일단의 비전을 가진 사람들'-의 전통에서 그 목소리를 발견한다.

가장 강렬한 자아는 자기 도취에 가장 적게 빠진다. 그러한 자아는 자신을 개방하고 계속적으로 위험 속에 빠뜨리기 때문이다. 자아가 이룬 최고의 업적은 자기 극복에 있을 것이라고 신비주의자들과 비신비주의자들이 입을 모아 말한다. 그러나 그 모든 것에도 불구하고 자아는 단일하지도 비현실적이지도 않다. 에머슨은 '역사'라는 글에서 다음과 같이 묻고 있다. "어제는 웃고 울고 지난밤에는 시체처럼 잠자고 그리고 오늘 아침에 이렇게 일어나서 달리는 나는 도

대체 누구란 말인가? 사방을 둘러봐도 내가 볼 수 있는 것이 프로테우스의 변형을 제외하고는 무엇이 있단 말인가?"

그는 상상할 수 없는 것인 그 자신의 죽음을 바로 상상해 보고자 노력한다. 그는 그것을 문학적으로 만드는 데만 성공할 뿐이다. 이반 카라마조프와는 달리 그는 현실세계보다 정의를 더 우위에 두지 않는다. 그래서 그는 하나님께 '그의 승차권을 반납'하지 않을 것이다. 그는 차라리 현실 세계 속에 몸을 담글 것이다 :

"그러나 완전히 몸을 담그지는 않았다. 차라리 왜곡되지 않은 최초의 세계에서 일어나는 기이한 현상들이 그의 수동적인 눈앞에서 이리저리 미끄러지고 있는 그러한 경이로운 깊이까지 산 채로 떠밀려갔다. 그리고 수전노 언어인 지혜는 그가 몰래 감추어 둔 것들을 많이 보여 주었다. 그리고 명랑하고 열의 없고 한없이 젊은 불멸성의 물체들 가운데서 펩은 떼 지어 있고 신과 같이 전지전능하고 산호빛 나는 곤충들이 거대한 천체들을 들어 올리고 있는 것을 대양의 창공에서 보았다. 그는 베틀기의 페달 위에 놓여 있는 신의 발을 보고 그것을 말했다 … ."

현실 세계 속으로 빠진다. 그러나 그 때에 지푸라기 한 잎을 움켜쥐며 그는 생각 한다 : 아직은 안돼, 아직은 안돼라고.

제10장 혁신가로서의 비평가 : 10개의 틀과 하나의 파라 비평적 글조각-S에게

틀 1

우리는 이미 시작하였다. 이 글의 언어공간 속에서 우리가 읽거나 사색하거나 꿈꾸는 동안 보이지 않는 틀들이 우리의 행위를 형성한다. 어빙 고프만Erving Goffman은 그의 『틀 분석』*Frame Analysis*이란 저서에서 '존재의 영역들', '행위의 규약들', '구성의 법칙들', '가장의 세계들'의 문제들에 관심을 가지고 틀들이 사라지고 변화하고 분해될 때의 '틀내에서의 다양한 모습들'을 세세하게 다루었다 :

> 나는 다음과 같은 사실에서 출발한다. 즉, 한 개인의 견지에서 볼 때 한 사물은 순간적으로 현재 진행되는 것 자체인 것처럼 보일지 모르나 사실상 현재 실제로 일어나고 있는 일은 순전히 하나의 농담이거나 꿈이거나 우연한 사고이거나 실수이거나 오해이거나 속임수이거나 아니면 무대에서의 연기 등과 같은 것이다.

그렇다면 '실제로 현재 일어나고 있는 일'은 그 자체가 틀들의 한 기능이고 그 틀들은 일종의 허구이다. 고프만은 다음과 같이 결론짓고 있다. "삶이 예술의 모방이 될 수 없을지 모르나 일상행위는 예의범절을 따르고 있으며, 전범적인 형태들에 대한 동작이고 이러한 이상들을 처음으로 인식한 것은 본성이라기보다는 가장에 속한다."

그러므로 '지금 이곳에서의' 우리의 상황은 어떤 틀에 따라 꾸며져 있다. 즉, 주제가 되는 비평 그 자체가 모양 지어져 있다. 그러므로 나 자신의 담화도 몽타즈들에 의해 구분될 일련의 틀들 속에서 전개될 것이다. 이러한 몽타즈들은 첨가물들이다. 아니면 아마도 단순한 부과물일 것이다. 그것들은 여담과 같이 지엽적이며, 질문을 던지고, 오히려 기분을 언짢게 만들 수도 있다. 그러나 나의 언어 조각인 이 글은 틀과 틀 사이의 공간을 보여 주며 전개될 것이다. 나는 이러한 당황스러운 섬광들을 단상斷想이라 부르고자 한다.

틀과 몽타즈와 단상들이 이 글 조각의 세 가지 양태이며 시끄러운 녹음 테이프 속의 세 가지 음대音帶이다. 이 모든 것은 받아들이기 어려운 증거를 부분적인 증거로 만들고자 하는 희망에서 이루어진다.

우선 첫 번째 단상을 살펴보자.

단 상

그는 뮌헨의 알테 피나코텍 미술관에서 열린 르네상스 시대 액자 전시회를 회상한다. 그 액자들은 빈 채로 흰 벽에 걸려 있었다. 그 미술관의 다른 곳에는 알트도르퍼Altdorfer, 그린네발트Grúnewald와 뒤레Durer, 브레겔 Breughel, 그리고 램브란트의 걸작품들이 완전한 상태로 걸려 있었다. 그는 미술관이 이제는 액자들의 모형이 되어 버렸음을 느꼈다. 그리고 그 미술관의 틀도 느꼈나? 물론 결국에는 우주를.

그러나 우주는 말로 형언할 수 없는 하나의 허구, 즉 분명히 말로 표현될 수 있기 위해 허구로 변해 버린, 하나의 '사물'이었다. 그러면 틀짜기의 그것의 반대행위인 해체행위는 모든 것을 허구로 만들어 버린 것일까?

그는 그러한 생각을 거부한다. 욕망과 죽음만이 '틀림이 없는 것'임을 그는 가정할 필요가 있다. 아니면 우주는 공허에 대한 하나의 비유에 불과하다. 이것은 앞으로 언젠가 그의 (프로메테우스적인) 희망이라고 불리어지기를 바라는 그의 마음속에 존재하는 어떤 것과 어긋나고 있다.

틀 2

저명한 작품인 『과학 혁명의 구조』*The Structure of Scientific Revolutions* 에서 토마스 쿤Thomas S. Kuhn은 과학자들은 그가 "파라다임"이라고 명명한 '연구의 합의'내에서 사고를 작동시키는 경향이 있다고 주장한다. 파라다임은 개인이나 대중의 영향력에 무감각하지 않다. 즉, 쿤은 "어떤 개인적이고 역사적인 사건으로 복합된 명백히 자의적인 요소가, 언제나 어떤 주어진 시기에 어떤 주어진 과학연구소에 의해 신봉되는 신념을 형성하는 구성요소가 된다"는 사실을 인정한다. 그럼에도 불구하고 과학의 파라다임은 이론과 실험 모두를 체계화하면서 그 둘 사이에 지탱할 수 없는 위기가 와서 과학자들－로 하여금 다른 파라다임을 위해 이 파라다임은 가능성을 스스로 부여하는 구조이다. 그러나 이러한 가능성을 스스로 부여하는 구조들도 역시 억제는 한다. 그들의 적은 '예상 외의 새로운 것'이며 진정한 놀라움을 주는 변칙들이다.

쿤의 주장은 이보다 더 복잡하다. 후에 그는 파라다임의 종류들을 구별하여 가장 포괄적인 것을 "학문의 모체"라 부르게 된다. 그러나 단순한 하나의 개요로도 과학과 인문학의 지식의 구성과 발전 사이에 존재하는 어떤 차이들을 강조할 수 있다. 왜냐하면 인문학의 경우에는 과학에서의 파라다임에 해당하는 것은 학파인 것 같기 때문이다. 요즈음은 서로 경쟁하는 학파들이 과학 분야에도 때때로 존재하지만 그것은 하나의 파라다임이 지배하기 전의 시기인 '파라다임 이전'시기에서만 가능하다. 인문학에서는 학파들이 예외가 아니라 규칙이다. "만일 우리가 많은 사람들처럼 비과학적인 분야가 진보한다는 사실을 의심한다면 … 그것은 분명히 경쟁하는 학파들이 서로 끊임없이 다른 학파의 바로 그 모형의 토대에 의문을 제기하기 때문임에 틀림없다. 예를 들어 철학이 아무런 진보도 이룩하지 못했다고 주장하는 사람은 아리스토텔레스주의가 진보하는데 실패했다는 것을 말하는 것이 아니라 아직도 아리스토텔레스주의자들이 있다는 것을 강조하는 것이다"라고 쿤은 말한다. 이것은 과학자들과 인본주의자들이 그들의 과거에 대해 아주 다른 견해들을 채택하고 있다는 것을 다르게 표현하는 것에 불과하다. 쿤은 계속해서 "과학교육은 미술관이나 고전 도서관에 상당하는 것을 사용하지 않고 있다. 그 결과 과학자들이 자신의 학문의 과거에 대해 인식하는데 있어서 때때로 무지스러운 왜곡이 생겨나게 된다"고 말하고 있다.

쿤의 생각을 인문학에 적용시키는 것은 아마 부적절할 것이다. 그러나 우리가 하는 일에 좀 더 민감성을 보이면서도 또한 우리가 처해 있는 난맥상에서의 파라다임의 권위에 대해 의문을 품는 이들이 있다. 『연극, 현장, 그리고 은유들』 *Dramas, Fields and Metaphors* 에서 빅토로 터너Victor Turner는 아주 정곡을 찔러 말한다.

> 권력이 옹호하는 단일한 계획들과 그것들의 많은 파괴적인 대안들이 서로 대립하면서, 취사선택의 여지를 많이 제공하는 하나의 사회문화적인 '분야'가 만들어졌다 … 나의 동료인 해롤드 로젠버그 … 가끔 주장했듯이 어느 시기의 어느 사회의 문화는 그것 자체가 하나의 조리 있는 통일체인 체계라기보다는 오히려 과거의 이념 체계들의 부스러기이거나 아니면 '방사성 낙진'과 같은 것이다. 조리 있는 통일체는 존재할 수도 있을 것이다. … 그러나 인간 사회의 집단들은 좋은 삶에 대한 그들의 다양한 은유 속에서, 그리고 그들의 파라다임의 경쟁 속에서, 미래에 대한 그들의 개방성을 찾아내기가 쉽다.

그러므로 '파라다임'을 '학파'나 '분야'로 바꾸는 것은 학문분야에 대한 주로 인식론적인 견해를 역사와 욕망을 좀 더 자유롭게 인정하는 또 다른 견해로 대치시키는 것이다. 후자의 견해는 정말로 우리가 여태까지 인정한 것보다 비평의 원리들과 편견들과 좀 더 많은 관계를 가지게 될지도 모르겠다.

지금까지의 논의에서 다음 세 가지 요점을 지적하겠다.

1) 비평에서의 수용 가능성은, 절충주의 학파를 포함해서 어떤 하나의 비평 학파에 대한 우리들의 의식적이거나 반半의식적인, 과過의식적이거나 무의식적인 충성심에 달려 있다. 인문학에는 지배적인 파라다임은 없다. 다만 '암묵暗默의 지식'(폴라니Polanyi)이라는 몇몇 모호한 영역만이 있을 따름인데 그것들은 점점 더 애매해지고 숫자적으로 줄어들고 있다. 결과적으로 내가 여기서 말하는 그 어느 것도 다른 비평 유파들(역사주의 학자, 형식주의자들, 마르크스주의자들, 프로이트주의자들, 융주의자들, 구조주의자들, 기호학파, 스피치-액트자들 : 모두들 진정하세요)의 주장을 '무효화'시키거나 '시대에 뒤떨어진 쓸모없는 것'으로 만들지 못할 것이다.

2) 인문학에서의 분야들, 학파들, 그리고 틀들은 그들을 지원해 줄 전투적이고 경제적인 힘을 지니고 있지 못하다. 그래서 다소의 불안을 공유한다. 그러므로 그들은 자신을 승인하지 않는 것을 무시하는 척 한다. 사실상 우리는 무너지고 교차되는 모형들 속에서 작업한다(읽고, 쓰고, 가르친다). 그럼으로 해서 우리는 모두 비난까지는 아니더라도 서로가 주는 당혹감을 면할 수 없다.

3) 좀 더 정확하게 말하자면 비평에서 하나의 최고 최상의 파라다임이 없기 때문에 과학에서 보다 혁신이 더 쉽고 더욱 수상스럽다. 비평을 하는 우리에게는 제약이 과학보다 덜하다. 그리고 가능성을 스스로 부여하는 구조도 훨씬 적다. 우리는 다소의 '무중력' 상태를 즐기고 있고—그리고 그것으로 인해 고통을 받고 있다. 이러한 것이 파괴unmaking의 시기인 포스트모던한 시대에서 우리가 누리고 있는 자유가 주는 부담이다.

몽타즈

문학상황에 대한 몇 가지 비판

1. 미국의 재단들은 인문학에 대해 관대했다. 그러나 미국인의 정신에 끼치는 그들의 장기적인 영향은 무엇인가? 그들은 혁신을 방해하는가 아니면 격려하는가? '탁월성'을 전적으로 찬성하면서도 그들은 그 탁월성을 전통적인 용어로 정의내리기에 전통적인 업적만을 보상해 주는 경향을 가진 것이 아닌가? 이러한 의문과 그리고 좀 더 엄중한 의문점들이 상당한 금액의 연방 정부 보조금을 분배해주는 NEH(인문 과학 분야 발전을 위한 국가 기금 관리소, 1965년에 생겨남 : 역주)와 특별히 관련되어 던져질 수 있을 것이다.

2. 미국의 대학들은 유럽의 대학들보다 흔히 더 개방적이고 미국사회가 유럽 사회보다 더 유연성이 있어 보인다. 그런데 왜 비평에서 전위파적인 경향들은 미국에서보다 유럽에서 연유하는가? 그리고 왜 전위파 비평가들이 유럽에서 보다 미국 대학에서 더욱 더 의혹의 눈초리를 받고 있을까?

3. 1975년 9월 25일의 『뉴 리퍼블릭』*The New Republic* 지의 문학 비평 분야에서 그 해에 나온 주요 저작물을 회고한 서평가는 예일 대학교의 한 교수의 논문—그것은 중요한 논문이었다—에 대해서는 언급하면서 왜 문학, 문화와 분명한 관련성이 있는 죠지 스타이너의 주요 저작인 「바벨탑 이후After Babel」는 그냥 지나쳐 버리는가? 그러나 예를 들어 플라스마 물리학자들은 과학의 파라다임을 칭찬하는 듯 가장하면서 실제로는 다르게 행동하는가?

4. 어떤 잡지들은 오늘날 비평계의 소식에 아주 열중한다. 예를 들면 『신문학사』*New Literary History*, 『비평연구』*Critical Inquiry*, 『예일 대학 프랑스 연구』*Yale French Studies*, 『다이아크리틱』*Diacritics*, 『현대 언어 노트』*Modern Language Notes*, 『살마건디』*Salmagundi*, 『죠지아 리뷰』*The Georgia Review*, 『글리프』*Glyph* 등이 있다. 그 잡지들은 또한 아주 훌륭한 것들이기도 하다. 그러나 그러한 재능의 집합체가 비평 담화의 강도 뿐 아니라 압축성에도 기여하며 또 비평가들을 언어와 사고의 매너리즘으로 유도하는 것이 아닌가? 하나의 작은 예를 들어보자. 어떤 진영에서는 독일어 aufhebung을 현재 '앙양elation'으로 번역한다. 좀 더 큰 예를 들어보자. 비평 담화들은 현재 강박관념에 사로잡혀 몇몇 이름들—마르크스, 프랑스 니체, 프랑스의 프로이트, 하이데커, 데리다—에만 집중한다. 우리의 지적인 참고의 원들을 분산화시키면 어떤 이점이 있지 않을까? 예를 들어 에머슨이나 윌리암 제임스는 어떠할까?

틀 3

인문학에서 학파들이 우세하다는 것은 비평의 혁신에서는 어색한 상황이다. 그러나 다른 상황을 예로 들면 한 사람에게서 비평적인 재능과 시적인 재능이 일치되는 경우이다. 비평의 고전들은 명백하게 거의 대부분이 시인들에 의해 이루어졌다 : 영어권에서만 예를 들어도 시드니, 드라이든, 포우프, 워즈워드, 코울리지, 셸리, 포우, 엘리어트 등이 있다. 그러나 이 작가들은 창조과정에 대한 우리의 현대적 의미를 만족시켜 주는 방식으로 분석과 시학 사이의 관계를 조명해 주지는 않았다. 아마도 코울리지와 발레리Valery만이 이러한 비난에서 벗어나게 될 것이다. 『성림』*Sacred Wood*에서 엘리어트가 스윈번에 대해 한 말은 우리의 당혹감을 증가시킬 뿐이다 : "이것은 예술가가 어찌하여—그 자신의 고유한 한계 내에서 각자—아주 흔히 비평가로 의존될 수 있는가 하는 것을 우리에게 암시한다. 그의 비평은 비평이 될 뿐이지 억압된 창조의 소망을 만족시키는 것이 아니다-그러한 소망은 대부분의 사람들에게 있어서 치명적으로 간섭을 하기 쉽다"-그리고 난 후 엘리어트는 그 다음 에세이에서 스윈번을 아주 불완전한 비평가로 매도하는 데까지 이른다.

내 생각으로는 비평가로서의 시인의 문제는 우리가 인간 두뇌의 생리기능학과 창조 과정의 현상학에 대해 좀더 알 때까지 불확실하게 남겨두어야 할 것이다. 이 문제는 만일 우리가 다음과 같이 말한다면 좀 더 다루기 쉬울 것이다 : 모든 비평은 어느 정도까지 그리고 좀더 정확히 어떤 인식론적인 의미에서 허구인가? 이러한 질문은 우리를 놀라게 하기는커녕 우리의 주의력을 역사상에 남을 만큼 중요한 주장으로 돌리게 한다.

이 주장은 20세기로 접어들면서 오스카 와일드에 의해 아주 훌륭하게 진전되었다. 놀랍게도 와일드의 명예는 회복되었다. 리차드 엘만은 『비평가로서의 예술가』*The Artist as Critic*라는 제목 하에 와일드의 에세이들을 편집하였고 라이오널 트릴링은 『성실성과 신빙성』*Sincerity and Authenticity*에서 와일드의 생각들을 언급하였으며 최근 비평가들은 와일드를 훨씬 더 인기있는 인물인 니체와 분명히 관련시키고 있다 : 여기서 말하는 니체는 생성의 철학자로서가 아니라 탈구조적인 사상을 지닌 과감하게 체제 파괴적인 멋쟁이로서의 니체를 가리킨다. 이러한 모든 것들이 와일드의 약점을 없애주지는 않는다. 그의 수줍음은 정신을 산란하게 하고 그의 모순 기법은 지루해지며 그의 경구는 자주 시시해진다. 그러나 와일드에게는 풍자의 천재성이 있으며 아마 그의 명랑성 속에 더 어둡고 더 깊은 천재성이 숨어 있는 듯하다.

틀속의 틀

미국독립 200주기를 아직도 염두에 두고 나는 다음의 와일드의 구절을 제시하는 바이다.

미국의 조악한 상업주의와, 물질화하는 정신, 사물이 지닌 시적인 측면에 보내는 냉담함, 그리고 상상력의 부족과 이룩할 수 없는 높은 이상의 결핍은 전적으로 미국이 자신은 거짓말을 할 수 없는 사람이라고 고백한 인물을 전 국민의 영웅으로 채택했기 때문이다. 조지 워싱턴과 벚나무 이야기는 문학전체를 통해 어떤 다른 도덕적인 이야기보다 그렇게 짧은 기간 동안에 더 많은 해를 끼쳤다고 말해도 과장은 아니다.

이 구절은 1889년에 처음으로 출판된 '거짓말의 쇠퇴'란 글에서 나온 것이다. 와일드는 캄보디아 사태, 워터게이트 사건, 그리고 CIA가 행하는 소름 끼치는 기괴한 짓을 알 수 없었을 것이다. 미국에서 거짓말이 부활된 것을 알게 되면 와일드는 즐거워할까? 내 생각으로는 그렇지 않을 것 같다. 와일드는 진정한 거짓말이란, 허위 진술만을 할 수 있는 정치가들의 힘을 전적으로 넘어서 있는 능력인 상상력이라고 믿었다. 그러나 미국은 대부분의 다른 나라들보다 더 많이 꿈, 악몽, 그리고 그들 모두에 대한 심원한 비평을 만들어 내고 있다.

우리의 목적을 위한 와일드의 가장 적절한 에세이는 '예술가로서의 비평가'이다. 우리 기억으로는 매슈 아놀드는 비평가들에게 (1864년에 발표한 에세이 '현대시의 비평의 기능'에서) "대상 사물을 볼 때 실제 상태 그대로 보도록" 명하였다. 이러한 가르침은 곧 러스킨과 페이터의 비평에서 좀 더 주관적인 초점으로 바뀌기 시작하였다. 그러나 와일드는 아놀드에게 정면으로 대항하여 오명스럽게도 비평가의 목적은 대상 사물을 실제 상태가 나타내지 않는 것으로서 보는 것이라고 제시하였다. 그러나 와일드의 험구 속에도 조리는 있다. 우리는 그 악명높은 길버트Gilbert를 통해 와일드 자신의 해명을 들어보는 것이 좋겠다.

창작능력과 비평 능력 사이에 존재하는 대립은 전적으로 자의적인 것이다. 비평적인 능력이 없다면 예술 창조는 결코 없을 것이다.

*

그러나 확실히 비평은 그 자체가 하나의 예술이다… 그렇지 않을 이유가 무엇인가? 비평은 자료를 가지고 작업을 하고 그 자료들을 단번에 새로우면서도 즐거운 하나의 형태로 만든다. 시에 대해서 우리는 이 이상 어떻게 더 말할 수 있겠는가? 정말로 나는 비평을 창조 내의 창조라고 부르고 싶다. 왜냐하면 호머와 이스킬러스로부터 셰익스피어와 키이츠에 이르기까지 모든 위대한 예술가들이 그들의 제재題材를 위해 실생활로 직접 다가가지 않고 그것들을 신화, 전설, 옛날 이야기에서 찾았듯이, 비평가도 다른 사람들이, 말하자면 비평가를 위해 순화시켜 놓은 자료들, 상상적인 형식과 색채가 이미 가미된 자료들을 취급한다. 아니 나는 더 나아가 최상의 비평은 개인적인 인상의 가장 순수한 형식이므로 그 자체의 방식 속에서 어느 창작보다도 더 창조적이라고 말하고 싶다. 왜냐하면 비평은 비평 이외의 외부의 어떤 기준에도 의존하지 않으며 사실상 그 자체가 존재이유이며 또한 희랍 사람들이 말하듯 본질적으로 그 자체를 향한 목적이다.

*

예술 비평가는 신비주의자처럼 항상 도덕율 폐기론자이다.

추문, 신성모독, 그리고 하이캠프 – 이런 것들에 대해 실증주의적인 학문이나 신비평으로 훈련받아 온 우리 모두는 얼마나 비난하고 싶어하는가! (모든 사람들이 갑자기 와일드를 흉내내게 된다면 대학원 영문학과가 폐허가 될 터이니 정말로 생각만 해도 오싹하다. 그러나 다행스럽게도 대학원생들은 아주 이성적이어서 조급한 학문적 자살행위로 자신의 미래를 위험하게 만들지 않고 있다.) 그러나 와일드의 말이 경박스럽고, 뒤틀리고, 극단적으로 보일지도 모르지만 어떤 의미에서 그의 입장은 다른 비평가들의 입장을 예견케 한다. 예를 들면 '의도의 오류'를 주장하는 윔세트W.K. Wimsatt, '시적인 오독'을 논하는 해롤드 브룸, '암시된 독자'의 볼프강 이저, 금기의 '본문의 즐거움'을 논하는 롤랑 바르트 등이 있다. 왜냐하면 와일드의 근본적인 충동은 – 그의 태도가 아무리 담자색의 세기말적인 기질을 엿보이게 해도 – 작가에게 그의 본문에 대한 어떤 특권적인 견해를 주기를 거부하는 것이며 본문 자체에 어떤 궁극적인 구체성이나 통일성을 부여하기를 거부하는 것이었다. 비평가는 공정하고, 진지하고, 이성적이 되어서는 안 된다고 와일드는 주장한다. 그는 "예술을 싫어하는 방법에는 두 가지가 있다 … 하나는 그것을 단순히 싫어하는 것이고 다른 하나는 그것을 이성적으로 좋아하는 것이다"라고 길버트를 통해 빈정거리고는 다시 "사람들이 불성실이라고 부르는 것은 단지 우리가 우리의 개성을 배가시킬 수 있는 방법이다"고 말한다. 여기에서 와일드는 니체와 더불어 우리가 자아라고 부르는 것은 기껏해야 여러 사람들이 집결한 것에 지나지 않는 것이라고 믿는 포스트구조주의자들에게 아주 주요한 개념인 '텅 빈' 또는 불확실한 '주제'에 접근한다.

그러므로 와일드의 '예술가로서의 비평가'의 견지에서 볼 때 독서행위는 구성적이며 하나의 창조행위이다. 본문(또는 객체)은 복합적이며 와일드에게 중요한 단어인 '바뀌기 쉬운' 것이다. 그리고 자아(또는 주체)도 마찬가지이다. 정말로 주체와 객체는 자주 그들의 위치를 이동하거나 상호 교환한다. 그리고 비평이나 예술에서처럼 삶에서 일탈하는 것은 '진보의 본질적인 요소이다.' 여기에 비평가의 인식론적인 자유의 모든 요소들이 존재하고－동시에 모든 해결되지 않은 문제들도 존재한다.

몽타즈

그러나 왜 비평가만을 생각하는가? 그의 / 그녀의 구성적인 인식이나 창조적인 논쟁과 같은 행위는 또한 하나의 정치적인 행위가 아닌가? 와일드는 칼 마르크스를 상기시킨다. 여기에 마르크스가 정치적인 '오독'에 대해서 1861년 7월 22일에 페르디난드 라살에게 쓴 편지가 있다.

> 아니면 전시대에 이루어진, 그래서 후대에 채택되는 모든 업적은 오해된 과거의 부분이라고 말할 수 있겠지요. … 그러므로 모든 현재의 규약도 역시 대부분이 오해된 영국헌법에 의존하고 있는 겁니다 … 오해된 형식이란 어떤 일

정한 사회 발전 단계에서 일반적으로 사용하는 데 적용될 수 있는 분명히 일반적인 형식입니다.

오해로서의 역사? 문학적인 오해의 정치학으로서의 비평?

그리고 정확히 말해서 누가 의사나 컴퓨터 기사나 외교관이 되는 대신 비평가가 되고자 하는가? 셀 수 없이 많은 유형들이 있는가? 아니면 반복적으로 되풀이되는 신원 파악이 가능한 어떤 유형들이 있는가? 우리는 그러한 골치 아픈 문제들을 추구해야 할까? 아니면 우리는 차라리 인물 개성에 대한 언급을 제치고 문학이니 대학이니 하는 그러한 제도의 용어로 비평을 추상적으로 정의 내리는 것이 최상이라고 가정해야만 되는가?

그러한 문제들은 아마도 토의할 만한 가치가 있을 것이다 : 비평의 정치학 (이것에 관해 후에 더 상세히 논하기로 한다)은 결코 비평가의 개성과는 절대로 동떨어진 것은 아니다.

단 상

그는 **인식**이라고 불리는 헤겔의 중요한 짐승을 생각한다.

그것을 만나기 위해 수십 년 기다린 후에 그는 야수의 우리인 바깥 세상에서 그것을 추구하기로 마음먹었다. 부질없는 탐구였다. 언젠가 그의 서재에 홀로 앉아 있을 때 그는 그의 뒤에 어떤 거대한 숨결 - 거칠고, 본체론적이고, 시간보다 더 오래된 - 을 느꼈다. 천천히 뒤를 돌아보았으나 그는 아무것도 … 보지 못했다. 그의 여송연의 작은 재덩이가 카페트 위에 떨어졌던 것인가?

그는 그 인식이라는 짐승이 그를 무덤까지 쫓아오리라고 언제나 생각하면서 상례대로 그 짐승을 찾기를 계속한다.

틀 4

오스카 와일드만이 예술가로서의 비평가에 대한 정당한 논리를 폈던 유일한 작가는 아니었다. 그와 동시대인이었던 블란서의 레미 드 구르몽Remy de Gourmont도 와일드와 거의 비슷하게 또는 아마도 더 효과적으로 이것을 주장했다. 반세기가 지난 후 와일드나 구르몽과의 공통점을 거의 찾기 힘든 어떤 한 사람이 비전문가로서의 비평가의 자유를 훨씬 더 강하게 주장 옹호하였다. 그는 다름 아닌 쟝-폴 사르트르이다. 『문학이란 무엇인가』에서 사르트르는 전통적인 비평가를 다음과 같이 가차없이 묘사한다.

> 비평가는 어렵게 산다. 그의 아내는 그를 남편으로서 제대로 대우를 해주지 않으며 그의 아이들도 고마워하지 않는다. 매달 첫날이 그에게는 힘들다. 그러나 그는 서재로 들어가 서재에서 책을 한 권 끄집어 내 책장을 여는 것은 항상 가능하다. 책은 약간씩 쾌쾌한 좀 냄새를 피우고 있고 그가 독서라고 부르기로 마음먹은 이상은 작업은 시작된다.

이러한 작업, 우리가 독서(요즈음에 와서 훨씬 더 문제화되고 있는)라고 부르는 행위를 사르트르는 다시 정의내리고 다시 활기를 불어넣기를 바라고 있다. 사르트르의 변증법적인 심리적 경향은 다음에서 분명해진다.

> 그러나 작문 작업은 그것의 변증법적인 상관 어구로서 독서의 작업을 암시하고 이 서로 관련된 두 행위는 분명한 두 행위자를 필요로 한다. 정신의 작품인 구체적이며 상상적인 객체를 무대에 등장시키는 것은 작가와 독자의 공통 노력에 의해서이다. 여기에서 예외가 되는 예술은 없다.

이리하여 사르트르는 지금은 너무나 명백해 보이는 결론, 즉 독서란 "지각과 창조의 종합"이라는 결론을 이끌어 내었다. 이 종합과정에서 이 위대한 실존주의적 마르크스주의자인 사르트르는 구조주의자들과 신비평가들이 후에 언어에 부여한 우위성을 인정하지 않는 것은 사실이다. 그러나 독자의 자유에 의해 창조되는 문학 작품에 대한 개념과, 문학자체를 끊임없이 변혁하는 한 사회의 주체성으로 보는 개념 속에서, 그는 비평적 혁신 행위에 대한 도덕적, 역사적 토대를 제공한다. 그 철학적인 토대를 위해 사르트르는 우리가 칸트도 초월하여 궁극성이나 결과가 없는 문학작품, '존재의 순수한 위기

상황'이라는 각각의 호소에 반응하면서 목격자의 하나하나의 시선에 의해 구성되는 작품을 선포하도록 요구한다.

구식의 신비평가들이라고 할 수 있는 다른 신칸트주의자들은 이 문제에 대해 반대되는 견해를 지녔다. 그러나 그들이 지배하던 기간 중에도 혁신가로서의 비평가의 가능성을 열어 놓고 있던 사람들도 있었다. 예를 들어 '나의 신조'라는 표제하에 1950~1951년의 「케년 리뷰」지 심포지엄에서 레스리 피들러는 '아마튜어 비평'을 주장하였고 허버트 리드는 '감정을 지닌 사람으로서의 비평가'에 관해 감동적으로 말하였다. 신비평 사상의 논문 모음집인 스털만R. W. Stallman의 『비평가의 노트북』*The Critic's Notebook*(1950)도 그 제사로 마틴 터넬Martin Turnell에게서 다음 구절을 빌려왔다 : "비평가는 이중인격을 소유한다. 그는 '예술가'인 동시에 '사상가'이며 '감정가'인 동시에 '지식인'이다 … 비평가는 예술가이다. 그러나 특별한 종류의 예술가이다."

이러한 문구는 우리에게 철학적으로 단순하다는 인상을 줄지도 모른다. 그러면 최근 작가인 폴 드 만Paul de Man을 고려하여 보자. 그는 내적으로는 최근 사상을 지니고서 유럽진통에 경도된 비평가로 분명 미국에서 현재 활동하는 가장 절묘한 비평가 중의 하나이다. 드 만은 '진정한 비평'과 문학 연구와의 관계는 잘 돼도 문제거리라는 것을 알고 있다. 그래서 그는 비평으로 하여금 비평과 이질적일 수 있는 예비적인 노력을 하도록 강요하기를 원하지 않는다. 『눈멈과 통찰력』*Blindness and Insight* 에서 그는 솔직하게 다음과 같이 지적한다.

> 진정한 비평이 총체적으로 문학 연구에 대해 빚인지 아니면 재산인지는 미해결의 문제이다. 그러나 분명히 확실한 것은 문학 연구가 비평의 존재를 인정하기를 거부한다는 것은 아마 불가능하리라는 점이다. 그렇게 되면 이것은 마치 역사가들이 전쟁이 그들 연구의 논리 정연한 추구에 꼭 필요한 평온함을 방해할 위험이 있으니까 전쟁의 존재를 인정하기를 거부하려 드는 것과 같은 것이 될 것이다.

더욱이 드 만은 "모든 진정한 비평은 위기의 양식으로 일어난다"는 것을 인식하고 있다. 그에게는 비평의 위기는 얼마간은 풍성한 것이다. 왜냐하면 위기는 진정한 통찰력, 비평적 신빙성을 가져다주기 때문이다. 그는 또한 장르가 우리가 한 때 그렇게 믿고 싶었던 만큼 더 이상 순수성을 지니고 있지 않다고 지적한다. 그는 "선언문들과 학문적인 논문들 사이의 간극은 점차 좁아져서 어떤 선언문들은 아주 학문적이고 또 어떤 논문들은 물론 전부 그렇지는 않지만―아주 선동적으로 쓰여지기도 한다"고 말한다. 그러므로 비평은 선언문과 사촌지간이 되는 과정에서 새로운 것에 대한 권리를 선언한다.

아마도 더욱 중요한 것은 드 만이 하이데거의 '해석학의 원'이 비평적 해석의 기술에 대해 지니고 있는 함축된 의미를 분명하게 감지하고 있는 사실일 것이다. 비평적 해석의 기술은 끊임없이 무궁무진하다. 어떠한 의미의 총체나 형식의 폐쇄는 충분하지 못하다. "해석학적인 이해는 언제나 그 자체의 본질적 속성 때문에 뒤에서 꾸물거리고 있다. 어떤 것을 이해한다는 것은 이미 그것을 알고 있었다는 것을 인식하는 것이다. 그러나 그것은 동시에 이 숨겨진 지식의 신비를 직면하는 것이다"라고 그는 말한다. 드 만은 다시 데리다에 관해 말하면서 "비평가는 작품이 말하지 않는 어떤 것을 말할 뿐 아니라 그 자신 말하고자 의도하지 않았던 어떤 것도 말하게 된다. 해석의 의미론은 어떤 인식론적인 일관성을 가지고 있지 않고 그럼으로 해서 과학적이 될 수 없다"고 지적한다. 그러므로 '진정한' 비평가는 원문과 그의 비평적 담화 사이에 생기는 불가피한 괴리감을 받아들임으로써 그의 작업을 시작한다. 이 점에 이르게 되어 드 만의 목소리는 드높아진다.

> 본문과 관련하여 (비평가의) 독서의 필연적 보편 내재성은 탈출하기가 거의 불가능한 부담이다. 모든 문학 비평 형식이 아무리 실용적으로 보이거나 그렇

> 게 되고자 원한다 해도, 평자의 독서 행위는 그 모든 문학 비평 형식에 의해 제기된 감소될 수 없는 철학적인 문제가 명백하게 드러난다. 이곳에서 우리는 비평적 담화에서 진술의 눈멈과 의미의 통찰력 사이에 존재하는 구성적인 괴리의 형태로 그것을 만나게 된다.

최근의 비평가들은 물론 와일드가 직관적으로 인식한 이러한 비평적 담화 속에 존재하는 '구성적인 괴리'가 분명히 비평에서의 혁신–다시 말하면 비평의 자유–의 최초의 조건 설정에 도움이 된다. 그러나 이것은 또한 충분조건인가? 나는 그렇다고는 생각지 않는다.

틀 5

비평가의 자유는 불안하고 까다롭다. 그것은 동시에 진취적이며, 감응하기 쉽고, 반사성이 있다. 그러나 비평가의 자유는 단지 혁신의 토대만을 제공할 수 있다. 비평가는 더 많은 것을 필요로 한다. 그에게는 문체에 대한 색정적인 감각과 새로운 것에 대한 직관이 필요하다.

비록 "낯설게 하기"의 정도가 문체의 한 양식이 되기도 하지만 독창적인 문체는 '난해성을' 추구하지도 회피하지도 않는다. 우리 모두가 알고 있듯이 비평의 언어들은 지금 전문 특수용어, 신조어, 그리고 추상성에 의해 고통을 받는 것은 사실이다. 그것은 그 언어들이 기술적인 동시에 개인 방언화되었기 때문이다(신은 우리의 논쟁적 담화에 영향을 주는 복사, 환유, 신소리, 병의 회복기들, 그리고 악마쫓기로부터 우리를 지켜 준다). 그러나 블랙머 류나 바르트류의 문체가 명쾌한 사람들에게는 어색하게 보일지 모르나 기묘한 활력–일종의 사랑이랄까?–을 표현하고 있음을 우리는 또한 감지한다.

블랙머는 이제는 반쯤 잊혀졌다. 그러나 '비평가의 작업', '비평가들의 부담', '비평의 권능 부여 조례' 등과 같은 에세이에서 블랙머는 비록 기술적인 분석을 밀도 높게 하고 있지만 그가 사랑하는 것에 의해 자제되면서도 자유롭게 되는 예술가 또는 연인의 자세를 유지한다. 그는 "내가 택하고 있는 비평은 아마튜어가 쓰는 형식적인 글이다"라고 『제스추어로서의 언어』*Language as Gesture* 에서 적고 있다. "비평문에 충분한 사랑과 충분한 지식이 제시되어 있으면, 그것은 스스로 자급자족할 수 있는, 그렇다고 해서 고립되지는 않는 예술이다. 비평문은 그 자체 속에서 끊임없이 언제나 다른 예술과의 상호 의존관계를 증명해 보이고 있다." 그러나 그 자신 속에 예술가적 기질을 은연중에 드러내는 것은 다른 어떤 것보다도 블랙머의 문체이다. 왜냐하면 그의 문체는 어둡고 독창적이고 시적이어서 그 문체가 건드리는 것마다 모두 재창조하는 순간에 영원히 서 있기 때문이다. 그 문체 자체가 예술가 기질의 본질인 비평적 천재성의 외고집을 지닌다. 그러한 예술적 기질은 전혀 다른 두 비평가 즉, 마르크스주의자인 발터 벤야민Walter Benjamin과 같은 구조주의자인 동시에 포스트구조주의자인 롤랑 바르트 그 두사람을 소환한다.

벤야민에 관해서는 그가 바르트와 함께 우리 세기의 몇 안되는 비평의 천재중의 한 사람으로 여겨져야 한다는 것 외에는 여기에서 말할 것은 별로 없다. 다재다능한 구조주의자이며 명민한 기호학자이며 언어에 대한 완곡한 아마튜어 [연인]인 바르트는 처음부터 '특별한 종류의 예술가'로서의 비평가의 특권을 주장했다. 그래서 『비평과 진실』*Critique et verité* 에서 바르트는 비평가는 단지 "작품의 은유들을 계속할 수 있을 뿐이고 그것들을" 어떤 알기 쉬운 것으로는 "결코 분해할 수 없기 때문에 비평과 작품 모두가 나는 문학이다라고 항상 말하기를" 갈망한다. 후기 저작에서 바르트는 비평의 역할에 대해 좀더 명백하고 또 역설적이다. 그의 『비평 에세이』*Critical Essays* 에 나오는 한 구절을 들어보도록 하자.

> 비평이 – 역설적이기는 하나 믿을 만하게 – 객관적인 동시에 주관적이며, 역사적인 동시에 실증적이고, 전체주의적인 동시에 자유로운 것은 비평이 언어

(또는 좀더 정확히 말한다면 메타언어) 이상은 아니라는 것을 인정하는 데서 가능하다… 그러므로 비평 작업의 심장부에서는 작가와 비평가의 것인 두개의 역사와 두개의 주체의 대화가 시작된다. 그러나 이 대화는 이기적으로 방향이 현재를 향한다. 비평은 과거나 '다른 것들'의 진리에 대해 '경의'를 표하는 것이 아니라 비평은 우리 시대의 가해성可解性을 구축하는 것이다.

이러한 역설적인 개념은 비록 논리와 환상, 과학과 유아론의 양극 지점 사이를 왕복하는 구조주의자적인 경향을 은연중에 드러내기는 하지만, 비평을 마비시키지는 않는다. 바르트에게는 그러한 대극 지점 사이의 왕복은 즐거움과 약속한 복잡한 충성심에 의해 통제된다. 바르트는 "텍스트의 즐거움"에 대해 같은 이름의 책에서, 그것은 심술궂고 다형적이며 마음뿐 아니라 육체의 단속斷續에 의해 구성되는 색정적인 것이라고 말했다. 그는 또 "텍스트는 성욕 도착적인 대상이며 그 대상물이 나를 갈망한다"고 털어 놓는다. 비평-좀더 정확하게 비평적 문체-은 그 보답하고자 하는 욕망에 대한 서투른 반응이다. 비평적 문체는 바르트가 일찍이 암시한 것처럼 논리의 명령에 순종하기는커녕 텍스트를 부둥켜 안고는 결국은 그 문체 자신의 묵묵함, 다시 말해 "이것은 나를 위한 것이다! 이 '나를 위한'이란 말은 주관적도 아니고 실존주의적도 아니며 단지 니체적이다…"라는 말을 제외하고는 한 마디도 할 수 없음을 알게 된다. 그러나 비평적 묵묵성은 이제 다른 명령 하에서 언어를 회복한다. 그런데 그것은 논리의 명령도 아니고 단순히 색정적인 문체의 명령도 아니고 다만 신기함의 명령이다. 『텍스트의 즐거움』*The Pleasure of the Text* 에서 우리는 한 결정적인 구절을 찾을 수 있는데 그것은 바르트로 하여금 궁극적으로 혁신가로서의 비평가의 기능을 정의내리게 한다.

새로운 것은 유행이 아니다. 그것은 그 위에 모든 비평이 토대를 세우는 하나의 가치이다. 왜냐하면 세계에 대한 우리의 가치화는 니체에 있어서처럼 적어도 직접적으로는 귀족과 평민 사이의 대립에 더 이상 의존하지 않고 오히려 오래된 것과 새로운 것 사이의 대립에 의존하기 때문이다… 현재 사회의

> 소외로부터 벗어나기 위한 길은 유일하게 하나뿐이다. 즉, 전방으로 도피하라는 것이다. 과거의 모든 언어들은 즉각 타협을 이루고 모든 언어들은 존경을 받는 순간 낡은 것이 되기 때문이다.

혁신가로서의 비평가의 역할에 대한 바르트의 통찰력은 어렵다. -어떤 이는 그것이 애매하고 불가해한 것이라고 말할 것이다. 그것은 수잔 손탁이 희망했던 것과 같이 텍스트의 해석학보다는 에로학, 새로운 것에 대한 에로학이자 정치학에 토대를 둔 통찰력이다. 그리고 바르트에 있어서 그 통찰력의 스파이는 블랙머나 벤야민에서와 마찬가지로 비평적 문체가 된다!

문체는 스파이가 될 수 있다. 그러나 구조주의자들 간에는 많은 이들이 '비평' '문학' 사이의 지금까지 널리 알려져 행해져 온 구분을 없애라고 공공연히 요구한다. 이리하여 유제니오 도나토Eugenio Donato는 『비평 언어와 인간과학』*The Language of Criticism and the Science of Man*이란 책에서 다음과 같이 그 가정을 요약한다.

> 데리다의 작업 또한 우리의 현대적인 문맥 내에서 문학과 비평의 본질적인 선을 긋는 것이 불가능함을 보여준다. 문학은 문학에 대한 탄핵이 될 수 있을 뿐이다. 그럼으로 해서 문학은 본질적으로 비평과 다르지 않다. 비평은 그것이 문학 자체에 대한 탄핵인 만큼 그 자체가 문학이외에는 아무것도 아니다.

서체학의 박사인 데리다란 이름이 여러 번 언급되었다. 나는 곧 그와 또 다른 사람들이 벌이고 있는 파괴행위에 대해 얘기해야 할 것 같다. 왜냐하면 그 파괴행위 속에 비평적 혁신의 또 다른 양상이 존재하기 때문이다. 그러나 몽타즈의 구름이 다시 한 번 나의 틀 위에 드리우고 있다.

몽타즈

나는 다른 사람의 말을 너무 많이 인용하는가? 그렇다. 나는 너무 많이 인용한다. 그리고 나는 좀 더 많이 인용할 필요가 있다. 그러나 '인용 한다'는 말은 무엇을 의미하는가?

요사이 우리가 권위에 호소하기 위해 인용하는 예는 드물다-우선 레오나르드 다 빈치를 보면 "사상을 논하는데 있어서 권좌에 있는 이들을 들먹이는 사람은 누구든지 간에 이성으로 일한다기 보다는 기억으로 일하는 것이다"-물론 우리는 때때로 우리의 지식이나 박식을 과시하기 위해 인용하기도 한다. 어떤 작가들은 우리가 그의 의견에 대항하고자 인용된다. 어떤 작가들은 우리는 조심스럽게 피하면서 전혀 인용을 하지 않고 따라서 그들을 우리는 우리의 '백색 신화 체계'의 일부로 만들어 버린다. 다른 어떤 작가들의 경우는 이지적인 화해의 의식이나 선조 숭배 의식에서처럼 그들의 이름을 주문처럼 되뇌이면서 끊임없이 불러낸다. 또 다른 작가들은 우리가 그들과 함께 한다는 즐거움이나 권위감을 나타내기 위해 인용한다(이것은 어느 정도는 라켈 웰치Raquel Welch나 왼저공과 함께 대중 앞에 나타나는 것과 비슷하다). 마지막으로 진정한 우호정신 속에서 우리가 인용하는 작가들이 있다.

그러면 의지, 허영, 그리고 욕망(블랙머의 「모하」?)은 언제나 우리의 인용부호 속에서 넌지시 나타나는 것일까? 나는 더 이상 인용하지 않고는 대답할 수 없다. 이것은 또 다른 문제를 제기한다.

'혁신가로서의 비평가'에 관한 진술 속에서, 인용문들은 괴상한 아포리아(시작과 소재를 몰라 쩔쩔매는 모습) 내지 모순으로 보인다. 그러나 이러한 아포리아들은 이성이 거부하는 유용성을 가졌는지도 모른다. 텍스트들과 택스트들, 목소리들과 목소리들을 서로 대립시킴으로써 나는 언어가 새로운 공간을 여는 것을 허용하고, 내가 말할 수 없는 것을 '말하게'해 줄 텍스트 상호간의 담화(크리스테바)를 시작하도록 허용하고 있는가? 그리고 이것은 언제나 또 다른 비평가의 자유양상이 될까?

나는 '친애하는 독자들'께서 결정하도록 내버려 두겠다. 그러나 나는 독자의 의식과 나의 의식의 조정자로서 나의 주장을 요약해야 될 것 같다. 다음은 지금까지의 나의 5개의 틀을 재빨리 요약한 것이다.

1. 틀들이나 분야들이 비평적 담화를 포함한 우리의 행위와 발언을 형성한다. 왜냐하면 틀들은 진정으로 일종의 허구이기 때문이다.
2. 파라다임보다는 오히려 학파들(미국에서 이것은 종종 대학원을 의미한다)이 비평계에서 우세하다. 학파들이 전이하는 모형들 속에서는 비평의 혁신을 보다 쉽게 하는 동시에 좀 더 애매하게 만든다. 왜냐하면 그들은 역사와 욕망에 대해 개방적이기 때문이다.
3. 비평은 문학 자체와 같이 하나의 구성적인 담화이다. 이리하여 '특별한 종류의 예술가'로서, 모형을 만들어 내는 사람으로서의 비평가는 어떤 인식론적인 자유를 즐긴다.
4. '특별한 종류의 예술가'로서의 비평가는 문체에서 그리고 새로운 것에 대한 복합적이고 색정적인 태도에서 자신을 드러낸다.
5. 이 모든 것은 우리가 앞으로 보겠지만 비평가의 복합적인 관심인 정치학으로 이끌고 또한 상상력의 경계 지역과 주변 지역으로 이끈다.

틈 6

여태까지의 나의 논의는 우리의 포스트모던한 생각의 특이한 도전을 회피했다. 지금은 서구정신에 거대한 파괴행위가 나타나는 도덕율 폐기론의 순간이다－이것을 미셸 푸꼬는 포스트모던한 인식소라고 부를 것이다. 다른 용어들－즉 해체로부터 사실상의 다양한 '죽음들'로의 확산에 이르기까지－이 현재 유행중이지만 나는 '파괴행위'라고 말하고자 한다. 그러한 용어들은 전통적으로 서양 철학의 철저한 주제가 되어 온 코기토cogito에 대한 본체론적인 거부를 보여준다. 그들은 또한 파편이나 분열에 대해 인식론적으로 강박관념화되어 있음을 보여 주며 정치, 섹스, 언어에서 이념적으로 소수집단에 상응적인 결속을 하고 있음을 나타낸다. 이러한 파괴행위의 인식소에 따르면 잘 생각하고 잘 느끼고 잘 행동하고 잘 읽는 것은 전체의 독재를 거부하는 것이다. 왜냐하면 모든 인간적인 노력에서 전제화라는 것은 전체주의의 가능성을 지니기 때문이다.

최근의 두 예가 이러한 포스트모던한 의지가 지닌 파괴행위의 의미를 약간은 보여 줄 수 있다. 그 둘은 지적인 양식에 있어서 놀라울 정도로 다르다. 하지만 그 둘은 현재 우리의 시점에 대해 어떤 확실한 가설들을 분명히 공유한다.

『모형 없는 혁명』*La Revolution sans modèle*에서 프랑스와 샤틀레Francois Châtelet, 질 라푸즈Gilles Lapouge, 올리비에 르보 다론느Olivier Revault d'Allones, 이 세 사람은 급진적이나 아직 조정되지 않은 변화의 가능성에 대해 스스럼없이 논의한다. 역설은 피할 수 없는 것 같다. 왜냐하면 모든 인간의 노력은 시간 속에 존재하고 시간은 통합할 뿐 아니라 분해하기 때문이다. 이렇게 해서 혁신은 유산이 된다. 더욱이 모든 인간의 노력은 언어 속에 존재한다(진정으로 혁명이란 단어 자체는 변화의 해묵은 개념을 의미할 수도 있다. 그래서 장-프랑소와 료따르가 혁명보다는 소용돌이에 관해 말하고 싶어하는 것이다). 그리고 언어는 언어의 모든 양식을 사고와 행동에 부여한다. 그렇다면 어떻게 담화의 구조들을 피하겠는가? 모형, 반모형, 아니면 무모형으로?

그 작가들은 회전하고 또 주위를 회전한다. 생성 중에 있는 모형이 그래도 여전히 모형인가? 하나의 모형이 자신의 의견을 바꾸거나 타파하거나 빗나가게 하여 자신을 불완전하게 유지시킬 수 있을까? 여러 개의 다른 모형들을 어느 한 모형의 지배 없이 서로서로 대립하도록 하면 어떻게 될까? 결정되기 이전의 (무정부 상태의) 모형이 어떻게 갑자기 지나치게 독단적(전체주의적이거나 아니면 유토피아적인)이 될까? 아니면 '완벽한' 모든 모형은 정말로 공허를 나타내는 이미지일까?

그들은 쥬리오 코르타자르의 말을 인용한다. "우리는 인간의 지식의 도구가 되고 있는 언어 자체를 변화시키지 않고는 인간을 변화시킬 수 없다." 그들은 롤랑 바르트를 인용한다. "오늘날에는 부르즈와지 사상 체계의 바깥 쪽에 한 언어 영역이 있다. 우리의 언어는 그곳에서 오고 그곳으로 되돌아가고 그 속에 갇힌 채로 있다. 유일하게 가능한 해답은 대적도 아니고 파괴도 아니고 절도일 뿐이다. 즉, 문화, 과학, 문학의 해묵은 텍스트들을 산산 조각 내고 우리가 도둑질한 상품을 감추고 속이듯이 그 조각들을 흩뿌리고 변장시켜야 한다."

위의 작가들은 결론적으로 의문을 제기한다. 모형이 없는 혁명의 개념은 그 자체가 모형이 아닐까? 모든 '진정한' 혁명들은 정말로 모형이 없고, 모형은 후에 생겨나는 것이니까 모형이 없는 혁명은 용어의 중복인가? 아니면 모든 혁명의 모델은 혁명적인 운동을 일으키겠다는 단 하나의 목적만을 위해 계획되어져야 하는가? 이런저런 의문점들은 파괴행위에 대한 의지가, 한 통속적인 작품, 가장 생명력을 드러내는 지적인 저널리즘의 작품에서 어떻게 자신의 모습을 드러내는가를 암시함다.

이와는 대조적으로 질 들뢰즈Gilles Deleuze와 휄릭스 가타리Felix Guattari에 의해 쓰여진 『반 외디프스』*L'Anti-Oedipe*는 신비스럽고 지독히 학구적이고 사색적인 것처럼 보인다. '자본주의와 정신 분열증'이라는 부제가 붙은 이 책은, 역사를 모든 인간의 노력을 통제하는 '욕망의 유기적 기관'의 끊임없는 변화인 변화무쌍한 성욕의 분출을 부호로 작성하고 그것을 해독하는 것으로 그린다. 그 욕망의 유기적 기관은 역사를 세 단계–'원시 시대'(원시, 부족, 역사 이전의 사회), '야만시대'(고대, 독재 국가들), 그리고 '문명 시대'(현대의 보편내재적 자본주의)–로 정의내린다. 이러한 삼 단계는 각기 '결여됨이 없는 완전한 육체', '편집증', '정신 분열증'과 대응관계를 이룬다. 저자들은 자신들을 '정신 분열증 분석 의사'로 자처하고 외디푸스 콤플렉스를 무자비하게 공격한다. 그들은 그것이 역사상의 욕망의 형태를 지독하게 오해한다고 생각하기 때문이다.

그러나 특별히 그들의 파괴행위 이론은 무엇인가? 자본주의의 인식론적인 토대 뿐 아니라 물질적인 토대를 재고하는 복잡하고 전문적인 논문에서 들뢰즈와 가타리는 자본주의의 인식론적인 토대가 '분열증 시대'의 새로운 창조성을 나타낸다고 결론 내린다. 그들은 "문명은 자본주의적인 생산물 속에 존재하는 변화 무쌍한 (성적) 욕구의 분출을 해독하고 그것의 영역을 좁혀감으로써 스스로 정의 내려진다"고 말한다. 그러므로 자본주의자적인 욕구 분출과 정신 분열증 환자적인 욕구 분출 사이에는 비록 정확한 동일성의 관계는 아니더라도 '친근관계'가 있게 된다. 이와는 대조적으로 정신 분열증이 자본주의가 지향하고 있는 한계를 나타내듯이 정신 분열증은 자본주의가 강력히 맞서 투쟁해야 하는 파괴를 나타낸다(자본주의는 한편에서 끊임없이 해독하는 것을 다른 한편에서 다시 부호화하고 '공리화公理化' 함으로써 궁극적인 정신 분열증으로부터 자신을 구하고자 애쓴다).

간단히 말해서 정신 분열증은 자본주의의 종말을 예고하고 촉진시킨다. 그래서 들뢰즈와 가타리는 정신 분열증 환자가 아니라 정신 분열증을 혁명의 필수조건으로, 편집광을 독재나 파시스트주의의 본질적인 상태라고 지적한다. 정신 분열증은 파편화하고 파괴한다. 그것은 앙토냉 아르또, 윌리엄 버로오즈, 랭, 죤 케이지에서와 같이, 그리고 거의 대부분의 포스트모던한 예술에서와 같이, 전체화를 거부한다. "우리는 본래의 총체성과 목적지의 총체성도 더 이상 믿지 않는다"고 그 작가들은 말한다. 그러므로 들뢰즈와 가타리에게는 정신 분열증이 모든 생산의 원천이 되는 욕망의 자유화의 역사적인 동인이 되었다. 파괴행위는 가장 뛰어난 인간의 연구과제이다.

위에 말한 두 작품은 서로 기묘하게 대조를 이루나 여러 사람들 중에서도 특히 데리다, 푸꼬, 바르트, 크리스테바, 솔러즈의 작품을 포함해야만 하는 해체라는 더 큰 틀의 일부가 된다. 그리고 그 더 커다란 틀은 예술 분야에서 모더니즘이라는 훨씬 더 거대한 통합의 한 역사적인 발전이 아닐까?

예술분야에서는 파괴 행위에 대한 의지가 훨씬 더 이전, 20세기로 접어들면서부터 명백하게 드러나기 시작했다는 사실을 우리는 알고 있다. 하지만 마르셀 뒤샹의 기성품과 한스 아르프의 꼴라쥬로부터 쟝 팅겔리의 자동 파괴 기계등과 브루스 노이만Bruce Nauman의 개념적인 작품들에 이르기까지 어떤 확실한 충동이 끈질기게 존재하면서 예술을 재창조시키기 위해 예술과 예술을 서로 대립하게 만들었다. 때때로 예술가는 자신의 예술뿐 아니라 심지어는 자신의 육신에 대해서도 항거한다. 그래서 '육체화가'인 비토 한니발 아콘치는 사람들이 보는 앞에서 자신을 물어 뜯는다. 크리스 버든Cris Burden은 파티를 열고 자신의 팔을 총으로 쏜다. 비엔나 출신의 루돌프 슈바르츠코글러는 영화 카메라 앞에서 자신의 생식기를 천천히 절단한다. 그 예술가의 육체는 그의 매체가 되었고 절단된 매체는 그의 메시지가 되었다. 이것에 비해 문학 작가들은 약간의 거리를 두고 뒤에서 따라가고 있다.

그러나 주안점은 다음과 같다. 예술은 헤롤드 로젠버그가 말하듯이 '탈정의'의 과정 속에서, 예술가의 개성과 같이 분명한 경계선이 없는 한 사건이 되고 있다는 것이다. 그것은 최악의 경우에는 일종의 사회적인 망상이고 최상의 경우에는 하나의 열림이거나 개시가 된다. 바로 이러한 이유로 해서 쟝-프랑소와 료따르는 독자들에게 "'예술 작품'이나 또는 일반적으로 기호의 범주에 의해 우리에게 제시된 안전항 항구를 버리고 어느 영역에서 일어나던 간에 진취적인 창의나 사건만을 진정한 예술적인 것으로 인정하도록" 명하고 있다.

'진취적인 창의'로서의 예술, 사건으로서의 예술, 바르트의 용어를 사용하여 '읽을 수 있는' 것이라기보다는 '쓸 수 있는' 텍스트들. 파괴 행위라는 포스트모던한 인식소. 이러한 것들은 어떠한 혁신의 의무를 비평가에게 부과하는가? 어떤 새로운 준엄한 행위들과 절박한 상황들을 부여하는가? 그리고 어떤 것을 생략해 주고 또 어떤 것을 면제시켜 주는가?

몽타즈

틀들과 몽타즈들과 더불어 작업하면서 나는 어떻게 선택하고 또 배제하는가? 물론 모든 창조자들이 그래야만 하듯이 편향적이다. 편향적으로. 그렇다—그러나 『세렌딥의 세 왕자들』*The Three Princes of Serendip*처럼 몇몇 행복한 사건들과 운이 좋은 실수를 동반하는가? 그렇게 생각하면 위안이 될지 모른다. 그러나 언어와 정신이 각각 스스로에게 그리고 서로서로에게 갖고 있는 상호 채무 관계를 고려해 볼 때 어떠한 것이 어떻게 최종적으로 배제될 수 있겠는가? "혁신가로서의 비평가"라는 문구조차도 그 자체는 포함되지 않는 바로 그 문맥을, 그리고 그것이 귀의하고자 바라는 생각의 더미를 만든다. 이러한 결핍의 맥락들은 어떻게 의미를 가지는가? 침묵의 서지 목록 속에서?

예를 들면 여기에서 내가 혁신가로서의 비평가를 다루면서 빠뜨린 몇 가지 점을 살펴보겠다.

1. 비평과 언어의 게임들. 루드비히 비트겐쉬타인의 『철학적 논구』 *Philosophical Investigations*, 『파란색과 갈색의 책들』 그리고 『제틀』 *Zettel*을 참조할 것.

2. 문학 해석에서 '주관적', '객관적' 그리고 '상호작용하는' 파라다임의 문제. 『신문학사』, Ⅶ, No. 2(1976)에 실린 데이비드 블라이히David Bleich와 노만 홀란드Norman N. Holland의 에세이들을 참조할 것.

3. 문학사를 포함한 역사 서술에서 문학적인 비유법과 허구가 지니는 역할. 헤이든 화이트의 『메타역사』*Metahistory*, 루이스 밍크Louis Mink의 '이해양식으로서의 역사와 허구', 「신문학사」, Ⅰ, No. 3(1970), 폴 헤르나디Paul Hernadi의 「역사의 여신 크라이오의 사촌들 : 번역, 허구, 그리고 비평으로서의 역사편찬」, 『신문학사』, Ⅶ, No.2(1976)를 참조할 것. 『신문학사』, Ⅶ, No.1(1975)에 실린 '벨라지오 심포지움'에서의 몇 편의 에세이들은 랄프 코헨Ralph Cohen과 머리 크리거Murry Krieger의 저서 「문학과 역사」와 마찬가지로 관계가 있다.

4. 끊임없이 논쟁이 되고 있는 미국 비평에서의 '객관성'이 한계. 뎀보L.S. Dembo가 편집한 『비평』에 실린 머레이 크리거, 노드롭 프라이, 허쉬의 에세이들, 모튼 블룸휠드Morton W. Bloomfield가 편집한 『문학이론의 탐구』*In Search of Literary Theory*에 실린 에이브람즈M. H. Abrams와 허쉬의 에세이들을 참조할 것.

5. 여러 갈래로 갈라져 있는 논의 중에서 독서과정에 대한 현상학. 예를 들면 『신문학사』, Ⅰ, No.1(1969)에 실린 조르지 풀레의 「독서

의 현상학』, '가스똥 바슐라르의 『몽상의 시학』*The Poetics of Reverie*, 볼프강 이저의 『암시된 독자』*The Implied Reader*를 참조할 것.

6. 전반적으로 언어에 있어서의 혁신 또는 창시의 문제. 에드워드 사이드Edward Said의 『시작들』*Beginnings*을 참조할 것. 예를 들면 다음과 같은 구절을 보자. "아니면 과격한 비평에서 그것은 쓰기의 전면 깊숙이에서 나오는 주장이며 때로는 의도적으로 잊혀지고 때로는 신중히 약화되기는 하지만 항상 비평가를 괴롭히며 따라다니는 문제이다. 그 비평가의 독서는 다른 사람, 즉 바쁘게 움직이고 있는 어떤 작가의 마음속에 있는 산들과 동굴들과 경계를 접하고 있다. 그러한 비평가들은 작가정신의 형태를 모방하면서 비평적인 시들을 쓰고 있다."

그러나 내가 '빠뜨린 것' 중 몇몇 개를 조정하면서 나는 왜 내 '서지 목록'에다 단 한권의 학술 잡지에 실린 논문들만을 포함시키고 있는가? 그리고 그러한 서지 목록은 아직도 자의적으로 생략하면서 어떻게 혁신의 불가피한 임무를 분명히 하겠는가?

틀 7

혁신의 불가피한 임무들은 불가피하게 정치학을 통해 우리를 비평가의 관심으로 이끈다. 정치학은 삼중 구조이다. 페이지의 정치학, 학문 비평의 정치학, 그리고 일반적인 언어와 사회의 정치학이다.

정기 간행 학술지인 『대학영어』*College English*를 고려해 보자. 지난 10년간 좌파 또는 자유주의적인 편집정책에 힘입어 그것은 내부자로부터 그 작업을 바꾸기 시작하였다. 그러나 그 논조는 다양하지 않은 활자 지면의 빽빽이 들어선 이단짜리 페이지 위에서 항상 변화 없이 펼쳐지고 있고 더욱 중요한 것은 그 사회적이거나 기술적이거나 심미적인 그 자신의 매체의 관습들, 즉 편집정책, 인쇄 규칙들, 정기구독 형식, 광고 관례 등등 어떤 것에도 도전하지 않는 형식에서 나타난다. 그래서 「대학영어」가 어떤 개혁을 시도한다 하더라도 그것은 추상적이며 합리적인 담화의 차원에서 이루어진다. 그러나 그것이 더 많은 것을 시도했더라면 우리들 대부분에게서 그것이 받고 있던 신뢰감을 잃어버리지는 않았을까? 우리의 정열은 때때로 우리의 과업이 되기도 한다. 그러나 우리의 '비평적 탐구'의 슬로건은 선형적인 '합리적 담화'로 머무르고 만다―유감스럽게도 그 합리적이란 것이 아이러닉하거나 그저 온후한 것이거나 공격적이거나 두려움에 찬 것이지 인간의식의 완전한 가능성을 표현할 수 있을 만큼 합리적이지는 못하다.

여기에서 활자, 행, 페이지, 언어를 부셔 버리는 말라르메적인 과업에 대한 이론적 근거를 발전시키려는 것은 아니다. 그럼에도 불구하고 여러 많은 사람들 중에서 미셸 뷔또, 필립 솔러즈, 모리스 로쉬Maurice Roche, 에른스트 얀들Ernst Jandl, 유겐 괴링거Eugen Gömringer, 헬무트 하이센뷔틀Helmut Heissenbüttel, 크리스틴 브룩-로즈Christine Brooke-Rose, 레이몬드 훼더만, 로널드 수케닉, 도널드 바셀미, 월터 애비쉬, 딕 히긴스Dick Higgins, 유진 윌드만 Eugene Wildman, 캠벨 테이섬Campbell Tatham, 또는 죤 케이지의 작품들을 대충 훑어만 보더라도 확산되는 시각을 통해 그 과업에 대한 암시를 전해 받을 수 있다.

그러면 누가 이러한 과업을 비평에까지 적용하여 수행하며 또 그것을 어떻게 할 것인가?

하나의 틀속의 틀들

리차드 코스테라네츠Kostelanetz가 추천한 실험적인 선집들

스티븐 밴Stephen Bann편집, 『구성주의의 전통』*The Tradition of Constructivism*, 뉴욕 : 바이킹, 1974.

죤 브록만, 『발문跋文』, 가든시티 : 더블데이 앵커, 1973.

잭 번함Jack Burnham, 『위대한 서부의 제염소』*Great Western Salt Works* 뉴욕 : 브라질러, 1974.

죤 케이지, 『엠』*M*, 미들타운, 코네티컷 : 웨슬리안 대학 출판부, 1973.

월리 드퓨Wally Depew. 『구체시에 관한 9개의 에세이』 *Nine Essay on Concrete Poem*. 알라모, 캘리포니아 : 흐름강거 출판부, 1974.

제럴드 퍼거슨Gerald Ferguson, 『현대 영어 용법의 표준 자료』*The Standard Corpus of Present Day English Usage*. 할리팍스 : 노바스코티아 예술대학. 1973.

아브라함 링컨 질레스피Abraham Lincoln Gillesoie, 『선집』*Collected Works*, 휴 폭스 편집, 출간 예정.

이합 핫산, 『파라 비평』*Paracriticisms*, 어바나 : 일리노이 대학 출판부, 1975.

리차드 코스테라네츠, 『재회귀 : 문학 자서전』*Recyclings : A Literary Autobiography*」, 제1권 : 1959~67, 뉴욕 : 어셈블리 출판사, 1974.

솔 리윗Sol LeWitt, 『궁형, 원 그리고 격자』*Arcs, Circles & Grids*, 뉴욕 : 폴 비앙키니, 1972.

루시 리퍼드Lucy R. Lippard, 『6년』*Six Years*, 뉴욕 : 프래거, 1973.

찰스 올슨Charles Olson, 『추가 산문』*Additional Prose*, 볼리나스, 캘리포니아 : 포 시즌즈, 1974.

시바 퀴니Shiva Queeney와 미카엘 구드노프 Michael Goodenough, 『비커즈 룩 북』*The Be-Cause Look Book*, 뉴욕 : 링크스, 1973.

스테판 더머슨Stefan Themerson, 『논리학 기호 그리고 육체』*Logics Labels and Flesh*, 런던 : 가버보쿠스, 1974.

여기에다 다음을 덧붙일 수 있다.

롤랑 바르트, 『롤랑 바르트에 의한 롤랑 바르트』*Roland Barthes Par Roland Barthes*, 파리 : 세이유 출판사, 1975.

이타로 칼비노Italo Calvino, 『보이지 않는 도시』*La citta invisibile*,

미라노 : 귀리오 아이나우디, 1972.

자크 데리다, 『글라』*Glas*, 파리 : 갈리리, 1974.

리차드 코스테라라네즈 편집, 『실험적인 에세이들 : 설명의 다른 형식들』*Essaying Essays : Alternative Forms of Exposition*, 뉴욕 : 런던 외 출판사, 1976.

페이지의 에로학이나 문체론은 물론하고 페이지의 정치학이 우리를 엄습하여 온다. 그 분명한 이유는 바르트가 말했듯이 "과거의 모든 언어들은 즉각적으로 타협하고 모든 언어들은 존경을 받게 되는 순간 낡은 것이 되기" 때문이다. 그러면 비평의 언어들은?

단 상

신중해야 한다고 그는 생각한다.

그는 자신이 아직 청년이었을 때 알프스 산맥에서 검은 관이 눈과 푸른 얼음 사이를 통해 위쪽으로 꾸불꾸불 올라가는 것을 본 그 날 아침 이래로 계속 이미 자신은 자신의 죽음을 받아들였고 적어도 마음속에서는 잊는다는 조건으로 죽음과 더불어 살아오고 있다고 생각해 본다. 아니면 그것은 캐스퍼 데이비드 프리드리히Caspar David Friedrich가 그린 상상적인 장면에 불과했던 것일까?

그는 그가 죽음을 이미 받아들여서 이제는 시간과 가치 사이를 중재하는 변화의 아마튜어가 되었다고 생각해 본다. 그런데 그는 왜 정치학에 주의를 기울여야 하는가?

정치학 : 배우는 언제나 연기하기 위해 그 행위로부터 자신의 많은 부분을 배제시키기 때문에 반복의 강요, 억압 또는 복수 행위가 정당한 것이 되었다. 그러나 또 정치학이다 : 주린 입을 채우고, 고문하는 자의 붉은 손을 중지시키고, 인간의 희망에 견딜 수 있을 만큼의 적당한 몫을 부여한다.

그는 모택동이 주은래에게 했던 한 말귀를 상기하여 본다. "우리의 과업은 아직 끝나지 않았고 아마도 천년이 걸릴지도 모른다." 아마 더 이상 걸릴 수도 있으리라. 그러나 투쟁은 항상 이중으로 되어야만 한다고 그는 생각해 본다. 즉, 투쟁하고 동시에 모든 투쟁을 공백화하려는 투쟁을 해야 한다.

틀 8

페이지의 정치학은 하나의 학문 관습으로서의 비평을 억제하는 정치학의 일부가 될 수 있다. 비평 논문과 학구적 저서가 현재 지배한다. 그것들은 우리의 상상력과 지식을 중재한다. 그러나 어째서 어원학적으로 모험, 시도, 시험, 균형에 뿌리를 둔 이상적인 에세이, 즉 모험과 균형 모두에 뿌리를 둔 에세이는 또한 안 된단 말인가? 어떤 이는 항상 묻는다. "에세이-그러나 그것은 비평인가?" 아마도 아닐 것이다. 그러나 아마도 비평이 지금 요구하는 것은 다른 텍스트들과 그것 자체와의 관계를 위험하게 만드는 텍스트일 것이다.

비평은 문학과 같이 하나의 역사적인 관습이다. 비평은 플라톤의 삼각형도 아니고 노란 태양 아래서 오랜 시간을 견뎌온 석조 피라미드도 아니다. 우리들이 지닌 비평과 문학에 대한 생각은 변하고 있고, 변했다. 대부분의 우리들보다 더 과감한 도식적 개요에 몰두했던 노드롭 프라이조차도 『비평의 해부』*Anatomy of Criticism*에서 우리가 놓치기 쉬운 점을 갈파했다. "비평의 총체적인 로고스도 홀로는 믿음의 객체나 본체론적인 개성이 결코 될 수가 없다." 그리고 계속해서 다음과 같이 말한다. "비평의 중심부에 놓이는 의사소통할 수 없는 경험의 존재는, 비평가가 비평이 그 경험에서 나오는 것이지 그 경험 위에 비평을 세울 수는 없다는 사실을 알고 있는 한은, 항상 비평을 하나의 예술로 유지시켜 줄 것이다"라고.

그러나 어떤 비평가들에게-또는 단순히 말해 어떤 텍스트의 작가들에게-이 시대가 요구하는 것은 건축물이라기보다는 뜯어 맞추기(레비-스트로스), 말먹이 틀, 아니면 잡동사니들이다. 이러한 요구는 대학의 순수이성적틀에서, 아마 문학 자체에서, 작가를 비틀어 잡아 빼고는 다시 그곳으로 되돌려 보낼지도 모른다. 에드먼드 윌슨, 에드먼드 윌슨, 에드먼드 윌슨 : 우리는 마치 그가 극히 최근에야 미국에서 작고했다는 사실을 증명이나 하려는 듯이 그의 이름만을 언제까지고 읊조린다. 그러나 프랑스에서는 위대하고도 괴팍한 에세이스트들의 이름들이 쉽게 사람들의 입에서 회자되고 있다. 사르트르나 까뮈는 말할 것도 없고 불에 관해서는 바슐라르, 문어에 관해서는 케로와Caillois, 투우에 관해서는 레이리스Leiris, 에로티시즘에 대해서는 바따유Bataille, 결여에 관해서는 블랑쇼, 그리고 거의 모든 것에 대해서 뷔또가!

물론 자유스러운 에세이의 천적은 대학이라고 결론을 내리려는 유혹이 있다. 왜냐하면 대학은 문학이 제 나라말로 연구되기 시작한 이래 비평정신에 대한 주요한 감시인이 되어 버린 전문화된 지식과 권력의 사회이기 때문이리라(월터 옹Walter J. Ong의 『야만적인 내부』*The Barbarian Within*를 참조하라). 그러나 미국에서는 대학 자체도 지적인 무기력의 원인이라기보다는 징후가 될 수도 있다. 페이지 뒤에서, 에세이 뒤에서, 인문학의 뒤편에서, 더 거대한 문화의 경향이 그 거대한 모습을 전면으로 드러내고 있다. 이러한 것들이 세르지 두브로브스키 Serge Doubrovsky가 쓴 『프랑스에서의 신 비평』*The New Criticism in France*에 잘 나타난다.

> 비평은 단지 표면적으로는 해나 악의가 없는, 거리가 있는 냉담한 행위이다. 그러나 실상은 비평은 검열 장치이며 한 사회가 그 사회 내에서 표현되는 사상을 엄격하게 감시하는 수단으로서 그리고 그 사회의 가치 보존을 확실하게 하는 수단으로서 그 사회가 만들어 내는 궁극적인 단속력이다.

여기에서 이렇게 강조하는 것이 아마도 지나친 것 같다. 그러나 그것은 우리 주제의 궁극적인 의미를 이끌어 내는데 도움이 된다. 즉, 비평에서의 혁신은 궁극적으로 인식론적인, 실존적인, 아니면 미학적인 자유뿐 아니라 기본적인 정치 변화까지도 열망하기 때문이다. 물론 위와 같은 진술에는 상당한 제한을 가해야 한다. 그래도 그것은 노드롭 프라이가 『잘 조화된 비평가』*The Well-Tempered Critic*에서 재천명하였듯이 아놀드적인 입장을 넘어서서 움직여야 할 당장의 필요성을 강조한다.

> 그러나 아놀드가 문학을 그 중심부에다 놓은 한 총체적인 삶의 상상적인 비전으로서의 '문화'를 사회생활을 조정하고 정상화하는 요소로, 적어도 정신적인 권위의 인간적인 원천으로 삼았을 때, 그가 확고한 근거를 가지고 그러했다는 것은 분명한 듯하다. 아놀드적인 의미에서 문화는 엘리트의 금렵지와는 아주 정반대이다. 문화는 총체적인 의미에서 인간 본성이 이룩할 수 있는 비전이나, 모형, 즉 모든 유토피아와 사회적인 이상의 모체이다.

문화는 모든 인간적인 가능성들의 '모체'가 될 수도 있다. 그러나 우리가 행동하는 사회는 문화가 언제나 생성해 내는 그러한 '상상적인 비젼들'로부터 아직도 멀리 떨어진 곳에 있다. 혁신가로서의 비평가는 희망의 간격을 메꾸는 데 도움을 줄 수 있을까? 우리 모두는 전위파의 영화(靈化 : 엔젠스버거Enzensberger는 그것을 "의식 산업"이라고 불렀다)와 혈거적인 마르크스주의의 물질화로 변형되는 것을 모두 피하면서 권력의 성향을 이해하기 시작할 수 있을까? 순수한 포스트마르크스주의 이론이 어떻게 현실을 분명하게 설명하고 또 변화시킬 수 있을까? 그리고 상상력도 허용하는가?

몽타즈

희망의 간격. 그것은 확실히 인쇄상의 실험이나 파라 비평적인 놀이에 의해 간단히 메꿔지지 않을 것이다. 그러나 그 간격은 또한 우리의 사회, 우리의 제도, 우리의 언어, 그리고 정말로 우리의 바로 그 감각들에 영향을 미치는 행위로서의 비평의 잠재 능력을 무시하는 비평에 의해서도 메꾸어질 수 없을 것이다. 프로메테우스적인 행위는 어떨까?

나는 의아해 한다(무례하고 부당한 의심일까?). 어째서 미국의 그렇게 많은 비평가들은 그렇게 지적으로 탁월한데도 문화에 대한 예지가 결핍되어 있고 또 도덕적인 이념들을 가능하게 할 수 있는 힘을 가지지 못할까?(물론 몇몇 예외는 있다－그러나 그 수가 얼마나 될까?) 그것은 극소수의 비평가들만이 그들의 학문적인 틀과 학구적인 저서 또는 비평적 에세이에서 기꺼이 걸어나오려 하기 때문일까? 아니면 프랭크 커모우드가 주장하듯이 비평가들에게는 다른 작가들과는 달리 우리 삶의 의미를 이해하도록 기대되어지지 않기 때문일까? (일찌기 어떤 진정으로 위대한 비평가가 그러한 견해를 지녔단 말인가?) 그러면 어째서 기대되어지지 않을까? 어째서 비평은 그 자체의 커다란 부분을 차지하는 정신을 거부하면서 항상 그렇게 구분되고 그렇게 전문적이고 그렇게 배타적인 정신 작용이어야만 하는가?

나는 비평에 대한 지나치게 무절제한 요구에 따르는 위험성－저질의 종교, 사악한 정치학, 졸렬한 산문－을 잘 알고 있다. (나 자신이 종종 이 세 가지 나쁜 예에 가까이 가곤 했다.) 그러나 나는 어떠한 위험도 현재 비평이 지닐 수 있는 새로운 생기 발랄함, 새로운 너그러운 도량, 새로운 잠재력을 향한 우리의 탐구를 방해해서는 아니된다고 느낀다. 그렇지 않으면 인문학자들은 어떻게 미래로 들어가고 상상력을 해방하고 좀 더 애매모호한(그래서 희망이 있는) 힘으로 권력을 전복할 수 있기를 희망하겠는가?

희망의 간격이 점점 벌어지고 있다.

틀 9

문제점은 그대로 끈질기게 남아 있다 : 비평가의 자유, 문체, 그리고 새로운 것에 대한 직관을 넘어서서 무엇이 관심을 정의하고 그래서 역사속으로 들어가려는 비평가의 언어에 힘을 부여하는가? 르나토 포기오라는 그의 「전위파의 이론」에서 위대한 비평가들은 판단은 사후에야 알려지거나 아니면 예언적이었다고 생각하였다. 그는 "위대한 비평은 시대정신과 함께 시작하나 후세를 예견하는 경향이 있다"고 적고 있다. 그러한 관심의 예상을 통해 비평가의 자유는 역사를 부둥켜안으면서 책임으로 되돌아온다.

그러나 관심은 종종 희미하고 변화하는 것이다. 루카치Lukaćs에서 엘리어트에 이르기까지 비평가들은 관심의 교리와 신화들로 사상 이념적인 분광을 채워왔다. 이 문제에 관한 나 자신의 견해는 교리적이지도 않고 신화적이지도 않다. 비평가의 관심은 이중의 노름이다. 즉, 하나는 역사와 그리고 나머지 하나는 영원과의 노름이다. 그 비평가의 관심은 정치학과 도덕적인 삶을 결정짓는다. 내 생각으로는 비록 아무리 격렬한 관심이라 하더라도 관심만으로는 비평가를 예술적으로 만들 수는 없겠지만, 어떠한 비평가도 관심의 예외적인 힘과 아량이 없어서는 그러한 육중한 기술인 비평의 가능성을 확대시킬 수 없을 것 같다. 비평적 관심 그 자체는 형성적인 주제, 즉 거대한 주제들 속에서 스스로를 나타내고 있음은 너무나 명백하다. 이러한 점은 과격한 비평가들은 물론 보수적인 비평가들도 인정하는 바이다.

'비평에서의 실험'이라는 제목으로 1929년 『북맨』*The Bookman* 지에 출간된 한 애매모호한 에세이에서 엘리어트는 다음과 같이 단언하였다. "훌륭한 문학과 훌륭한 삶의 뒤에서 근본적인 공리를 발견하고자 하는 다양한 시도들이 우리 시대의 비평에서 이루어지고 있는 가장 재미있는 '실험들'의 일부가 되고 있다." 왜냐하면 엘리어트의 생각으로는 그러한 시도들이 "현대 문학 비평가는 처음에는 그 비평가의 영역이라고 생각되는 범주 밖에서 실험을 행하는 사람이라는 사실을" 보여 주었기 때문이다. 엘리어트는 배빗Babbit과 모어More의 신인문주의와 이것에 해당되는 프랑스의 라몽 페르난데즈

Ramon Fernandez의 기독교 인문주의를 염두에 두었을 것이다. 물론 우리는 오늘날 아주 다른 문제들을 마음속에 지니고 있다. 정말로 우리들 중 몇몇은 우리가 곧 전적으로 포스트인문주의의 양상으로 들어갈지 모른다고 느끼고 있을 것이다. 그러나 엘리어트가 반세기 전에 만들어 놓은 지적인 범위와 도덕적인 중요성 그리고 비평적인 실험 사이의 결합은 아직도 효력이 있다. 다만 그것들의 초점과 우리의 관심이 변했을 따름이다.

우리의 관심사, 그것들은 오늘날 어떤 구성적인 주제들을 비평에 제공하는가? 여기에서 나는 다만 항목별로 추측해볼 뿐이다.

1) 상상력의 이론들 : 현재의 신경학적인, 심리학적인, 철학적인, 그리고 언어학적인 논구를 설명할 수 있는 비평을 포함한 허구에 대한 총체적인 이론.

2) 상상력의 정치학 : 상상력이 어떻게 힘을 지니게 되고 또 언제 그것이 힘을 지니지 못하는가와 상상력이 취할 수 있는 힘의 본질.

3) 미래 : 변형의 작인이 되고 미래의 구체화가 되는 예언적이거나 유토피아적인 허구들－욕망, 꿈, 그리고 희망의 모형들.

4) 신화학과 테크놀리지, 신비주의와 과학 : 포스트모던 문화의 심층 구조 속에서 그들의 구조들 사이에 생기는 집중과 그럼으로 해서 지니는 함축된 의미들.

5) 하나의 여럿 : 동일성이 아니라 총체성이라는 새로운 비전을 향해 단일성과 다양성, 조직과 무질서, 지구상에서의 보편적인 의지와 분리의 의지를 조정하는데 있어서 테크놀로지에 의해 확장된 정신의 새로운 역할.

몇몇의 이러한 프로메테우스적인 주제들은 비록 경직되고 거대하게 보이기는 하지만 그들은 우리의 문학 사업에 실질적으로 그리고 또 이론적으로 깊은 흥미를 제시한다. 그러나 결국 나는 혁신적인 비평을 단순히 자의식의 비평과 동일시하고 싶지 않다. 그것은 단순히 "미네르바의 올빼미는 밤의 장막이 내려져야만 비상을 한다"(헤겔)에 그치는 것이 아니라, 그것은 또한 최상의 비평은 최상의 예술과 같이 이론이나 행동에 이용될 수 없는 영역에서 그 자료를 찾아낸다는 것이다. 이 영역이야 말로 바로 우리를 언어와 침묵 속으로 유혹하는 지역이다.

단 상

침묵 그 자체가 단상이라고 그는 생각한다. 그러나 가련한 핍이 보았듯이 살짝 들여다 보고 있는 것은 내가 아니고 질서와 조화의 구현으로서의 우주이다.

문학에서 완전히 성취된 어떠한 삶도 삶에 최고의 비전을 주지는 못한다. 비평속에서 전적으로 만족된 어떠한 삶도 문학에 가장 심오한 통찰력을 주지 못한다. 단상 또는 침묵 : 그 곳에서 여러 사람들의 일생이 펼쳐지기 시작하고 또 아주 빨리 막을 내린다. 또 다른 것이 생겨나기 시작한다….

그는 자문한다 : "어린 시절 사용하던 언어 중 어떤 것을 나의 모국어라고 할 수 있을까" '외국어'로 자신을 다시 조작해 낸 그는 '이국풍'의 모든 감각 또한 잃어버린 것일까? '모국어'로부터 도피해 온 그는 최초의 잠재적인 억압력과 권위로 부터도 도피한 것일까?

이렇게 해서 침묵과 단상은 영원한 상상력의 텍스트가 된다.

틀 10

이제는 이 파라비평적인 글조각의 결론을 내릴 때가 되었다. 상상력은 내가 다른 곳에서 주장하였듯이 인간 진화에 목적론적인 힘이 될 것이다. 왜냐하면 언어와 은유는 끊임없이 시간을 창조해 내며 결국에 가서는 우리가 아직 상상해 낼 수 없는 '침묵'속에서 시간을 구할지도 모르기 때문이다. 바벨탑으로부터 이어진 길은 무엇으로 이끌고 있는가? 우리는 알지 못한다. 「바벨탑 이후」에서 죠지 스타이너는 다음과 같은 적절한 사색을 보여 준다.

> 우리는 '별개의 것임'을 가정하고자 하는 언어의 충동인 힘을 표시할 단어가 필요하다. 오스카 와일드도 그러한 힘을 인식한 몇 사람 중에 속하는데 그 힘은 모든 형태의 행위, 즉 예술 속에, 음악 속에, 또 우리의 육체가 근엄과 평정과 맞서서 균형을 맞추는 모든 상반되는 사실에 본래부터 내재해 있다. 그러나 그 힘은 언어 속에서 현저한다.

★

> 계획되어진 반사실성을 위한 언어의 특성인 '교체'의 변증법은 압도적으로 긍정적이며 창조적이다… 언어는 근본적으로 허구적이다. 왜냐하면 언어의 적은 '실재'이며 휘넘(Houyhnhnm : 스위프트의 『걸리버 여행기』에 나오는 인간의 이성을 갖춘 말 : 역주)과 달리 인간은 '존재하는 사물 그 자체'와 함께 지내도록 준비가 되어 있지 않기 때문이다.

비평이 언어와 침묵, 글 조각과 단상에 의해 만들어지는 한, 비평은 우리가 앞으로 언젠가는 발견해야 할 방법으로 '교체의 변증법'에 참여한다. 이것은 역사 또한 기여하는 자의성이라는 불가피한 양상을 비평에게 부여한다. 우리가 문학에 대해 지닌 개념은—어린이, 광인, 범죄자, 또는 교수에 대해 우리가 가지고 있는 개념과도 같이—2세기도 채 못된 것이다. "문학예술은 시나 산문이 상상적인 허구인 한은 그것들 모두를 포함하고, 정보나 심지어는 수사적인 설득, 교훈적인 주장이나 역사적인 서술까지도 배제한다는 견해가 18세기가 되어서야 아주 서서히 일어나기 시작했다"고 그네 웰렉은 지적한다. 이러한 배제가 영원할 것이라던가 그 배제가 현재와 미래에 우리의 언어 과업에 중심적이라고 가정할 이유는 하나도 없다. 모든 변화는 그것이 혁신적이라면 처음에는 정당성이 없어 보인다.

비평에서 자의성을 두려워하는 것은 비평에 대한 우리의 희망을 바로 수정하게 만든다. 왜냐하면 비평은 "내 견해에 따르면 여러분들은 지구를 다시 보고 있다"고 아직도 부르짖을 수 있는 무익한 천사가 될 수도 있기 때문이다.

아, 모든 천사들의 문제점은 그들이 투명해서이다.